江蘇省地方志編纂委員會辦公室組織整

主編　程章

執行主編　張乃

江南通志

第十册

人物志（二）

鳳凰出版社

第十册目録

人物志(二) …… 七一九五
孝義　第一百五十七卷至第一百六十二卷 …… 七一九五
儒林　第一百六十三卷至第一百六十四卷 …… 七四一四
文苑　第一百六十五卷至第一百六十七卷 …… 七四九七
隱逸　第一百六十八卷至第一百六十九卷 …… 七六五九
藝術　第一百七十卷至第一百七十一卷 …… 七七一六
流寓　第一百七十二卷至第一百七十三卷 …… 七七六五
方外　第一百七十四卷至第一百七十五卷 …… 七八一八
列女　賢淑　第一百七十六卷 …… 七八六九

江南通志卷一百五十七

人物志

孝義 一

江、蘇二府

江寧府

南北朝 梁

陶子鏘，字海育，秣陵人。兄尚爲倖臣所怨，被繫，子鏘公私緣訴，流血稽顙，兄乃得釋。居母喪時，與范雲鄰，雲每聞其哭聲，必動容改色，欲爲申薦。母嗜蓴，没後常以供葬。後忽營蓴不得，悲慟幾絶，遂長斷蓴味。

陶季直，秣陵人，早慧。祖愍祖，宋廣州刺史，嘗以四函銀置前，令諸孫各取其一。季直時年四歲，獨不取，曰：「若有賜，當先父伯，不應度及諸孫。」五歲喪母，哀若成人，聞者酸感。及長，好學，淡於榮利，徵召不起，時人號曰聘君。仕齊爲尚書比部郎，累遷給事黄門侍郎。素清苦，家徒四壁。殁，無以具殯斂。著《京都記》。

朱年，秣陵人。母死，廬墓終身，有白兔、紫芝之異。鄉人名其里曰孝感，至今有朱年隴。

江紑，字含潔，考城人，居金陵。父病目，紑侍疾經年，夜夢一僧，告以飲慧眼水乃可差。及覺，訪智者法師，啓捨牛屯里舍爲寺，以「慧眼」爲名，心已異之。及就創造，泄故井，井水清冽。取以洗眼，因此遂差。後父没，竟以毁卒。

張松，建康人。弟悌坐罪當死，松訴稱後母惟生悌，松長不能教誨，乞代悌死。次弟景亦請死，悌亦引分。讞上，梁武帝以爲孝義，特宥之。

徐雄，秣陵人，位奉朝請。母終毁瘠。俄而兄亡，扶杖臨喪，一慟而絶。

唐

張常洧，句容人。父卒，廬墓，墓側生芝草十二莖。從孫公挺，亦以孝聞。

宋

包級，父爲人殺，級年十七，與弟綉抉讎雙目，瀝血祭父。讎家訟之官，義而直焉。

嚴晃，溧水人。舉進士，授教諭。時元兵渡江，晃負母避之。道遇兵，欲刃其母，晃以身蔽，爲兵所傷，幾斃草廬。吴澄嘗哀以詩。

王景雲，字仲慶，溧水人。學問閎博。咸淳間，以薦辟授清流簿。與弟景華嘗捐貲周恤貧乏，兄弟至老不忍析居。

錢浩翁，句容人。幼孤，事母盡孝。有妹虜於北軍，母痛念不置。浩翁遍訪，得諸萊州，携妹省母，時母年八十有三，喜甚，鄰里皆賀。又十年，母没，浩翁年七十，終喪不御酒肉，不脱巾絰。

張孝友，句容人。讀書不仕。親没，廬墓六年，嘗有五色烏來集墓樹。平居以德化人，鄉俗一變。

伊小一與劉興祖，俱溧水人，割股被旌。

元

樊淵，字德翁，句容人。至元中，奉母避兵茅山。兵至，欲殺其母，淵抱哭求代，兵兩釋之。母亡，終身不離墳墓。

王榮，句容人。五世同居，庭無間言。歲饑，賑貧轉死，爲德鄉里。延祐間，詔旌其門。

王進德，字仁甫，家金陵。富而好施，出七萬餘緡構郡學講堂，置一切禮器。又買宅一區、割田九百畝，創建江東書院。朝錫以額，設官掌其教。置義莊以贍族，修城隍以捍井里。

顧童子，建康人，割股愈母而己死。

明

周琬，江寧人。父爲滁州知州，洪武時坐事論死，琬年十六，叩闕請代。上疑爲人所教，命斬之，琬顔色自若，乃宥其父戍邊。琬復請曰：「戍與斬均死耳，父死，子安用生爲？願早就戮。」上怒，命縛至市。琬色喜，上察其誠，赦之，親署屏曰「孝子周琬」。尋授兵科給事中。

徐鎮童，上元人，洪武時旌其孝。

魏澤，字彦恩，溧水人。洪武時爲尚書，建文時謫海寧尉。文皇逮方孝孺族黨，澤陰脱其幼子宗甫，密致於臺州秀才余學夔，孝孺得有後。又有陳義者，陰庇鐵尚書鉉二女脱教坊籍，亦義士也。

浦阿住、沈得安、嚴分保三人，俱江寧人。又邵佛定，上元人。皆永樂時以孝旌。

李疑，江寧人。家貧，好周人急。金華范景濡爲部吏，隻身得疾，無肯僦舍者，杖而詣疑。疑延入汎室居之，躬爲煉藥煮糜。濡有黄白金四十餘兩，願以酬疑，疑不受，籍藏之。濡死，出己財殯之聚寶山，招其子至，按籍還金。平陽耿子廉械逮京師，其妻孕將育，衆拒不納，卧草中以號。疑謂婦曰：「人孰無緩急，倘爲風露所侵，則母子俱隕。」令婦邀歸，産一男，逾月辭去。宋學士濂爲之傳。

陳逵，六合人。舉將才，李時勉薦之，歷都督同知。天順復辟，于謙棄市，故人僚友皆畏避不敢出，逵感謙忠義，獨收遺骸殯之，得歸葬。

王指揮，失其名，世襲虎賁衛。妻死不娶，獨與母居。同官黄某遠謫久無耗，妻貧不能存。成國朱公儀素愛指揮，憫其喪耦，令納黄婦，指揮唯唯而已，成國擇日歸之。居數月，聞其寢處各異，召訊其故，指揮曰：「曩以主命不敢違，但與婦同寢，其夫婦何以處之？況彼失節，是某失節也。」成國曰：「然則奈何？」曰：「不若遣送謫所。某家有老奴，夫婦二人可伴之往。」成國嘆賞，從之。

顧暘，江寧人，正統時旌孝。

胡深，六合人，天順時旌孝。

戴睿，句容人，七世同居，成化時旌。

鄭濂，字師周，江寧人。嘉靖癸未進士，爲行人，兩使藩封，餽遺一無所受。授山東道御史，按兩浙，有能名。爲湖廣按察使，以父憂歸，乞致仕。養母盡孝。母卒，濂已老，哀毁逾禮。里人著《純孝傳》以稱之。

沈九思，字天啓，上元人，副使琮子。父病，九思籲天請以身代。嘉靖癸酉舉鄉試。罹母憂，哀毁骨立。里中勳貴爲黄門所持，槖千金求九思爲解，九思拒其金而陰解之。未仕卒。伯子鳳翔，進士，爲蕭山令，以廉能課最，遷給事中。

徐昱，字彦昭，江寧人。父病革，醫告技殫，昱旦夕籲天求以身代，刲臂肉和糜以進，父疾瘳。鄉人將以聞部使者，昱曰：「此一時遑迫之計，無復之耳，奈何從邑長令於名乎？」後舉宣德七年鄉試，爲國子助教。

徐遠，字文穆，上元人。友人寄一篋，内藏白金奇玩，夜失火，友人已甘灰燼。遠往探之，尚在，於已物不及携，獨完此篋以歸友。

蕭春，字秉常，居金陵。父病痢，春祈求備至。及疾革，臭穢狼籍，春泣曰：「吾父不復生矣。」兩手據床，一吸殆盡，悲苦氣絶，良久乃甦。父没，廬墓。

徐震，字廷威，家金陵。不侵然諾。有兩人皆密以金託震授其子，兩人遽死，其子皆不知父有金也。震如數還之，一無私焉。

龍景華，字宇春，上元人。少孤，奉母教。母病危，刲股以療。嘗至江滸，捐金拯溺，活十六人。鄰火爇所居，叩禱，風返火息。有司奏旌其門爲孝行。

姚潮，上元人，割股療母疾。嘗拾遺金，候其主不至，盡出以周貧乏。

史世揆，江寧人。人貸其父千金，貧不能償，析産時世揆遽焚其券。嘗納妾，入門，悲痛不已，詰其故，曰：「父冤繫獄，鬻妾贖罪，念母無依耳。」揆立遣還，更厚贈之。

何岳，字畏齋。夜行，拾遺金二百鐶，不與家人言，凌晨携至故處。有尋金者，詢其數目封識皆合，遂還之。其人欲分數金爲謝，岳曰：「拾金而不隱，豈利數金者乎？」

趙時振，字少東，江寧人。舉鄉試。以哭母成疾死，葬康家山，有碣曰：「趙少東先生廬墓處。」

張諫，字孟弼，句容人。孝事二親。由進士筮仕行人司。丁母憂，哀毁骨立，廬墓三年，芝産墓旁。遷河南副使，召爲順天府尹。以忤時貴，出守萊州，政聲大著。召爲太僕少卿。

王馮，字杲清。父芝瑞，任四川學道，没王事，藁葬瑞州之梅庵。馮家赤貧，重繭迎柩。時六合潘士奇與芝瑞同官，同患難，同葬梅庵。又有故廣東御史顧之俊，與芝瑞交厚，瑞没時，之俊爲經紀其喪而身死，柩亦停於庵側。馮并舁歸葬之。

王之藩，字南衡，江寧人。兄某領官鑼採銅耗其貲，藩毅然鬻産，得千八百金以輸官，當事義之。任陝西藩幕，榷税潼關，攝華州篆，皆有惠政。

黄居中，字明立。萬（歷）〔曆〕乙酉舉人，教諭上海，不受生徒私贄。陞南國子監丞，轉黄平知州，投檄不赴。持身介特。族人爲南大司馬，有營弁以千金請托者，居中曰：「奈何以此失吾生平？」麾之去。

王潢，字元倬，江寧人。孝友能文章。舉崇（正）〔禎〕丙子鄉試，親老不仕，賦《南陔詩》以見志。一時名人屬而和之，人稱南陔先生。

陳敦化，秣陵人。母老卧病，土寇爲亂，化獨守母不去。寇劈門入，執化索賄，繫於樹，連射之，備受楚毒，惟以身蔽母。未幾，所傷竟痊，咸謂孝誠所致。

周禧，句容人。拯溺人，還遺金。

梅洪，溧水人。少孤，事母以甘旨，自奉甚約。其婦有後，言遣之。母瞽，洪負以行，一旦復明，人以爲異。母卒，廬墓三年。縣令聞而賢之，爲娶妻。生子矣，婦厭其貧，去之。數歲，子卒，洪亦卒。邑人收葬城北十里許，有監司題曰：「孝子梅洪墓」。

花犇孝子，高淳人，不知姓名，日負薪以市。嘗雪中至學宫，教諭于鳳見其衣敝肘露，謂曰：「何不以薪價易衣？」對曰：「小人有母，不暇自謀也。」鳳曰：「汝有妻乎？」曰：「有。」「何以衣妻？」曰：「新者奉母，而易其舊者，聊蔽體耳。」鳳喜其孝，贈以千錢，不受。固與之，乃曰：「當爲公供薪。」鳳堅辭之，至夜，則載而投學舍園中。

楊師禄，高淳人。遇亂兵，父被執，師禄號泣請代。兵異之，欲留置軍中，不從被害。妻卞氏年二十，守遺腹子以終。

吴翥南，高淳人。崇（正）〔禎〕末，隨父避亂。土賊入門，劈父胸，翥南樓上望見，急下求代，被害。妻孫氏守節，割股療姑。

劉銓，江浦人。父觀爲御史，坐事當辟。銓具本擊登聞鼓，願以身代。蒙特宥，復觀原職。

陳標，江浦人。年五歲，生母李氏爲父所遣，改適於浙。長欲尋求，以父老不果。父没，詣浙迎母，亡已十餘年，遍訪遺冢，啓棺滴血，負柩歸葬。

吴可箕，上元人，監生。甲申，闖賊陷京師，可箕具酒食，召親友言别，衆莫測其意。已乃製白衣，題詩於襟，入英靈坊關廟，闔殿扉自經死。同時有孝陵衛董啓明、武舉黄士彩，聞變皆自經。

曹臺望，江寧諸生。寇亂，捐千金倡修城垣。嘗夜宿淳化鎮，聞鄰人以債迫棄其妻，即傾囊贖還之。

魏孝楞，高淳人。親殁，廬墓。楞殁，子亦然。敕旌父子雙孝。

王之卿，應天人，崇〔正〕〔禎〕時旌孝。

胡陽生，字復之，上元人。輕財好義，歲暮日袖金數十封，伺途中奔走憂惶者與之，問姓名，不答。崇〔正〕〔禎〕十三四年間，歲薦饑疫，倡捐賑，施醫藥，收棄嬰，給棺轊，所費不貲。寧陽侯陳光裕勢奪陽生祖墓地，擊登聞鼓訟諸朝，卒復之。孫任輿。

姚金玉、張繼宗、馮天孫、陸元龍、陳鑛，俱上元人。倪壽、江元孫、張福緣，俱江寧人。史負八、葛至學，俱高淳人。黄阿回，水軍衛人。徐佛保，江陰衛人。俱割股療親疾，以孝旌表。

楊佐，上元人。甫成童，母病劇，剖腹取肝和粥以進，母獲愈。後三日，佐卒。所居鄰辟雍，祭酒程松溪聞而異之，殯之日，令太學生數百人送其喪。

千户劉潮子文縉，割股愈潮縉疾。子天命，亦刲股療之。

戎憲，句容人。幼喪母，事父哲孝，每食必問所欲。哲患痢，憲刲股以進，遂愈。叔孀無嗣，憲奉養如己親。

張一鵬，句容人。年十二，父病劇，鵬焚香籲天，割股以進。

吴方明，句容人。每旦，刺舌血書《法華經》，至千餘卷，爲母祈壽。從弟方魁亦孝母，母病，刲股愈之。

袁文化，溧水人。父死，廬墓九載。三十喪偶，終身不娶。鄉人贈以詩，有「三十鰥居敦大義，九年廬墓重天彝」之句。

丁瀠，溧水諸生。事母孝，母殁，廬墓，哀毀逾禮。邑令王弼聞狀，三過慰之，撰《丁孝子廬墓記》。

陳宗堯，高淳歲貢，新城令。與同邑周庖、劉一俊、施龍，庠生魏曜，溧水傅袠、庠生楊振，六合毛程，江浦王海，皆親殁廬墓三年。

顧夢寀，上元人。同邑沈昇、王萬禩、吴洤、王瑱、李仕傑、張繼宗六人，句容徐延雄、馬獻圖、李長標三人，溧水虞欽、黄棖、任超、庠生虞周四人，高淳鄉貢邢振羽、陳希任、湯之尹、九歲童子孔允紀四人，六合方顯、黄闓、王岳、毛至潔、陳應登、庠生許忠、汪國涓、沈希孟八人，江浦周思皋一人，俱割股療親疾，以孝旌表。

汪應乾，右衛指揮。陳名謨、名世，俱上元人。楊鳳，江浦人。李夢周，六合人。皆割股療親疾。

劉鳳池，溧水人。庠生馬純仁，六合人。俱以流賊入都，赴水死。

蔣凡，順德府別駕張惁僕也。惁居官勤慎，偶墜馬不能言，凡泣走告太守曰：「吾主飲順德一口水，積貸未償。今若此，行囊請封貯，使人知吾主爲清白吏。」語畢，引刀割股以進，籲天願代。少間，惁稍甦。太守義之，爲作傳。

增華，瀨水劉道開之僕。道開補崖州幕，偕其弟及二客、三僕往。海邦瘴癘，二客、二僕相繼死，乃遣其弟還，而道開又死。獨增華瀕死復生，間關萬里，扶五柩歸。出百金奉主母，封識宛然，曰：「此主積俸也。」襆被蕭然，衣不掩骭。

國朝

劉玉佩，江寧人。割股療父，以孝旌表。

朱獻醇，原名朝幹，句容人。順治甲午，鄉試第一，授射洪知縣。在官潔清，居家孝友。嘗請於當事，除邑中龍潭運糧及區頭之困，邑人德之。乾隆元年，崇祀鄉賢。

駱維持，句容監生。施德鄉里。康熙丙子秋，暴水漂漲，維持殮死賑生，其事尤著。子如驥，邑諸生，性篤孝。歲飢，賑粥。

羅必顯，字揚庭，江寧人。事親孝。捐貲修建奎文閣、明倫堂，事載廟碑。

家貧，不受人憐。嘗夜歸，過螺南巷口，遇以索債投繯懸而未絕者，救甦，代償其債。

孫秉英，有孝行，母喪，廬墓三年。

董志聰，江寧人。明季籲憲重建預備倉九十三間於賽洪橋。寇氛時，捐金賑濟，贖人子女。又有築圩堤、造義舟諸事。

鄧良材，字干霄，江寧諸生。讀書過目不忘，潛心理學，動循規矩。嚴於辭受，非義之干，介然弗屑也。明亡後，絶意進取，杜門謝客，親故罕覿其面。子士傑，順治辛丑進士。

張光，字樸生，江寧諸生。敦信義。友人謝願小計偕道卒，光撫其孤如己子。陳君昱死，光爲其女擇配，贍其妻終身。子景栻，庠生；景載，康熙辛酉乙榜，令興安，多惠政，擢刑曹。

黄老人，江寧庠生黄清家隸也。清卒，家貧子弱，不能具棺衾，老人拮据殯葬之。遂傭於他氏，所得直，悉以供主母饘粥。春秋伏臘，必市豚蹄絜酒走清墓，哭奠盡哀。

高官蔭，上元人。性篤孝。四歲，父病痢不食，蔭亦不食。母病危，藥不下咽，蔭以口度藥。夜則籲天請代，刲股進之。母愈，蔭遂絶粒死，時年十六。其後十八年，母年七十七乃卒。雍正十年旌表。

裴師度，字述先，上元人。竭力養親，雖一錢入，必均之同産，養寡妹，撫孤甥。有陝客遺金於其室，度鑰守數年，俟其來還之。康熙己未，歲祲，斥産買穀，以賑里人。

程煒，字闇章，上元人。性誠樸。早喪偶，不再娶。侍父寢三十年，親滌溺器，裹衣垢必親浣。父年九十殁，煒老矣，猶孺子泣云。

錢士揚，江寧人。七歲，母病卧，樓下火起，士揚聞之，自塾奔歸，抱母號泣，火遂息。母没，廬墓三年，有白烏結巢之異。

談禮，字慎修，江寧人。父如玉早卒，母張苦節，孝養備至。孤侄十人，撫以恩。代弟償逋千餘金，立義田以贍族。完人之婚，脱人於難。歲終，袖銀於途，遇老貧者贈之。同里李之曉，字君明，嘗刲股療親，散衣糧、施藥餌、給槥瘞枯，鄉里稱其好義。年九十八。雍正三年，恩給八品冠帶。三子皆孝友。

何澍，字友筠，江寧監生。幼孤，孝母。讓産於兄，施德鄉里。

唐仲熊，字虞臣，江寧諸生。父早喪，事母孝。母歿，啜粥三年，不入私室。及葬，每朔望必詣墓田展拜。卒，無子，士友哀之。

孫芳，江寧人。少孤，事母盡孝。居方山，有虎患，與弟必立捐貲募力士捕之殆盡。又出穀以賑飢，全活甚衆。時上元謝之湘，亦勉力爲善。

孫大倫，上元人。幼失怙恃，哭泣如成人。父遺貲數千金，悉歸伯兄，口不言貧。生平尤多善事。

馮起龍，字雲生，句容監生。康熙辛亥，邑大歉，出米千六百斛、銀九十六兩，作粥賑飢。邑令刊名木榜，以示風勵。

蘇州府

漢

顧翺，吴人。少失父，事母至孝。母好食雕菰飯，常率子女躬自採擷。家近太湖，湖中乃生雕菰，無復雜草，遂得，日以爲養。郡縣奏表其閭。

顧訓之，吴郡人。東漢時仕太原太守。五世同居，聚族至百口。歲時子孫依次行酒，三歲以下並自知坐次。所居旁有橋，吴人以「百口」名之，又名「試飲橋」。

臯伯通，字奉卿。官議郎，吴中大姓。梁鴻至吴，依居廡下，伯通見其夫婦相莊，心異之，乃舍之於家。鴻卒，伯通葬之要離墓旁。

三　國

顧悌，字子通，吴人，雍族子。以孝友聞。爲偏將軍。孫權末年，嫡庶不分，悌與朱據共陳禍福，言辭切直。待妻有禮，不數見其面。其父向歷四縣令，每得父書，灑掃設几筵，展書其上，拜跪而讀之。父終，水漿不入口者五日。以不見父喪，畫壁作棺像，設神座於下，對之哭泣。服未闋而卒。

南北朝　宋

陳遺，吴人。少爲郡吏。母好食鐺底飯，遺在役，恒帶囊剥焦遺母。方聚得數斗，適遇孫恩亂，帶以自隨，時逃者多餓死，而遺獨藉以活。母晝夜啼哭致瞽，遺還，入户再拜號咽，母目豁然即明。

陸絳，字魏卿，吴人，閑子。閑坐始安王遥光之亂，爲徐世標所害。臨刑，絳抱頸求代，不獲，乃以身蔽刀，行刑者并害之。兄厥，字韓卿。少有風概，善屬文。父被刑，厥坐繫尚方。尋有赦，恨父不及，感慟而卒。

張敷，字景〔印〕〔胤〕，吴人，邵子。生而母殁，年數歲，問母所在，便有思慕之色。求母遺物，散施已盡，惟有一畫扇，緘録之，每感思輒開笥流涕。宋武帝召見，奇之，曰：「千里駒也。」官秘書郎，累遷司徒長史。父在吴興亡，報以疾篤，敷往奔省。至吴興，成服，凡十餘日，始進水漿。葬畢，不進鹽菜，毁瘠成疾。世父湛每止譬之，更感慟，絶而復續，未期而卒。孝武時，追贈侍中，名所居曰「孝張里」。

梁

陸襄，字師卿，吴人，厥第四弟。弱冠遭家禍，終身疏食布衣，不聽音樂。昭明太子聞其業行，引與遊處。出爲揚州從事，以父終此官，固辭。不許，聽與府司馬換廨居之。母猝患心痛，醫方須三升粟漿，時冬月日暮，求索無所。忽有老人詣門貨漿，量如方劑。將酬直，忽失之，時以襄孝感所致。尋以母憂去職，年已五十，毁頓過禮。太子憂之，遣人戒諭。大通七年，爲鄱陽内史。時鮮於琮作亂，襄率人吏破之，生獲琮。案其黨，枉直無濫，時有「人無横死」之歌。侯景圍臺城，憂憤卒。景平，追封餘干縣侯。

陳

張種，字士苗，吴人。仁恕寡欲，識量弘博，時人爲之語曰：「宋稱敷、衍，梁則卷、充。清虚學尚，種有其風。」居母喪，年五十，哀毁過甚。迫以凶荒，未獲時葬，服制雖畢，恒若在喪。時稱其孝。

張昭，昭弟乾，吴人。昭字德明，乾字(元)〔玄〕明，並有至性。父病消渴，嗜鮮魚，昭結網捕魚以供膳。父卒，兄弟並不衣綿、不食鹽酢，日食一升麥屑粥，每感慟必嘔血。父服未終，母陸又卒，兄弟毁瘠骨立。家貧，未得大葬，布衣疏食，十有餘年。陳衡陽王伯信臨郡，舉乾孝廉，固辭。兄弟因毁成疾，昭失明，乾中冷苦癖，年未五十並終，嗣息俱絶。

隋

徐孝穎，吴人。仕隋爲校書郎。嘗在園中晝卧，見人盜菜，徐轉身向内，恐盜見之。丁母憂，三年不内宿，終冬不御綿纊，形骸骨立。每哭，哀聲徹於邑里，聞者皆隕涕。

唐

陸南金，字季孫，吴人。操履謹飭，歷官太子洗馬。嘗匿盧崇道，按捕當誅，弟趙璧出認抵罪，兄弟交争，趙璧曰：「母未葬，妹未歸，兄能辦之，我生無益，願請死。」御史義之，上聞，並免。初，南金爲鄞令，築隄爲湖千頃。宋治平中，立祠湖上之青山。

張承休，吴郡人。以南郊齋郎補兖州兵曹。丁母憂，廬墓三年。又舉賢良方正，遷揚州司録參軍。

丁公著，字平子，吴人。三歲喪母，七歲見鄰媪抱子，哀感不食。請於父，願絶粒歸道。父勉飭就學，舉明經高第，授秘書郎，即辭侍養。父亡，負土作冢，皃力癯慘，見者憂其死孝。上聞，詔賜粟帛、旌閭。官至太常卿，清約守道，每進一官，輒憂見顔色。四十喪妻，終身不畜妾。

龔景才，字敷禮，常熟人，五世同居。麟德初旌表。

宋

李鰲，吴人。幼孤，事母孝。天聖中，母殁，倚杖寢苫，廬於墓側，早夜悲慟，甘露再降於松柏。又以母嘗誦《金剛經》，刺血爲書，刻於墓下。郎中楊備表之。

范純祐，字天成，參政仲淹子。十歲爲文章有聲。仲淹守蘇州，聘胡瑗爲學宫師，瑗學規良密，生徒多不率教。仲淹令純祐入學，齒諸生之末，盡行其規，諸生皆化之。仲淹屢將兵關陝，純祐與將卒雜處，得其才否，仲淹任人賴以無失。仲淹城馬鋪砦，虜侵撓其役，純祐率兵直據其地，且戰且築，數日而成。性至孝，未嘗違左右，不應科第。及仲淹以讒罷，乃就將作監主簿，又爲司行監。尋解去，從仲淹之鄧，得疾廢卧十九年而卒。曾孫之柔，第進士，歷禮、刑二部尚書，封昆山縣開國子。奉親事君，一以仲淹爲法。純祐從兄純誠，仲淹義田皆純誠辦理，因奏爲長洲縣尉，俾創規條，以貽永久。

陸十七，吴江人。父病，刲心作糜，進啖隨愈。郡守趙汝歷爲建旌孝坊。

龔明之，字熙仲，吴人。少逮事祖母李，李自言嘗夢神告曰：「與汝七十七。」及期，果病且革。明之夜禱於天，乞減己五齡，以益李壽。灼香於頂者七，聞腦中有爆烈聲，不爲動。詰旦，李病良愈，又五年乃卒。宣和時貢京師，迎父母往。已而，母與弟相繼亡，去鄉數千里，貧無以葬。明之自一錢之直皆折賣之，又乞貸於人，竟獲歸二喪。晚授高州文學，年逾八十。參政錢良臣奏其孝行節誼於朝，超授宣教郎，賜緋衣銀魚致仕。生平不摘人短、不作貌言，每自謂平日受用惟一「誠」字。撰《中吴紀聞》三卷。子昱，字立道。有學行，安貧樂義，鄉人師之。

張柟，字材仲，吴人。宣和初登第，歷官朝散大夫。性至孝，母卒，年九十九，柟亦七十矣，執喪甚至。初得郊恩，捨子予侄。族人有喪不能舉者，哀而葬之。

范正平，字子夷，吴人，僕射純仁子。學行甚高。紹聖中爲開封尉，以執法忤蔡京，後京當國，遂搆遺表之獄。正平當就逮，弟正思請代，曰：「是時兄方營窀穸，參預筆削者正思也。」正平曰：「時相意屬我，且我居長，我不往，兄弟將俱不免，不若身任之。」遂就獄，捶楚甚至。及事白，猶羈管象州，遇赦得歸。初，純仁卒，特添恩澤，官及中外諸孫。久之，追奪例外官，正平遽納其子官，全其侄與甥焉。正思，字子默，學行亦爲士林所推。

陳振，字震亨，昆山人。父歿，貧無以葬，得地圓明村，卜者云不利長子，振曰：「使親藏得寧，或不利於振，二弟尚可主祭。」遂葬焉。後振爲紹興進士，以禄不逮養，刻木爲親像，一飯必祭。弟拱，亦登端平科。

周津，昆山人。治詞賦，端平、嘉熙中兩舉待補進士。父有疾，刲股以療。或以義諭之，津曰：「父母遺體，豈宜毁傷？然因所予者還以奉之，詎爲過耶？」又有曹椿年者，母病，刲股療之。事聞，詔補承信郎，立孝感坊。又淳熙八年有榮孝子，亦以刲股救母，建旌孝坊。其後有張孝子，皆同縣人也。

元

陳訓，訓弟謙。訓字思敬，謙字師平，吴人。訓仕江浙行省照磨，爲吏廉。嘗以乘馬、書畫、器物鬻錢屬所知，營什一自給。所知死，其妻操錢還訓，訓曰：「生享其利，死餒其孤，吾不忍也。」悉以錢與之。及歸，貧甚，謙力苦周旋，以奉其兄。謙初師林寬、龔𤄵，就場屋試，兵卒搜簡無狀，歎曰：「待士如此，尚何儌倖得失爲哉？」即棄舉子業，折節讀書，尤善詩賦。虞集、黄溍、張翥皆論薦，力辭。張士誠兵至吴，訓謂謙曰：「汝無官守，宜自爲計。」謙曰：「兄在，吾何所之？」俄而，兵入室，脅訓使拜，不屈，遂刃其胸。謙以身蔽翼之，並遇害。門人范文炯求尸，得之水中，猶兄弟相挽結。

趙良箓，字順卿，常熟人。父必鑛爲海州節推，歿，宋季道路多梗，良箓侍母行，備經患難，卒以柩歸。元大德間，東土大饑，以粟二千石助賑。延祐間，又助賑四百石。都省旌之。

曹善誠，常熟人。至順間，獻糧萬石助國用。建文學書院祀子游，割田二千六百畝給師生廪費。黄溍、楊剛中有《記》。

吴淳，字伯善，長洲人。兄疾，伏枕二十年。元季吴中被兵，人悉奔潰，淳獨侍兄不去。有操刃入室者，乃負兄走避。復遇亂兵交刺，淳以身蔽兄，被三十餘創，昏仆於地。兄竟兵死，淳稍蘇，遂入秦餘杭山以終。

金弘業，字修可，吴縣人。居濱太湖，群盗出没，弘業結民兵保障鄉社。方國珍亂，其黨剽掠吴中，弘業遣孫榮一、榮三拒之，皆力戰死。越月，寇又至，弘業逐之於黄洋灣，殺獲無算，一境無恙。江浙行省上其功，授義兵千户。

陳晋，字次翁，吴江人。元末僞吴竊據，父作詩，坐謗訕論死，晋請以身代之。父子争死，有司曰：「代父者孝，存子者慈，慈孝之人，安肯訕上？」兩釋之。父病死，既葬，猶朝夕哭，一目喪明。

朱良吉，常熟人。母病且死，良吉沐浴禱天，剖胸取心肉一臠，煮粥食母，母病愈，良吉心痛不可起。邑人俞某聞而過之，觀良吉胸間創裂五寸，氣騰出，不能言。俞爲納其心，以桑白皮綫縫合，月餘而愈。

瞿嗣興，字華卿，常熟人。母嘗夏月患癰，穢不可近，嗣興𤇆湯洗滌，跪牀下執扇驅蚊，磨穢剔腐，晝夜不少休。母又嘗患積氣不食，刲股作羹進之，疾遂愈。母思食芰，時芰始花，求諸市不得。嗣興解衣入水，忽得三芰，人稱孝感所致。

宋通，字文傑，長洲人。爲元萬户侯，嘗施家貲保障一方。洪武初舉賢良方正，不赴。嘗曰：「吾家世有隱德，不敢望富貴。吾子孫得爲善人，永保詩書之澤足矣。」吴寬爲之《贊》。妻沈氏，富民萬三女也，預知家難，妝奩概辭之，時稱奇女子。

虞宗濟，字思訓，常熟人。洪武時，父與兄坐法當死，乃詣吏自任，曰：「父兄不知也。」獄具，斬東市，顔色不變，年二十二。宋濂有《論贊》。

徐植，字原芳，常熟諸生。父掌鄉賦，後期，將伏法，植引爲己罪。臨刑，賦詩曰：「父母恩同日月高，試將一死報劬勞。」邑人王廷珪作《孝子傳》。又同邑張巽，洪武間弟當遠戍，以弟幼，恐貽親憂，代弟戍貴州。

錢廸，常熟人。洪武初，其父沂坐法論死，廸年十八，詣闕請代，詔刑廸赦沂。沂出，乃易名甦，字更生。後徵詣京師，應詔撰祭元幼主文，上喜，欲官之，以老辭，賜杖歸。從子完，感嘆廸孝，立祠祀之。

莫轅，字巽仲，吴江人。洪武初，父繫詔獄，將刑，轅年十一，願代父死。理官誘脅無異詞，遂奏釋其父而繫之，後獲赦。季父侍郎禮，有寵於上，轅憂之，每指同姓一人隸洱海衛者，曰：「是吾族也。」後黨禍，一家無免者，獨轅嘗以附尺籍免。兄嫂以家禍病死，有遺孤二，皆在襁褓，轅爲保護甚至。家被火逼，母寢，躍入火中，抱持以出，鬚眉盡焚。年七十七，卒，私謚貞孝先生。

戴君用，長洲人。洪武初，父福之因監税失火，法當死，君用身代父刑。其妻吴氏泣曰：「吾夫得子道而死，吾忍失婦道而生？」子文禮，方襁褓，紡績以養，守節五十年。宣德三年旌表。

蔣安，字仁伯，常熟人。弟懋，洪武中犯法，謫戍開平。時安爲諸生，去巾幘，詣御史，泣曰：「懋幼弱不任戍，且老母所鍾愛，請以安往。」御史許之。

范廷珍，字惟中，昆山人。洪武中，父以事連坐，廷珍率其弟廷珪詣官，陳請願代父死，情詞懇切。官爲感動，得末減，兄弟俱戍河間。廷珍故善醫，遂以醫濟河間之人。晚年學益該博，喜吟咏，字法歐陽，年九十餘，猶日作數十紙。葉盛爲紀其事。

顔琇，字季瓌，吴縣人。洪武初，父戍鳳翔，母從行，留琇守（邱）〔丘〕壟。越六年，聞母訃，即日奔赴，函母骨以歸。自陝抵吴，逾數千里，骨函未嘗着地，行則負之，寢則懸於屋梁，渡則着之心胸。父既老，免歸，奉養愈謹，必躬滌圊牏。家人止之，躬滌如故，父故不知也。父卒，日夜號泣，水飲不下咽者五日，竟哭死。子昌，亦有孝行。

都文信，字士誠，吴縣人。其父思賢，與徐右之交善，思賢死，妻唐有娠，日夜悲泣。右之日使人存問，且慰之曰：「若生子，吾當妻以女。」已而果生文信，右之遂館爲婿。洪武初，右之坐事，文信請代行，右之曰：「汝未有子，豈可爲人死？」不許。既而，右之事白得還。後復以事被逮，文信曰：「今已有子，可行矣。」右之仍不許。文信潛冒右之名以往，竟死於獄。右之感其義，即屏妾侍，遂以無子，都氏世奉其祀。

沈伯剛，長洲人。本孟姓，自幼爲沈勝五後。勝五坐事當誅，年且老，伯剛願代死，勝五不許。伯剛固欲代之，時年方十七。臨刑，太祖怪其少，問故，特赦之。又朱昱，亦長洲人。父當遠戍，老不能行，而兄先逃去，昱年十六，請代往。有司少之，欲追逮其父兄。備受笞楚，固請代，部使者憐之，改留蘇衛。

盛逮，字景華，吴江人。弟以鹽法被捕，父憐其少，不忍遣，逮曰：「弟未有子，願就捕。」因謫戍寧夏衛。

吴璋，字廷用，吴江人。幼孤，依母陸以居。永樂二十一年，詔選天下節婦充内役，陸以年例當行。宣德元年，親王出封廣東，徙饒州，陸皆從行。璋棄家奔走二藩間，屢求見母，不允。正統十二年，復懇於王。憐而許之，命入宫見母。母病已革，璋徬徨刲股作糜以進，病少間，遂負母出。至寓三日而卒，扶柩歸葬梅里。璋年至八十一，以子洪貴受封。時同邑梅衡求得父尸於沔陽，錢抱瑶吮父疽而獲愈，俱以孝稱。

王賓，字仲光，長洲人。博學洽聞，於書無所不讀。尤精於醫，然未嘗與富貴人醫。里巷貧人及方外士即往診視，與之藥，絶不望報。貌甚寢，藥點其面及肘腋爲創，髽髮短衣，人咸笑之。生平不娶。未冠父殁，終身不冠。奉母飯必親煮，羹必親調。年七十，疾革，抱母不捨。息半晌，復蘇，呼母連聲始絶。葬後，魂歸於家，曳履拄杖行，呼曰：「娘，娘。」舉室皆驚，良久乃滅。初，郡守姚善賢而造之，賓掩門語曰：「勿驚吾母。」逾墻逸出。善他日却儀從，獨候門下，始接焉。所著有《光庵文集》。

梁楝，昆山人。父爲館陶主簿，將歸，留少子鎬贅於邑人，其母嚙臂而别。父母卒，楝思鎬，徒步至館陶，已失主家所在。後隨處求之，垂三十年。一日，在華亭東禪寺，會大雨，有僧袒而決渠，臂有嚙痕。楝見心動，就與語，即鎬也，抱持大哭。携歸，友愛終身。

徐季昭，吴江人。永樂中，兄昌伯坐事戍遼東，乃請兄留養，而以身代行。昌伯曰：「爾年少不更事，豈堪遠戍？」二人互争。久之，母竟遣季昭行。後十餘年，季昭還，母尚無恙。鄉人扁其堂曰「孝義」。

徐真，字宗正，吴江人。靖難兵起，避亂與母相失，去家訪之，立誓曰：「不得母，不生還。」後數年，渡淮得之，奉以歸。

杜瓊，字用嘉，吴縣人。生一月而孤，母顧育而教之。長從陳繼學，爲文必本於理，詩古雅有風致。間寫山水，秀潤可觀。性至孝，痛父早亡，從母問其容儀，往往形諸夢寐。母疾，刲股以療。有司將上其孝，瓊曰：「此豈得已耶？惟念母節未白耳。」正統四年，知府況鍾疏聞，被旌。宣、正間，有司薦瓊孝廉，辭不就。年七十九，卒，遠近會葬者千餘人。私謚曰「淵孝」。五世孫詩，字與言，嘉靖己酉舉人，歷官貴寧道參議，定烏撒、烏蒙争地界事。

王鑑，字與修，昆山人。舉天順壬午鄉試。其學邃於《尚書》，謂二帝三王之道在此。大書「忠孝」二字於壁間。成化辛未，上春官卒，遺子漳書曰：「而祖以千金付我，汝仲父二孤尚幼，我緘而藏之某柱下，書到即付孤。」去無他囑，勉思壁上二大字而已。漳得書，發柱不開緘而與之，時稱其父子雙孝。

張曉初，吴縣人。以無子，娶良家女，見其舉止端凝，詢知父爲廣文，喪不能歸，售女以備行李，曉初即返之。已發矣，乃令妻撫之，擇婿嫁焉。後曉初生子習，舉成化進士。

顧寬，字惟仁，吴江人。性孝友。母喪，三年不入私室。與弟宏俱八十餘歲不分爨。族之貧無依者、不能葬者，皆必有賑給。嘗買地掘得故冢，復掩而他擇之。曾孫名曾唯，嘉靖癸丑進士，爲名御史。

朱顒，字景南，長洲人。父歿，廬墓三年，每哭，烏鳥聞聲皆下。事聞，旌爲孝行之門。又有陸鏜，十歲喪父，哀毁如成人。兩遇盜，負母出，哀呼曰：「毋令吾母受驚也！」盜捨之去。

鄭熙母孀居四十年，熙曲順母意，至老如孩穉時。母愛季弟子，婚娶俱先己子。

吴中英，長洲人。父客燕死，僕竊金逃，中英遺腹生，未識父。長尋父櫬，三往不得。最後號慟欲絶，誓不得父棺不還。有德州僧指示之，題識宛然，奉歸葬焉。同邑杜遵，家貧，傭力養親。父母相繼歿，手自穿窀負土以葬，鄉人繪圖傳之。

顧淳，長洲人。年弱冠，父患痛風不可忍，呼淳與訣，欲自裁。淳禱於天，剪髮際肉投藥以進，痛立愈。同里顧愛石，幼值母病，夜半赴神廟哀籲，刲右臂肉，母愈。父病，刲左臂肉，亦如之。

鄧汝南，長洲人。力貧養母。妻以語言觸母，遣之，終身不娶。母病，刲臂肉。既歿，肖像事之如生存。

金孝子，失名，長洲人，居甫里。父末疾不能行，有所詣，即負之。家火災，倉皇中婦已負翁出，孝子不知，冒烈焰入焚死。

孫雲，字從龍，昆山人。父客死，雲徒步萬里，得父骨於昭平堡，函以歸。將渡江，旋風忽起，恍有物奪其所函骨擲之江。雲躍入江中，行里許，攫得之，卒抱函歸。後登嘉靖己丑進士，官員外郎。

譚照，字儒溪，常熟人。增例太學生。與弟太學生曉字鏡川，三世同居。嘉靖三十一年，島倭入寇，時邑皆土垣，知縣王鈇議築城，費無所出。照慨然倡義，捐貲四萬餘金，親身督率，晝夜併力，不五月而城工告竣。甫三日，倭猝至，民憑堅城保守，邑以無虞。邑又連遭水旱，照散米賑饑，全活無算。又自東門至昆山界，備築岸塍十萬餘丈，建石橋十八座，以便往來。撫按題請表揚，時曉已卒，照念祖父以來三世未分，所捐之金，與弟共之，因推功於弟曉，得建專祠。隆慶元年，照卒，撫按又核其事行，具題備主入曉祠，一體致祭，〔時人爲撰《祠記》〕①。

任環家卒，名氏不傳。嘉靖時，倭寇薄蘇，環以同知奉檄督鄉兵禦之。兵，市人子，遇寇先遁，環獨身射寇。寇持長刀突至，家卒見勢急，扶環上馬。寇刃及馬尾，家卒直前，手搏寇，連中數刃死。環得脱，後竟成剿寇功。又有鄉農二人，方鋤田，爲寇所獲。使導往富家，二人故引之官軍處，大呼殺倭，倭殺之。

陸懋，字邦美，昆山人。有姊，父鍾愛也，爲倭所獲，將被害，懋突城而下，跪請代姊死，以全父志。賊感動釋之，令懋擔。懋睨其姊去遠，提擔撲賊。賊追之田間，被害。既死，尸不可辨。兄愚哭之哀，瞑目閃閃動，與頸領合，得藁葬城西。

歸鉞，字汝威，昆山人。早喪母，父更娶後妻，輒杖鉞，每炊將熟，逐之出户，終日不得食。比歸，又復杖之。父死，母獨與其子居，鉞擯不得見。因販鹽市中，時私其弟，問母起居，致甘鮮焉。歲大祲，母不能自活，鉞往涕泣奉迎。母慚，終感其誠懇，從之。鉞既老，且死，終不言後母事也。鉞族子繡，字華伯，販鹽養母，與弟綿、緯友愛無間。繡妻朱，每製衣必三，曰：「二叔無室，豈可獨使君被完潔耶？」後叔妻亡，有遺孤，撫之如己子。歸有光作《歸氏二孝子傳》。

林德，常熟人。父爲倭所殺，詗知讎所在，委身從之，屈意善事。既親暱，乃具酒食，誘倭醉卧，

---

① 據《四庫》本補。

取其佩刀，斷首以歸。

周伯，字懷堂，常熟人。質直好義。嘉靖間，倭犯海上，令大户築城，伯獨任鎮海門一帶。寇至，伯率家屬拒之，獲三甲首。辛酉大水，輸粟千鍾，粥餓者，樍溝胔。御史旌其門曰「忠義」。

沈楠，昆山人。七歲喪父，力耕奉母。母感痰疾，楠割左乳，火煅爲末，點沸湯進之。數進稍息，屬盡乳而甦。知縣劉某旌之以文，鄰里贈之以粟，楠曰：「楠須母乳以生，今母病，刲以還母，豈異事哉？敢以一乳爲名高也？」力耕如故。每盛暑，必以半臂掩之，不令人見。越十年，母病復劇，又割右乳進之，又愈。御史周如斗疏聞，被旌。

錢之選，字舜臣，常熟人。父坐事繫獄，選與父更代繫，尋隨父戍遼東，籍鐵嶺衛。爲諸生，中嘉靖庚戌進士，累官兵部郎中。故事，官兵部乃得脱軍籍。於是上書訟父冤，得昭雪，封父如其官。遂告終養，奉父歸里。

歸有貞，字養素，昆山人。父年六十一而生，口授以經輒成誦。年十八，爲人師。二十 ，父歿，居喪哀毁。四舉德行，處師席者五十餘年。素不禮於長兄，長兄死，次兄復盡得其腴産。有貞知而不言，率其庶弟居於宅之西偏，族人皆嘆美，有光尤亟稱之。既而，兄侄輩産蕩盡，有貞每賑恤之，歿爲棺殮。年九十餘，無病而終。

秦霑，字光甫，昆山人。父爲仇陷成大獄，霑年十七，(因)〔囚〕①服投牒，御史杖而逐之。哭詣太守，太守憐之，爲緩其獄，後得從末減。領嘉靖壬子鄉薦，選德化知縣，再補寧陵。遇疑獄必重持之，曰：「向者父獄起，吾仰視堂上人猶虎狼也，安知今堂下人不虎狼吾耶？」

張尚友，字益之，吴縣人。精《春秋》之學，吴中治《春秋》者皆宗之。事父純孝。父病革，封左臂肉和糜以進。人有欲上其事者，怒曰：「是欲我以死父取名乎？狀苟上，我必死之！」錢謙益表其墓②。

吴士志，字伯高，常熟人。年八歲，父母出避倭，中道相失。士志歸守其廬，曰：「家人終當於此索我。」父殁，痛欲從死。其大母及其母强之食，乃日進粥一盂。淚漬枕席，重裀俱爛，二母不知其夜哭也。逾小祥，目失明，耳失聰，口失音，血枯骨立，見者悲之。終日曝檐下，手其父事狀，攬筆欲有所更定，舌卷口噤，索飲不能咽而卒。又有徐明俊者，亦以孝死。鄉人並稱孝子云。

沈柱臣，字公爾，吴縣人。受業於王敬臣，參究理學。事繼母極孝。歲饑，貿粟奉母，而己與婦食糠粃，不令母知。受徒入糈悉歸母。弟嗜酒善費，所需稍緩，即横加意氣，亦笑承之，惟恐傷母心。爲縣學生，六舉行優，以貢授滁州訓導。

---

① 據《四庫》本改。

② 録修本「錢謙益」三字作空，一本并空「表其墓」凡六字。《四庫》本亦空「錢謙益」，并注小字夾注「闕」字。

張冲，字應和，長洲人。母疾，焚香籲天，割左臂一臠置湯藥以進，因以愈。嘗服賈燕京，途聞父病，乃倍道行。遇盜傷肱，盡劫其所賈金，然故人所附全未失也。故人子來，視創甚，不敢問金。冲曰：「盜去吾金，君家金固在也。」遂悉還千金，人以爲難。又仗氣負奇，有俠客豪士風。皇甫汸、李攀龍、黄姬水、徐中行、王世貞俱爲其誌傳。

張世偉，字異度，吴江人。中萬〔歷〕〔曆〕壬子鄉試。服習其祖基之家訓。七歲喪母，上食號慟，塾中兒皆爲流涕。父殁，事其兄如其父。急朋友之難甚於己，鄉邦有大利病，縉紳囁嚅相顧，必自世偉發之。人有不善，相戒曰：「無使張孝廉知。」死無以爲殮，倪推官長玗賻之，乃發喪。

屠嘉賓，吴江人。少孤，祖鞠之。及祖病危，嘉賓割股和藥以進，病遂瘳。母以哭夫喪明，嘉賓餂其翳，久之豁然，人謂孝感。萬〔歷〕〔曆〕中，按臣徐旌奬。

顧順升，字與登，吴縣人。爲太學生，有文譽。父死甫一月，母又死，家又失火，順升負母尸出，旋復舁父柩。遍體焦爛，絶而復甦，强起營葬事。服闋，仍處丙舍。萬〔歷〕〔曆〕中，仕爲兵馬司副，屢剖冤獄，累擢楚府長史，不赴。抵里，即廬墓以終其年。

陳星樞，字拱薇，常熟人，廣州知府國華子。萬〔歷〕〔曆〕丁酉舉人，知湯陰縣。思親，告歸終養，動息不離左右，以純孝聞。子煌圖，崇〔正〕〔禎〕壬子副榜，授翰林典籍。以親老辭徵不赴，人亦稱孝。

朱陛宣，字德升，吴縣人。舉萬〔歷〕〔曆〕壬子鄉試。會試寓京師，忽心動，馳歸，母尋卒。以父老，遂絶意進取。少與周順昌同學，順昌被逮時，陛宣衰絰往送之，周旋甚至。父終，以哀毁卒。巡按祁彪佳舉真孝廉，請贈謚，敕贈翰林院待詔。姚希孟私謚曰孝介。

楊大渶，字子澄，吴縣人，南兵部尚書成子。少從王敬臣遊。性廉静，見非義，色艴然不可犯。事親誠孝。兄弟四人，析産獨取其薄。丁巳、戊午間，歲饑，民死無算，收瘞枯骼，凡兩年可萬計。年逾艾，危坐一室，誦讀不輟。吴人稱端孝先生。

沙舜臣，字子升，吴縣諸生。事母惟謹，與弟舜年、舜民稱一門三孝。當魏璫矯旨逮周順昌時，士民坌集。舜臣偕諸生王節、劉羽儀、王景皋、殷獻世、楊廷樞、文震亨等直前，謂巡撫毛一鷺曰：「人情如此，明公獨不爲青史計乎？曷據實上聞？」一鷺斥勿譁，官旗遽呵叱，激衆怒，致有群擊之事。後獄具，舜臣與王節諸人等並黜。

繆天秩，字原常，吴縣人。父疾，陰刲股以進。父竟不起，居喪哀毁。以創鉅，遂成瘵疾，年僅二十四歲卒。後以子國維貴，贈參政。

席允信，字順懷，常熟人。萬(歴)〔曆〕間，築福山城十之一，雲和塘十之二，解磚、解銅，輓運漕糧，每代鄉民償補缺額。明季荒旱，載粟數千斛，分貯城中，半價糶以爲賑。在其鄉施粥，成梁建閘諸便民事無不爲。舉鄉飲賓。

朱祖文，字完夫，吴縣人。幼孤，母劉勵節撫之。弱冠補諸生，痛母節未揚，終日戚戚。周順昌初未識祖文，聞而憐之，白當道得題旌。部牒下，祖文始知，乃感泣。無何，順昌忤璫被逮，祖文捨家都門相隨，往來津渡，出入禁門，時遭邏卒，幾蹈不測。順昌誣賕數千，祖文思貸金完之，以緩其死。祖文以未得收尸，有違初心，若不可自比於人，遂鬱鬱以死。彌留之際，猶以順昌後人爲念。

李文詠，昆山諸生。性孝。父好飲，會天寒，盡醉而寢，火發。文詠驚覺，倉皇入父寢。僕李安奔出，額已爛，牽文詠，告不可入。文詠直入不顧，以身護父，同死火中。明旦視之，文詠僅存一股，其父以覆故，猶具體。事聞，表其閭曰「孝子坊」。

張雲龍，昆山人。能文章，有至性。母病，割臂和藥以進。居母喪，哀慟感里閈。邑遇災祲，能任其役，調度周悉，惠澤均平。有司旌其門曰「孝義」。同里朱應芳，割股療父疾。又有尤大中，以父母病，先後割胸股者再。有司並旌其門。

黄守道，長洲車塘農人也。母病目不治，守道舐之，匝月而明。母又疽發於背，毒潰，守道跪而吮之，呬呵聲暗與補瀉法合，疽遂平，由是名傳遠邇。萬（歷）〔曆〕間被旌。

周室琳，字韞美，昆山人。祖御史元暐，爲里仇所訐，逮詔獄。室琳連疏伏籲，青衫草履，日拜長安門而哭，行道傷心。由是臺省交章論救，事得白。嘗拾遺金五百，雪中停車，返諸其人。

周廷祚，字長生，吴江人。崇（正）〔禎〕初，入都請其父宗建恤典。時郭鞏以宗建之禍，實自己發，極力彌縫，託所知囑廷祚無言，當以一第萬金相報。廷祚曰：「父仇，即死不避，富貴可餌我耶？」遂疏劾鞏，得擬辟。時法司以許顯純、田爾耕、崔應元先世軍功，止擬絞。廷祚赴法司堂大叫曰：「此輩慘斃諸忠，尚不擬辟，豈爾輩猶貪重賄耶？」法司悚然，皆正典刑，一時稱快。

袁扉，字雪封，長洲人。幼孤，居祖喪廬墓三年。母没，亦如之，哭泣兩目幾眚。或勸之，扉曰：「與其不及情，毋寧過情！予惡夫託先王之禮以文凉薄也。」遺産悉讓諸弟，己與婦晨夕不給，至摘馬蘭、杞菊爲食，婦亦無怨言。婦死，不再娶。族有五喪未舉者，爲營葬焉。

朱壽陽，吴縣人，祖文子。少補諸生。曾祖以禦倭功，應世襲蘇州衛指揮，壽陽讓弟壽增。曾祖專祠在京口，逆奄變易天下，祠院乃毁之。壽陽泣訴於縣，祠復存。郡縣重其義，贈官産五十畝，不受。贈金，亦弗受。崇(正)〔禎〕壬午，有司應詔，將以五經博士薦，壽陽不就。卒於家。

劉曙，字公旦，長洲人。崇(正)〔禎〕癸未進士，授南昌知縣，未任而金陵失守，尋死之。先是，曙以父病，割左股，痕三寸許。至是，其僕覓尸，視股痕爲驗云。

諸永明，字合甫，昆山人。講性命之學，一以劉宗周、黄道周爲法。遊成均時，會道周下獄，永明身入獄中，周旋左右，同卧起幾閲月。道周貫械對簿，皆明扶掖。獄解，出圜扉，名重一時。

盧士達，字德孚，長洲人。先代於嘉靖倭亂時捐貲助軍需，旌爲義門。士達有至性。父病癱，割股肉療之。母失明，偕其妻晨夕互舐，遂復故。居喪慟哭，聲徹户外，閭巷咸知爲盧孝子哭聲。好施與，家日以落，卒如故。有横逆，不校。子應琦，諸生，傭書養親，孝行如其父。有司上其行，題表爲父子孝行之門。

吴正一，字素風，常熟人。明季旱蝗，催科愈急，正一孑身冒死，叩閽陳四載奇荒。得旨許豆麥搭兑，蘇、松、常、鎮、湖五府帶兑餘米捐十之四。

申傳芳，字維習，吴縣人，時行孫。内行純潔。少遊吴庠，承祖蔭補尚寶司丞。遭父喪，擗踴長號，竟以毁卒。御史以孝聞，奉旨旌門。

金秋，字有秋，吴縣人。年十四，父殁，哀毁過禮。事母孝養備至。友愛兩弟，析産取瘠遜肥。建宗祠，賙里黨，行善如不及。陳繼儒、文震孟爲立傳。雍正十一年旌表。

國朝

周茂蘭，字子佩，長洲人，順昌子。順昌被逮，茂蘭日夜徒行。至京日，始及，順昌麾之返，曰：「汝往，俱死！」茂蘭泣别，絶而復蘇。崇（正）〔禎〕初，誅逆奄，茂蘭刺血上疏，請誅倪文焕以報父仇。當事者難之，茂蘭復刺舌血，再書以進。又揭逆黨吕純如頌璫原疏，文焕、純如俱服辜。故事，贈官不及祖、父。懷宗嘉蘭孝義，特錫三代誥命，蓋異數也。茂蘭邃於《易》。湯斌撫吴，式廬就見，請應賓筵，爲國人矜式，固辭。年八十二歲而終。

劉龍光，字夢蕭，吴縣人。與父母因亂相失，道梗不得問，光日夜啼泣成疾。少間，徒行至盱江，禱於張令公祠。宿廡下，夢神有寄居石瀿之語，驚而寤。不知石瀿何所也，旁皇路隅。忽遇一尼，謂曰：「石瀿在閩、廣之交。今方阻兵，由徑路往，七日可達。」亟如其言，所過皆險絶無人跡。最後至白石嶺，斗絶萬仞，捫嶺而下，其地果名石瀿，竟得母管於村中，相持大慟。問父所在，已殁歲餘矣。

匍匐扶母及櫬而歸。龍光好古學，精《爾雅》蟲魚之義，音切箋釋，皆極其旨。

瞿昌文，字壽名，常熟人，式耜孫。年十七，念其祖遠阻廣西，欲往省，恐父母不聽，襆被潛行。冒矢石，陷重圍，瀕死乃得達。式耜誦退之「知汝遠來」之句，且喜且悲。後竟裹骨而返。其叔元錥，繼往不得達，歿於永安。

顧廷錡，字佩堅，長洲人。父繩詒，知蜀之仁壽縣，張獻忠破成都，不屈死。廷錡孑身入蜀，陵谷變易，無有知瘞骸處者，呼號路側。閱四寒暑，輾轉尋訪，始得之。扶櫬萬里外，陟險履危，中間瀕死者數次。抵里門，鬚髮盡白。

黄向堅，字端木，長洲人。父孔昭，崇(正)〔禎〕癸酉舉人，爲大姚知縣，兵阻不得歸。向堅憂泣，徒步往尋，繭足黧面，遍歷滇中。至白鹽井，得遇二親，迎還故里。人稱完孝。

顏中和，吴縣人，義士佩韋從孫也。順治初，父宏仁爲怨家周昌所殺，連控於官不得直。中和年甫十三，痛其父被害，日取析薪斧礪之，束草爲人形，書昌姓名其上，以試斧。逾三年，中和懷斧告母曰：「兒將往復父仇。」母大駭，止之，中和竟往。值昌市中，陰尾之行，昌不知也。行稍前，遽自後揮斧中昌首。昌方左右顧，又斧之。會母趣其兄孟和走視，比至，昌已死。兄弟乃號於衆曰：「願偕我詣官。」至縣庭，兄弟争自承，衆從旁分别言之，始下中和於獄。其明年，御史録囚，釋之。

顧鰲，吴縣人。父爲仇家金瑞甫刺脅死，鰲時僅一歲。稍長，詢母得父死狀，即淬一刃，挾以出入。金亦避之。至年十八，遇金於胥口。金見鰲拔刃來刺，驚躍入水。鰲亦投水，連刺傷額，不死。

金挾貲誣以盜，有司訊得實，金伏辜。

韓矜，字誦先，長洲人。砥行慕義，强學不厭。嘗以家財推與其兄，自甘清苦。卒時，有詩云：「一莖苦菜生平志，數卷殘書汗漫遊。」以子菼貴受封。熊賜履志其墓，稱爲篤行君子云。

菼，見《文苑傳》。

馮勖，字方寅，長洲人。父館閩中，勖與祖及母居。歲荒乏食，勖爲村塾師，得升斗奉養，與妻採荇以食。後父客死，阻兵亂，弗獲歸櫬。勖徒步入京爲諸侯客，時徵博學弘詞，膺薦得第，授檢討。即請假歸，入閩尋父櫬，未得，伏地慟哭。有老人哀之，指視其處，遂扶以歸。

蔣德埈，字公遜，長洲人。順治辛丑進士。性至孝。父病，刲股療之。康熙乙卯，歲大饑，德埈傾家賑濟，全活者數千人。月給育嬰堂緡錢爲乳哺費，施絮、施棺、埋胔、掩骼，每歲無算。臨卒，以腴田百三十畝爲義莊以贍族，以百二十畝助於育嬰堂。里人感其義，請之有司建祠，春秋祀享。兄維城，字公表。爲人醇樸孝友，與德埈撫育孤侄，不遺餘力。兄子感之，字叔助，以志弗忘厥德。德埈置義田諸善事，維城與有力焉。

席啓圖，字文輿，吴縣人。父本貞，好施予。啓圖能繼父志，廣父所置義冢、義田，賑凍餒，收棄骸，助嫁娶，施醫藥。學宫歲久傾圮，爲修葺復舊觀。編格言爲《蓄德録》二十卷。

張文魁，長洲人。家貧，性孝，傭工以養。遇有肉食，則携歸奉親。甲申之變，奉母避杭，遇兵相失。追尋二年，見母於嚴州王姓家，迎歸終養。文魁年八十一歲，卒。陳鵬年守蘇，題額曰：「至性全真」。

黄農，字古處，長洲人，省曾六世孫。居母喪盡哀。恐傷父心，每夜卧蒙被泣，日以尫弱。父授經里中，離家數里，每晨往省，風雨無間。父憐其疾，止之。農乃伺門外，館僮出，問起居，乃去。日者謂父年五十二，適先一年病甚，農患其驗也，元旦遍禱神廟，願減算以益父年。忽一夕，驚喜曰：「神許我矣。」父果愈。後農病篤，恐貽父累，以膳田易金置枕畔，謂妻曰：「汝善事吾父，吾得侍吾母矣。」父歸，含淚執手殁。得枕畔金，始克殯。妻金，以苦節聞。

顧天朗，字開一，長洲人。爲官學教習，考授知縣，以母老不就選。積學好義。母病，侍湯藥成疾。及殁，一慟而絶，時謂孝死。有司上聞，立祠。聖祖南巡，賜御書「孝靖」二字顔之。長子汧，康熙癸丑進士，巡撫河南，多善政。三子溥，爲如臯教諭二十餘年，士多思之。

許德璠，字荆生，常熟人。父國賢，力行善。明末，江陰、無錫避兵來常邑者，國賢計口與之居食。時僉大户解白糧往往破産，國賢爲公正，請於當事，得題准官運。德璠繼其志。康熙初，叩閽請減蘇、松賦額。每遭旱潦，傾囷賑濟。貧不舉子者，出貲收養，邑有育嬰堂自德璠始。

金拱辰，字修來，吴縣人。以諸生貢入太學。奉母盡色養，居喪哀毁，三年舍外寢，杖桐見客，泣涕漣洏。析産皆取其下者。又厚撫兄之子若孫，推之五服親懿，婚喪靡不周恤。疾革，檢篚中債券盡焚之。

王松齡，字御凡，常熟人。父病卧牀，居鄰火起，甚迫，松齡叫天搏顙，須臾風返火滅。親終，廬墓哀毁盡禮。督學張泰交題旌。

殷鉉，常熟人。父爲仇陷庾死，鉉訴冤於上官，數仇人皆就獄。且合謀殺鉉以滅口，於是鉉亦被囚。一日雷起，獄中首犯震死，咸謂孝感動天。督學魏學誠題旌。

王三錫，字承寵，吴縣人。母病，籲天求代。母卒，事父養志。昆弟早亡，撫從子三、從孫二如己出。雇婢及時遣嫁，不索直。捐腴田百畝，倡建普濟堂。巡撫藩守給匾旌奬。

顧啓賢，吴縣人。父病，醫藥弗效，啓賢不令家人知，露禱於天，割臂肉和藥以進。父飲之，遂愈。姊已嫁，而夫不事生産，家蕩盡，啓賢迎養之終身，又爲嫁其女二人。有從侄幼孤，貧不能自存，啓賢撫育之。及長，爲之授室。且予之貲本，以逐什一，曰：「吾使之可以畜家口，延宗祀也。」

王迪惠，昆山人。童年喪父，便盡哀毁。事母竭力。雍正元年旌表。

王浦珍，昆山人。孺慕性生，鄉里咸欽其孝。雍正元年祀鄉賢。

歸聖脉，長洲人。三歲遭父喪，號泣如成人。七歲就外傅，常泣，師問故，答以不見父爲痛。事母曲盡孝敬。積脩脯葬祖父母及父，慈烏繞墓。著有《莪庵集》，皆白雲思親之意。雍正三年旌表。

沈自顯，吴江人。九歲遭寇作，隨親避難，中途遇寇，砍仆地，自顯抱父首泣求，寇感動捨去。父殁，廬墓三年。雍正三年旌表。

汪宗灝，昆山人。父病癱，跪吮不倦。事母盡孝，生事葬祭，悉備禮法。雍正三年旌表。

（邱）〔丘〕存禮，長洲人。四歲喪父，七歲讀《論語》，至「事父母能竭其力」，問師得解，歸即以不得事父向母大慟。母愛鮮菌，存禮日行數里外買歸。及母殁，刻木肖像，朝夕奉祀。舉喪柩舟由胥江，值風作，將覆，存禮躍入波中扶救，風頓息。雍正四年旌表。

金懋顯，吴縣人。五歲母殁，每念及，輒淚下。然恐傷父心拂繼母意，惟飲泣吞聲。明末避土寇山間，晝伏夜行，遇險峻必負繼母不辭勞。父喪，聞訃徒步奔歸，聞者咸嘆息。性慷慨好施，親黨待以舉火者，不下數百家。

顧存儒，昆山人。七歲喪父，擗踴如成人。每祭，見母哭，則亦長號。母憐而止之，答曰：「母弗哭，乃已。」既長，貧不能葬父，適鄰居失火，存儒負母出。隨偕一傭作舁父棺，力不能勝，則以身蔽棺，向火而哭，俄而火滅。一日，見村婦抱幼子而泣甚哀，叩之，以夫繫獄，將棄子傭身以贖夫罪。存儒爲傾囊濟之，母子得全。雍正四年旌表。

沈萬育，字和卿，常熟人。天性至孝。鼎革時，負母避兵遇盜，捨身衛母，盜憐而俱全之。母病篤，夢神示某醫可愈，傾囊延治，果愈。建橋梁，施棺槥，以成母志。年九十四。臨終，惟呼父母。雍正四年旌。孫淑，官編修，通三禮，著《周禮翼疏》。年甫三十三而卒。

朱之勱，長洲人。童年事親即知愉色婉容，有訓則跪而聽。年十一，父客秦，勱忽寒顫，因疑父在外衣單，亟製衣寄之，後知父果於是日失冬衣。家被盜，執母，以身衛之，母得不傷。雍正五年旌表。

朱鳳，昆山人。以孝友聞，睦姻周恤，發於至性。雍正六年旌表。

戴兆箕，字傅生，常熟人。與顧鈇、顧鎧、吴格相友善。三人皆貧困，兆箕亦止薄田數十畝。鈇無子，依婿以老。格與鎧先殁。鎧一子，不能娶。格惟一女，流落爲豪家婢。兆箕贖歸，配鎧子，且分以田屋。鈇聞其事，扶病往謝。兆箕視其病將不起，謂曰：「子無憂身後也。吾妻死，製兩棺者，爲子地耳。」未幾，鈇殁，殮而葬之。里黨咸高其義。

楊兆隆，字凝厚，吴縣人。秉性剛正，然諾不苟。服賈京師，往來齊、魯、燕、趙間，遇人有患難窘急者，必加周恤。施惠既久，道路之人皆呼爲楊佛子。父殁，舉遺産盡讓之弟。弟病疽經年，醫者曰：「必服葠觔許，乃可起。」時葠價騰貴，兆隆在京聞之，即買一觔寄歸，果服之而起。自奉儉薄，而宗族親黨間皆歲有常給，待以舉火者數十家。年老家居，晨起必肅衣冠，誦《金剛經》以資父母冥福，嚴寒酷暑無間。

錢聯珍，字公玉，吴縣人。本姓顧，幼繼於從母，故從錢姓。家服賈，既稍能自立，即迎本生父與繼父母同居，兩家尊老優遊聚首垂三十年。既而相繼殁，附身附棺，盡哀盡制，各竭其力營葬地，使兩家相望。而廬於其間，朝夕哀號，聞者悽感。有子五人，治命使長子、三子承錢姓，而其餘復顧姓，以各守宗祀焉。雍正七年旌表。

曹天禄，吴江人。母雙目瞽，日以舌舐之，目復明。父殁，痛絶復蘇，廬墓盡禮。雍正八年旌表。

蔡來信，吴縣人，世居洞庭山。幼孤，事母孝，定省温(清)〔凊〕①、甘旨瀡滫，必曲體親心。母年七十餘卒，哀毁如不欲生。喪葬盡禮，祭祀必泣。上有三兄，長與叔俱早世，撫其孤至於成立。事次兄極恭順，事事欲得其兄之歡心。雍正八年旌表。

徐杲，吴江人。年十六，被盗，劫父去，泣請身代。不獲，負父尸歸。哭控當事，捕得盗伏誅。雍正八年旌表。

張惟馨，吴江人。年十二，父被盗劫，冒刃蔽其父，盗憐而捨之。一日，父墜於河，惟馨躍入急湍，抱之俱出。父病，侍湯藥終年不解帶。及殁，哭廬墓側，哀動行路。雍正八年旌表。

李漢，長洲人。十歲父亡，母自經，力弱不能解，跪捧母足，哭聲震户外，鄰人排闥解之。一日，奉母過太湖，風作舟覆，漢抱母浮沉中流，忽一漁船出救，母子俱得無恙。以母苦節未旌，終身抱憾。將終，猶執子手，連呼請旌云。

程允元，字最先，常熟人。六歲見母病目，呼號不食，跪母膝上舐之，稱爲孝童。及長，鄰火延及父寢，父方疾篤，冒死從烈焰中負父出，焦爛而卒。

葛光熹，常熟人。襁褓中即喪父母，鄰媪抱而育於葛。長而傭工，得一壺一臠，必以奉葛氏父母。妻失親歡，遂棄之。葛父殁，光熹將賣身買棺，鄰里義而助其終事。又積傭賃之直，葬其先世數

① 據《四庫》本改。

棺焉。

張友誠，常熟人。早失父母，爲人刺舟，遍求父母棺骸。遇一老尼，其族姑也，爲言兩棺朽壞，久爲壙丁棄骨河干矣。友誠哭赴其處，躍身入水，鄉人援救之，得不死。乃刻木爲兩親像，朝夕祭告如生存。

馬維仁，常熟人。父患背疽，危甚，醫曰：「欲知可治與否，必嘗惡以驗。」維仁嘗之，味苦，醫曰：「可療。但毒已内蝕，必吮之而後出。」維仁吮出膿數升，遂痊。明年，維仁病瘵，臨死，戒其妻勿哭，恐傷親心也。

張爾翔，字集之，常熟人。歲遇荒歉，輒行糜施棺。嘗遇人鬻妻者，周之以金，俾得完聚。倡建支川長橋，以便行人。

蔣文瀾，字葭友，吴縣人。康熙丁巳舉人，歷兵部職方司主事，候補按察副使。雍正五年，偕弟、侄文源、文涵、文滂、腹松、應鰲等，捐貲三萬兩，助修水利。被詔褒嘉，即家加光禄寺少卿。

孫鼎鍾，字采章，長洲人。天性純孝。年十五，母患脾疾，鼎鍾衣不解帶者八閱月。危急中，禱於天，請減己算以益親壽，又刲左臂肉和藥進。明年，母果愈。又三年，母殁。奉父孝養備至。父年八十餘，疾作，氣血俱枯，鼎鍾鬻其衣飾房産，易葠以供。又數月，卒，鼎鍾廬於墓三年。雍正十年旌表。

顧濡，字方水，吴縣諸生。幼孤，家貧，力自節縮，以供母甘旨。居母喪，哀毁幾不欲生，三年未嘗見齒，亦不離几筵。撫其弟，幼則勸之學，長則授之室，老而貧也，割産以資其養。凡親族之嫁娶婚喪有不克集事者，隨其疏戚而佽助之。卒後，張雲章爲之傳。

李鋮，字含奇，吴江人。康熙辛丑進士，入翰林。少孤，事叔父甚謹，周旋群從，篤友誼。吴孝廉苑客死都門，鋮酷貧，勉力殯之，鳩十金謀歸其喪。會患瘵而卒，病中葠苓之費，皆自借貸，而所鳩十金，猶封識牀頭。從弟成其志。

盛建極，長洲人。十二而孤，居喪哀毁骨立，每時祭必流涕。母病痢，親爲嘗藥、滌穢。曲體母志，篤愛二弟，周恤姊家，至老不衰。雍正十一年旌表。長於詩，有《鄧尉山房集》。

劉振時，昭文人。家貧，父母無帷帳，振時方數歲，爲持扇驅蚊，終夜不倦。父殁，哀毁盡禮。後以貨殖家隆，遂好施予，欲爲母祈延年。母殁，合父喪葬於城東北麓，廬墓三年，鄉里皆感泣焉。雍正十一年旌表。

徐國㨨，長洲人。吕梿，常熟人。張士仁，新陽人。雍正十二年，俱以孝行旌表。

孫豐穀，長洲人。父仲謙卒，慟絶復甦，哀思不已。冬月，母病，思食梅實，泣林下三晝夜，得之。人以爲孝感云。

蘇宗芑，常熟諸生。課徒養親。母張氏，疽潰不治，籲天求代。夢一老人指往興福寺求醫，次日，果遇老僧畀藥二丸而愈。及再往問，寺中並無此僧也。

趙嗣孝，常熟人，繼伯父世鐸後。鐸没，母陳氏欲殉，嗣孝哀懇，母乃緩死。後出帶示之曰：「我欲以此終，爲汝孝，故得以天年終矣。」母歿，負土築墳，廬墓五年。

李象垛，昭文人。家貧，父病，垛甫八齡，日鬻菜果，得錢以供甘旨。冬無完衣，族兄象翼勸其就學，垛以謀養辭。值鄰家火，垛負病父出，母亦尋出。垛不知也，復入烈焰中，哀號求母者再，被火傷卒。

以上雍正十三年旌表。

江南通志卷一百五十八

人物志

孝義　二

松、常、鎮、淮四府

松江府

後　漢

陸續，字智初，吳人。幼孤，爲郡守尹興門下掾。興坐楚王英事，徵詣廷尉獄，續就拷，肌肉消爛，終無異辭。續母至京，餽食，付門卒以進，續對食悲泣。人問其故，續曰：「母來，不得相見，故泣。」又問：「何以知母所作羹？」續曰：「母截肉未嘗不方，斷葱以寸爲度，是以知之。」帝聞，即赦興等事。續孫康。

卞崇，婁人。桓帝時，郡守薛固爲法吏所誣，下廷尉，崇詣闕稱冤。廷尉囚崇，楚毒備至，崇確然不撓，聲枉彌厲。天子聞而奇之，乃赦固罪。

宋

衛公佐，字輔之，華亭人。事繼母盡孝。族有貧不嫁女者，雖疏遠，必爲擇壻歸之。聚書數千卷，禮賢訓子。時縣未有學，捐地爲址。熙寧末，饑疫，施粥給藥，瘞殍給棺，無慮數萬。有司嘉其義，將奏聞，力辭而止。元豐中，復饑，租税無出，纍繫盈庭，又爲出粟代輸，繫者得盡釋。弟公亮、公望，並敦行義。

衛謙，字有山，華亭人。登進士，授龍溪尹，不就。立義莊，贍宗族及鄉之貧者。建義塾，以來學者。買婢，知其某參政孫女，治奩具，擇士人嫁之。子德嘉，字立禮。元至正間，盜起，里人争竄，獨不動，曰：「吾守死先祠耳。」人稱其孝。

殷澄，字公源，華亭人。性介特好施。宋末避地邑之南錢，元兵入華亭，其帥忿南錢久不下，欲屠之，澄奮詣軍門極言。帥怒，手劍叱之，澄曰：「殺我一人，活數千萬人，死猶生也！」帥乃止。丞相伯顔聞而義之，授華亭軍民都總管。不受，野服隱居以終。

元

湯文英，字孟寬，華亭人。世篤孝友，至文英八世同居。至元間表閭，復其家。

夏椿，字壽之，華亭人。少孤，事兄如父。至元丁亥，歲祲，出粟賤糶。庚寅，又祲，賤糶如前，復設粥以待飢者。大德丁未，旱，鄰境飢民皆携持老幼歸夏氏，椿闢廬舍，具饘藥以濟之，歸者給其資，死者買棺以瘞。事聞於朝，旌其門爲義士。

任仲孚，上海人。好義樂善。大德間歲饑，出米二千斛、穀八百斛，以濟貧乏。部使者上其事，詔旌其門，二子良佐、良輔皆被擢用。

章夢賢，字思齊，上海人。性孝友，好施與。至順初，浙西大水，朝廷命能賑五百石以上者爵有差，夢賢出粟二千餘石而不受爵。詔旌爲義士之門。時同邑管仲德，亦以散財周急被旌。

杜英發，字俊卿，上海人。官建寧學正。初，季父無後，養莫氏子爲子，後復以英發爲後。及季父殁，悉以産歸莫氏子，待之不異同氣。復置田、儲粟，以資族之困於徭役者。

徐初，字本道，華亭人。父信後母讒，初事之益恭。父暑月病疽，穢流衽席，初身自浣滌，不解帶者經月，父乃悟，曰：「汝，吾孝子也。」後母有子，初友愛甚篤。至正丙申，浙右警，初糾鄉人備寇，大帥欲薦官之，不受。

徐誠，字信之，上海人。父疾，醫、禱勿應，乃刲股和藥以進，尋愈。好施予，歲祲爲粥以食飢者，活萬餘人。

沈雍，華亭人。與弟穆以孝友稱於鄉。至正丁未夏，淞島兵變，父騰避兵於外，二子守家廟不去。悍卒排闥入，引刃刺雍背，穆以身捍蔽，乞代兄死，雍亦祈釋弟殺己。卒感其義，遂兩釋之。

趙恭，字思恭，上海人。母久病，恭嚙臂肉作羹啖之，尋愈。父患蠱，其弟敬封股肉爲羹以進，亦愈。人稱「二孝」。

姚玭，字比玉，青浦人。至正末苗兵之亂，玭奉母出避，阻河不得渡，母曰：「兵至，吾誓不受辱！」遂自沉。玭倉皇投水，負母而出。一日母病，思魚羹，暮夜莫能得，有所蓄烏圓甚馴，忽出致白魚盈尺，以歸供母。人以爲孝感。

戴光遠，字君實，上海人。父暘谷，規創義塾，以訓里人，未竟而卒。光遠經畫成之，作堂室四十五間，貯經史，延師儒，招學者，割上田五十畝贍之。

葉以清，字子澄，華亭人。尚氣節，德清尉劉昶告以三喪未舉，即貸五十緡。監黟縣伯顏調兵昱嶺，呼以清姓字，而囑妻、子曰：「我死母老，當往依之。」及顔死，以清夢顔來曰：「以八口累君。」越二日，其妻、子果奉母至。時避地諸名流，皆依之以居。

明

何潤，字子潤，華亭人。吴元年，海氓錢鶴皋作亂，據府治，殺知府荀玉真，囚知縣馮榮等。潤收瘞玉真，復詣錢，力請曰：「馮良吏無苛政，願以十口保之。」榮等得免。并擁護避難良民甚衆。及亂定，又出私財，募購府、司所失八印納於官。官將表其事，固辭。時稱何義士。

顧敏，字文敏，上海人。洪武初，父仲睦坐累死，子孫應戍邊，敏年十三，刺血上書白父冤。太祖憫之，得末減放歸。詔旌其門。

沈德四，華亭人，封股肉愈祖母疾。及祖父病，復封肝作湯進之，隨飲而瘳。事聞，洪武中詔旌其孝。

張榮一，華亭人。洪武時，封肝愈母病。奉詔旌其門，里人繪其像城隍廟。其後以封股愈親疾者，華亭有張桓、陳泰居、宗晟，青浦有張可成，上海有張同文、王節、蔣時英。

陸文旺，字德林，上海人。篤於孝友，士望歸之。有就之質成者，誨以大義，咸感悟去。元季避兵苕溪，人指其故閭曰：「此陸先生居也。」相戒勿毁。洪武初，舉賢良，歷官郡守。

錢惟慶，字汝明，華亭人。七歲喪父，哀毁如成人。事母篤孝。兄存善，以輸銅後期違部限，勾攝甚急，惟慶詣使者曰：「老母所藉終養惟兄，不如期者我也。」存善曰：「弟爲母愛子，不能離膝下，我爲家長，不如期罪當坐。」兄弟爭赴逮。使者驗户籍，竟以其兄行，會赦免。子溥、博。

楊周，字起東，華亭人。以高義聞，雖布衣，里中敬服，得其一言爲重。有賈寄貯金三千，十年賈至，倍其子母錢還之。客堅却子錢，周不得已，散之貧民。療疾賑飢，全活萬數。

姜大順，華亭人。父廉，洪武初以人材受武靖判官。大順性孝，母卒，廬墓三載。有司以孝義薦，力辭不仕。

周禋，字維敬，華亭人。爲府掾，太守劉璟器之。璟以剛直忤巡撫黄憲，欲坐以墨拘，諸掾拷掠皆誣服，禋獨鳴其冤，楚苦備至無撓辭。及覆鞫，復大呼枉事，始得解。後選授縣佐，乞歸。邑中顧清、曹時中諸名流皆重其人，與之酬唱。孫思兼。

馮海，字存樸，華亭人。事親孝，雖近，出入必長揖以告。母年八十，有鄰媪年與母同，嘗與之叙姊妹行，海日具甘旨，必邀鄰媪同食，以娱親意。母疾篤，日嘗其糞，夕叩北斗求代，半載始痊。海竟以勞瘁遘疾，垂没，呼母三日不絶口。里中稱爲苦孝。

曹閔，字崇孝，上海人。弘治丙辰進士，令沙縣，擢南御史。疏論劉璟被杖，後當起官，以母老不出。母終，枕塊得寒疾卒。

馮行可，字道卿，海曾孫，御史恩長子。恩應詔直言下獄，論斬，行可年十三，伏闕訟冤，日匍匐長安街，號呼乞救於朝。士終無敢言者，乃刺臂血書疏，願代之死。世宗覽疏色動，曰：「忠、孝乃萃一門耶？」因減恩罪戍雷陽。後領庚子鄉薦，歷官應天通判，有政聲。弟時可，隆慶進士，歷官按察使，以文名。

包節，字元達，華亭人。嘉靖壬辰進士，由推官擢御史，出按湖廣。劾守陵巨璫不法，反爲所搆，逮詔獄搒掠，永戍莊浪衛。節在極邊，處之甚安，獨傷母不克終養，日飲泣。聞母訃，晝夜哭。竟不起，遺言以衰絰殮，聞者悲之。弟孝，字元愛。嘉靖乙未進士，官南京御史，與兄節並著風采。尋請終養歸。母没，哀毁卒。時稱其兄弟皆死孝。

王子奇，金山衛人。母疾，吐痰，子奇輒以口吞之，母尋愈。總戎閩中，海錯皆不敢嘗，曰：「吾親未食也。」嘗置一妾，詢知其爲金千户女，立遣還，不責其直。又同郡解元莊允中，字執卿。買妾至門，聞女父爲司倉，逋課被繫，鬻女以償，即惻然歸之。

韓宏謨，青浦庠生。嘉靖甲寅，倭寇犯境，獲宏謨母，將刃之，宏謨號泣請代，皆被害。宏謨子奔救，并遇害，人皆哀之。時上海陳時熙、華亭高承順，皆奉父避倭亂，猝遇寇鋒。時熙請代戮，承順以身捍刃，寇義之，俱得釋。

徐億，字子裁，華亭人。倭躪境上，億駕舟奉親避匿。寇兵突至，奮梃擊之，親得脱。而億墮水，有浮草隱蔽，乃免於厄。母疾，籲天請代。又吮父疽。及二親繼歿，哀毁骨立。既葬，結廬墓側。喪畢，不食鹽酪、不括髮者十年。垂老入城市，人皆聚觀。更有强邀至家，令子孫識之，曰：「此徐孝子。」御史温如璋疏請建坊表之。

徐壽，字永齡，青浦人。嘉靖二十三年，歲大饑，穀翔貴，壽減直糶五百石，以濟貧餒。事聞於朝，特賜冠帶。子沛，嘉靖末又值歲祲，沛糶米亦隨時直，而升斗則廣逾其半，曰：「吾不居賤糶名，而使人實受其惠可矣。」鄉里尤感頌之。子三重。

曹誠，字守愚，上海人。嘉靖甲寅，避倭亂五里橋，有人以巾懸樹，就水浴，浴畢即去。誠趨視樹上，巾内貯白金，因露坐水際，待其人至而還之。又嘗於道旁厠上見遺金，及夜出有墜金户外者，皆久候亡金者返覓，還之如前。鄉里皆多其義。子國裕，官太醫院吏目，亦有善行。

張隱，字時顯，華亭諸生。九歲喪父，事母孝。居大母及母喪，三年不飲酒、入室。少贅婦家，舅卒無子，遺産頗豐，隱爲之置嗣，悉以所遺歸之，鄉里美其讓。兼工醫，有名。

楊應祈，字懋延，給事允繩子。允繩以非罪逮繫獄論辟，應祈日納橐饘，刺血書疏求代父死，母泣止之。不忍見父就刑，先入獄與訣，絶粒而死。萬（歷）〔曆〕中旌表。

吴炯，字晋明，華亭人。萬（歷）〔曆〕庚辰進士，授杭州推官，擢南京兵部主事，進光禄丞。時徐兆魁騰疏攻顧憲成，炯力辨其訛。歷遷南太僕少卿。居鄉時置義田贍族，輸萬金助邊，被詔旌獎。從父丕顯，由乙榜除承天府通判，亦以好施著。

朱一德，字士隆，上海人。領萬（歷）〔曆〕戊子鄉薦。生平多善行，拒奔婦，還遺金。哀里人謝某無辜陷重辟，爲辯於官而出之，不受一錢。又同郡奚欽，字聖功，亦以還遺金、却奔女得長者名。

顧正心，字仲修，華亭人。太學生。萬（歷）〔曆〕十六年，歲饑，出粟二萬以賑，詔旌其門。因悉郡民徭役之苦，買田四萬畝以助諸役，擘畫周詳，公私賴之。又置濟荒、贍族、義學諸田，人尤多其義。子懿德，亦善士。

錢良輔，字德卿，華亭人。舉萬（歷）〔曆〕壬午鄉薦。祖母九十餘，卧蓐不能起，良輔口哺之。祖母没，哀毁備至。後居母喪以毁卒。又上海進士沈泓，字鄰秋。母亡，每遇歲除，必至殯所寢處，元正三日後乃歸。每一念母，中宵哽咽，人爲感動。

瞿光位，字明巖，華亭人。父以運糧事坐誣繫金陵獄，光位年十六，奔赴繫所，遍訟冤於當事者，十年獄猶未解。後衝冒風雪，躡巡按御史舟後，號呼徹晝夜，至力竭嘔血，再仆雪中。御史憫之，鞫得其實，父冤始白。奉父歸，侍養盡孝，歷三十餘年。及居喪，哀毁感動鄰里。

孫然恭，字欽我。善草、隸大書。曾孫天潢，字爰楫，工辭翰；天淏，字蒸紫，邃經學。

高承順，華亭人，萬(歷)〔曆〕時旌孝。

張秉介，上海人，天啓時旌孝。

沈文亮，字星白，華亭人。父鎬病瘵，將不起，文亮髪纔覆額，哀號禱天，願以身代。刺臂血投糜中以進，病遂瘥。

陸志孝，華亭人。哭親喪明，遇異人療之，一目復開。廬墓三年。崇(正)〔禎〕時旌。

唐姚端，上海人。事父孝。歲饑，煮粥以食餓者。設義船於永濟渡，往來便之。〔子華博雅敦倫，亦以孝義著。〕①

國朝

陸從龍，字五雲，華亭人。爲諸生，有聲。性孝，家貧，授徒以給甘旨。侍父疾，衣不解帶者三

① 據《四庫》本補。

載。父殁，事祖母盡孝道。撫幼弟極友愛，又育弟遺孤俾成立。從妹少寡，迎養終身。

張淇，字爾瞻，上海人。父尚文，有行義，好施。淇尤以孝友稱。效范文正義莊，規畫置義田千畝，以贍族人。子彙、孫照承先志，奏明朝廷，以田載入邑乘。上嘉獎，追授淇吏部左侍郎。雍正十年事也。

蔡之筆，字聖持，上海人。性謹實，勇於爲善，里黨重之。臨没，猶遺金助興義塾，以教鄉之子弟。

張之普，字弘祖，婁縣人。居母喪，哀毁骨立，廬墓三年。康熙辛酉，父貢生宮在中州幕抱病，之普星馳省視。及至，父已殁，拊棺哀慟，絶而復甦。扶櫬返，氣息日微，哭不成聲。甫抵家設祭，即瞑目苫次。聞者哀之。

黄令荀，字竹咸，華亭貢生。少孤，家貧，嘗雪夜負米奉母。以學行著鄉里。弟諸生士英早殁，婦潘氏守志，令荀自減口食給之，以完其節。

馮敦忠，字方山，婁縣人，明御史恩七世孫。爲諸生。敦孝友，好義。念蘇、松浮糧之困，著《浮糧考》。憂海患，著《海塘條議》《石土利害説》，俱上之當事。凡遇有關名教事，必倡爲之。

孫琮，字爾繩，青浦人。侍奉祖及母竭力盡孝，葬後廬墓三年，慈烏環集，人謂孝感所致。雍正四年旌表。

汪思遵，字建士，婁縣人。歲貢生。天性孝友，父殁六載，哀痛如初喪。康熙乙未六月，冒暑入山，經營窀穸，勞瘁暴亡。子顯曾抱尸痛哭，三日不絕聲。殮父畢，一慟而絕。時稱雙孝。雍正九年旌表。

常州府

後漢

彭修，字子陽，毗陵人。年十五，與父俱歸，父爲盜所劫，拔刀前曰：「父辱子死，卿等不畏死耶？」群賊曰：「此義童，不宜逼。」遂解去。仕郡爲功曹。時西部都尉宰鼂行太守事，以微過收吴縣獄吏，將殺之。主簿鍾離意固諫，鼂怒，并使收意，掾吏莫敢發語。修排閤直入，争之，皆得原貰。後州辟從事。賊張子林等作亂，與太守俱出討賊，賊望見車馬，競馳射之，修障扞太守，中流矢死。賊素聞修恩信，即殺中修者，餘悉降散，謂太守曰：「我等自爲彭君降，不爲太守服也。」

許武，字季長，陽羨人。郡舉孝廉，武欲二弟晏、普成名，析貲自取膏腴，鄉人鄙武貪而稱弟克遜，晏、普並得選舉。武謂宗姻曰：「向以二弟未預榮禄，故分財取譏。今殖産數倍，悉推二弟。」郡中稱譽翕然。仕至長樂少府。

許荆，字少張，武之孫。爲郡功曹。兄子報讎殺人，怨者操兵攻之，荆出跪曰：「兄一子爲嗣，願殺身代之。」怨者曰：「許掾郡中稱賢，吾何敢犯？」遂委去。舉孝廉。和帝時，遷桂陽太守。有兄弟争財，上書自劾，後皆感悔。召拜諫議大夫。

高岱，字孔文，無錫人。太守盛憲舉爲孝廉。許貢領郡，將殺憲，岱求救於陶謙，憔悴泣血，水漿不入口，謙感其忠勇，許爲出軍。岱還，而貢已囚憲母，岱往見貢，好自陳謝，貢即出之。孫策聞其善《左傳》，虚已候焉，爲嫉者所中，遇害。

晋

顧悦之，字君叔，晋陵人。初爲殷浩揚州别駕，浩爲桓温所廢，卒，悦之上疏理浩。或止之，悦之固争，浩果得伸，物論稱之。終尚書左丞。

南北朝　宋

蔣恭，義興人。元嘉中，晋陵蔣崇平爲劫見擒，云與恭妻弟吴晞張同行，時録晞張弗獲，收恭及兄協付獄，兄弟争受刑。郡上其事於州，悉原之。後恭除義成令，協義招令。

徐畊，晋陵人，自令史除平原令。元嘉中大旱，畊詣縣自陳，請以米千斛助官賑貸。時以畊比漢卜式，詔書褒美。

余齊民，晋陵人。少有孝行，傭書以養。一日，忽語人曰：「近肉痛，心煩如割，必有異。」尋得父病信，四百餘里，一日而至，則父已死，齊民號踴，慟絶良久蘇。問父遺言，母曰：「恨不見汝。」齊民曰：「相見何難？」號叫殯所，須臾便絶。郡以事聞，詔更所居里曰「孝義」，賜其母粟百斛。

許昭先，義興人。事親盡孝。叔肇之繫獄七年，料理餉饋，了無倦色，貲産既盡，賣宅繼之。尚書沈演之嘉其操行，肇之遂得釋。

齊

吴欣之，晋陵利城人。弟慰之爲武進縣戍，元嘉末隨王誕起義，會華欽軍至，衆駭散，慰之獨留被執。將死，欣之詣欽請代，兄弟皆見原。齊建元中，有詔蠲表。

華寶，無錫人。父豪，義熙末戍長安，寶年八歲，臨行謂曰：「我還，爲汝上頭。」後長安陷，寶年至八十不婚、冠。或問之，不忍答，輒號慟彌日。齊建元三年，詔表門閭。

薛天生，晋陵人。其母遭艱，嘗菜食，天生亦菜食。母未免喪而逝，天生終身不食魚肉。建元中，詔表門閭。

蕭叡明，字景濟，南蘭陵人。母病風積年，晝夜祈禱，祁寒不輟，下淚成冰，叩頭出血，血亦冰。忽有人以小石函授之，曰：「此療夫人疾。」跪而啓函，有絹三寸，丹書日月字，母服即愈。

劉懷（允）〔胤〕，晋陵人。與弟懷則十餘歲喪父，衣不絮，食不鹽豉。建元三年，詔表門閭。

吴達之，義興人。嫂亡，傭直給喪具。從弟欽伯夫婦歲饑被掠，達之有田數畝，售以贖。郡命爲主簿，固以遜兄。又讓先世舊田與族弟，弟不受，棄爲閒田。建元三年，詔表門閭。

陳元子，義興人，四世一百七十口同居。建元三年，詔表門閭，仍蠲租賦。

蕭修，字世和，南蘭陵人，諮弟，封宜豐侯。性至孝。年十一，丁所生母艱，自荆州反葬，中江遇風，修抱柩長號，血淚俱下，隨波摇蕩，終得無他。葬訖廬墓，猛獸絶迹，野鳥馴狎。武帝嘉之，班告宗室。

唐

劉子翼，字小心，晉陵人。初仕隋爲著作郎。峭直有行，面折僚友，退無餘訾。貞觀初被召，以母老辭。江南巡察使李襲譽表所居曰「孝慈里」。子禕之。

王遇，晉陵人。肅宗時，與弟遐同行道中，爲賊所執。將釋其一，兄弟争死，賊感其義，俱縱之。

蔣渙，晉陵人。與兄洌並擢進士第。父卒，兄弟廬墓側，植松柏千餘。渙以鴻臚卿使日本，却金帛之餽，惟取箋一幅爲書，以貽其副。歷官禮部尚書。洌終尚書右丞。

宋

丁竇臣，字元珍，晉陵人。與兄宗臣並以文行稱，號「二丁」。舉進士，歷司封員外郎，卒。少孤，篤於友愛。兄亡，服喪三年。

陳思道，江陰人。喪父，事母、兄以孝弟聞，鬻醯以給晨夕。母喪，水漿不入口七日。既葬，廬墓，妻、子詣之，拒不與見，有白兔、馴虎之異。咸平初，賜束帛，旌其門。

邵靈甫，宜興人。倜儻好施予。嘗歲饑，盡發儲粟五千斛，浚河除道，邑人争受役，因賴以活。子梁、孫綱，皆登第，人以爲積善之報。

陳敏，字伯修，無錫人。年十一，廬親墓，有芝産於家。熙寧三年進士，大觀中守天臺。蔡京諸人用事，斥司馬光諸賢爲奸黨，令郡國立黨人碑，敏曰：「誣司馬公，是誣天也。」倅立石，敏碎之，謝事歸。

葛書思，字進叔，江陰人。第進士，調建德主簿。父密年老，迎養不就，遂投劾歸養十年。廷臣薦，弗起。密許以偕行，始乞監新市鎮。居喪盛暑不釋麻苴，終禫不去家舍，累年乃出仕。主簿連水時，兄書元爲望江令，同隸淮南。監司有捨兄而薦思者，乞改薦兄。不許，則封檄還之。官朝奉郎。卒，謚清孝。

孫逵，晉陵人。母周氏刲股起父疾，母卒，逵哀毁盡禮。崇寧間，郡守爲請旌表。淳祐中，裔孫鎬年七十餘，病疽，其子裂肝以療，尋愈。郡守刻石表之，名所居里曰「申孝」，以昭其世德。

施垌，字林宗，武進人。登崇寧進士第，仕至敷文閣待制。生平篤意孝養，所至得親書，必冠帶跪讀。遇恩奏補，先及弟侄。鄉人稱之。

元

王彬，字文父，武進人。早孤，事母孝。母没，哭泣幾喪明。天（歷）〔曆〕中，歲旱，鄉鄰絶食，彬遍假之粟。卒後送葬者千人，皆哭之慟。

李辰，字吉父，江陰人。家貧力學。近臣交薦之，試迪功郎、史館編校，改參制置司幕府。以母老乞歸。母喪，蔬食廬墓側六年。

虞薦發，字君瑞，郡人。性孝友，家貧好施，未冠舉於鄉。歲饑，出粟賑貸。聚徒講學。當路欲薦之，謝不就。

張孝子，小字阿蟠，自無錫徙家晉陵。少孤，家貧，傭力染肆以養母。時得一美味，必歸遺母，色養備至，積二十年。母終，痛哭幾絶。鄉人以張孝子稱之。

章齊，字敬叔，江陰人。元季，父文避寇雷溝，死於亂兵，齊求父尸不得，哀慟絶粒者七日，書《蓼莪》首章，擲筆而逝。以避亂松江，窆於盧涇。子庠，洪武間爲袁州守，始奉祖衣冠及父柩歸葬。

華幼武，字彦清。父鉉早夭，母陳詔旌貞節。幼武幼與群兒戲於庭，聞母語生平事，輟戲而慟。母益具言所聞，母子相持慟哭，哀動閭里。事其祖父及叔父極恭順，群從未嘗析産異居。母老喪明，日召諸姑姊與歡讌。又構貞節堂、春草軒以居母。黄溍、宋濂記傳之。

明

張翼，字飛卿，無錫人。徐達破姑蘇，俘士誠，其僞將莫天祐猶固守無錫。達使諭之降，復爲所殺。達怒，檄曰：「不下，屠其城！」翼與儒士徐績、徐吉，往説天祐，宜爲生民計。天祐沉思良久，從之。翼先縋城下，見領兵胡廷瑞，約三日出降。歸報，天祐如期自縛詣軍門。廷瑞入城，不戮一人。洪武三年，翼、績、吉並舉明經行修，翼以老辭，吉逃去。唯績應命，歷遷順德知府，歸老。

顧士傑，字文英，武進人。洪武初，父坐督賦詿誤論死，適父病，兄當就逮。士傑年十七，曰：「父老矣，兄家督，何可死？」竟自詣詔獄死，父、兄爲建祠祀之。

王忠，武進人。洪武中，父諒以輸税後期，法當死，忠時年十七，自詣京請代父死，上並赦之。宣德初，以薦除兵部主事，方將大用，以母老致仕歸。

楊浦，字宗廣，武進人。自浦而下，五世同居，食指千百計，時稱爲義門。

孫慶，字思敬，武進人。母暑月病瘍，吮數日得愈。又得寒疾，刲股以進，病亦良已。母喪，廬墓側，産靈芝，備五色雲氣，人以爲孝感。

沈明，字惟遠，常州人。母病，勤侍湯藥，得疾幾殆。兄歿，以遺産屬明，明以己産與婦家産合爲一。嫂曰：「内産叔所當私。」固請却之，明終與均分。

徐佛保，江陰衛人，永樂間旌孝行。

趙鉉，江陰人，洪熙間旌。

胡長寧，武進人，正統間旌。

陳安常，江陰人。輸財助官，景泰間旌。

陳玉，宜興人。景泰五年，歲大饑，玉出穀二千石賑之，全活甚衆。事聞詔旌。

馬官，武進人。九歲喪母，事父及繼母極孝。父患頭風，醫弗能療，禱於神，願刲股救親。夜夢神曰：「樓前榴樹，汝以鐵綫懸繫，則割可弗害。」如言，果無恙，爲羹進即愈。又同郡錢獻卿、李魁、屠上宿、左守身，前後俱以割股愈父母疾。上宿、守身，俱被旌。

李庭芝，字瑞卿，宜興人。廉直簡慤。嘗同業師許恒應南試，恒暴仆闈中，庭芝即投卷負其尸出。景泰中鄉舉，任平樂知府。致仕，家徒壁立。有故人李應貞過訪，時方踞爐煨芋，相對話舊，俟芋熟啖之而去。

李貞，字維誾，郡人。幼孤，其母資織紝育之。及長，母久病，家益貧。母卒，鬻妻以殮，里人許還淳義之，爲贖其妻。又爲醵金助葬。貞感其德，終身父事之。

董琮，字禮坤，武進人。祖母徐年八十餘，爲盜所獲，琮挺身謂盜曰：「祖母老，幸釋之。我有私藏，當以相奉。」盜釋祖母，令掘所藏，琮曰：「我欲脱祖母耳，安得有藏？」盜以孝孫釋之。父病，刲股以進。終不能愈，哀毁成病，卒。

李步行，無錫賣菜傭。早喪母，事父孝。父嗜酒，每朝鬻菜於市，得錢沽酒，歸飲其父。體無全衣，而父便身之物無不給。里中父老訓子，必曰：「何不學李步行？」又靖江劉權，力傭供母。母卒，廬墓終身。

褚鳳，無錫人。宣德中諸生。事父最孝，父老病在褥，侍奉不離。鳳因出郭上冢，適鄰火延及，父焚死。痛不欲生，不忍火食，惟飲水，食草根、木皮。傭書得工價，營葬事畢，囑弟早娶延祀，身負薪往墓所自焚死。

秦永孚、仲孚，無錫人。侍養二親，歷四十餘年，曲盡孝敬。父患心痛，醫謂胸血可療，二人競砍胸，出血和酒以進，父疾遂痊。母傷膝創潰，競以舌舐而愈。成化間，詔旌雙孝。

秦鏜，永孚子。母張病瘘，又瘖不能言，鏜以意揣其欲而調護之，坐臥躬自抱持，積十九年不懈。以母病，不赴會試。與仲孚子鉉，亦稱雙孝。

蔡元鋭，無錫人。弟元鐸。嘉靖中，倭寇至，突入其舍，兄弟負父升屋。賊執元鋭殺之，元鐸以父免，尚未知兄死，持重貲至賊營贖兄，併遇害。事聞，詔旌其門曰孝友。

全純，字原赤，無錫人。家貧，事母孝。母卒，飲泣歲餘而瞽。鄉里舉其孝，巡撫周忱餉以米、布，純固辭，曰：「某能稍盡子情，則目不盲矣。」忱瞿然，躬爲祈禱曰：「若全孝子果孝，宜還其目。」三月，目復明。忱爲捐俸買田以贍之。

華雲，字從龍，無錫人。嘉靖辛丑進士，授户部主事，榷税九江，以廉潔稱。擢刑部郎，乞休歸。倣范仲淹義莊，買田千畝以贍族人。

吴馭，字惟允，宜興人。嘉靖中官詹事府主簿。邑大饑，輸粟出錢，賑饑瘞死。又建義祠，割腴田二百畝爲義莊。時郡諸生湯應麟，亦以孝友好義聞。

黄鑾，字世鳴，江陰人。由邑諸生入太學。嘉靖戊申，倭警，鑾捐六千金，甓城東南三百餘丈。丙辰，又捐二千金，增子城三座。倭環攻三十三日不破，民賴以全。又圍困時，輸粟七千石給土兵，三千石安客兵，給貧民七十金，助輸尚書趙文華軍餉。殁而邑人專祠報其德。

秦柱，字汝立，金孫。以薦授中書舍人。高拱當國，柱有通家之舊，未嘗輕詣其門。及拱得罪去，門生皆走匿，柱獨追送百里外。吴中行以論張居正奪情廷杖，柱挾醫視湯藥，得不死。居正銜之，斥歸。

折足老人之子，嘉靖初無錫人。父折足，其子負之以行，乞於道。得少物輒進父，父棄其餘，子始食，歷十餘年。父卒，子慟曰：「父在冥途，孰負之行？」遂死父旁。

任卿，字世臣，宜興人。嘉靖間，由例貢仕至大理寺寺副。嘗割田千畝爲義田，贍族之貧者；千畝爲學田，贍士之貧者；八百畝爲役田，佐里人之輸充里役者。其宗人友恭爲太醫院吏目，事孀嬸如母，每日必衣冠寢門外問安，嬸辭乃退。後有億年者，事母盡孝，年六十不衰。撫異母弟，不啻同懷。鄉黨稱曰孝友世家。

鄭振先，字明初，武進人。萬（歷）〔曆〕庚戌進士，令穎昌，舉卓異第一。丁内艱歸，以哀毁卒。遺命以哀絰殮，時稱死孝。

沈應時，字伯起，無錫人。母早亡，父從龍不再娶，而雙瞽，應時日爲舐膜。俟父安寢，然後篝燈讀書。舉萬（歷）〔曆〕癸丑進士。崇（正）〔禎〕初，歷官通政參議。又郡諸生褚城，父喪明，每五更以舌舐之，父目復明。以孝友聞，賜冠帶旌表。

浦邵，無錫人。父虞被賊縛，將殺之，邵以首迎刃，父得免。萬（歷）〔曆〕間旌。

徐時進，字元修，江陰人。以諸生久次將貢，而母馮以疾卒，自傷欲沾微禄養親而不得也，號呼不輟，聲越七日而絶。遠近哀之。

陳一經，字懷古，宜興人。性純孝。生不識父，詢母得貌，繪而事之，諦視輒嗚咽欷歔。爲人方正有器識。殁後里人私謚孝潔先生。子于廷。

秦爾載，字彦熙，無錫人。師事高攀龍、葉茂才。事母盡孝。居鄉設粥、製衣，以濟凍餒，置槽以殮死者，歲以爲常。三子鏞、鈇、鍈，皆知名。

史元鎮，宜興人。年十六，家失火，元鎮入火救母萬氏，鄰人止之，號慟不顧，母子俱死。火熄，尸猶負母，兩手相握不忍釋。事聞，詔旌。萬（歷）〔曆〕四十一年，立像附祀周孝侯廟。

陳可達，靖江人。與父佾渡江，舟覆，可達善水，先登。遂操櫓溯流求父，得之中流，父已凍痿不支。可達因竭力援父，竟同溺死，三日後抱其父尸出，面色如生。

黄卷，字文萃，靖江人。以貢歷雲夢令，罷歸。天啓六年，邑大饑，死亡相繼，家貧，以所置杪木周身具質銀首倡助賑，邑令及監司繼之，全活無算。又同邑朱維炯，有族人逋糧千石，繫獄擬罪，爲出息稱貸還官。復以金贖其罪，時人義之。

堵〔印〕〔胤〕錫，字仲緘，宜興人。六歲喪母，十一歲喪父，哀毁如成人。舉崇〔正〕〔禎〕丁丑進士。自陳幼失二親，未嘗一日奉養，懇乞假歸，廬墓三百日，然後就職，詔許之。墓有枯桐再華，蛛絲結成「孝」字。漳浦黄道周作《禮問》唁之，謂可埒曾、閔。

楊廷鑑，字冰如，武進人。崇〔正〕〔禎〕癸未，廷試第一，授翰林院修撰。工詩文，書法師張瑋。瑋卒於京，廷鑑經紀其喪，謝絶賻贈，曰：「不敢傷吾師身後廉。」倡修郡邑學宫，賑饑施之，宗黨多被其澤。

孫源文，字南宫，侍郎繼皋子。經書、子、史，無不淹貫。性慷慨，喜論天下事。甲申，聞崇〔正〕〔禎〕崩，行坐悲泣。未幾咯血，聲瘖淚盡而絶。同邑諸生嚴紹賢，一鵬兄子，亦自經寢室，一婢從死。

國朝

路邁，字子就，宜興人。崇〔正〕〔禎〕甲戌進士，令暨陽。卓異，擢禮部郎，改吏部。念二親春秋高，告歸終養。入國朝，累徵不出。與弟遴友愛，遴卒官北平，訃聞，哀慟數日不食。

惠疇，字庶康，江陰人。順治乙未進士。不仕宦而能爲德桑梓，浚濲港河，建文星樓，請當事永免楊舍徭役，疇力爲多。

吴珂鳴，字蕊淵，武進人。順治丁酉舉人。是年科場弊發，覆試所舉士於廷，珂鳴三試皆第一，特命一體殿試，授翰林，異數也。未幾，以逋糧案降調。旋復原官，督學京畿，有公明稱。性好施與，周恤宗黨親疏有差，葬其先壟之淹柩百餘。

王襄，武進人。父道洽從族叔於粵東戎幕，久無耗，襄覓父經百艱，比至，則父與叔俱前卒。遇父友指葬處，扶柩歸。母猶疑似，命異日勿合葬。未幾，棺蓋裂，窺見道洽鬚眉如生。襄授徒養母，在館忽心動，疾馳六十里省母。適鄰延燒襄舍，母悸不能起，襄負母出烈焰。順治庚子，舉於鄉。

何肇嘉，武進農家子。父有昌應役遠方，肇嘉號泣尋父，感神告遇父迎歸。家貧，自食糟糠，奉親甘旨。父疾，侍側三年不入妻室。父殁，廬墓三年。雍正七年旌表。

吴箕，字弓武，宜興人。父永齡，欒邑令，致仕家居。母死，箕侍父居書室，寢食不離者十年。兄雲垂客死，箕事寡嫂以禮，雖盛暑不衣冠不敢見。嫂卒，遺兩子四女，皆爲婚嫁，以父所遺産悉歸其侄。

黄暉烈，字敉公，武進人。康熙壬戌進士。居家事親孝，事兄嫂敬，傾婦奩嫁妹，撫甥女爲擇良配。鄉黨稱行義者，必以暉烈爲首。令竹溪，牧鬱林，皆振興庠序，以孝弟廉讓教其民。調養利，道卒。同邑鄒謫仙，字子奇，亦以孝友稱。

謝旭，字羲占，宜興人。康熙乙丑歲貢。以母吴年邁，晨夕侍側不離。嘗遘疾，衣不解帶。隆冬聞有客舟冰膠西溪，不得距岸者，募人多方救之，不食三日矣，全活五人。歲儉捐賑，率先爲衆倡。

朱旂，字大占，無錫人。康熙間順天舉人。少孤，事母呴嫗，至壯不改。與遊皆名士，讌詠無間，惟堂上傳片語，踉蹌急赴。家於鄉，偶入城市，必令僮輩數數伺，候母顏色。母歿，號踴氣絶。良久甦，血坌涌，遂病三月卒。

杜芳，字韡仙，無錫人。事父與繼母盡孝，周恤鄉黨，惟恐不及。歲除，袖碎金十百函，伺窘乏者贈之，不告以氏名。康熙庚寅，巡撫張伯行檄縣賑饑，芳竭囷粟襄事，因以「耆年樂善」四字表其閭。年八十九，卒。同邑潘志道，字嗣安，嘗割肱肉療親疾。行義與芳相埒，時稱「兩善人」。卒年八十。

華汝修，字履祺，無錫諸生。父國球，郡諸生，敦行孝弟，教授鄉里。汝修事父能養志。建祖祠，率宗人遵朱子家禮，恤貧乏，贍孤寡，先親後疏。收育棄孩，槥死瘞骸。見有逋糧械繫者，代納其逋而釋之。道拾遺金，粘書召失者返之。蟲魚微物臨刀俎，必脱之而後安。臨歿，訓子惟曰：「爲善最樂。」

夏敦仁，字調元，江陰人。父霈字若時，有孝行，遇親忌辰，必素服齋居，泣涕竟日。敦仁爲名諸生，間月朔必詣聖廟肅拜，元旦、萬壽，冠帶叩祝。語子弟曰：「尊君親師，無貴賤一也。」邑城南斜涇河引江水溉田可千頃，敦仁一再浚之。歲饑，司粥廠，斂散有方。又糾同志集貲作同善會、義學、義冢，殮死瘞骸；夜燈草屨，棉衣、薑湯、藥餌之施於貧乏者，皆取給焉。弟敦禮，雍正元年賑饑輸粟百石。四年，邑令祁文瀚修學，首捐二百餘金，鄉黨咸多之。

薛有年，武進人。父目疾成翳，有年中夜吮舐，焚香籲天，父目忽明。

陸士奎，無錫人。八歲喪母，倣丁蘭刻（水）〔木〕①像母，朝夕上食。長授徒養父。父嘗病劇，醫百不效，士奎哀號籲天，願以身代，得異兆，遂瘥。

同邑劉耿，字覲文。父早卒，事母孝。母歿，廬墓三年。幼未嘗讀書，由静坐得力，於書無不通曉，能大書。里中有欲舉其孝行者，輒號哭，以母節未舉故也。

史君奭，字則召，宜興人。七歲喪父，哀毁如成人。事母孝，析産以良者與弟。爲人嚴取與，必信果。自幼擅文譽，久困諸生。及次當充貢，謝不就，廬親墓旁終其身。

任沂，字曾儒，宜興人。父令，樂善好施。沂承其志，歲饑米貴，沂買米楚中，半價糶之。旱歲溪流竭，築隄注水，以溉一方之田。又嘗出粟捕蝗，使不爲（炎）〔災〕②。善排難解紛。比歿，族黨咸哭之。

許翎，肇箎猶子，宜興學諸生。少工文，篤孝友。肇箎遺孤翮，家貧，不能讀書，翎令與子泉同學，自督課之。所課未竟，則撻泉以愧翮，翮跪號不敢仰視，長遂力學有名。

潘稷，字稼先，金匱人。父果，任永順同知，會溪蠻鼓譟，坐不善拊循下獄。稷年十七，馳侍父。父遣歸省母娶婦，且就試，稷泣曰：「兒非不念母，尚有兄在。父在禁而子歸娶，於心安乎？至一名，遲速何足計？」仍留侍焉。久之咯血，慮傷父心，不言，遂不起。檢篋得自銘二章，志在立身揚

①② 據《四庫》本改。

名。小盒封固者，父所落齒也。父平日手諭，片紙不遺。

趙珩，華亭人。雍正十三年以孝旌表。

鎮江府

南北朝　梁

韋鼎，字起盛，其先杜陵人，世居京口。侯景之亂，鼎兄昂力戰死，鼎負尸奔走求棺，無所得，哀號不輟。忽江中流新棺至，因取以殮。元帝聞之，以爲精誠所感，大加褒獎。

唐

周國寶，以字行，金壇人。永徽間，四境盜起，國寶糾合鄉人拒之，手刃數十人，力竭自刎。事聞封爵，立廟祀之。

宋

蔡淵，字子雍，丹陽人。登進士乙科，累官至大宗正丞。初，淵家饒於財，兄弟以豪奢相尚，淵獨擔簦以遊，寒苦如窶人。或勸稍分兄弟之財以自給，曰：「兄弟治産，吾治書，兄弟不以家事累吾，吾可以身計累兄弟乎？」聞者愧之。

虞申，字行父，丹徒人。從姚闢①授《春秋》。遊京師，謁安定胡瑗，瑗奇之。生平孝友，勇於赴義。同産負大司農錢，既析貲矣，悉爲償之。仲弟死，嫁五女，撫其孤如己出。

章瑢，丹徒人。事親盡孝。母亡，思慕切至，墓上枯竹復生。子孫相繼以經學顯。

張恪，字季忱，金壇人。幼孤，居母喪，三年不入私室。兄以疾不能供役，恪往號泣請代。兄子有緣役破家者，有坐事没産者，俱授以室廬。擇良田數頃爲義莊，宗族諸事取給焉。歲饑，設糜粥，收棄嬰，贖鄉人女流落他郡者。買妾得士族女，即治裝嫁之。工人竊金事覺，願償以女，弗取而併釋所竊。政和間，鄉里疏其義行上之官，以聞於朝。

陳亢，字退叔，金壇人。家饒而勇於爲義，嘗開古速渡河，民便利之。歲饑疫，傾家儲以給藥食，置義冢，死者給衣櫓收葬之。後以子孫官顯，累贈朝散郎。

湯宋彦，字時美，邦彦弟。以祖鵬舉澤，累授官至湖北安撫司參議。念兄以使金坐貶卒，既已析居，輒推良田益之。得任子恩，即以官其孫。幼女未行，輟其子裝授之。次得任子恩，以與長弟之子；又次與季弟之子。

湯喬年，丹徒人。爲人慷慨自負，博學工文。秦檜欲館致之，使學官諭意，辭曰：「是主和議者，

① 「闢」，《四庫》本作「開」。

吾方爲天下讎之，又安能出其門乎？」後以特恩授韶州推官，不赴。

李華，溧陽人。父殁，毁瘠盡禮。母疾，衣不解帶。有田十餘頃，穀貴，平價糶之，以濟一方。大觀、政和間，蝗數害稼，獨不食華苗。子朝正，累官知平江府。

潘祺，溧陽人。性孝，好學，尚氣節。遊太學，與陳東爲友，東欲陳時政，祺曰：「奈親老，不能與子俱耳，子不可不勉。」陳意遂決。後登第，調宣州司户。

錢戬，溧陽人。居父憂，有少年數人來曰：「而父逋我數萬錢。」戬與之不吝。夜有賊入，戬知之，呼與金，使速去，終不語人。後其子至顯官。

諸葛填，丹陽人。執親喪哀毁，絶酒肉，手治墓，劬瘁骨立。歲饑，民共伐墓木，填不能拒，泣痛而卒。人稱「諸葛孝子」。

湯克昭，字晦叔。初以淮閫辟授修武郎，累官至武翼大夫，知肇慶府。鄉人負錢萬緡，貧不能償，以産歸之，克昭曰：「昔以義假，豈望報耶？」乃焚其券。又買千畝爲義田，凡同祖所出，給予有差。

竇寶、周伸，俱丹徒人，以封股療親受旌。

東崇芳，字德馨，丹陽人。德祐乙亥，北兵來，父被俘，崇芳詣軍門，號呼請代。大帥義之，縱其父去，留崇芳軍中掌文檄。久之，憫其孝，言於伯顔，予以二矢縱歸。

元

孫瑾，字無咎，丹徒人。父歿，當嚴冬，徒跣食粥盡哀。事繼母唐甚謹，吮癰癰愈，舐目目明。唐卧病十二年，不以久病而怠。迨葬時，有久雨忽晴、掩壙復雨之異。縣上狀，被旌。

徐鈺，丹徒人。泰定元年，侍父鎮往婺源，經小溪口，流水暴漲，鎮墮水，鈺急投溪擁父出。父得挽筏以升，而鈺力憊，湍急不能自奮，遂溺死，尸浮四十五里始得。有司以聞，旌其閭。

張壽，字仁輔，丹陽人。五世同居，孝友彌篤。至元三年旌門。

王元伯，金壇人。四世不異爨，家人百餘口無間言。日使諸女婦聚一室爲女工，畢斂貯一庫，室無私藏。幼穉啼泣，諸母見者即抱哺，不問孰爲己兒，兒亦不知孰爲己母也。兄宣伯卒，即以家事付兄子軌，軌辭，元伯曰：「若宗子也，宜主之。」相讓既久，卒以付軌。至元間，旌表其門。

明

王荂，字子輝，金壇人。洪武間，兄榮以杭州府同知坐事當刖膝，荂擊登聞鼓，請以身代，義而許之。旨下，兄已刑矣。正統初，出粟三千石，助官賑飢。敕表義門，復其家。子政、孫鎮，咸好義急公，捐貲助賑。給七品冠帶。

高禮保，丹徒人。性篤孝，割脅脂以愈曾祖母徐疾。詔旌其門。

史以仁，溧陽人。唐川，丹徒人。俱洪武時以孝旌。

陸旺，溧陽人，正統時以輸財助賑旌。

楊椿年，丹徒人，割股荷旌。

貢原懋，字世德，丹陽人。正統間，歲饑，出穀二千石賑貧者。有司以聞，賜敕獎諭。又建學舍，延明師以處四方之士。

賀愷，字伯元，丹陽人。值歲饑，詔民出粟，及格者予旌，愷獨輸粟辭旌。天順中，歲又饑，愷輸粟益多，辭旌益堅。有司高其義，虛賓席以待，終不赴。時蝗災，獨不犯愷田，人以爲厚施之報。孫玭，亦以輸粟及格授承事郎。一人輸負畢有戚容，詢知其鬻女也，傷之，還所輸令贖女，而代之賦。

錢賓國，字寅劬，溧陽人。伯兄以逋賦繫，將質己産代償之，令聞而問曰：「汝寒士，曾與而兄析箸否？」曰：「析久矣。然逋賦者，賓國之兄。負逋賦名者，賓國之父也，賓國敢令父負此名哉？」令義之，令償其半而捐俸輸足。後由貢司訓宣城。

繆希亮，字思忠，溧陽人。事母至孝。嘉靖己丑，既登第不廷對而歸，遂終養焉。母歿，不復出。

史際，字恭甫，溧陽人。少從王守仁、湛若水遊。嘉靖壬辰舉進士，以文選主事，改春坊清紀郎，旋乞歸。置義莊、義塾，修明倫堂，浚躍龍關，捐田二百畝資貧士誦讀。嘉靖甲午、乙未洊饑，發廩以濟。更捐粟墾治沙漲田，成，名曰救荒滸。募死士擊倭太湖。撫按上其功，晋秩蔭子。

殷士望，字德遠，丹徒人。嘉靖末，倭猝犯京口，士望父被執，士望請以身代，倭兩釋之。其女弟亦以孝聞。詔旌其廬曰麟鳳。

馬一龍，字應圖，溧陽人。父性魯，自給諫出知尋甸府，以苗變誣繫獄。一龍時爲諸生，走長安上執政書，情辭哀迫，執政憫之，父獄得解。嘉靖丁未成進士，由詞林仕至南國子監司業。

陳守愚，字子直，丹徒人。性至孝，好施。家被盜，其戚梅某、孔某先以帑寄守愚，至是倉皇來省，守愚悉償之。賑饑給櫘，焚券贖人子女，義事靡不爲。有司薦之朝，將授官，以親老不就。

史濟，字啓賢，金壇人。貧民有鬻妻者，助之金，得不鬻。嘗糴菽淮上，他賈誤授百斛牙籌，亟還之。謝以十籌，不受。

湯宗元，字養初，金壇人。念大父年高，同卧起者十餘年，大父歿始娶。季弟未婚，倍給以常稔田，自取磽瘠。嘗渡淮，獲遺金一篋，訪而還之。人有所貸，逾歲輒焚其券。

曹塾，字啓倫，金壇人。祖遺田僅百畝，後殖至二千餘畝，悉與同居兄子均分。歲饑，輸粟千餘石以勸賑。遥授鴻臚寺序班。

狄仕明，溧陽人。弟獻明，萬〔歷〕〔曆〕壬午舉人，有妾自縊，忌者賄直指，搆以殺人之罪。方逮訊，仕明謂弟曰：「此行無生理，弟未有嗣，不可以死。」乃使弟出亡，挺身代往。直指方盛怒，仕明曰：「直指欲以三尺法，爲所私殺人乎？」直指語塞，怒益甚，榜笞交下，俄殞於獄。直指尋自悔，弟獄得解。

張柏，字汝憲，丹徒人。萬〔歷〕〔曆〕己丑，郡大荒，柏出粟千石，設糜以賑。病者給藥，無衣者給絮，凡五閲月，至麥熟方止，全活無算。有司上其事，遥授之職。子覲辰，亦好施予有父風。

鄒量，金壇人。割股、廬墓，被旌表。

孫尚魁，丹徒人，節婦孫氏子也。孕三月父卒，尚魁自慟爲遺孤，不識父面，每登高及風雨夜則大哭。母病，刲股以進。母歿，設主净室，旦晚侍食，凡數十年。忽一日，詣親族作別，曰：「三日後別諸君去。尚魁遺孤，喜將識吾父於地下也。」逾三日，果卒。

李元炳，金壇人。父瞽，以舌舐復明。割股飼母，母疾愈。明季膺獎。

謝深，金壇人。傭賃爲生，割臂肉愈母病。

陳光美，金壇人，刲股愈母疾。伯兄無嗣，次兄烈以子嗣之。烈願兩析其貲，以一與光美，不受。子英略，亦刲股療母疾。

莊仲祥，字瑞之，金壇人。父以苦學失明，仲祥日侍側，口誦古史數十則，雖沍寒深夜無間，曰：「老人畏夜長，吾欲爲大人減漏刻也。」晝則博束脯以佐甘旨。繼母僅長祥二歲，終時仲祥年七十有三，居喪盡禮。所生弟素驕蹇，仲祥愛之無間。甲申三月，聞變大慟，疽發於背而卒。

陳觀陽，字賓之，丹徒人。父肖，授徒維揚，逆徒宗孫達憾師嚴，投毒飲食中，肖中毒死。觀陽甫十六歲，誓報父讎。宗宦族多藏，百計展脱，賴江都知縣姚持之甚堅。迄十九年，觀陽成進士，血疏陳情，孫達始伏法。觀陽仕至吏部主事。

朱祚元，字仁卿，丹徒人。母病，兩刲股以進。父爲亂兵所執，請以身代，並及於難。

史遷六，溧陽人。里中有貧而棄婦者，鬻己田以全之。子廷颺，順治乙未進士。

國朝

楊日進，字吾往，丹陽人。性和易好施，延名醫善藥以恤貧病。甃治道路，賑濟鄉里，時稱長者。

賀雲舉，字紫翔，丹陽人。順治辛卯恩貢，授絳縣知縣，謫兩浙鹽幕。父以張獻忠之亂，死於資陽，雲舉棄官入蜀，求遺骸不得，慟哭空山中，聞者莫不流涕。

戴舜年，金壇人。生五歲，父與族人構難，族人擊殺諸途，訟於官，會令罷，賂居間者，事遂解。舜年雖幼，見其祖母時時切齒飲泣，默識之。至年二十，途遇其仇，頓發忿，舉手中鉏鋤之，破腦陷胸而死。即持鉏詣縣自陳狀，令義而頌繫之。上臺亦義之，僅擬杖懲。事與丹陽黃洪元同。

張炳祖，字虎文，丹陽人。從父仲馨北遊，抵濟上，父病熱不汗，地無醫者。炳祖夜告天，刲股肉爲羹，纔盡兩甌，則大汗熱解。後糜肉雜粉糕以進，不十日愈。父先病痢四十日，卧起抱持，漸不能興，以牀爲厠，皆親裹滌。復負重創，積勞成瘵，歸二年卒。

周瑞，張繼昌，俱金壇人，以割股療親旌表。

王宗積，金壇人，廬墓，旌表。

何金鉉，字元用，丹徒人。父没，用妻嫁貲治殮，以父所積脩脯金爲弟妹婚嫁生計。二弟繼没，撫二孀三孤。歷凶歲，更亂離，而卒共保全。母没，終身茹素。葬族之不能葬者十數喪。晚入山學釋，示微疾端坐逝。

賀上林，丹陽人。父天叙，以事忤毗陵令繫獄，將殺之，上林年十八，謀脱父不得。聞巡撫將至，涉江溯淮，迎舟大呼。騶從呵之不得前，遂投河，髮没數寸，復躍起大呼。撫軍令急救之，已死。撿其衣得一紙，則白父冤狀也。撫軍按部，具得令不法狀，釋天叙獄。毗陵人立賀孝子祠。

毛鯤，字漸逵，丹徒人，節婦唐氏子。竭力養母，兄弟友愛。以母節子孝旌表。

黄洪元，丹陽人。父國相爲同里虞庠所殺，時洪元與弟奇元尚幼，長欲報仇，母懼禍，固止之。久之，母死。既葬，兄弟各挾利斧，斫庠於春社會飲坐上，詣縣自歸。有司繫洪元，釋其弟。事聞，詔皆釋之。

高拱斗，丹徒人。樂善好施，兩設粥賑饑。凡橋梁、道路、公宇圮壞，靡不捐金修築。弟拱奎，亦敦孝友。

法治朝，字公亮，丹徒人。明末父爲江陰縣土賊所害，治朝求得遺骸歸，控於官，戮賊首十一人。母病，刲股以療。弟治鼎染疫，頭項腫潰，欲人面作枕，治朝即以面承之，漸得愈。弟治齊亦孝義，每言及父事，輒咬破其舌，喋血而哭。生子不令赴試江陰，以父殺其地也。初出繼叔，後叔有子，盡以家産畀之。雍正四年旌表。

朱化麟，丹徒人，刲股肉愈母疾。

狄樞南，字曼容，溧陽人。善屬文。年十五，母遘疾，刲臂肉和藥以進。卒不起，葬後廬墓三年。

待庶弟三人衣食皆厚於己子，曰：「吾子不敢與父之子等。」年四十一，卒。

淮安府

元

湯福新，山陽人，遷桃源赤鯉湖。居積甚富。好行義，代邑令償米五千石。淮水泛，清河以東被害，築堤四十里，水不爲害。復助米二千石，開浚山陽運道。歲饑，設粥以賑。又浚漣、沭二水，因名「湯家澗」。三子通、遵、暹，皆以仕顯。

翟提，淮安人，居喪廬墓。

明

張住兒，桃源人。母孟氏病篤，住兒割肉爲羹以進，母病獲愈。洪武中旌表。

吴輔，山陽人，刲肝愈母疾。

楊旻，字克彰，山陽人。父早卒，居母喪哀毁逾禮，廬墓三年。母素畏寒，遇大雪則繞墓慟哭，墳遂無雪，有白鳩雉兔之瑞。

宫安，山陽人。少孤，其母以貧改適北商，棄之去。宣德間，貢入京師，避雨店舍，母子相遇，抱持慟哭。其母已生三子，安往來定省不缺。授温州府推官，擢廣東僉事，持憲嚴明。致仕歸，貧無生產，養猪以自給。巡撫王竑深重之。

王仲英，清河人。正統中，以輸麥賑饑旌表。

梁辟、李成、俞勝、徐成，以上並淮安人，正統時以輸財助賑旌。

朱仁，安東人。景泰間歲貢，任於潛縣教諭。天性純孝。方娶，父賓病，即不入私室，侍奉湯藥。及卒，結廬墓側，單衣跣足，隆冬不易，芝草産墓。

王鋐，山陽人，成化中以順孫旌表。

樊琦，字克用，山陽人。成化戊子舉人，授利津教諭，復補任平原。居家孝友，凡禄養餘貲，悉推濟族屬。

蘇勤，安東人。自高祖至勤，六世同居。成化中，奉詔旌門。

朱勇，安東人，以五世同居旌。

高隆，鹽城人。弘治癸亥，歲大歉，死者枕藉，隆瘞埋數千人。

陳錙，山陽人。好義樂施，遇貧鬻妻者，捐粟贖之。

李昇，字雲超，山陽人。幼喪父，聞家人稱父名，輒哭失聲。家貧，教授以養母。母卒，執喪哀毁，遂喪明。終身不食肉。

丁震，山陽人。自祖文義迄震，五世同居，少長雍睦。正德中，詔旌爲義門。

蔣彬，大河衛人。母得疾，汗閉幾死，彬灼臂籲天，母忽汗出獲瘥。父殁，廬墓於喪，晨昏哀哭，常有二烏飛鳴廬中，夜有數犬繞廬往來，一時文士多歌詠之。

相棟，山陽人。嘉靖戊子舉人。性篤孝友，好周人急，不計己豐約。遇事役妨民者，即代爲論訴，雖觸犯不自危。

陳斗南，鹽城人。嘉靖庚戌進士。事繼母以孝聞。母病疽，呼號七日，吮其穢而愈。

陳寶，鹽城人。親殁，廬墓三年，不與妻相見，惟令子餉米於墳所。

楊錦，郡諸生。母病，不解衣者三月。父鰥居，侍寢處，不入私室十餘年。冬月，父足凍裂，夜以舌舐之。父病，嘗糞驗其差劇。嘉靖中歲貢，當赴京師，以父老不仕。後學使耿定向初就官，夢神語曰：「楊樸庵，孝子也。」醒而識之。及試淮，詢知樸庵即貢生楊錦，驚異之，奉書幣表其宅里。時以爲至孝所感。

周熊，淮安衛世襲指揮。父母早世，事繼母以孝聞。及殁，建思親樓，刻像奉事。

吴從衆，清河庠生。性篤孝。中夜火起，母老病熟寢，從衆冒火以入，負母出烈焰中。次日，火毒發，母子繼亡。萬〔歷〕〔曆〕中詔旌。

高鹿鳴，字子賓，山陽庠生。孝友端慤。嘗刲股愈母疾。兄家計中落，割産贍之，撫兩孱侄不異己子。又同邑王久章，由乙榜授通判，盡以家財析諸弟侄。

孔金，山陽人。父椿死，遺腹生金。事母盡孝，母被大賈杜言逼娶，沈河死，金屢訟不勝，言以賄謀斃之。金丐食走闕下，擊登聞，不得達。復歸墓所，號哭不絶聲。里人上其事，知府張守約異之，質實，擬言斬。未幾，張卒，言夤緣得脱，金被箠楚幾死。後監司理舊牘，仍擬言斬，死獄中。金旌表。

孔良，金子。金病，刲股肉爲羹以進，得愈。金喪，廬墓。萬（歷）〔曆〕中與金同旌。

成瑶，鹽城人。吴松，山陽人。並親歿廬墓三年。

朱繼輅，安東庠生。三月喪父。稍長，問父貌於母，母哀號，輅亦哭不休。家貧，見母有不悦，必長跪求解。母以哭姑卒，繼輅哭母喪明。

鮑越，山陽人。隄顔家河路三十里，爲橋梁五所，建亭鑿井，以息行人，凡三圮三復。萬（歷）〔曆〕中旌表。

梁秀，鹽城人。早喪母，父憐之不再娶，秀朝夕色養。父歿，廬墓離家數十里，嘗中夜有鬼試之，不爲動。終喪，族人群往迎歸，揭卧薦起，有赤蛇數十盤旋其下，衆驚異。有司上其事，詔旌之。

劉自靖，山陽庠生，世光孫。性慷慨，有幹略。明季丙子、丁丑間，淮水漲，居民驚懼，自靖募衆築堰（陣）〔障〕①禦，城賴以安。

張致中，山陽人，天啓時以孝旌。

① 據《四庫》本改。

王啓運，字馭六，安東人。崇（正）〔禎〕己卯舉人。事親至孝。里人疫有貧不能備棺者，施具以葬之。又同郡沈維中、趙有年，亦以孝著。

國朝

虞三省，鹽城人。父好施予，竭力承父志。有貧民賣女求脱誣獄，三省賣耕牛以贖之。歲饑，前後賑濟千餘石。

吴世昌，安東人。年二歲，祖、父繼殁。稍長，事祖母及母竭力盡孝。順治十二年旌表。

王忱，淮安庠生。母死，日夜哀號，遂以毁卒。未匝月，柩傍燕巢産白雛，繞柩飛鳴，人稱爲孝感，多爲《白燕》詩挽之。

吕惟，鹽城人。幼聘淮浦高氏次女，女既長，得廢疾，瘖且瘓，高欲厚飾粧資，更妻以長女，惟固辭。人皆義之。

劉源長，字介祉，山陽諸生。父宗遠，任廣西懷集所吏目，阻兵亂不得歸。源長跋涉萬里，訪父粤中，水陸所由，屢經危險，有風息虎馴之異，咸稱孝感。又祖母病篤，刲股以進而愈。

劉愈，山陽人，昌言長子。康熙壬戌進士，仕終工部主事。性篤孝友。少師事耆儒岳薦，邃理學，通經濟。昌言令岑溪，愈隨侍在署。鄰縣賊彭奇圍城，彀毒矢仰射城上，中者輒死。愈佐父登陴，竭力守禦，有飛矢從項傍過，著神祠竿上。賊平後，邑人識其箭爲孝子箭。

陳嘉寵，山陽人。年十二，割股療母疾，里人嗟異。

趙夢龍、張拱臺、張星弼，並山陽人。孟之德、曾士傑，並鹽城人。俱以割股稱孝。

成世雄，鹽城人。養親盡孝，居親喪枕磚卧草，三年不食鹽酪，盛暑不浴。時同邑宋桓貽、山陽胡之驥，並有孝行。

楊長葥，山陽人。父病七載，扶持飲食，不委婢僕。母死，廬墓蔬食三年。

江南通志卷一百五十九

人物志

孝義　三

揚、徐二府　太、海、通三州

揚州府

晋

盛彦，字翁子，廣陵人。母王氏因疾失明，每食必躬自哺之。母病久，婢使數見箠撻，婢忿恨，伺彦出，取螬蠐炙飼之。母食以爲美，然疑其異，藏其餘示彦。彦見，抱母慟哭幾絶，母目忽開，瞻視如故。仕吴至中書侍郎，晉初舉大中正。

高悝，廣陵人。少孤，值歲饑，悝蔬食不厭，每致甘肥於母。撫幼弟友愛。寓居江州，刺史華軼辟爲西曹書佐。及軼敗，悝匿其妻子，會赦乃出。元帝以爲參軍，位至丹陽尹，封建昌伯。子嵩。

南北朝 宋

劉宗武，廣陵人。魏太武南伐至安宜，宗武母爲亂軍所害，宗武蔬食終身，人號所居村爲孝義鄉。

南 唐

吴元嗣，江都人。子孫壽皆百歲，一門前後義聚不分。守臣聞於朝，賜義門，置義、順二臺旌之。

宋

許叔微，真州人。篤志經史，尤邃於醫。建炎初大疫，叔微親行里巷，爲之診療，所活甚衆。夢神人曰：「上帝以汝陰功，錫汝以官。」因留語云：「藥市收功，陳樓間阻。堂上呼盧，喝六作五。」後第六人登第，升第五人，在陳祖言、樓材之間。

吴志興，儀（徵）〔真〕人。世篤孝義，其家七世三百年不分異，積善好施。高宗封爲迪功郎。子汝明，嘗刲股療母疾，靈芝生堂側。開禧中，金兵入境，他室廬皆焚蕩，汝明室獨存。嘉定中旌其門。

蔣伍，寶應人。嘉定間，母孫氏兩目俱盲，伍自剜左目，和粥以進，母目忽明。縣上其事，詔表所居曰昭孝坊。

稽聳，高郵人。布衣尚義，文丞相天祥見逐於真州，聳迎事於家，資送航海達行在。時有工部侍郎柳岳進降表，道經其莊，聳憤岳賣國，殺之。

沈正，海陵人。父使酒毆人死，正途遇父，見父恐慴狀，述其故，正遽往佯毆其尸。巡者捕正，獄具，死。

元

卜勝，高郵人。母病，爲嘗糞，又割股作糜以進，母尋愈。泰定間旌表。

陳起，字起宗，爲真州獄吏。夏月囚多疫起，旦暮勞問，給醫藥，召獄卒諭善視，出私財日具湯餌粥食。其後累世貴顯。

張緝，字士明，其先膠州人，父宦維揚，因家江都。至正間，緝與兄紳、弟經俱領山東鄉舉。緝授泰州幕，棄職養親。高郵賊兵犯境，母方病，賊持刀突入，舉家驚散，緝獨以身翼蔽其母，背負數創，母得以全。

劉信甫，揚州人，郡富商曹氏僕。曹瀕死，以孤託之。孤漸長，其叔利孤財，妄訴家產未析，盡爲侄據。郡守劉察其詐，直之。叔之子憤訟不勝，自鴆其父而誣弟殺。適達魯花赤馬馬火者①，與守不相能，竟欲置孤法，并以中守，引致百餘人，皆抑使誣質以成其獄。信甫先匿孤他處，身出就讞，榜掠無完膚，終不承，孤得脱於難。既而叩蹕稱冤，達魯花赤以罪去，守復官。

明

孫質，高郵人。元末避兵廣陵，值張鑑兵亂，質度不能俱免，謂其妻曰：「不幸至此，若使親殞於兵，終天之恨奚極。」遂棄妻，奉其父母避之蘇州，事親以壽終。明洪武五年還高郵。

吴汝寧，泰州人。洪武初，伯兄汝陽讁戍烏撒衛，越六年歸里，心憚遠行，臨發愀然。汝寧慷慨願代兄役，行至黄陵廟，遇風覆舟，死焉。

韓福緣，儀（徵）〔真〕人，永樂時以孝旌。

張起，海陵人。父遭兵亂，與母相失，起號咷博求三十年，得母於濟陰。成廷珪贈詩，比之朱壽昌。

費廙，高郵人。母湯氏病劇，廙割股和糜以進，母啖而愈。其從弟庸，亦割股以愈父病，人稱雙孝。

① 「馬馬火者」，《四庫》本作「穆穆哩者」。

王鳳，字朝陽，寶應人。喪母，年已七十，哀毀骨立，廬於墓。

張佛住，高郵人，割肝愈母。被旌。

王沂，儀〔徵〕〔真〕人。伯父爲人所誣，謫戍開平。天順改元，沂重趼上疏訟冤得釋。

史得，儀〔徵〕〔真〕人。兄能爲指揮，坐法當死，得念兄乏嗣，請於官，願以身代兄，竟出獄生子。得喜曰：「不負吾心矣。」會赦，並得釋。

王輅，江都人。年十四，割股療父病。後母老疾，亦如之獲痊。

徐恩，江都人。家貧業農，兄弟數人析爨，恩獨依膝下。父患瘍，日夜吮其患處。後爲盜傷，恩奮勇手刃一人，盜披靡去。母病月餘，盛暑，恩伏牀下，蚊嘬無完膚。每晨焚香籲天，遇匄者與藥一粒，大如粟，母服遂愈，人疑遇仙。時稱徐孝子。

王玉，泰州人，八世同爨。弘治中旌。

魏全，興化人。母畏雷，全每他出，見天欲雨，則顛蹶遄歸。夜見有電光，雖宿市廛，必鐍門而還抱母臥。終身不怠。

孫著，寶應人。父鸞嗜飲，著嘗置錢酒家，密供父飲。父病，割股雜豚肉中，父食之，尋愈。

宮永建，字克昌，泰州人。倭入犯，民盡竄，永建孑身守父柩，比閭遭焚劫，永建家獨免。嘗貸門人顧某錢，顧已歿，持金還之。家人不復記憶，辭，永建曰：「若不受，當掘置隧左矣。」後以進士世其家。

吴一灡，字觀灡，以鹽筴客儀（徵）〔真〕。萬（歷）〔曆〕二十三年，大饑，邑令募富户輸濟，多不應。灡適自楚市米歸，急白令曰：「今有米千石，糶之可得倍息。年饑居奇，誠不忍，願以半供賑。」令曰：「不繼奈何？」一灡曰：「儀距楚千餘里，乘風上下月可達也。但得母錢廣糴，以子米利貧，亦易耳。」富者感動，共集得官民錢若干，灡周迴糴糶，存濟無算。

陸典，高郵人。父龍，以義代人任罪，謫佃遼東，典時尚幼。弱冠後，發憤出塞求親，而訃適至。躡屩往奔，欲扶櫬歸里，而法不得入關。走京師泣陳於當道，薊督檄護之歸。

卞玹，字汝用，江都人。世務農業，治家有法，五世同居。事聞旌表。

孫諫，高郵人。割股療父疾，創久不愈，有人詣其門，出紫色藥傅患處，一、二日即無恙。巡撫李三才賫金以資養，令有司歲以粟帛存問。

李長敷，字維凝，興化人。天啓辛酉舉人。弟長祺早卒，遺孤清，長敷撫之如己子。與清同舉於鄉。性狷介，工詩詞。

王維慶，字裕昆，高郵人。性至孝。妻陳氏能順承維慶之志，割股以愈姑疾。後維慶父病，慶曰：「吾聞割股非孝，然吾婦行之獲濟，傷體愈親，猶賢於已。」亦割股愈之。奉旨旌獎。

閻汝梅，字和陽，江都人。崇（正）〔禎〕辛未進士，授陽穀知縣，擢刑部主事。爲孝廉時，知府劉鐸以觸魏閹被逮，人莫敢省，汝梅獨贈金送其行。

張福，江都人，黄國相之僕。明末被兵，國相死。福頸創甚，止氣喉未斷，脅下亦被數刃，從積尸中以手捧頭匍匐奉主媪匿僻處。越數日勢定，創稍愈。復行遍歷諸營，訪覓幼主，得之金陵牧場，伺夜負歸，黄氏母子復聚。福終老其家。

繆嶔，字珍所，泰州人。泰州舊例代鳳陽輸米，徵催與邑漕並急，百姓苦之。崇〔正〕〔禎〕十一年，嶔以布衣伏闕上疏。會邑人徐耀爲都御史，力言於户部，得全豁免。而高、寶、興、江諸邑之代輸者，亦次第蠲除。

王師文，興化人。慷慨好周急。里女爲奸人誘賣，父母不能贖，爲贖而嫁之。嘗持金五百寄逆旅主人，同時他客亦寄千金。比去，主人誤以客槖授之。既行，發槖，復持還。則客方欲訟主人於官，師文至，乃解。崇〔正〕〔禎〕末，歲大饑，令踵門告曰：「能活吾民者必君也。」師文即捐穀麥數千斛、錢數千緡賑之。凡邑中義舉，必首倡焉。

江九萬，字元里，儀〔徵〕〔真〕人，與妻黄氏相繼割股療親疾。

國朝

陳嘉謨，字我師，興化縣學生。順治初，父弘道爲怨家誣以私鹽，逮繫府獄，且屬獄卒絶其槖饘，内外隔絶。嘉謨丐貸，進金於群小，乞一見，不許。知群小計必殺之，大哭而歸，告於城隍之神，作血書置袖中，出廟門去。是夜守舍蒼頭候嘉謨不還，忽聞叩門聲，若嗚嗚泣者，開視無人，心怪之。翌日，有白運使得一函於鈔關口，啓視，乃嘉謨訟冤血書。運使大驚，而蒼頭適赴運使訴其事，與血書合，乃令求嘉謨尸。越七日，出自鈔關河中，氣勃勃如生，觀者萬人，莫不泣下。遂出弘道於獄，治誣告者罪。

金玉節，字元亮，江都學生。明末，兩親柩未葬，瘞室中。有亂卒疑瘞金，將剖其棺，玉節以身翼蔽。長子奇選年九歲，奪卒刀，泣代父死，卒免玉節，掠奇選去。適遇僧人，呵云：「小孝子不可殺！」卒乃投之地，得還。玉節生平有養寡姊，撫孤甥、全難婦、還遺金諸義舉可嘉。奇選字幼常，能世其家學，與弟彦選友愛不分爨。玉節著《四書解》《小學闡證》。奇選亦著《孝經闡證》《性理纂言》《禮記分類》等書。

吴愛，儀（徵）〔真〕人。父客死雲南，愛年十四，欲往覓父柩，時兵戈塞路，人咸阻之。忽一日，痛哭别其姊曰：「姊善視弟，吾不返父柩不歸矣。」途中三爲兵掠，崎嶇萬狀，卒至雲南載父柩歸。

程孝子，揚州人。母殁，露處墓旁不忍去。土人憐之，爲構廬舍。事聞，旌表。

葉君實，江都人。性伉直，好施與，嘗出數千金修捍海堤四十餘里。

俞士瑄，字宣玉，江都歲貢生。至性過人，事父母自生養至喪葬，皆盡禮盡情。康熙四十三年旌表。

高成琦，字軼韓，江都諸生。父以罪流三原，母抱病不起，成琦每歲徒步三千里省父，歸又負米養母。一日，父潛歸，復還流所，成琦侍行，途中無貲驢費，負父以行，足裂流血。歸未久，父殁，成琦晝夜哀號，抱父木主投義濟橋下死。

汪源澍，江都人。性至孝。父年六十餘，病弗治，澍禱呂公祠，手疏請代父，跪階下哭不起。歸視父疾不瘳，明日再詣祠哭，凡七日不食。夜坐父牀側假寐，夢道人長髯揮麈語曰：「汝父生矣。」驚覺，父已呼粥。明晨即起步，見者喜愕，不知其故，澍終不言。澍隨以疾死，死之夕曰：「吾父生，吾長笑入地矣。」

張中逵，字九達，江都歲貢生。幼孤，母好潔，躬爲滌拭牏器。生二子後，即不復入室，冬夜卧母足，母或遺之，愀然曰：「母氣衰，非兒不煖。」母病篤，嘗糞以希其愈。子庸德，戊午副榜，亦以孝友稱。哭父病目，哭母目加昏，再哭弟，遂失明。

許明賢，揚州人。性至孝，侍親意少不豫，立寢門外累夕不就枕。長子承宗，善承親意，友愛兩弟承宣、承家。凡發粟、施絮、設藥局、置義冢、倡育嬰社，義事靡所不爲。

程願學，字奂若，儀（徵）〔真〕諸生。祖死於法，父徙寧古塔，願學以幼免。成童後，思親恒日夜泣，不交一人，屏除酒肉，食未嘗飽。冬月不衣綿纊蓋，終身以喪禮自處。臨終，戒其子勿與妻合葬，以不知其父骸骨所在也。里中稱之曰苦行先生。

劉啓元，高郵人，以孝行旌表。

李灃，字方同，興化廩生。素性孝友。父病，扶持左右。手劑藥餌，雖盛夏，鼎鐺爐火常在側，閱七八年不懈。居父憂，斷酒肉終喪。喪母亦然。

徐文瑄，字廷璧，興化貢生。早喪父母，歲時祭祀，終身作孺子泣。會大水，移葬親柩於高原，躬自負土，勞憊嘔血而死。

方立禮，字武城，江都人。八歲母亡，繼母汪待之虐，立禮受杖惟謹。父卒，汪益逞，立禮益孝謹，且推愛繼母所出之兩弟。後母與弟相繼殁，立禮殯葬之從厚。雍正六年旌表。

耿兆紳，字賢書，江都諸生。性倜儻好施，置義田以贍宗族，設義渡以濟往來，又多募瘞枯骨，歲凶每出粟賑饑。好學，工詩古文，所著有《藜光集》。

李朱露，字天膏，興化庠生。父漢病，衣不解帶，不入私室。父殁，廬墓三年。事繼母孝。年七十餘，病革，猶泣持繼母手，以不能終事爲憾。

程銓，江都人。樂善好施。順治壬辰，大水，被災民千百爲群，有挾借倡亂之勢。銓以利害曉勸商家巨室，斂貲散給，諭歸復業，揚賴以安。子濬，康熙丙辰進士，知大名府，以寬和治。

趙宗普、林中馨、李之瑀、閻士彦、蕭日璜，皆江都人。(邱)〔丘〕雯，高郵人。俱割股療親疾。

郭光，字子瞻，江都歲貢生。父梁，以醫濟人。光性孝友，親殁五十餘年，每思慕輒出涕。兄子遭亂相失，傾囊贖歸，愛養如己子。師友之無後者，春秋爲位祀之。

房毓麒，寶應人。事繼母以孝聞。鄰人與争屋基，即拆屋讓之。賊入室，戒家人毋以火照，給米鈔令潛逸。縣令廉其行義，命乘己輿舁行街市，以旌異之。

王紘，興化諸生，與弟纊俱割股、廬墓。

耿兆組，字玉書，江都縣學生。有貨殖才，承先業以節儉致贏餘。嘗輸米代貧家償逋糧，捐田助獄囚食，置義渡船於鈔關運河，建普濟堂於瓜洲地，施槥瘞胔，哺饑絮凍事無算。

徐熺，字映如，興化貢生。廷試畢，以親老不謁選歸。父病，籲天願減己算以益父壽。父卒，廬墓三年。及母歿，晨夕悲號，忽忽若母在，每飯必覓母。一日，拊棺長號曰：「百日内兒當從母於地下矣！」已而果歿。

史以遇，字際亨，江都人。順治戊子舉人。負幹略，究心時務。江都里役積欠責成里長，以遇言於有司，改爲輸納，民便之。子奭，丁酉舉人。著《淮揚治水圖説》。淮水决周橋，鳳泗民委卸弗塞，奭獨身任其事。除六安學正，未赴卒。

戴思訥，字理研，江都人。康熙丙戌進士，授編修。少失恃，侍父夢齡，自就學至服官，未嘗離膝下。父官奉天府尹卒，思訥悲傷，直欲死而見父於地下。扶櫬歸，營葬畢，復時欲自屏，家人防之密。忽買舟南下，謝諸弔者。行至平望，於中夜自縊舟中。康熙五十六年，督撫准縣詳建專祠。

徐州府

漢

劉平，初名曠，字公子，彭城人。嘗爲菑（邱）〔丘〕長，政教大行。更始時，天下大亂，平弟仲爲賊所殺，平棄己子抱仲女，與母匿澤中。朝出求食，逢餓賊，將烹之，平叩頭求歸食母畢還就烹，賊哀而遣之。平還，既食母，還詣賊。衆以爲烈士，不忍食，於是得全。建武初，爲彭城郡吏。郡守孫萌爲賊執，平冒刃蔽萌，身被七①創，賊曰：「義士也！」遂解去。後舉孝廉，歷丞長。顯宗時，以鍾離意薦，徵授議郎，遷侍中、宗正。

劉均，沛國人。建初時爲左馮翊。會清河孝王母宋貴人死不以罪，朝野憐之，竇后復捕繫其父，均同山陽張峻奔走解釋，義聲著聞。

劉愷，字伯豫，彭城人，杼秋侯般長子。以爵讓弟憲，遁去。有司請絶愷國，肅宗美其義，特優假之侍中。賈逵言：「有司不原樂善之心，而繩以法，非所以長克讓之風。」乃徵愷爲侍中，官至司徒、太尉。

姜肱，字伯淮，沛人。與二弟仲海、季江友愛天至，常共卧起。嘗與季江夜遇盜，欲殺之，兄弟争死，賊遂兩釋焉。後與徐穉等俱徵不至，桓帝使畫工圖其形狀，肱以被掩面，竟不得見。後又徵爲太守，遂遁海濱。

三國

劉陽，沛人。初以漢室漸衰，知曹操有雄才，終爲漢累，欲除之而事不會。年三十，卒。及操貴，

① 「七」，《四庫》本作「十」。

求其嗣子甚急，賴東海王朗匿之，又爲開解，久乃釋。

南北朝　宋

孫棘，彭城人。宋孝武五年，發三五丁，棘弟薩違期當死，棘詣郡，自列己爲家督，當坐。薩又辭列，自引。棘妻許又寄語棘：「不可委罪小郎，且大家以小郎屬君，家道未立，君已有二兒，復何恨？」太守張岱表上孝武，詔特原罪，賜帛二十疋。

齊

劉悛，字士操，彭城人。仕齊爲刺史。父勔戰死，悛時有疾，扶服求得父尸，頂後傷缺，悛拔髮補之。持喪墓側，冬月不衣絮。以父死朱雀航，終身不由其路。明帝崩，衛送山陵路經朱雀航，感痛，至曲阿而卒。

梁

劉覽，字孝智，彭城人。丁所生母憂，廬於墓再期，不嘗鹽酪，食麥粥，冬著單布衣。家人慮不勝喪，中夜竊置炭牀下，覽因煖得寐。及知之，慟嘔血。梁武帝聞其〔有至性，數省視之。〕①服闋，除尚書左丞。

劉苞，字孝嘗，彭城人。四歲而孤。至六七歲，伯父悛、繪並顯貴，苞見之輒泣。其母怒之，苞曰：「早孤不識父，聞諸父多與父類，故心中悲耳。」因歔欷，母亦悲慟。奉其母，常爲扇席温枕。

劉曇净，字元光，彭城人。祖元直②，父慧鏡。元直爲淮南太守得罪，慧鏡詣朝乞哀，愷惻以孝聞。曇净篤行，有父風，爲安成王左常侍。父卒奔喪，不食飲者累日，絶而又蘇，每哭輒嘔血。詔舉孝行，用爲海寧令，讓之兄，乃除安西行參軍。事母尤淳至，身營飧粥，不以委人。母亡，天甚寒，身衣單布，廬於瘞所，晝夜哭臨不絶聲，哀感行路。未期而卒。

垣曇深，下邳人。以行義稱。爲臨城縣，罷歸，得錢十萬，以買宅奉兄，退無私蓄。歷羽林監。王儉深重其學行。

隋

劉士儁，彭城人。丁母喪，絶而復蘇，勺飲不入口者七日。負土成墳，結廬墓側，虎狼馴擾，爲之

① 據《梁書》卷四十一本傳補。
② 「直」，《梁書·孝行傳》作「真」。

取食。文帝表其門。

唐

劉審禮，彭城人，德威子。少喪母，爲祖母所養。隋末大亂，審禮負祖母渡江，轉側避地。祖母病，必煮藥嘗而進。葬父徒跣血流。事繼母尤謹。再從皆同居，合二百口，内外無間言。後殉吐蕃之難，贈工部尚書，謚曰僖。子易從。

劉易從，父審禮爲左衛大將軍，儀鳳三年討吐蕃，戰敗見執，子弟皆詣闕待罪，請入賊以贖。有詔審禮殉忠以没，非有罪，宜各還職，特詔易從往省之。既至而父殁，易從晝夜哭不止，吐蕃哀而還其尸。官彭城長史。永昌中，爲酷吏周興誣構，將刑，百姓争解衣投地，曰：「爲長史祈福。」當時號「孝義劉家」。

皇甫恒、尹務榮，俱彭城人，咸數世同居，事親居喪著至行。天子聞其孝弟，旌表其門。

甄佚，徐州人。明經，教授鄉里，稱善人。家貧，乞貸以葬父母，作室墓傍，陳后山名之曰思亭而爲之記。

朱全昱，碭人，全忠兄。全忠將受禪，全昱曰：「朱三，爾碭山一百姓，遭逢天子用汝爲四鎮節度使，於汝何負而滅唐家三百年社稷？吾將見汝赤族矣！」遂辭歸，居碭山故里。

宋

彭程，徐州人，四世同居。詔旌表。

李柞，豐人。親喪，廬墓凡二十七年。

金

劉全，彭城人。天興間率鄉人避兵沭溝，北兵至，盡俘其老幼，全父亦在俘中，遣信招全。全縛其人送徐州，因竊父以歸。徐帥益都嘉其忠，承制以爲招信校尉。

元

劉福，蕭人。孝養有聞，居喪苫塊飦粥，悉與禮合。

韋信，碭山人。每朝夕供親膳，必俯伏四拜而後退。人問之，答曰：「父母恩終身難報，跪拜何勞？」有司以聞，至元間詔旌其門。

史彦斌，下邳人。有孝行。至正中，河溢，墳墓多壞，彦斌刻識其母棺而後葬。明年，墓爲水所漂，失母棺所在。乃縛草爲人浮水中，仰天呼曰：「願天矜憐，假此芻靈，指示所在！」隨草人所之，竟得柩改葬。

杜佑，邳州人。河南行省署爲三叉水馬站提領。父病於家，佑忽心驚，舉體沾汗，棄職歸，父病始三日。遂禱神求代，嘗糞以驗疾。父卒，廬墓盡哀，有馴兔之瑞。

胡居仁、張允中，俱徐州人，以居喪廬墓旌。

匡國政，睢寧人。爲歸德判官。母病，刲肝以進。又病，剔腦和藥，病即愈。母没，廬墓三年，有鹿馴遊其旁。郡邑上其事，表其里曰「貞孝」。

吴希曾，睢寧人。葬父之日大雨，希曾跪柩前，炷艾燃腕，火熾而雨止。既葬，廬墓。被旌。

郭通，徐州人。少以孝稱。父柩在殯，鄰火延及通舍，通仰天訴曰：「柩不能移，寧與柩俱焚死！」伏柩痛哭，火須臾息。

明

李英，邳州人。母劉病甚，英嘗糞視藥而愈。母亡，廬墓三年。洪武中旌表。

張義，邳州人。洪武初，爲大冢，以瘞境内骸骨暴露者。

朱環，字璇玉，徐州人。由國子生授靖寧州知州。有孝行，母没，廬墓。上聞旌表。

權謹，字仲常，徐州人。十歲喪父，哀毁過成人。兄度爲壽陽丞，坐事謫戍，謹罄資給其行。妹寡，則撫其孤成立。永樂時，薦爲光禄署丞。仁宗時，母終，躬負土封樹，廬墓三年，有泉湧兔馴之異。事聞，召拜文華殿學士，以風勵天下。尋改通政司參議。子倫，字民彝。永樂丁酉舉於鄉，學行修明，養親二十年不仕。倫子宇，亦盡孝。倫年九十病卧，宇侍湯藥，寢不解帶。既卒，廬墓哀泣。母卒亦如之。詔旌其門。

張端，字端夫，徐州人。親喪，廬墓。以孝行薦，授真定太守。

范寅，字敬時，徐州人。仕河間府同知。居喪，廬墓。

王僧兒，徐州人。母病篤，僧兒剖腹取肝，入糜食母，病尋愈。洪武中旌表。

閻馬兒，徐州人。洪武中以匠執役京師，聞父病篤，弗得歸省，剖腹取肝，焚香籲天，祈父病瘳。事聞，復其役，旌其門。

岑義，邳州人。事父母朝夕問安必拜跪。母盲，朝夕舐之，目復明。父母卒，廬墓三年，甘露降墓木半月。詔旌之。

王豫，字德立，徐州人。居二親喪，哀毁骨立。葬遇雷雨，號泣籲天，雨尋止。廬墓三年，群鵲馴集。奏旌其門。

周湘，字東之，徐州人。精《易》理，後學多師之。性至孝，悦親極滋味。母亡，侍父寢食，十有一年不入私室。

邵良卿，碭山庠生。父早卒，事母甚謹。母病，嘗糞以驗劇差。及卒，廬墓三年。

王克明，沛人。景泰初，任湖廣沅陵縣巡檢。時秦襄毅公紘以御史降爲其邑丞，秦時意有所不可，克明爲規教之。秦後漕運巡撫，每過沛必親祭其墓。

甄鑑、周防、李卓、王原、蔣榮、張麟、馬士雲、黄成、龔成、黄智、卓旺、周成，俱沛人。正統五年，各出麥千石，賑濟饑民。奉敕立坊，旌異其家。

沈彦禮、趙翥、周彦民，俱邳州人。正統中，歲大祲，各納粟千石，以賑饑民。奉敕旌獎。

蘇德，邳州人。母張寡居，患癱疾歷二十年，德及妻奉事惟謹，不離左右。母卒，哀毁廬墓三年。

劉瑛，邳州人。與妻張氏俱有孝行。父母没，前後廬墓六年。

張文友，徐州衛軍。金嵩，國子生。張暕，郡庠生。吴友直、路車，皆州人。五人並以孝行上聞，成化中旌表。

蔡清，沛人，成化中以孝旌。

羅鶚，字雲漢，宿遷人。成化丙戌進士，授御史。以祖及父母迎養道遠，乞改南道，後爲江西僉事。一夕夢祖病，即遣使持衾具歸，祖果屬纊，遂用之。人稱其孝感。

葉斌，邳州人。成化中大疫，死者枕藉，斌捐地爲義阡瘞之。

南傑，蕭人，弘治時以孝旌。

唐鸞，蕭人。親喪，廬墓。弘治年旌表。

丁友，邳州人，弘治中以孝旌。

高大茂，邳州人。少時母石氏病盲，大茂問其故，母言：「産汝時爲風所傷。」大茂日以舌舐之，竟得復明。母病，刲股以進，疾遂愈。

馬尚用，徐州人。幼孤，奉母至孝。母没，廬墓，朝夕泣奠。正德中，流賊掠境，猶守墓不去，鄉鄰强之乃歸。

楊輔，徐州人，廬墓被旌。

周正，徐州人。家酷貧，目不知書，以力養親。親没，賣身以葬。新安義商捐貲贖之，正必竟役而後去。郡守張植爲墓碑旌其行。

張鵬，宿遷人。祖母與父母没，各廬墓終喪。子璣，亦有孝行。

張賓，賓弟崙，宿遷人。自元時始祖張榮至賓，同居十四世，男女二百餘人，衣食必均，嫁娶、祭祀、宴飲、喪葬定爲約束。事聞，旌表義門。

姚通，宿遷人。父母没，俱廬墓終喪。事繼母盡孝。

孫清，睢寧庠生。幼孤，事母孝。正德中，母卒，時流賊入境，清守母柩不去。賊義之，不入其門，鄰里亦賴以不擾。有司上其事，立石表之。

岑仲暉、高興、葉旺、高宗泰、鞏得海，俱邳州人，正德中以輸粟賑饑旌表。有尚義坊。

孫應奎，蕭人，力農奉母。母病，思食甜瓜，時四月未實，應奎奔號，忽從野蔓獲之，母食病愈。

劉鑛，蕭人。甫十歲，父疾，對天泣禱，人咸異之。及長，母病，鑛夜祈北斗，願以身代。大風卒起，燭終不滅，母亦尋愈。後由太學生任徽府審理。

蔣仕，蕭人。父母没，皆廬墓三年不歸，有慶雲見山隅，人共指爲孝感。後膺貢三任教職，砥礪清修，每曰：「吾求無忝所生而已。」

岳鍾靈，蕭人。父亡，念母老不敢遠出，廬於堂外，設主朝夕哀奠，三年不入私室。

任逮，蕭人。父没，廬墓，日致奠而泣，聞者傷之。御史毛復親造其廬，服闋以選貢，授欒亭丞。

郭全、龔謙、趙安，皆沛人，親没廬墓。

楊冕，沛庠生。母没，廬墓三年，哀痛勿輟。嘉靖中旌表。

趙清，沛貢生。父孜，年十七嘗割股療親。父死，母卓貞居四十年，教清以篤直剛方。清純孝。母亡，廬墓。墓瀕河，大水且至，清死守弗移。俄而水溢弗汩，廬傍有隙，倉卒不暇塞，夜有鼠銜草塞之。槁瓜復榮秀。聞者歎異。

陳應詔、陳應貞、姜上桂、侯穎，俱沛縣庠生。值白蓮寇亂，義不苟免，力鬬而死，上桂父子俱死。穎妻女先縊，鄉黨尤憐之。

楊東萊，沛人。年十四，刲股療母疾。督學御史令補邑庠生，月給米贍其母。

石璞、張奉、李三陽、梅映春、張楫，皆沛人，親亡廬墓。

江漢、許九官，皆沛人，割股療親。

周潭，字德隱，豐邑諸生。父母喪，皆廬墓三年。

張倫，碭人。以歲貢生任項城教諭。僚友有夫婦偕卒，無子，遺二女，遠弗克歸。倫治棺營葬，復捐資嫁其二女。

張思敬，徐州人。事孀母備極孝養。母没，廬墓三年。友愛諸兄，推誠讓産。又嘗施義冢，修月河橋，凶年掩骼捐檟，皆不憚勞費。

孫榮，字世華，豐人。性孝友，家人化之，同爨者五世。己丑歲遇大饑，與邑人李楨各出粟千五十石以賑。詔旌爲義民。同時邑人李鑄、張祥、胡祥、孔僅、翟成、王舜舉、李保、周興甫、侯宗録、秦儀，各輸小麥千五十石賑饑，同被詔旌奬。

陳邦瑞，豐人。嘗置義田三百畝，贍給宗族，差賦皆自辦。

孫操，字雅持，豐諸生。父燦，當歲饑，家有麥三百石，盡散給宗族，遂貧乏。操伉慷好施有父風。明季盜起，戮力守陴以身殉。又有張劍，字又華，亦豐學生，同殉。

張縝，邳州人，萬〔歷〕〔曆〕中以孝旌。

晁世興，宿遷人。萬〔歷〕〔曆〕四年修城，助銀千兩。事聞，賜七品服。

王知止，睢寧人。性慷慨剛正。兄早世，撫孤侄若己出。孤又夭，事嫂如兄。有夫貧欲鬻妻者，遂捐粟麥助使完聚。里人頌之。

周宗輔，睢寧人。其先代歷七世未析居。宗輔性友愛，掌家務後益置田廬，戒子孫世守家法。鄉人服其義。

王基貞，字亨甫，蕭人。精騎射。崇〔正〕〔禎〕丙子，城被圍，基貞同兄弟分守南隅，敵逾城上，輒刃之。次日風霾作，城潰西北，猶率衆巷戰，衆寡不敵遇害。

任如龍，字霖蒼，蕭人。剛介自守。丙子城陷，將刃其父母，如龍奮身捍衛，呼曰：「寧殺我，無害我八旬父母！」兵士竟害如龍，捨其父母。督學倪以其事聞，賜坊旌表，併祀鄉賢。時諸生與難者五十一人。

郝惟聰，字翼明，蕭人。流寇破蕭城，負母匿於學東廡。賊搜獲之，乞以身代母，賊憐其孝，捨之去。遇他賊，又被執，挾至清水河，度不能脱，投水死焉。

張鳳世，沛人，居夏鎮。膂力過人。流賊之亂，結寨護其居民。賊至，與鬬，所擊殺頗多。終以無援，爲賊所殺。

張垣崇，徐州人。明季武舉，居鄉謹厚好施。嘗出家財賑饑，置義田贍族。保舉授歸德府通判。明亡，以身殉。

孫枝芮，字季長，豐人。事母孝。當壬午城陷，四兄皆遇害，守母不去。及被縛，大慟曰：「殺我，誰養吾母！」賊憐而釋之。既得脱，盡撫諸兄遺孤。

國朝

李從任，徐州諸生。讓産長兄，以教授自給。復爲兄婚其二子。其弟夫婦死於盜，覓尸合葬成禮，撫其女嫁之。明末，群盜劫入神廟中，僧識之，語盜姓名，呼爲義士，得釋。瀕行，見所掠婦女十百聚他室，好語盜曰：「此皆良家女，吾罄家資可得三百金，向汝贖之，可乎？」盜曰：「可。」歸挾金去，如言盡散遣之。有江右友人家燬於火，不能自存，從任迎其眷屬至徐，經紀其生業。子藻、孫宗靖，并有至行。

程一順，徐州人。性尚義，好施予。歲饑，捐資設粥，偕妻孟氏親視炊爨。監司、府、州咸表其門。

徐文魁，徐州人。以任恤著稱。值郡饑疫，捐貲施粥、藥、棉、衣，存活萬計。其死亡者，施棺埋骨，善事尤多。巡撫題請旌表。

郭如，徐州人。父母死於流寇，如年八歲，依姻戚以長。刻木主朝夕奉事，言及父母輒悲號，遇歲時流涕終日。至九十不改，年近百歲終。

朱鑲，蕭諸生。家貧，博學。事父母以孝聞。明末遭寇亂，冒死救親，避難彭城，夜讀書，晝樵汲以供薪水。父母病，專治醫，遂精其道。每煎藥必親嘗，焚香露禱，親疾遂愈。順治十五年旌表。

楊枝榮，徐州人。幼失父，即哀毁如成人。母欲殉父死，枝榮泣涕防護。家酷貧，減衣食以養母。母終，哀毁骨立，典鬻以葬。順治十七年旌表。

仝翹，睢寧人。順治十年，膠寇陷城，衆各驚避。翹祖母(邱)〔丘〕氏年八十餘，翹與妻張氏扶掖而行。賊突至，將殺(邱)〔丘〕，翹夫婦環抱，以身捍刃。賊怒，殺(邱)〔丘〕，并及翹，張氏亦投井死。

張賁，徐州庠生，事孀母孝聞於鄉。順治十七年旌表。

李三禮，徐州人。七歲，親不豫，叩天稽首，至愈乃止。長以例授廣東經歷，不赴，親强之行，謬以他故返。父病，呼天求代。既不起，廬墓側，淚漬土皆濕，竟死於墓所。

張瞻，徐州人。武舉，官至都督同知，會推總兵。樂善好施，捐金倡建學宮，造荆山口長橋數里，以便行旅。

張之麟，徐州人。武舉，官至威寧鎮總兵。徐東鄉數罹河患，麟出麥數千石，浚溝泄水。又疏房亭河，倡築花山口河堤，污田遂成沃壤。徐、邳之人植碑銘德。

谷應麟，徐州人。年十一喪父，家貧，學薙髮養後母，四十餘年不懈。婦死，母年八十，仍躬執爨。母没，無以殮，鬻身鄰家，鄰家感歎，折券與歸。因廬於墓側，日培土三肩，雖甚雨雪不輟，數年，墳高大若陵。有司上其事，與旌典。又李本延，孝與應麟相類。

韓永廕，徐州人。立義塾於暑蘭山村，延師教其子弟。歲於冬春之交煮粥濟饑人，三月製棺貯古廟中，聽喪者自取。割田十五畝爲義冢，築橋城西南路，以便行人。上官旌曰善人。

章得簡，字簡臣，蕭人。早失恃，事繼母以孝聞。遇族黨不能婚嫁殯葬，咸資助之。在都門，鄉人資斧告匱，即解橐以贈。以歲貢任宿遷教諭，修學數百金，悉出己囊。又蠲資設粥賑饑，躬往監視。蒞任五載，卒於官，祀名宦。

周士珠，字味元，沛人，育德子。爲諸生。性高潔，不履市井。遇鄉子弟必極恭謹，與言皆孝弟忠信。鄰里雀鼠嘗造廬求平，士珠輒爲解。婚喪不能舉者，質典周恤。晚年寄情詩詞，有《南村漫詠》。

王嘉重，沛監生。家不甚富，而力行任恤。壬寅春，山東饑人流寓境内者凡數百家，無以自存，與兄嘉訓出粟，計口賑之。未幾粟盡，來者益衆，至萬餘人。乃鬻其田宅，買粟以給，計日費四百餘金。未幾，金又盡，而流者尚不能歸，其弟嘉猷復傾家繼之。比饑人去，兄弟遂大窘乏，卒無悔也。

史應甲，豐諸生。樂善好施，每具藥餌、棺木、粥糜、衣被，以濟貧窮無告者。有姊貧寡不能自給，應甲迎養於家，婚其子女。有從兄弟分産未均，應甲出地助而和之。

太倉州

宋

王子昭，嘉定人。篤學好禮。嘉定間始創學宫，首捐己田，以贍學者，士嘉其義。

李重發，崇明人。性至孝，母死，廬墓。註《孝經》行世。

元

陳真孫，崇明人。延祐六年謁選京師，舟次東昌，聞新店河溢溺三四百家，真孫傾囊買舟救援。仍市米作糜以食之，全活二千餘人。

秦玉，字德卿，太倉人。少孤，母（願）〔顧〕①力織紝給朝夕。玉刻志苦學，博通諸經，與兄終身不異財。母病，累旬不解帶。及卒，泣血茹淡者終其喪。俄，鄰失火，母殯在堂，玉憑棺號慟，火遽滅。

陳寶生，字彦廉，太倉人。父溺海死，母莊撫育成名。與黄公望善。以父溺，終身不至海上。公望歲一詣，必至海觀濤，邀寶生往，則泣曰：「陽侯，吾父讎恨，不能如精衛填木石，何忍對之？」公望因作《仇海賦》紀其事。

明

陸安，太倉人。洪武初，父德甫以所館客事連坐，當棄市，安求代父刑，伏闕哀請，許之。臨刑，從容就刃，觀者泣下。同時陳元吉，亦代父受刑。

薛鉉，字彦文，崇明人。鯁直好義。永樂二年，水嚙圩岸，民不能築，鉉傾廩濟之，人皆賴焉。

俞敬，太倉人，常刲肝愈母疾。永樂間，詔旌其門。

沈輔，字良弼，嘉定人。性至孝。嘗他出，忽心悸，曰：「得無二親不安乎？」遽馳歸，則母已癱瘓不治矣，哭踴絶粒者三日。父病末疾，輔與妻翟氏朝夕稽顙籲天，願減己算以益親壽，久之，額成

① 據《四庫》本改。

窆。父殁，廬墓終身。弘治七年，旌門雙孝。

沈珵，字君玉，嘉定人。母病目，珵以舌舐之三年，復明。父有膂疾，傴僂不能起立，珵日夜扶侍。聞有李神針者能起錮疾，邀致之。李欲爲灼艾，珵先以身試，痛甚，恐父不勝，固請勿灸。是夜，父夢神語曰：「感孝子意，爲汝鍼之。」鍼下，驚汗而愈。弘治九年旌門。

瞿通甫，太倉人，兄弟五世同居。知州李端奏旌其門。

施美玉，字邦珍，崇明人。以歲貢爲膠州判官。親喪，廬墓。惟展《孝經》，不尚浮屠法。有二友以財構隙，密爲代償，兩不使知。又貧民有鬻男還逋者，令贖男歸，不責其直。素慕靖節，自號半陶。

王瑄，太倉人。母卒，結廬墓側，風雨不移。晝有故出，夕還必跪墓前曰：「瑄來矣。」慈烏時集其廬，人以爲孝感所致。

王在復，太倉人。嘉靖甲寅倭亂，掖父逃，途次相失。在復既免，復返尋父。見父被執，即趨叩乞命。倭持刀殺父，在復以身蔽之，父子首並墮，手猶抱不可解。

徐一元，嘉定人，交河縣主簿。與嚴文靖訥善，時江南被倭，歲復大祲，計惟免漕可以濟之，乃代訥草一疏，焚香祝天。會奏上，竟得俞旨，東南之民賴再生焉。孫應聘，以進士仕至太僕少卿，亦以篤厚世其家。

傅遜，字元凱，嘉定歲貢。以節義自負，善論古今成敗，師事昆山歸有光。倭寇昆山，請縋城出詣軍府告急，得兵以解圍，人皆壯其義。所著有《春秋左傳屬事本末》。

沈志仁，字景範，太倉人。父尚友爲松潘總兵，播酋亂，坐逗留逮獄論斬。志仁跣足隨行，號泣長安街，遇冠蓋輒叩頭訴。會秋盡，且論報，志仁詣廷尉，乞上父冤狀。廷尉辭，乃叩閽自拜疏。時帝尚恭己，上書多不報。志仁疏上二日，忽有旨釋尚友，志仁奉之以歸。

沈兆，字祥卿，嘉定人。母病，割股嘗糞。及亡，哀痛不能起。在南雍時，甥龔錫爵方五歲，遭家變，僕李崧負至兆所，兆撫之如子。及成立，乃出其十五年餘租，與親友所贈一箱并付之。

李崧，嘉定龔錫爵乳媪之夫也。錫爵僅五歲，而父爲家奴所賊，有欲殺兒分其産者，崧夜負以逃。走雪中五日，依兒外家沈氏，朝夕護之。後錫爵成進士，官至方伯，而崧短衣力作如窮時。崧死，無子，錫爵命子孫世世祀之。

王世芳，字尚義，太倉人。嘗訪舊小直沽，時慈溪費廷槐病滯旅舍，世芳一見異之，移至寓中，調護甚謹。明年，同舟南下，病又發，便溺狼籍，世芳躬爲滌除。行次吕城，費卒，世芳稱貸營棺衾斂之，且遣人告其父。父至，舉其柩弗前。遲明，世芳絜酒來哭，柩即舉，旁觀莫不歎息。

（邱）〔丘〕集，字子成，嘉定人。家貧，讀書長於三禮之學。當倭亂，與寡姊共埋金於地。集爲倭獲，被脅出己所埋與之，姊物無恙。兄子坐逋賦當戍，集罄資竭力營救得免。

嚴銑，嘉定人。父爲堂邑令，因榷賦勘田，秉公不徇情，爲里豪所中，以非法死。銑尚少，自刻其胸，作「必報父仇」四字，累歲訟冤於官，不得伸，遂自經。殷都爲作《孝子傳》。

錢春沂，字仲與，嘉定人。爲諸生。時父被冤繫，沂慷慨陳情，出父於死獄中。後以舉人任德化令，櫃吏以羡餘進，沂曰：「此百姓膏血也。」却不受。尋乞歸，優遊詩酒者二十年，乃卒。

殷子義，字集卿，嘉定人。其學根極理要，授經里中垂四十年。以遺産讓其異母弟，而脩脯所入，復分給之。爲淮安訓導，貧不能治裝，門人各奉金爲贐。三年罷歸，病亟，猶計所受封識以屬其家，俟來弔則還之。其嚴於取予如此。

徐任，字惟用，太倉人。嘗刲股療母，疾得愈。

侯萬鍾，嘉定舉人。父病篤，萬鍾籲天求代。時六月上旬，忽有橘自空而墜，鮮潤如新，父食之，病遂愈，人皆異焉。

陸相，字思誠，崇明人。父以事致獄，相冒死白冤，代笞幾斃。母疽發，割肉補患處，立愈。與弟臣共爨七十餘載，有義門之風。

李繩之，字受伯，嘉定人。父歿，廬墓三年。先是，父給諫先芳，已入鄉賢祠，後見從祀日濫，嘆曰：「吾父豈與若輩伍！」抱主而出。平生剛直方嚴，義形於色，東林諸正人皆推之。

蘇時麟，字泰醇，嘉定人。嘗以千金之産，悉讓二季。有故人盗其室中物，後復至，子弟弗禮之，切誡曰：「彼爲貧故，何得傷親誼也。」明季徭役甚重，不令其子赴公門，曰：「秀才一入公門，則氣卑而顔厚矣。」

張錫眉，嘉定人。明季鄉薦。嘗却旅館奔婦。歲凶，瘞道殣千人。故人葉生無子，爲葬其兩世。國變，自經，妾何抱女沉水死。

張鳳儀，字恒拙，嘉定人。父母繼喪，朝夕哭，遂致失明。夢神療之，立愈。有鄰人遠遊，寄金二十兩。後遇凶歲，鳳儀饑且死，囑其妻曰：「吾若先汝死，當埋金土中，以俟其歸，勿動分毫也。」父没後，事兄如父，年逾六十，每事禀命。兄亡，慟哭一月而卒。

國朝

吕雲奇，字石英，太倉州人。鼎革時，偕父匿叢棘中避兵，父已被執，雲奇即躍出，抱持其兵乞免。皆被殺，死猶兩手抱父項不釋。斂時，妻龔氏截指置棺中以自矢。事定，知州白登明旌其間。

江德璜，字獻之，太倉人。母目瞽，日以舌舐，冀其復明。母病痢，中裙厠牏，躬自浣滌。乙酉七月，德璜避亂遇兵，其子抱父求免，遂同被害，時稱兩孝子。

侯汸，字記原，岐曾子也。九歲，聞祖父論紅丸事，輒曰：「楊漣既與方從哲同被召，當進丸時何不面争，顧從衆出乎？」聞者皆異之。嘉定折漕已久，明季有暫輸五萬石之令，汸以諸生詣闕上疏得免。會峒曾以不屈死，有司名捕其子瀞，汸慮世父無後，乃遍書瀞姓名於衣襟，投水代之，以救得不死。

封昞，字韜若，嘉定人。幼喪母，業醫，竭力以供甘旨，父忘其貧。順治十七年旌表。

倪珩，嘉定人。年十四，母目失明，舌舐半載而愈。順治二年，父爲亂兵所執，珩乞釋不允。延頸求代，兵感其孝，遂得倶釋。雍正元年旌表。

周士晋，字康侯，嘉定人。母久病，傾家療之，貲盡未愈。醫言惟得人乳可再生，士晋謀諸婦，李氏即棄其九月兒，以乳乳姑，三月而母霍然起。越十二年，有僧爲殷氏子推命，怪其年月與周氏兒同，詰之，則得諸道傍者也，由是兩家通往來。未幾，殷氏家落，令之歸宗，父子復合。徐枋爲作《全孝傳》。

沈印璵，字仲玉，崇明人。順治間，崇爲海寇張名振所困，助餉五千兩。事聞，旌額。

王揆，字端士，太倉人，時敏子。性至孝，事父不離左右。成進士後即歸，侍養終身。劉家河爲昆、太、嘉三邑水利所關，淤久成陸，揆上書藩撫，疏浚建閘，民皆賴之。所著有《芝廛集》。

郁聖揆，字紹虞，太倉人。父患目，舌舐而愈。母歿，廬墓三年。巡撫湯斌奏旌其閭曰「純孝性成」。

錢陛，字臣扆，太倉人。嘗置義田三百畝，以贍宗族。又爲廣孝阡，以侍親族之貧不能葬者。康熙十八九年，邑大饑，陛傾貲煮粥賑之，民賴以全。

黄安邦，字先誠，崇明人。康熙三十五年潮災，設廠賑粥。并建丁家橋、三江口橋，以便行人。雍正元年，奉旨准授八品冠帶。

黄信中，鎮洋人。六歲時，晨昏定省儼若成人，里中稱小黄孝子。父病溺閉，危甚，信中焚香禱天，夜若聞人語曰：「吮之則利矣。」信中即吮之，果通，吮半載而愈。父歿，廬墓三年。雍正八年，建坊旌表。

唐亮采，嘉定人。雍正十一年旌表。

海州

元

王士寧，贛榆人。事父盡孝，貧不自給，而甘旨不缺。至順間旌表其門。

明

劉焕，贛榆人，與弟烱皆孝謹。父母卒，兄弟俱廬墓三年。友愛甚篤。縣令表其門，名所居曰「孝義莊」。

葛貞，沭陽人，輸貲助官賑濟。正統時旌。

支儉，沭陽人。父母殁，廬墓終喪。成化中旌表。

徐謐，海州人。官府軍右衛經歷。父母殁，廬墓終喪，有白鹿之瑞。弘治中旌表。

吴玒，沭陽人。少孤，母病，嘗糞疾愈。母卒，廬墓終喪。

沈麟，沭陽人。正德中流賊犯淮郡，麟守母病不去。郡守被執，麟趨入賊壘，諭以禍福，賊義而歸之。

劉守良，字君遂，贛榆人。正德辛巳進士，歷工部郎。性峭直孝友。爲諸生時，母病，思鮮菌不可得，守良叩天悲號竟夕，據木椿倦而假寐。既覺，有菌生於木，爲羹以進，母病遂愈。

管名，贛榆人。平生不入城市，事親至孝。父母没，廬墓六年，負土成墳，手植松樹萬餘株。

劉梓，贛榆人。父母亡，廬墓四載。歲饑，剖木皮自給，不離墓舍。人咸稱其孝。

閻大祥，字應和，贛榆人。嘉靖乙酉舉人，端方嚴毅。爲諸生試金陵，同舍生死，大祥傾囊以斂，歸櫬於其家。通判嘉興，以廉惠著。

通州

宋

嚴希孟，如皋人。母病瘧，希孟割股肉和糜以進，遂瘳。居憂三年，未嘗與人言笑。

史聲，如皋人。元祐進士。家貧，母先卒，躬樵採以養父。及受官迎養，中途父歿，扶柩還葬，結廬墓左，負土培壟。遇弔者不交言，惟搏顙告哀而已。

丁天錫，如皋人。父早卒，事母至謹。一日盜入，脅其母索財無所得，欲殺母。天錫以身衛曰：「寧殺我。」寇亦慚，母子俱得免。

顧忻，泰興人。母病，不茹葷者十載。早起，率妻子詣母室問所欲，五十年如一日。母老，目不能睹物，忻日夜籲天，母目復明。

元

蔡夢祥，泰興人。事母至孝，四世同居。明天啓旌其門。

明

王鳳，通州人。割股啖母，疾遂愈。

劉勳，通州人。祖疾，勳割股爲粥療之。逾歲，祖卒，勳每哭絶而復蘇。居喪三年，不茹葷，不入寢室。

張鱸，字元素，泰興人。幼從父城宦京師，長歸娶，至揚，夢父病，驚悸不食，亟返舟。至則父已卒。扶櫬還，途遇盜，見其哀毁骨立，不忍犯而去。母棺在殯，鄰家失火，鱸伏棺痛哭，願與俱焚，火遽息。歲饑，傾橐以賑。鄰人穴墻盜穀，鱸覺之，令滿負而去，竟不言其人。事聞，旌表。

姚山，如皋人。父病革，山十二歲，割股。

白承宗，字厚之，通州人。八歲喪母，哀號不食。父病瞽三十年，嘗以舌舐其目。父八十時，承宗置酒上壽，親目忽開。親歿，廬墓。

許蓁，泰興人。家貧，年十六，母黄氏病且殆，兄將鬻蓁治棺殮母，不忍。蓁告天，割右乳下肉作羹以進，母遂愈。

姜岱，字南村，如皋人。忼直能任事。嘉靖二十九年，以興化糧重、如皋糧輕，欲攤均之，岱與好義者十人，取皋土與興化土各負一囊，走控巡方御史，請稱量之，曰：「土瘠則輕，土肥則重。相土輕重，定賦多寡，法創自太祖，奈何一旦易之？况今日興化糧重，可加如皋，設他邑賦重，獨不可加興化乎？」事乃中寢。

夏暘，字國輝，通州石工。目不知書，而志行純篤。每日旰，必設酒醪，引諸孫戲親側。親或拂意，即與妻朱氏跪謝，候改容乃退。母卒，父年老獨處，暘不遠出，夜不入私室。寢輒抱父足，冬月則温其溺器於懷，如是十餘年，年九十四卒。虔奉二親神主，事必啓而後行。遇疾風暴雨，便行視墓所，攀樹泫然，當父在日。暘之子嘗以小忿爲其弟毆至斃，暘惡傷父志，但含涕不言。御史劉存德按部，聞暘名，召見歎嗟，自以宦遊違養久，執暘手對之流涕，命製衣一襲親衣之。其卒也，督學御史黄弘毗下州爲立祠表焉。

殷國鼐，通州人，桂陽判尚聲之子。以父命往武昌，途中聞桂陽兵變，急返，則城陷，而父已遇害。國鼐治喪事已，將歸覲母，告慰於父之靈，痛哭而殞。州人憐而葬之，表曰殷孝子墓。

國朝

冒襄，字辟疆，如皋縣人。爲諸生，有聲。父起宗，官荆樊。時流寇充斥，襄往省覲，奉母以歸，不入内寢。或問之，襄曰：「父在殘疆，而子安枕席乎？」泣血上書政府，得調寶慶。襄友愛諸弟。一日，忽有人入户，將剚刃於襄，襄子丹書以身蔽，被重創。聞於官，辭連其弟。襄痛哭，直弟無是事，太守因並寬刺者。鬻産賑饑，日行道殣中，染病死，三日復甦。著《樸巢》《水繪集》。以隱逸薦，以博學宏辭薦，皆不就。

李我彭，通州人。乙酉四月，郡城破，負病母逃至水側，兵及之，母驚殞。彭伏水草中，俟兵過，負母尸走數里，掩埋畢，再拜，一慟而絶。

范育，如皋人。偕諸昆季置田七百餘畝，以歲入給族之貧困者。康熙戊申年，倡買田十七頃，爲育嬰永遠之費。施棺前後共千餘。

徐弘成，字自西，通州貢生。友愛前母兄，撫孤侄如己子。母亡，慟絶十有三日，亦殁。雍正七年旌表。

陳維坤，字一寧，通州人。母病篤，坤破指血書表禱東嶽廟，求以身代。逾年，自城買藥至家，仰天語曰：「帝准召我，母可延壽矣。」言畢而死，母病果愈。聘周氏，未娶，欲歸陳守喪，未果。已而聞有行媒，遂自縊。

李黄，字友芝，通州庠生。昆弟五人，其幼庶出，父命析産爲五簿，黄減其一，父疑其屏庶弟也，怒之。黄跪請曰：「兒頗能自給，願以均分諸弟。」父大悦。後弟侄家俱落，黄爲經紀其婚嫁。里中義事，倡而行之。

孫莊，通州人。許石陛，如皋人。俱割股療親。

朱國靖，新安人，家於泰興。厚樸好施。順治辛卯、壬辰，歲再饑，皆出資賑濟。每歲暮，資寒士以膏火。又捐金甃橋梁、埋胔骼、新梵宇，爲善孳孳不倦。

江南通志卷一百六十

人物志

孝義　四

安、徽二府

安慶府

晋

何叔度，廬江灊人。恭謹有行業。母早卒，奉劉氏姨若所生。官至太常卿。子尚之。

何琦，字萬倫，司空充之從子。父卒，琦年十四，哀毁過禮。事母純孝，孜孜色養。及母喪，方殯在堂，適鄰家火，琦撫棺號哭，俄而風止火息。

南北朝　宋

何子平，廬江灊人。令海虞，得禄惟以供母，不及妻孥。母喪去官，哀毁逾禮。大明末，東土饑荒，繼以師旅，八年不得營葬。晝夜號哭，常如袒括之日。冬不衣絮，夏不就清凉，一日以數合米爲粥，不進鹽菜。所居敗屋，不蔽風日。兄子伯興欲爲葺理，子平不肯，曰：「我情事未申，天地一罪人耳，屋何宜覆？」其敦厲名行如此。

梁

何炯，字士光，廬江灊人。炯年十五，從兄允受業，一期並通五經章句。爲永康令，以和理稱。遷治書侍御史。以父疾，經旬衣不解帶，頭不櫛沐，信宿之間，形貌頓改。及父卒，號慟不絕聲，竟以毁卒。

唐

徐仲源，望江人。事母至孝。母疾，割股爲糜，母食而愈。貞元中，邑宰以其孝上聞，敕號所居鄉曰孝感。母夙畏雷，仲源必躬爲掩耳。既卒，葬於宅之東南隅，每遇雷震，輒伏墓曰：「仲源在斯。」郡邑又以聞，再命築孝義墩，賜白華軒以彰之。

元

周樞密，潛山人，逸其名。至正間武進士。紅巾賊寇境，聚鄉勇屯馬園寨，保障生靈十餘萬。先後十五年，屢破天完兵，以功授樞密同知。明高帝出師鄱陽，借糧於周，周助米千二百斛。洪武時，令守舊土，有德於民，民祀之。

杜萬户，桐城人，元將也。僞漢兵陷安慶，余闕既死，其妾甫生一子，棄水濱。杜見呼之曰：「此余參政子，義種也。」悉捐所携物，懷其子去。今桐城洪濤山王氏即其裔，家廟猶祀余參政云。

方德益，元末自池口徙桐，以好義稱。所居鄰學宫，衢隘，割宅地之半以廣之。桐溪水出龍眠，暴漲則激石漂木不可渡，議橋者難焉。德益捐金造橋，甃石堅緻，迄嘉靖末猶賴之。

明

葛宣，潛山人。明太祖討陳友諒，輸粟千餘石至鄱陽餉軍，太祖義之。

黄榮六，桐城人。時挂車河有吴貴，自稱元帥，性兇暴，貪財好殺。榮六奮義爲保障，築六兒城於蔣家山，遠近不能自存者皆來歸。適明太祖下安慶，榮六請降，不受爵賞，遂歸山。

曹鏞，懷寧人。母龍氏病，聞人肉能療疾，割體肉以進，疾愈。復作，又封胸肉以進。未幾，疾又作，鏞妻王氏割臂肉以食母。既而，病大作，鏞又刲股，母疾竟瘳。洪武時以孝旌。

楊貴，安慶人。母蔣氏病，刲左股及脅肉以進，母疾遂愈。詔旌其門。

汪思義，潛山人。喜施予。正統戊午間，江北旱潦頻仍，思義輸穀賑之。敕建旌義坊表其門。

謝佑，桐城人，字廷佐。正統間進士。少孤貧，事母至孝。歷官山西右布政，致仕歸。臨卒，母喪未終，遺言衰絰爲殮。死不忘親也。

檀郁，字子復，桐城人。家貧少孤，母汪守節，奉事至孝。母卒，無以爲葬，或贈石山，不可穴，泣禱於神。有鄉人夢神云：「檀孝子有穴曰湧泉，可丈許耳。」或解之曰：「人湧泉穴屬足，其山麓有穴乎？」求之，果得窆，遂廬墓側。無水，苦遠汲，忽石罅出泉，色瑩味甘。三年，郁歸，泉遂涸。正統時旌。

魯希曾，號兩山，懷寧人。與弟希周菽水侍母，必歌詩以侑之。母疾三年，衣不解帶。學使欲旌之，希曾泣辭曰：「此自生人恒事，何忍以父母博名高哉？」學使降階而揖，愈敬禮焉。

阮以臨，字象源，懷寧人。少有豪氣。總督葉夢熊奇之，征寧夏，疏薦偕往。以臨潛然流涕曰：「温太真以一代人豪，特急功名，絶裾而出，千古薄之。吾奉菽水，他不問也。」力辭不起。母歿，每除夕必墓宿。

韓祥印①，字維熊，再封股療祖母及母疾。

石檜，字耕榮，宿松人。讀書明大義。成化丙戌，歲饑，與弟棠各輸粟五百石出賑。事聞，賜七品冠服。

吴本清，懷寧人。親疾，籲天求代。及殁，哀毁骨立，廬於墓側，有湧泉、産芝之異。成化時旌。

曹規，字循理，望江人。成化間以明經爲邠州判。重義樂施，嘗捐資甃石作欞星門及兩圩閘。歲凶，設粥以活流殍，具棺以掩胔骼。鄉里深德之。

殷溥，字直庵，宿松人。父早世。母以哭夫喪明，溥事之極孝。成化癸卯領鄉薦，亟營禄養，就教嘉興，遷國子監助教。覃恩錫封，敕中有「母節子孝」之褒。母亡後，遂不復出。

許本忠，與劉澄俱懷寧人，弘治年旌。

吴鯉，字躍如，懷寧人。正德庚午鄉薦，知蔚州。時總兵官劉定之以詿誤論死，人多稱冤，鯉未謀面，即入見督撫，備陳輿論之公，力爲解救，得末減。逾年歸里，劉遺以金，拒不受。

胡效才，字用甫，桐城人。嘉靖乙丑進士。少貧，授徒以養父。事繼母盡孝。儲贄築室東郭授仲弟，築室南郭授季弟，皆體父母意也。江陰令以故交餽金帛，不受，僅受布一端，歸以奉母。晚登第。卒於京邸，猶致書兩弟，以不及終母養爲憾。國朝雍正五年特旌。

① 「印」，疑本作「胤」。

方鵬，字其大，懷寧人。家貧，繼母馬氏遇之恩薄，鵬百計承順。有女弟，馬出也，馬意欲鬻其居以嫁之。母既卒，鵬如其意治奩以遣。父歿，刻木像，飲食必祭。會他出，夢父有怒色，立馳歸。有家僮簪其像，號泣治之，蓋誠孝所感。登嘉靖間進士。痛祿不逮親，終身不敢自奉。

呂腆，太湖人，嘉靖時以孝旌。

吳堂，字德升，桐城諸生。父患脾痛，堂手自抑搔，數月不使人代。至丙夜，父命之退，猶泣不忍離。父病革，屬堂曰：「汝母非汝不能盡菽水歡也。」將析産，伯兄爲政，堂僅得瓦廬半間以奉母。有圃在伯兄舍後，偵兄意欲之，遂作券因族長遺之，不受值。歲祲，有歸粟數十斛者，堂縮口節食，以其羨給諸從兄弟及比鄰之乏者。後以子一介貴，贈副使。

龍涌，字本一，望江人。家被火，祖母方鼾睡，奔入烈焰中扶祖母起，負之出。父病危，刲股以療，尋愈。嘉靖時，詔旌其門曰「慈順」。

方岱，字明鎮，望江人。孝友端慤。嘉靖中，歲薦當選，以母年九十七，終養不仕。詔授官以旌之。

方可，字子時，桐城人。力學養志。其伯仲皆異母，父又獨愛可，伯仲俱恚之。可怡聲柔色，不敢仰視。父歿，伯仲争其貲，訟之官，可曰：「兄弟無訟。」詞不訴，鞫不辨。有司察而直之。嘗置義倉，輸穀以濟貧者。

張祝，桐城人。年十歲，刲股療母。

彭賓，字惟善。性孝友。伯母葬，鬻書助之。居父喪，哀思廢寢食，竟以是卒。

陳所聞，字辛華，桐城諸生。少孤，奉嫡母獨任勞苦，得其歡心。手一編，督耕隴上，就土性而權衡之，所獲常倍。次第爲弟妹營婚嫁，又各畀田一頃。邑令陳贊化式其廬，舉鄉飲賓。

周聘，字廷聘，桐城諸生。父母繼亡，家貧，十年不能葬。坐卧苫塊，終日哀號如袒括時。知縣李尚默捐俸，命諸生往營葬，聘曰：「爲人子而以親喪煩長吏，其何能安？」守冢凡十二年，遂能知來，言休咎頗驗。或問不習占候術，何由知？曰：「静久不覺乃爾。」

陳邦符，潛山人。襁褓失怙。母萬氏年二十守節，至邦符數歲，誡之曰：「兒能勉讀父書，庶不負母忍死意也。」符聞感泣，就塾師，出入必稟母命。父遺産二十畝，推讓於叔父。教授生徒，支月俸爲母養。母卒，廬墓哀毁。以恩選歷三縣學博，遷潞府審理致仕。

汪昌應，字爾麟，潛山人。邑有鬻妻償逋者，爲贖還。濱河大水，漂蕩男婦棲木杪，適昌應舟載稻百石過，忽聞哀號，傾稻載之以歸。

方之綱，字振宇，桐城人。少與弟之紀以篤學見稱。萬（歷）〔曆〕丙子舉於鄉，授雲南曲靖府推官。之紀因兄入仕，慨然曰：「兄出則弟當處，課農桑以成兄爲廉吏耳。」之綱在任，亦念弟不置，投簪徑歸。兄弟聚處終身，時論高之。

李之讓，字太初，太湖人。父早逝。母劉苦節教誨，後得禄而母死，終身不衣帛甘食，以母在時貧故也。司教桃源，值歲旱，士多飢死，有司猶嚴督逋賦。乃號泣請免，不聽，遂棄職歸。

張思誼，桐城人。八歲父卒。事母極孝，夏驅虫，冬炙爐，必親爲之。值令節，必坐母堂上，衣冠拜堂下，起獻酒拱立。將撤，拜如初。五十年如一日。弟思諶孱而愚，思誼衣食之終身。年未三十鰥居，不更娶，曰：「恐有室則於吾弟疏也。」

周登，字大舉，桐城人。撫亡弟孤子成立。弟亡時，有貲千金托登，侄不知。比長，悉以與之。

周自，字明德，桐城諸生。弟覽侵賦，有司督之急，令覽售産於自以償。自代輸八百金，不受産，惟取一雕鞍，曰：「弟所以逋賦者，太侈故爾，欲碎之以示誡。」宗人或以請，即與之。居數年，賦仍不杜，又納二百金。覽願以産償，自終不忍。覽感泣，後竟稍克自振云。

張廷中，桐城人。兄弟五人既析箸，弟業日落，廷中滋殖，曰：「吾不忍弟之壁立也。」集諸弟合爨而居。久之，諸婦有後言，廷中曰：「吾知厚弟耳，安問其他？」悉以所殖之産五分之。仍爲輸税，終身怡怡如也。

方初，字子復，桐城人。成童即至孝。父遘疾，溽暑嚴寒不離卧側。妻盛氏亦孝，人謂初刑于之化焉。

黄敦，字效仁，桐城人。有同祖二弟，家落鬻産，敦曰：「不可委祖澤於異姓。」厚直取之。弟後日困乏，敦曰：「吾何忍取弟産？欲弟知艱苦自立耳，今能治生矣。」遂以産還，不取其直。

部冠，字德纓，桐城人。以孝聞。葬親桐梓山，每過必泣拜而後行。

朱文林，字士先，桐城人。六歲喪父。家貧，櫛髮爲藝，竭力奉母。母病思魚，市無魚，文林禱水投竿即得。復病篤，刲乳下一臠以進，母遂愈。母卒，廬墓，豺虎往來不爲害。竟以哀毀卒。

胡琴，太湖人。母鄔氏早亡。繼母徐氏嫉琴，琴惟盡孝。母疾，禱以身代。母愈，聞之感動。母嘗晝卧，雖盛暑，以衣冠揮蚊蠅不輟。及母九十，琴年七十矣，定省益勤。事聞，旌其門曰「七十而慕」。

馬繼周，太湖人。父早世，母陳氏撫孤成立。及母卒，傷其以苦志終，廬墓三年，哀號之聲，聞者增痛。萬(歷)〔曆〕間，母子並旌。

夏孝子，字以忠，桐城人。本名思，八歲時刲股療父疾，郡守爲更今名。父卒，廬墓三年。歸，子女不識也。子民懷，萬(歷)〔曆〕中舉鄉薦。內行純至。歷任安陸、宜黄二縣令，有能聲。

程昇，懷寧人，節婦聶氏子，兩次刲股愈母疾。

盛應魁，與葉正奕俱懷寧人，以刲股稱孝。

段正洪，懷寧人。母葉氏卒，會鄰家火將延及，正洪以身蔽棺，號天甚哀，忽雷雨大作，火隨止。

葉日初，字寅初，望江人。萬(歷)〔曆〕中舉鄉薦，時方具慶介眉侍壽，猶執少儀。友愛諸弟，館穀悉分給以資舉火，人稱真孝廉。

方祉，字子受，桐城人。兄禄患疫，近者輒染癘，有死者。祉扶抱服勞，不離左右。禄謂之曰：「爾乃不畏疫耶？」曰：「智者不信幽而棄禮，仁者不違道以求生。」卒無恙，兄亦尋愈。

朱應麟，字仁吾，宿松人。居陳漢山，積倉萬石。萬(歷)〔曆〕戊子，虞、劉二賊踞長溪，兩臺調兵進剿，將爲清野計。應麟奉檄，一夕毀盡。賊平，詔縣給銀五百兩，堅辭不受，請充客兵之餉。萬(歷)〔曆〕間建坊旌表。

顧槐，太湖人。事父至孝，凡父意所在，無不委婉承順。父死，廬墓三年。

殷效，字子學，桐城人。繼母夏有二子，美衣豐食，就傳授書，而裁效衣食，使之耕。效胼胝作苦，甘淡泊，無難色。夕歸，濯足更衣，侍側色常愉。父喜，勞之曰：「惟爾克家。食指漸繁，爾其尸饔！」效益奮力，乃致千金，分給諸弟，不以錙銖自私。夏亦感悦，遇效有加。

王鰲，桐城人。父卒，廬墓，日夕哀號，思慕不已。忽夢父曰：「兒不解畫，奈何？」父誨之。既覺，舉筆而就，酷似其父，見者以爲神授。

徐即署，桐城人，割股愈父。

盛唐，桐城人。年十二，刲股療祖母。唐父病，母張亦刲股以救之，得愈。

朱蓬，桐城人。兄弟六人，淳樸孝友，善事母氏，宜於兄弟，和氣淪浹，合力構一堂以居。三年，又構一室，與仲氏次第相及，各安其居。歲饑，有鄰翁貧且病，田盡蕪，蓬使其弟服牛爲之墾。翁不知爲誰也，異之，蓬曰：「吾力有餘，翁力不足，故代耕耳。」

趙之葵，桐城諸生。性至孝。少與方君簡友善，以其子逢月受業。崇(正)〔禎〕丁丑，賊至，君簡守護母柩，死於賊。時逢月館白門。之葵聞信，往哭之，發其笥得絹。殯殮未終，賊復至，殺之。逢月至今並祀於家。

吴忱周，字尚文，桐城人。貢成均。父命分産，讓之伯季，悉無所受。嘗夜讀邸舍，主婦暱就焉，曰：「若夫，吾友也。爾不愧夫，吾寧不愧友乎？」婦慚而退。

金韡，由新安遷桐城。母病，值寇亂，無從得醫，韡刲股以進。弗愈，又穴其左腹，得肝寸許。母枕上便聞異香，行道者見其屋角炊烟，俱如瓔珞雲。母啖少許，立愈。

方愈暘，字子旦，桐城人。嘗焚千金負券。渡江，適舟人失金相争，夢暘謬曰：「適吾僮得。」如其數以償之。已而，舟人得金所在，人稱爲長者。

金騰高，字上達，桐城人。任俠好義。邑大饑，出所積穀二千石，悉賑鄉里，曰：「所貴夫好義者，補天地之不足也，豈乘歲祲而自爲利乎？」詔旌其門曰「義民」。

李璽，字廷玉，桐城人，籍順天。其友汪冕赴廷試，病於邸，囊有百金，付璽，人無知者，即卒。璽爲治棺殮，主其喪。召冕子至京迎喪，因以父金還之。

方學尹，字起莘，桐城人。葬父，奉遺命與繼母同窆，學尹不敢違。掘穴有石，號泣籲天，鑿石以厝。後徙墓，皆成土矣，人以爲純孝之感。

錢元道，桐城人。有商主其家，既去，糞除見遺金，約二百餘。度商已遠，乃置倉中，壓以積穀。次年，商復至，言别後失金。元道曰：「此非途中失也。」發倉示之，囊括宛然，遂還之。

朱東，字漢卿，桐城貢生。晨詣學見道旁遺金，弗顧。僕曰：「後人寧不攫之乎？」乃收之，約二百餘金。以聞於校官，出示招之，則糧役王姓所遺也。王請分東，笑曰：「天欲損爾，豈令我見？速挈去！」

陳希學，字子斆，桐城人。嘗赴試過香爐寺，如厠見遺金百餘兩，收之，居不去。僧曰：「文宗且至，何乃逗留？」曰：「吾與友約，姑待之三日。」失金者哭而至，曰：「以吾父之嚴，而失稅金也。進不勝官刑，退不勝父刑，死矣！」希學出而還之。

張清雅，字玉楚，潛山人。力學養親。明季獻賊至，父卧病，侍湯藥不去。既卒甫斂，賊又至，疑棺藏金銀，欲剖視之，清雅以兩手據棺，賊斫手仆地。幼子超藝從牀底躍出求代，俱死焉，而棺得不剖。其僕雲滿，殯其父子，亦不食死。

陳廷選，潛山人。流賊至，母老病不能行，竊負避草間。爲賊所獲，叩頭流血，求殺己捨母。賊殺之，氣絶，猶抱母不釋手，母幸得全。其妻收廷選尸殯如禮，屬其子文露曰：「姑老矣，汝善事之！」撫棺大慟，墜岩而死。文露援之不及。

胡朝烈，潛山人，割股療母，腕痕無血。

袁學知，字非生，潛山人。母陳氏病，刲股食之，立愈。

金道會，字仲貞，潛山人。父客死金陵，每一追思，血淚迸出。明季流賊盤踞，道會避虎頭寨，時荒疫流行，道會運米得三十石。同寨中索貸踵至，同室者言：「吾食指浩繁，米將盡，奈何？」道會流涕曰：「誠然，然不忍人飢而我飽也。」米盡，飢兩日，長子承蜩夜冒鋒刃，審視賊營，間道得脱。道會歸，遇死傷露骨，買棺葬五十餘塚。

呂之徵，字愈疏，太湖人。父歿，廬墓三年。

馬之龍，太湖人。篤友誼，好施予。兄人龍官楚藩，明季寇亂，楚人有爲賊掠流於湖者，之龍曰：「此阿兄子民也。」具貲糧遣之。壬午城陷，之龍子亦被執至楚，彼地亦爲優禮送還以報之。

汪文煒，字純符，宿松人。母早世。隨父避地江左，父亡，事伯兄如父。奉繼母以孝，母始苦之，後亦爲所感。萬（歷）〔曆〕癸卯舉於鄉，歷知靈（邱）〔丘〕令。致政歸，產薄不及中人，令其子與兄子均之，毫無私厚。嫁孤侄女，一如己女。晚歲貧窘，處之淡如。

石汝修，字止所，宿松人。父歿，廬墓三年。

田荆，字義軒，宿松人。官省祭。幼而喪母，繼母駱氏撫養之。及長，事母孝。母喪明，每食必親奉。母病，親嘗湯藥，不解衣數月。母喪，號慟幾絕。二弟蕙、蘭幼，荆撫育之，田舍分給無私財焉。

方友信，宿松人。母病，刲股。友信子際明、際奎，孫孔成、孔祐，俱刲股和粥救親，時稱方氏五孝。

張洪猷，字伯卿，宿松人。喪父，廬墓三年。母疾，刲股療之。

朱守益，宿松人。母疾，刲股。

劉之瑄，字朗生，宿松諸生。流賊至，適父病風，家人呼出避，拒曰：「父卧牀，惟有死守耳！」賊斫其父，瑄以身蔽之，連受數刃而死，父得免。

袁師皋，字理衡，宿松諸生。母老齒脱不能食，師皋年已六十，必口哺之。賊至，執其母殺之，師皋奮與賊鬬，亦死焉。事聞旌表。

萬民望，字兩虛，宿松諸生。母年八十，流賊至，負而逃。遇賊，泣告願以身代，賊殺之而貰其母。兩臺旌其死孝。

楊士奇，字伯英，宿松人。辛巳城陷，父介八旬，被賊執，士奇匍匐出救。賊已舉刃，抱父同死。

張瓚，宿松人。乙酉城潰，父庠生映光爲兵所執，瓚紿以多金求全父，許身爲質，父得逸去，遂遇害。

葉應龍，宿松人，母疾，刲股。

蔣珉，望江人，父病，刲股。

王維翰，字思重，望江人。父疾，究心岐黄家言，調藥進，多奇中。後以明經訓廬江，移辰州教授，以母老不赴。鰥居數十年，起卧不離母側。母年九十五卒，維翰哭母，遂終。

李德賓，望江人。母病，吮癰，寢食不離母側二十年。

章繼魯，字思樸。親病，籲神求醫，必長跪涕泣。親殁除喪，祭祀必哭。

王準，字明衡，望江人。父忱，生準兄弟，獨準食餼，即自任甘旨。忱易簀，遺數十金，獨與準。準泣拜，請公分昆弟。弟惟乏嗣，準憐之，同起居飲食二十年。惟先死，有私囊百金，舉以報德，亦公分諸猶子。

阮之釬，字韜甫，懷寧人。乙酉城潰，母老病不能行。兵至，釬爲母請命，不許。請以身代，不許。遂挺身障母，格鬬而死。子湛九齡，得脱於難。順治初，補諸生。痛父死孝之烈，哭求直指以事聞。詔建坊旌表。

方都韓，字大方，懷寧人。居母喪盡禮。後父遇兵，以身代父死，父得免。

吴汝鼎，懷寧人。早孤，傷痛嘔血。兄病，拮据致參藥以餌之，嘗忍饑啜粥，不顧也。

蔣奕芝，字鍾韓，懷寧人。乙酉城潰，兵刃其母，以身覆之，遂死母背上。兵爲色動，母幸得全。

黄淡，字元味，懷寧人。城潰，母被刃，淡與兄中通、中德俱以孝死。

陳道賓，潛山人。割産撫孤侄，又設義冢葬露骨。

劉應甲，懷寧人。叔父母無嗣，病篤，遂不應秋試，侍湯藥營葬如子。鄉里稱之。

宣瑬，字明瞻，懷寧人。無子，妻爲置妾。見女有戚容，詢之，知係名家子，召其父母還焉。

張自孔，字石門，宿松人。廩生。性孝資敏。年十二，隨父避賊見執，賊問：「此處有馬否？」父未及答，自孔紿曰：「吾家有駒，藏在山洞，顧釋父去取。」賊從之。私與父曰：「父得生還，兒死無恨矣！」賊久待不至，遂引去。數月，亦脱歸。

張應宸，字若葵，桐城人。性至孝，親喪哀毁。友愛尤篤。捐費修城，率其兄弟悉力守禦，卒無恙。

歲饑賑粥，全活千人。舉明經，不仕。卒，聞者皆爲流涕。

張久中，懷寧諸生。授徒自給。性孝友好義，族黨有逋課者，每損館穀代償。盜入室，久中覺名。之，謂曰：「汝良家子也，何至此？」以所存脩金爲贈，誡令自新，卒感化，復成家業，終不言其姓名。座右書「隨處體認天理，凡事求近人情」二語，以自警省。後以子清議貴，追贈朝議大夫，崇祀鄉賢。

國朝

張秉彝，字孩之，桐城人也。生而穎慧，爲文一本經術。以廩例入南雍，授別駕，念兄秉文官四方，而父母春秋高，不忍離左右，遂謝去。里居侍養，極意承歡。秉文爲布政，殉難山東，泣走數千里，扶三櫬携藐孤以歸。弟秉貞，以大司馬卒京邸，諭賜祭葬，悉贊襄成禮。弟秉哲，孝廉，早亡，親視含殮。身遇大喪，哀禮兼盡，廬墓冢樹交花，人謂孝感。有祖置義田，經營墾闢，助婚勸學，贈給有差。修譜牒以收族，設糜粥以賑饑，生平隱德未嘗告人，而恭儉謙約始終一節。晚益邃性命之學。以子英貴，特諭賜祭，贈文華殿大學士。

孟命世，字淑子，懷寧人。順治初，征南譚將軍辟參軍務，以功授知九江府，焚刁民誣逆狀，保全數千家。移守端州，申免浮糧數萬石。初，左良玉兵破安慶，父振邦罵賊死，兩弟俱被掠，命世徒步數百里，崎嶇萬狀，冒險贖歸，卒皆成立。

田德産，太湖諸生。母被亂兵執，德産與妻出救求代，得並釋。城陷，復負母得脱。母歿，守墓三年。督學李嵩陽疏請建坊旌表。

劉日曜，字弢伯，桐城人。隱居教授。母歿，年七十，猶孺子泣，廬墓三年。

任塾，字克家，懷寧人。幼爲名諸生。乙酉城潰，兵執其父，將見殺，塾請以身代。兵異之，父得脱。順治丁酉舉於鄉，康熙丁未進士，歷任儀部郎，督學山左，廉聲最著。

陳彝，字以常，潛山諸生。事繼母以孝著。同學有忤當事者，禍且不測，彝挺身直之，卒賴以平。年三十卒，妻宣氏謹事孀姑，稱「一門雙孝」。

葉士怡，字怡如，潛山人。明季寇亂，奉母避山堡。賊獲母脅贖，士怡鬻産贖回。又遇賊，母倉卒墜岩傷足，負行百里餘。未幾卒，哀毁盡禮。

汪世奕，字貽遠，潛山人。幼至性過人，八歲喪父，哀毁骨立若成人。事繼母婉容愉色，委曲承歡。

張杰，字如三，桐城人。性孝友。世父秉文以山東布政殉城死，杰總其家政，成立其孤。諸子德之，割腴田以酬，固却不受。司鐸吴門，會郡饑，當道委賑太倉、昆山諸境，部署周詳，民沾實惠。巡撫湯斌欲薦之，拂衣而退。舉鄉飲賓。

章于國，太湖人。性至孝。母溺水死，于國哀毁絶粒，倚廬哭泣，逾於常制。

姚士堅，字廷若，桐城歲貢。篤行好義。邑西挂東河當孔道，多暴漲，行者時溺死，士堅募造石梁，自捐七百金。歲饑賑粥，活數千人。他所施濟，門無虚日。以故家業中落，猶典鬻爲之不懈。卒之日，人皆流涕。

張瑱，字公瑋，桐城諸生。持身嚴毅，厚宗族，置義田，焚負券，鄉里德之。

左之琮，字宗玉，桐城人。性至孝。讀書山中，母偶疾，之琮忽心動急歸，人咸異之。樂善好施，多所全活。老而嗜學，著作尤夥。

金蓁，字尚美，潛山人。祖業素封，俱捐以賑饑。嘗典衣飾易米三十斛，鄰里告急，輒散之。僅存三斛，晏如也。

周天鳳，字羽長，桐城諸生。少失怙，事母以孝稱。從兄死，兩子俱幼，捐己屋產以與之。族子藻無依，收育如己子，經紀其衣食、婚娶，俾至成立。子四人，俱孝謹有文行，徵出尤積善好義，不愧父風。孫大璋，中雍正二年進士。

姚士塈，字注若，桐城人。由明經歷官刑部郎中，論決多平反。謝病歸。居鄉姻睦，設粥賑飢，遇貧乏者力爲周恤。甲寅征滇黔，兵絡繹經桐，吏欲徵費里民，塈念民力不堪，鬻產給芻糧，合邑賴以安堵。

周斌，字允二，桐城人。性純孝，居父喪盡哀節。母章失明，斌朝夕調護，七年復明，人謂孝感。撫育亡姊遺孤四人俾成立，授產與己子均，皆世俗所難。

方中發，字有懷，桐城諸生。篤學力行，嘗捐宇建先人理學祠，刊兩世遺書百卷，讓產推財，鄉黨皆稱孝友。舉鄉飲賓。著《白鹿山房詩集》行世。

方來賓，桐城人，刲股療父。

楊昭雍，字南有，懷寧諸生。性篤孝，父病，刲股療之。樂爲義舉。有鬻妻以償逋者，爲斂財以保全之。生平力學，以程朱爲宗，著《猛省格言》《克復圖説》。

張永錫，字來遠，桐城人。性孝。既鰥不再娶，同父寢處。父病，需蘆根，徒步往返百餘里，採而進之。父殁，隱居不出户。每剃髮，則曰：「身體髮膚，受之父母。」命子純謹藏之。卒後，柩爲蛟水所漂失，純取所藏髮，瘞于母墓，謂之髮冢。

丁藻，字以偉，潛山人。食貧力學，敦篤孝義。年十八，路拾楊某遺金，忍饑坐雪，俟楊至還之，楊分金以酬，拂然而去。歲祲，欲賑無力，徧募粟以濟之。

劉士儀，潛山人。有孝行。雍正九年旌表。

姚孔鈛，字升初。康熙己卯舉人，以母老，不上公車。朝夕孝養，不離左右。仲弟牧滄州，積逋數千，破産代償。好讀書，尤潛心《易》理。雍正十一年旌表。

張恭，桐城人。天性誠篤。出嗣季父，曲盡孝道。父殁，水漿不入口者三日。族有貧不能婚葬者，割己田爲義田，以歲入租贍之。嘗過金斗，見販牛客以賊攫金投水，救甦，恭傾囊償之，客賴以歸。雍正十一年旌表。

姚士黌，字東膠，峽江令文焱長子。性至孝。母方疾篤，刲股和藥以進，血迸流衣袖，不知其痛楚也。庚午舉於鄉。父殁京邸，徒步扶櫬歸里，哀動行路。里中孤幼無依與失學者，撫養教誨，賴以成立者甚多。嘗客吴中，有鬻婦以完宿逋者，出囊金代還。買山數處，掩瘞枯骨無算。其急難好義類如此。雍正十三年旌表。

都先覺，字依衡，桐城諸生。潛心理學，實踐躬行。父母有疾，衣不解帶，對人言必泣下。家貧，授經於外，父母所欲，必力致之。色偶不懌，長跪終日，俟其顔霽而後起。里中共推爲純孝云。

江萬里，字遠公，桐城諸生。性孝友。析産以腴者奉三兄，自受其瘠者。後三兄家落，仍以己産與兄子共之。歲饑，捐米數百石賑濟。里稱篤行君子。

張若霖，字巖犖，大學士英冢孫，少詹事廷瓚長子。年十一，母卒，哀毁骨立如成人。事父曲盡色養。尤善承繼母歡，母亦忘爲前母子也。與弟霈相友愛，霈歷仕浙東、粤西，霖每寄書必戒以官箴，勖以祖訓。生平寡言笑，性恬淡，家世貴顯，霖處之如寒素，杜門却掃，不輕交接。然邑有公事，不憚指陳利弊。遇水旱，力爲募賑，所全活甚衆。殁後，鄉人思之多流涕者。

王曰貞，字德水，桐城人。孝事繼母。弟被盜，挺身出救，盜感而去。屢償侄逋。明末歲祲，設粥廠於家，存活甚衆。嘗遊姑蘇，值閶門大火，罄舟米二千餘石給之，蘇人爲之勒碑。每歲施棺藥無算。順治丁亥，出粟賑飢，至於鬻産，迄今稱之。

徽州府

唐

黄芮，歙人。刲股爲羹，以愈繼母病。父卒，廬墓終身，墓側産芝及連理木。貞元十九年旌表。

吴九郎，休寧人。黄巢寇至，舉義兵保鄉井。與賊戰不利，衆潰，馬上自刎，奔逐半里許，身方墜地，馬亦死。鄉人即其處立祠祀之，名其地曰倒馬墩。

宋

王六，歙人。母淩目瞽，草屋半間，風雨不蔽。去依親金氏，久而厭之。時六甫九歲，掖母歸故址，刈薪易米以養。事聞旌表。

祝確，字永叔，歙人。親喪，廬墓。兄弟先後死熙河，確往返萬里以歸其喪。吏部朱松爲諸生時，確歸以女，生熹。郡城遭方臘之亂，朝議徙治溪北，潦漲爲患。確倡衆訴於朝，復如其舊。

程四，歙人。幼孤，鞠於姑家。姑病革，四省問，退曰：「吾幼失怙恃，姑猶母也，誓當報德！」乃焚香取髓，粥而進之，姑之疾遂愈。

夏倈，休寧人。早孤，孝養其母。母卒，廬墓，墓生瑞竹，又生芍藥並蔕者二，鄉人號其室曰「雙應」。

曹矩，字晦之，休寧人。景祐進士，官屯田郎中，貤贈父汝弼。燎黄之夕，芝産塋上。事聞，詔賜所居爲孝芝里。從父文，死方臘之難，世稱忠孝。

陳克己，與鮑乙俱休寧人。陳割肝，鮑鑿腦，以愈母病。

汪廷美，婺源人。百口聚居，食必同席。親喪盡哀。祥符中減賦，美亦減其佃租。有鬻香者去後，發其裹得金，追還之。里人竊其鵝，問之，曰：「將以祭先。」美更助以魚酒。有從質麥種者過期，言種敗無收，美還其質，更遺以麥。時號爲汪長者。

王德聰，婺源人。少孤，孝友信義，爲里所稱。一家幾千指，同居七十餘年。天聖初奏旌。

張珏，字公子，婺源人。弟滋坐罣誤當死，珏曰：「吾力單微，養母不如弟。」自拘於吏，遇恩從邊，以是見知。後以軍功得官。朱子稱其天資孝友，有古篤行君子所難能者。

詹惠明，婺源人。父坐法當死，惠明詣縣求代，不許。獄上，惠明復詣郡請，嚙指出血，詞甚哀，不見省。方盛夏，伏府門外，以艾自灼其頂。明日至庭下，復割右耳擲廳事上，血淋灕。守大驚，竟爲奏報，詔減其父死而釋惠明。

許規，祁門人。常客宣、歙間。旁舍某郡人病且死，出囊中金，以骸骨屬之。及死，規舁棺從千里外，畀其家人，并還其金。

汪櫄，婺源人。父復，通判揚州。德祐末兵至，復正坐不去，兵欲執之。櫄以刀拒斃一兵，左右負復走，衆遂殺櫄。丞相馬廷鸞以書唁曰：「能執干戈以衛父母，世不乏童區寄矣。」櫄年十四云。

元

鄭安，字子寧，歙人。宋亡明年，李世達叛，孛术魯敬①將屠城，安叩軍門曰：「亂僅世達一人

① 「孛术魯敬」，《四庫》本作「富珠哩敬」。

耳，民何罪而欲屠之？」敬乃止。既没，鄉人祠之。

鮑元鳳，歙人。元季寇亂，鳳與妻子訣曰：「吾有母，不能爾恤！」遂躬負母，深避巖穴。亂定歸，薄暮，恍若神導，與妻子遇，俱獲全。

黄一清，字清夫，休寧人。母病革，一清籲天願減己算以益母壽。夜夢人曰：「明日老嫗來，當得藥。」旦果有嫗授以啖蜜法。乞蜜鄰鄉，夜還遇虎，號泣曰：「我死不足惜，如母蜜何？」虎熟視而去。

戴煒，字晋翁，婺源人。父卒，與二弟熠、炯廬墓三年，朝夕奉盥上食如生。客至，兄坐弟立，老而不懈。

朱震雷，休寧人，累世同居。

明

葉仁，休寧人。父宗茂，饒州知府，坐事罰輸築城。仁上書請贖罪，太祖嘉其誠，宥之。

汪葵，黟人。生元末。每晨多造飯，携斧入山，至暮乃歸。妻怪問之，笑而不答。又嘗煮芋菽搗粉築墻，人莫之覺。及土寇爲亂，葵隱入山，柴舍宛然。村落中有積糧，葵部分居之，時以芋墻充食，存活甚衆。

洪宏祖，字深遠，歙人。爲郡守陳彦回所重。靖難兵起，宏祖白守勤王。成祖即位，收彦回，宏祖亦投水死。

汪存，字廷堅，歙人。隨父商歸，宿邑之汝灘。天未明，父捨舟先歸。人言前路有虎，存冒雨追四十里，始及。父果遇虎山陬，存泣告天曰：「願虎傷己，勿傷吾父！」虎竟去。

畢文璟、洪祖、鮑文行與李士昶四人，俱歙人，刲股以愈母疾。

畢陽，幼以孝聞。父卒，泣血喪明。母疾，露禱求以身代，割股和藥進之，疾愈。

何澄，字應清，歙人。割股愈母疾。出繼族父，後有爭繼者，澄推讓田產無所取，惟歲時祀事不怠。

吴鼐，歙人，與兄鼎、弟珊客黄州。衆夜鬬殺人，誣鼎，吏捕之急，鼎不知所出。鼐曰：「兄年高未有子，弱弟老母所憐，皆不可死。獨鼐子已長，願代兄以塞禍。」遂詣吏就繫。鼎冤之，求直不已。鼐謂曰：「空自苦，必無生望。不若保餘貲，善事老母，撫弟侄立門户，毋以弟爲念也。」其夜，具衣冠自經死。州人傷之，白府禮殯焉。

黄鑑，字德昭，歙人。父久商不歸，鑑兒時問父安在，輒號泣不食。家貧，拾薪養母。年十四，告母行，訪其父，至黄州境得之。

許象先，字汝賢，歙庠生。父没於淮，奔喪盡禮。繼喪母，越十五日以毁卒。

王靖，字寧之，祁門人。嘗慕張公藝行誼，百口同爨，尺布不私。成化丁酉鄉薦，授交河知縣，人稱其節操。

方尚用，歙人。父患痢疾，刲股煎湯以進，隨愈。後尚用病將絶，以不能終養爲恨。迨母病，夢尚用跪告曰：「惟荸薺可治。」如言果痊，宗鄰咸詫其生死盡孝。

程邦仁，歙人。弟邦儀死於仇，誓死以報。體肥不耐步履，每日負襆被，身挂二尺竹筒盛水漿，於中庭疾趨百回，約三十里乃止。日以爲常，人疑其顛。久之，遂健行。聞沈東山爲郡司理，乃徒步走燕邸，訴弟冤。沈哀之，抵徽，遂閱故牘，出邦儀屍驗之。邦仁撫之慟，竟絶。是日，觀者千人，哀聲動山谷。沈雪其冤，卒論抵。

許立德，字伯上，縠長子。母汪氏病噎，不下食，立德亦不食。母没，哀毁死，三日復甦，彷彿見母送之歸。母葬，廬墓側，日夜悲號。父佯稱病召之，返侍父，時念母慟哭，父亦慟。後恐傷父心，每欲哭輒掩面走他所，盡哀乃還。例當受廕，屢讓其諸弟。

胡之憲，歙人。母病篤，憲年十歲，其姊玉娥年十三，相向痛哭。憲謂姊曰：「聞危病惟割股可救。」遂同拈香告天，剜肉和粥以進，母遂愈。事聞，旌表雙孝之門。

程周，字希旦，歙庠生。父病，周割股和糜以進。明年，族人利其産，誣周殺父，幽狴犴者三年。遇朝審，周至庭下，忽風雨大作。及開釋，天日清朗。周父死三年，貌如生，邑令乃以鼓樂導送歸家。

吴榮讓，字子隱，歙人。父没於楚，榮讓十四歲，即往尋。舟覆鄱陽湖，緣木獲免。得父骨於襄陽，槀葬誌之。越十年，再往舁歸。後遞葬高、曾以下及親戚之無主者九十九喪，建宗祠，置義田、義塾。天啓間旌表。

江應全，歙人。父没兩月而生，遇父忌輒悲號。事孀母色養盡歡。母疾，與妻割股以進。居喪哀毁，負土成墳，廬於墓側。事聞旌獎。

吴公逸，歙人。少失父母。伯兄病劇，仲兄困於訟，咸竭力救之。年終，計族人老幼授衣粟。歲凶，力行賑恤。後病篤，屬子允復輸萬金，佐公家之急。奉旨旌義贈官。

汪徽壽，歙人。好施予，濟貧窮，建橋梁，焚券約，義聞鄉曲。

吴修，休寧人。事母孝。火起鄰家，修抱母號泣籲天，獨免延燒。母卒，廬墓，群烏來巢。

程琦，字廷珪，休寧庠生。父病疽，琦躬吮之。父嗜薯，琦終身不忍食。嘗授徒遠鄉，趨母病，夜行峻嶺，顛蹶中若兩燈前導，及入境，始知其爲虎也。人共奇之。

詹侃，字時選，休寧人。選閔縣尉，迎養母。母病咳，夜需湯，侃寢榻下，聞咳即起。嘗割股沸湯以進。母卒，哀毁股創迸裂而没。

金彦文，幼孤，舅奪母志，撫育於祖。祖老，採薪以養。母復寡，迎歸。病，祈代。没，廬墓。一夜，虎過不害，人驚異之。

汪讓，年八十一，夢神告賊發其冢，奔視，賊覺而逸。因廬墓側，病革始舆歸。嘗夜行，有猛獸當户，探之甚温。詰朝跡其處，已噛犬去矣。里中五谷神爲厲，讓檄而滅之。汪循爲讓作《鐵漢傳》。

吴應麟，字伯端，休寧人。幼孤依祖，祖没，哀毁骨立。每念父不逮養，終身屏絲竹。弟已析産，後喪其貲，又分己貲以與之。

黃侃，休寧人。生平卓犖，嘗條陳淮南北鹽筴利弊，使者稱善。居家收族建祠，置義社、義冢、義田。他如黌宫、白岳、倉庾、道路諸役，侃悉與焉。入粟佐國，詔樹坊褒義。

洪什，字承章，歙人。母黄氏二十而寡，什事母盡孝。服賈，家日起，力爲善事，賑乏困，救災患，不計恩怨，一以厚道施之。汪道昆傳其行。

汪德壽，休寧人。居親喪，淚盡繼血。廬墓三年，足不逾户。

汪尚質，字賓塘，休寧人。少孤，事兄撫侄盡恩誼，四世同爨無間言。

吴繼良，字君遂，休寧人。母亡，事遺像如生。兄弟相禮讓。構義屋，置義田，以居食貧者。輸郡邑學田，又輸還古書院膏火。葬戚屬，贖人子女，乳活遺嬰，表揚貞烈，施粥救饑，所行善事甚多。

金九苞，休寧人，割股、廬墓。

方瓘，歙人。厭科舉業，絶意仕進。從廣東湛若水學歸，時同行友死舟中，例不載屍，瓘秘不告人，與同寢累日，至昭州始發之。

吴仲成，休寧人，成化間以孝旌。

許欽，績溪人，弘治時以孝旌。

李仕昌，婺源人。兄仕選，爲仇家誣構殺人逃匿，逮仕昌，擬抵罪。弟仕昭訴曰：「縱兄逃者，我也，願以身代！」仕昌曰：「兄逃我長，我當其罪！」二人争求坐，竟爲疑案。後令至，明其誣，釋而旌之。

祝孟謙，字志讓，婺源人。嘗輸粟千石賑饑。先是，兄孟資亦輸粟六百石以賑。有司上其事，建坊旌表。

余鎬，字宗京，婺源人。父廷璨，冤繫縣獄，獄大疫。鎬自縛詣郡，求代父死，許之。父得出，後鎬亦免。

曹永護，字義干，婺源人。性寬廣，犯而不校。遇荒歲月杪，必密察鄰家之急陰餽之，不以語人。

汪汝和，字守介，婺源人。故人逋皇木帑八百緡繫獄，和竭資代納，不責償。有鬻妻以納糧者，不忍離其子，哭之哀，和代輸而止其鬻。前後焚券累數千金。郡守榜其名於旌善亭。

汪思智，婺源人。隨父解軍南京，歸舟父卒。智恐舟人棄其屍，以身掩護，日兼人食。又時作呻吟聲七晝夜，抵饒州城始發喪。

曹玒，婺源人。義烏方時成幼喪母，出亡資盡，將赴水死，玒活之，助錢令習業。期年，父尋得之，泣拜去。族人有宿負玒，一日醉遇諸塗，疑玒將責逋，捽玒泥中逸去，玒不與校。明年大饑，復贈之米，還其舊券。

曹孜學，婺源人。三歲喪父。甫九齡，伯仲欲析箸，孜學泣曰：「奈何忍分手足耶？」伯仲感之，復同居十餘載。後伯仲緣事繫京師，孜學傾産往救，坐是貧落無怨言。

謝用，祁門人。其母馬氏，妾也，生用五月，嫡乘夫客外，嫁之東都，而委鄰家鞠用。用長知故，扼腕飲泣，托遊學，遍訪數年。東都人且死，馬氏流落，携幼子自江右來，相遇於逆旅，哀感行路，迎歸奉養。事嫡母尤謹。有司奏旌其門。

馬禄，祁門人。客旅舍，友人以四百金寄禄。同舍者盜金亡去，禄秘不言，罄己資償之。已而盜敗，友人始知，具酒謝之，還其銀。禄竟不受，捐爲修學之費。

汪宗淮，祁門人。父客亳州，娶妾宋氏，生宗淮三歲，父亡，隨嫡扶櫬歸，母宋氏改適陝西。比長念母，出潼關，抵鳳翔遍覓。一日風雨，偶憩道旁，見一老嫗荷鋤而來，問答相符，即母也，抱持痛哭。奉以歸。

洪應培、陳邦賢、謝廷薦，皆祁門人，割股療親疾。

謝世麟，祁門人。父久客無音耗，世麟千里尋歸。父母相繼病篤，割股救療。嘗捐資修明倫堂，建聚奎堂。

余枝華，黟人。父九旬，華亦七十，侍疾卧榻，逾年罔懈。庭間忽湧泉以供汲，人詫孝感。

汪文保，黟人。嘗拾遺金二百金於路，止客舍，訪得祁人謝氏，悉付還。分金酬之，不受。事聞，太守召使受叩頭，辭守，謂謝曰：「報德途寬，汝何以金强人？」謝俛首，曰：「小民有兩女，願結姻。」守曰：「善。」問文保子幾人，曰：「子八人。」「有孫乎？」曰：「三十三。」守起立，舉手加額曰：「有是德，宜有是福！」取果酒，鼓樂送歸。

葛泰，績溪人。母病篤，思食生梅，時已八月，泰但遇梅樹輒泣，竟得生梅二顆食母，病遂愈。

程伯祈，績溪人。事親孝謹。父卒，廬墓，插竹編籬，有枯竹生笋之異。

朱廣，績溪人，割股、廬墓。

方正，績溪人。母孀居，正兄弟孝養。卒，建蓼莪館於墓左，朝夕哭奠。狀聞，荷節孝之旌。

胡仲俊，績溪人。刲股療親，修橋賑饑。卒，年九十有四。

汪文言，休寧人。少孤貧，補縣吏，智巧任術，負俠氣。入長安爲監生，遊公卿間，葉向高用爲中書舍人，受知於楊漣、左光斗諸君子。魏忠賢嗾科臣傅櫆疏劾光斗，詞引文言，逮下獄，鍛鍊兩月，弗承。廷杖之百，革爲民。其甥悲失聲，文言叱曰：「孺子真不才，死豈負我哉？」後忠賢將殺楊、左，復借口於文言，復逮下獄，嚴鞫者四，欲誣楊、左諸人以贓。文言蹶起曰：「天乎，冤哉！以吾口衊君子，有死不承！」卒斃於獄。

江天一，字文石，歙諸生。深沉多智。爲同郡金聲所知，佐聲用軍法訓練鄉人子弟。後被執，聲曰：「子有老母，不可死。」對曰：「天一同公起兵，可不同公殉義乎？」遂偕死。

國朝

楊泗祥，字瑞呈，休寧人。父卒未葬，土寇猝至，家人遠避，獨守柩不去，寇戒勿犯。復還古書院田，創紫陽六邑文會，好義不倦。

張正茂，字如松，歙縣人。父篤老病，臥十餘載，正茂躬滌矢溲，親調饘餌，曾無倦色。嘗買婢，詢知其父無他息，即還之，不責值。善詩古文，有集。

項繼成，歙縣人。年十四，刲股療繼母疾。宗族欲爲請旌，繼成泣謝曰：「此非爲名，且不欲令吾母知之也。」

金應忠，休寧人。偕弟出遊遇寇，弟曰：「兄能事母，寧殺我。」兄曰：「弟未有子，寧殺我。」賊義而釋之。

程大任，字元勝，休寧人。任俠好義。有張姓貧鬻其妻，濟以金，得不鬻。有豪擠其讎於獄，爲力雪之。

唐祁，歙縣人。少即出遊治生以養親，親没，遂不出。父嘗貸某金，後某僞以失券告，祁曰：「券雖無，事則有也。」償之。既而，他人復以前券來，曰：「事雖僞，券則真也。」又償之。人傳爲笑，曰：「吾感其初能急吾親耳。」疾革，語其子曰：「力能濟人，自親族始。毋見德，毋市名。」

汪思孝，婺源人。甃石梁以防溺，置義田以贍族，設義塾以訓貧子弟，遠近稱之。

程六德，字俟倩，休寧人。幼穎異，聞塾師説孟宗、王裒諸故事，輒流涕。長力於學。母卒，水漿不入口旬日，以毁卒。

唐道林，績溪人。國初土寇竊發，拘兄道俊索金贖命。道林入賊窩代死，道俊子葬以父禮，服喪三年。

胡名儒，休寧人。尚義任俠。其世父流離湘、漢間，名儒訪歸奉養。親友婚喪有不給者，拮据助之。

程世鐸，歙人。父賈於滇，遭吳逆變，絶音耗。鐸告廟尋訪，五年遇父於烏蒙，奉歸盡養。雍正三年旌表。

汪龍，字時六，歙人。祖客死於蘇，父往迎柩，復溺於采石，時龍方六歲。及冠，出覓祖、父棺，晝夜號泣，感神告得之。雍正三年旌表。

楊嗣勃，字鶴皋，休寧人。事親孝，老彌篤。從兄爲山賊所掠，嗣勃微服造其壘，獻資求釋。雍正五年旌表。

孫鳳翮，力耕負販，供祖父母及母甘旨。母以哭夫目盲，翮清晨長跪舌舐，逾年復明。雍正七年旌表。

趙熙，字公泳。八歲侍父疾，人稱孝童。母病，禱北辰，有燭光交焰之異。兄弟同居無私財。雍正八年旌表。

金慶治，休寧人。母喪哀毁，尋亦病殁。有建宗祠、養孀姑、撫諸甥、恤母族諸義舉。雍正八年旌表。

朱元儼，休寧人。十歲父病，籲天求代。母患疽，儼以舌舐得痊。親没，廬墓，歸未一月而卒。雍正十三年旌表。

汪鼎和，字公調，休寧人。父嬰疾，禱天求代。歲饑捐賑。

戴爲轂，字季環，休寧人。少孤貧，先墓在和村卑濕地，欲改葬，力不逮。乃痛自刻責，不飲酒茹葷，隆冬却絮，曰：「先人魂魄不安，吾敢戀輕暖乎？」後客吴興，卜吉羅山歸，啓墓，則水溢棺腐。號慟欲絶，易櫬赴葬，遂廬墓側。

金肇基，字印初，休寧人。幼有至性。三歲，母爲捉蝨，白母曰：「兒喫母乳，無異蝨喫兒血。」遂自斷乳。親没，廬墓三年。山故多虎，不懼，虎亦遁跡。

程浚，字葛人，歙人。歲貢生。事嗣父母及本生父母俱盡孝，合葬四棺於一塋。嘗陳亭户疾苦。客吉安，值茶陵兵變，代守土官區畫拒守計，城以得全。

王朝玥，婺源人。歲貢，任繁昌教諭。居家孝友，置田贍族，發困賑饑。著《培桂堂集》。

汪光翰，字文卿，婺源人。明季客川南道胡恒幕，恒闔門死獻賊，惟媳朱氏與幼子得脱，光翰間關保護。歲大祲，斗米十金，光翰或服賈，或課蒙，稍獲贏餘，給其母子，經二十餘年不倦。蜀平道通，送還景陵，時稱義士。

汪晋，字庶蕃，歙人，寄籍江寧。諸生。嘗構宗祠，置義田，以成先志。篤於友愛，白首無間言。自給甚約，而周急拯危不少前却。

江南通志卷一百六十一

人物志

孝義　五

寧、池、太、廬四府

寧國府

唐

蘇仲芳，南陵人。父死，負土成墳，廬於其側。繞墳行哭，群鳥隨之悲鳴，祥雲覆墓，瑞草蔓生。

萬晏，涇人，數世同居。詔表門，復其家。

楊懔，旌德人。光化中，試太子校書。行義修飭，闔門義居，累千餘口，以孝友世其家。

宋

許遂，字伯通，宣城人。早孤，事母盡孝。鄉人勵其子，輒曰：「汝獨不慚許伯通乎？」遂子俞，字堯言。少失恃，父所嗜味，遠邇畢至。隨侍都下，與其婦茹粗糲而奉饌頗珍，公卿多推俸佐之。居喪以禮聞。

汪文諒，字叔達，旌德人。累世同居，凡一千三百口。州上其事，詔州縣存撫，賜以百金。諒兄弟感歎曰：「吾家治農，未有一士應上之求者。」即以所賜金購書藏之，子孫由是貴顯。

李經，字天常，南陵人。母死，廬墓，躬執畚鍤，壘垣植松。地故多虎，後遂絶跡。

汪政，宣州人。累世聚居數百口。詔加旌表，蠲其課調。

吕鎧，字夢祥，旌德人。幼孤，事母以孝聞。嘗遊宿、亳間，客潘氏，不御酒食。問之，曰：「鎧遠遊，親養匆給，敢自享厚饌乎？」政和三年，入京上書，請嚴生子不舉之禁。仕至鳳翔府判官。

何自興，寧國人。寶祐間，父元貴疾，禱於神，刲股以進，越三日愈。

元

周淳卿，寧國人。親殁，於墓側築永思亭，哀慕歷九年不改。

明

凌餘慶，宣城人。洪武初以匠役京師，聞母病，籲天割股，時禁嚴，不得輒歸。白於官，以聞，敕以所封股付餘慶妻兄楊添一持歸。妻和糜進其母，尋愈。詔復役，旌其門。

江休，旌德人。永樂初，父坐事赴刑部，臨刑屬諸子以後事。休乞請代，父曰：「吾老矣，奈何以强壯易我？」休竟詣所司，訟其事得釋。父嘉其孝，厚予之以貲産。休曰：「此人子分内事，因以爲利，可乎？」辭弗受。

侯來保，尚書陳迪之僕也。迪以靖難抗節，與六子同日死。時姻戚莫敢旁視，來保潛拾其遺骨，還葬宣城。

梅應魁，宣城諸生。父病篤，應魁禱於神，願損己算益父。比卒，哀毁如禮。既葬，廬墓，疏食水飲，三年始歸。

戴三元，旌德人。父品，以黄册事赴詔獄。三元與其兄隨至京，鞫問當刑，兄弟争請代，卒以三元代父死。

丁恕，字子貞，南陵人。性敦厚好義。鄰人垣壞，獲束帛，内皆白金、簪珥也，恕急還之。

吴大經，宣城人。父宗周，弘治間以孝旌，傳詳《儒林》。宗周宦臨江，繼母金氏從大經在家。忽心動，犯江濤以行，適及母永訣。宗周後病癱，大經吮膿嘗糞。居喪骨立。

陳希良，字克忠，宣城庠生。母疾，衣不解帶者經月。及殯，廬於墓，朝夕哭奠。父没亦如之。

俞瓏，字汝霖，宣城人。幼失怙。母病篤，籲天封股得愈。居恒手織草屩，雨雪則置衢側，聽人自取。母終，廬墓三年。詔給冠帶旌之。

程文冕，字志高，寧國人。成、弘時，三賑邑饑。詔賜七品冠帶。

朱時俊，宣城人。父夢桂，病死數日，俊痛不忍蓋棺，籲神求代，桂果甦。已患癱瘓，俊封股和丸進之，復起。

張道榮，涇縣人。事親篤孝，母没，廬墓三年。正德中旌表。

貢汝悌，宣城人。父病，嘗穢。及卒，廬墓三年。

費有時，字子雨，宣城諸生。孩年母病，輒泣不食。父漢卿多疾，好客而家貧，時多方召客爲父歡。弟性流蕩，有時以母命終身不析箸。

徐棠，字友之，宣城人。性篤孝。母病，封股籲天，果得異人授藥而愈。居喪廬墓，未嘗見齒。

陸可宗，字省我，宣城諸生。父病篤，封股獲甦。有田數畝，悉讓其兄，藉脩脯爲養。歷任婺源、尉氏學博，廪禄悉散之宗親云。

汪昌，字大祺，宣城人。母喪，廬墓三年。歲祲，遺胔徧路，昌撤樓板爲棺以瘞之。正德間，以貢授進賢主簿。

林桂芳，太平人。嘉靖間，父倬卒於官，千里扶櫬。賊劫其母，桂芳翼之，被創死，母得免。

金俸，宣城醫官金璞之僕，本姓嚴。嘉靖中，璞以輸歲額死金陵，子枝甫在襁褓，俸破産走京師了公逋。歸以所贏百金，營繕田廬，與妻聶氏同撫藐孤，勞瘁萬狀。郡守聞而旌異之。

梅士學，字伯典，宣城人。萬〔歷〕〔曆〕舉人。肆力群籍，性端醇。事父孝謹，奉嫡母得其歡心。鄉居不入城市，人以爲不愧孝廉。

林文榜，太平人。萬〔歷〕〔曆〕間大水，父宗倫被溺，文榜從樓墜下援之，與父同殞。

吴仕期，字德望，宣城諸生。倜儻負氣。張居正奪情，仕期擬上相國書傳於外，南操院胡檟命太平同知龍宗武捕寘獄，訊曰：「必有指授者，舉其人，當爾貸。」蓋指沈修撰懋學也。仕期至死無一語連及，遂斃於獄。後御史孫惟誠具疏聞，檟與宗武俱遣戍。

劉芳顯，字孔昭，宣城人。幼孤，貧甚。挾策遊京師，以文見知於大學士劉一燝，名重京師，從遊者日衆。罄所贄歸葬祖、父母，完諸弟婚，并婚從弟以延叔祀，宗黨義之。

吴日通，宣城人。與弟日遇同居六十年，不忍析箸，人稱二難。

潘寧海，字太乙，宣城人。六歲時，父客外，音問久絶。寧海圖父像，號泣中野。後獲父柩於淮邳，千里裹骨歸。母患膈，刲股以救。

張昭，字斯明，南陵人。年十四，父遘危疾，割臂煮糜，獲愈。及卒，哀毁骨立，喪葬以禮。

吴珍，南陵人。性友愛。弟疾篤，告天求代，不數日弟果愈，珍遘疾没。弟撫其七子，勝於己出。

沈仲曄，南陵人。弱冠時母没，守棺不入私室。比葬，父憐而召之，不歸，以疾卒。

劉邦正，南陵人。年十六，父晢病篤，割股和藥。又夏月思蝌，邦正號泣水濱，得一蝌，以愈疾。每朔望禱天，願減己算益父。既卒，御史宋纁祭其墓。

丁楨，南陵人。兄子溕論死繫獄，楨恐兄絶嗣，請於官，願代溕死。獄成，知縣胡文静察其枉，白而釋之。

何正人，南陵人。七歲時，母病浮腫，正人以手按之而泣。母喪，卧尸側，諸母泣勸之乃起。父卒，廬墓三年。事聞，給冠帶旌之。

何璧，南陵人。力崇正學，冠昏一遵《家禮》。太學生遼東（邱）〔丘〕經嘗寄五百金，（邱）〔丘〕卒，璧訪其里人張隅，召經弟還之。

孫汝楝，宣城人。嘗有老匠以衣笥寄之，閲歲啓笥中有白金二百兩，汝楝秘之。三年，其子稱父遺命來取，汝楝悉以付之。

杜三陽，太平人。爲父母及兄刲股者四，遺産悉讓其兄。宗人有逋糧者，爲破産償之。

左忠，涇縣人。嘗分産給諸弟。有鬻男償負者，亡金於塗，欲自盡，忠解囊救之。

孫國訓，宣城人。母卒，廬墓三年，虎踞其前，略不爲動。

黄友璋，旌德人。於逆旅卧薦下得三十金，坐候抵暮。有老人行哭而至，友璋詢得實，舉以還之。

嚴大本，南陵人。割股療母，居喪廬墓三年。

朱慶福，涇縣人。嫡母蕭氏病篤，慶福傷貧甚，惟剜肉不須錢，即刲臂作糜進之。尋愈。

洪希淴，涇縣人。一歲而孤，爲伯所撫。伯病劇，刲股和藥。伯卒，廬墓三年。

趙桂枝，涇縣人。年十三，遊兵執其父，露刃索金，桂枝出叢薄間抱父，兵以刃揮之，號泣不忍釋，俱被害。

吴惟賢，寧國人。父没，躬負石以甃墓道，廬居三年。

汪文英，字日賢，寧國人。五歲失恃，哀毁如成人，敬事繼母徐氏。兄文光没，鞠育二孤子，逾於己子。

張廷翰，旌德人。幼失父，七歲授小學，至文王事王季，問師曰：「此可行於今否？」師云：「何爲不可？」廷翰即每日雞鳴盥漱衣冠候母，聞鼾聲，輒欣然去。或母微病不食，翰亦不食。母殁，四時薦食如生。

江景宗，旌德人，天啓中以孝旌。

吕賜宗，旌德人。母病，刲股療之。兄皋宗無嗣，撫遺女若己出。崇（正）〔禎〕末，歲饑，賜宗以己資賑粥三月。又嘗途拾百金，候其人還之。

鮑邦志，字君繼，旌德人。母病劇，持刀抉胸取肝食母，立愈。崇（正）〔禎〕元年，詔賜冠帶，郡守爲建孝子祠。

胡泰亨，太平人。兄寧犯法當死，無子，泰亨請代。所司難之，乃大呼曰：「國法固不可移，代者甘死於法！」因涕泣求往。疏入，上嘉其義，割耳減戍。

劉茂，字時亨，宣城人。事母孝，輕財好施。嘗拒窮婦之奔者，察其故，即捐貲代償其逋。一時聞者誦義焉。仕爲閩中都司經歷。

方必通，太平人。年十五，割股療父。

左鉄，涇縣人。兄弟同爨。季弟早世，遺一幼侄，會有以人命誣其侄者，鉄〔鈇〕匿侄，挺身任之。數被拷掠，諸親屬咸謂侄終不得庇，（鉄）〔鈇〕曰：「吾已有子，弟止一孤，我死以代侄可也。」會（鉄）〔鈇〕死，事大白，侄得免。

孫世賢，太平人。父客死燕邸，徒跣扶櫬歸。距家半里，無廬可倚，晝夜抱棺呼搶，族人爲葺數椽。虎跑其側，不色動，廬傍忽涌甘泉。既三載，咸勸歸，泣曰：「禮未葬不變服，吾何歸乎？」

梅有振，字復予，宣城人。母病痿痺，負而卧起者十餘年。兄歿，撫遺孤逾己出。嘗鬻麻，甫定議而賈踴貴，或勸增其值，有振不應。平生贖鬻焚券，事不勝紀。

曹七善，南陵諸生。嘗於姑蘇旅邸獲徽商所遺八百金，留五日，候其人還之。歲饑，輸粟五百石佐賑，邑人賴焉。

何炳，南陵諸生。盜執其父，欲殺之，炳挺身出救遇害，父得脱。

孫顯道，宣城人。兄弟四人已析箸，以季負糧繫官，各破産贖之。家遂落，乃復合食，歷三世無敢言析者。

國朝

劉蘭生，字君徵，南陵廩貢①。南陵爲征徭所困，蘭生酌立條例，請於邑令詳憲具疏，至今民食其福。歲祲施賑，全活數千計。

趙大復，涇縣人。善屬文。中年家落，有大賈負金，不索，里中推爲長者。家居鍵户，足跡不履市門。

夏曰瑚，南陵諸生。事親至孝。親没，結廬墓側。順治丁亥，洪水爲災，曰瑚煮糜，舟載沿隄餉之。嘗應闈試，同寓諸少年惡其方正，一日與之步月，輒登妓樓，曰瑚初不識也。少年先予妓金，令扃户，百計誘之，終不可。少年始服其操。

方士達，旌德庠生。母喪，廬墓。父没，刻像事之。事繼母克盡子職。順治九年旌表。

陳尚老，太平人。兄鶴老死於閩中，丐資奔喪，函其骨歸。每止宿，淚漬衾枕。會嫂焦氏以烈死，尚老拮据爲之營葬。

饒宗良，字直生，寧國人。少孤，事母至孝。年二十，遊學白鹿洞，歎曰：「吾寧不古若哉？」從汪有源講學，躬行醇恪。家酷貧，敦宗族，建家廟，人服其化，興起甚多。卒無子，門人祀之。

---

① 「貢」，《四庫》本作「生」。

劉汝鳳，字景威，宣城諸生。與弟堯熙皆以經學名。天性孝友，弟死，衣食其從子，爲之婚娶。姊寡而瞽，迎養之終其身。族黨無後及貧不能葬者，竭蹶佐之。食餼多年而卒。

王際康，字五清，南陵人。事父篤孝。痛母早没，終身侍父寢食，中裙厠牏，躬自澣滌。登康熙乙丑進士，告歸終養。吏部以中書擬用，堅不赴選。父没，任雲南禄豐令，道病卒。

葉正萃，南陵人。三月而孤，母周守志，以哀勞致瘻疾，正萃扶侍不離跬步。間以事他出，雖深夜必歸侍。及没，躃踴號慟，如醉如癡。既葬，廬居墓所，疾卒。

程國聘，字應之，太平人。兄亡，撫遺侄甚至，終身不與析産。素與京口王生善，生以忤勢要下獄，國聘往省之，主其家。夜有少婦款門，即王生妾也，具言夫陷縲絏，辱身求救。國聘呵之去，曰：「吾千里跋涉，爲爾夫也。如爾失節，夫雖生，亦靦顔人世矣，何忍爲此！」因秉燭達旦，爲傾囊救之，王生得免。

何士閬，南陵人。有何滿者，盜破其祖母家以葬親，士閬訟之官，三年不得直。會撫憲檄兩邑令會勘，滿健訟，事仍未白。士閬大慟，觸碑而死。邑令義之，勒滿起棺，題曰：「義士何士閬墓」。

張裕，南陵人，明經忠義子。生有夙慧。祖良浩病亟，忠義籲天求代，裕始八歲，聞之，泣曰：「父不可死，兒願死，代父以代祖也。」隨向天密禱。未幾，果病，家人强以藥，吐弗咽，曰：「祖病未痊，吾何藥爲？且吾已告天矣。」垂死，囑人曰：「勿令吾祖知。」遂卒。知縣康五端表其閭，學使張廷樞書「孺孝型俗」以旌之。

程鵬，字扶九，寧國諸生。生平力行善事，自賑荒周急，下至醫藥橋梁，施予無算。諸孫曾在襁褓者，亦知以乳相讓，一兒不食，則均不食云。子書，以孝廉爲嘉定教諭，亦有聲。

胡堯齡，涇縣人。母喪，廬墓，夜夢大水侵棺，覺而徙葬。未幾，其原葬處蛟起，人以爲(堯)〔堯〕①齡誠孝之所感也。雍正六年旌表。

胡曾琦，寧國人。性至孝。母没，屏絶葷酒終身。父命之遠出，忽心動，奔歸，則父猝患中風，得面訣。後以廬墓哀毁而卒。雍正八年旌表。

吕立祚，旌德人。生平樂善不倦，瘞遺骨，哺棄兒。年至九十餘。陳鵬年贈之以序，稱其「敦善行而弗衰，入道德而無媿」云。

汪炳，字瑶仙，南陵武舉。襁褓失怙，事孀母王，曲得歡心。母病劇，刲股煮粥進之，立愈。會仇家以農民充役，報其幼弟，炳往自充。母没，弟求析箸，田廬惟弟使者聽。已而弟亡，侄貧甚，仍分己田與之。康熙戊子，歲大祲，賑穀數百石，不足，糴於外江以繼焉。同時有姚希夔、徐五元者，亦以好義稱。

劉沆，字澐起，光禄卿楷子。博學善文，與兄沛、弟燾齊名。兄弟後先舉於鄉，沆未售，慕義强仁，推廣光禄德意，里黨咸被其惠。南邑修理儒學，沆一身肩之。子敬祖，雍正丙午舉人。

① 據《四庫》本改。

徐强，南陵人，雍正十三年以孝旌表。

池州府

唐

費冠卿，字子軍，青陽人。登元和二年進士第。聞母病革，馳歸，而母已卒，廬墓終喪，哭不輟聲。御史李行修薦其孝行，徵爲右拾遺，冠卿歎曰：「得禄養親耳，得禄親喪，何以禄爲？」遂隱九華，再召不起。

何澄粹，青陽人。親病日篤，俗尚鬼，病者不進藥，澄粹剔股肉進親，疾爲瘳。後親没，伏於墓哭踴無數，以毁卒。當時號青陽孝子，爲作誄者甚衆。

宋

許規，貴池人。嘗在宣州客邸，聞旁舍有建康人卧病，爲延醫治之，不愈。其人知規長者，檢橐得百金，托以後事，且曰：「其所餘者，悉奉君。」及卒，規爲具棺斂，以餘金詣建康，訪其家還之。後子遜，歷官員外郎；孫元，天章閣待制。

高允文，貴池人。爲清流主簿。會里人張璉忤蔡京，卒於客邸，欲發棺檢視之，允文力爲保免。

京召謂曰：「君高節義，當旌賞。」授定邊軍教授，實黜之也。仕至汀州守，以廉静爲治，時稱長者。

方綱，青陽人。其先世自唐咸亨間居九華山東之上田，歷四百年至綱，爲家督，合七百餘口，同爨而食。每日晨起，擊鼓集衆，雍睦無間言。著《家法》三卷。景德二年，青陽飢，綱出粟五千石以賑。轉運使馮亮以事聞，詔旌其門。

甯文達，青陽人，居陵陽鎮。元豐間大水，里中漂溺者千餘家，文達出粟五千石以賑。事聞，敕獎，里人立祠陵陽祀之。

佘起，銅陵人。一門聚居至千三百餘人，同爨而食。起爲家督，周洽無間言。子孫貴顯不絶。

鍾儁，字穎叔，銅陵人。官秘書郎。性至孝，事親無少違。其先自唐時至儁十一世同居，合家衆七百餘口。朝命獎其義。

柯應烈，建德人。性孝，嗜學。母閻氏病，不解衣侍湯藥，癯瘠盡瘁。每夕露禱，乞減算以益母壽。俄聞空中有聲，許特延一紀，母疾遂痊，又十二年而歿。時江淮盜起，應烈傾家資募義勇，鄉里賴以安。有欲官之者，辭不就。

葉薈，貴池人。性至孝。母於九月病渴，思生李，薈走哭園中李樹下，忽從葉底得雙李以奉母，病即愈。人咸以爲神賜。

汪與成，銅陵人。建炎間，池遭寇兵，與成一家八十口盡斃。後三年，與成既改葬其父，餘尚不得母骸，爲刻木肖像，日侍於旁。至十年乃得之，祔葬父墓。

胡仲先，字國政，貴池人。有幹略，閭里倚以爲重，提舉趙范奏充民兵統領官。端平間，邊淮告警，有保障鄉井功。兩值歲饑，傾其私囊，量口賑給，全活甚衆。

元

方時發，字子春，青陽人，綱之後。一依綱家法，爲義門督。邑令史午聞於朝，旌門蠲役。至正二年，敕授潮州教授。

何清甫，青陽人。大德二年，歲饑，清甫出粟二千石助賑。事聞詔旌。

李鵬飛，池州人。生母姚氏，爲嫡母不容，改嫁爲朱氏妻，鵬飛幼不知也。年十九，哀痛思慕，周行三歲，得於蘄州之蘄田縣，遂迎歸奉養。久之，復歸朱氏，時渡江省覲。既卒，歲時携子孫往祭墓，終其身。以有司上請，詔旌其廬。

明

童彦芳，建德人。洪武中從宿儒洪仲遵遊。其家五世同爨。

桂士訓，石埭人。祖父母及父病，士訓皆割股進，俱得痊。鄉人作歌頌之。

袁惟儒，字一貴，銅陵縣人。宋益宗，東流人。並刲股療父。

楊永顯，石埭縣人。王萬年，銅陵縣人。王學詩，貴池貢生。並割股療母。

徐煜，字尚德，銅陵人。素孝友，其家千指同炊。在鄉里每創義舉，自宣德至成化五值歲饑，俱出穀助賑。又嘗爲邑人代輸漕米。

徐永元，建德人。其家六世同居。正統二年饑，永元出穀二千石助賑。事聞，旌爲義民。

何永敬，建德人，七世同居。成化間旌。

吴永康，青陽人。幼失怙，晝夜哀慕。同里柯暹榜其堂曰「慕親」。後以輸粟賑荒，成化二年被旌。

夏鎮，石埭人。成化間，父早亡，鎮爲傭養母。母病目將瞽，每日以舌舐之，復明。母殁，殯於野，結茅其側，三年哭不輟聲。一日，野燒及其廬，鎮伏棺痛哭，俄風返火熄，柩獲全。

吴徹，字静卿，貴池人。弘治中歲貢。事繼母薛氏盡孝，兄弟五人友愛甚篤。又同邑檀世仁，本諸生。以母病棄所業文史，遍購方書，遂工診治，親調藥以進愈。迨後母殁，居喪極哀。侍父跬步不忍離。

李希仁，青陽人。事母孝，母殁，廬墓。正德十三年被旌。又石埭唐輝，亦以廬墓稱孝。

程璋，青陽人。母早寡，遺腹生璋。及長，痛母節未彰，正德中徒步詣京師，刺血草疏，擊登聞鼓以進。特旨旌表。

沈唐恭，石埭人。事繼母最孝謹。兄武恭以誣繫獄論死，唐恭痛武恭尚未生子，詣獄代繫，以出其兄。適大盜劫獄，囚俱逸出，唐恭獨留，郡守義而釋之。

紀孟綱，貴池人。有至性，事親篤孝，勤於奉養，澹於榮利。鄉里翕然稱之。

宋邦輔，字子相，東流人。嘉靖丙辰進士，官御史，因諫大禮削籍歸。躬耕養母，妻操井臼，子任樵牧，高風動遠邇。

陳桂，字汝芳，貴池人。嘉靖中由貢授彝吾令，以廉静爲治。父年九十五歿，桂已七十餘，哀毁不輟。時稱至孝。子光祚，素好義。族有以繼嗣競者，光祚曰：「何至以財利傷天倫乎？」乃推己産爲定其嗣。

袁國光，字賓求，青陽人。素敦厚。嘗於新安旅次拾遺金，俟其人還之。又娶妾，知爲故家女，即召其父挈女歸，不責身值。

章忠，銅陵人。幼孤，性敦孝友。母病，刲股。母歿，廬墓，終身疏食。兄嫂客死京師，徒步往扶其櫬返。

胡大武，貴池人。嘉靖初貢入太學。聞母病馳歸，曲盡孝養。母瞽八載，一日復明，人以爲孝感。

葉叢椿，字汝靈，貴池人。家素貧。祖母年九十餘，父母年亦六十，兄嫂皆早逝，遺孤一人，叢椿盡力孝養，并撫孤侄成立。祖母暨父母相繼殁，拮据斂葬畢，其侄又亡，叢椿復撫其孤嫠，始終不言瘁。時人賢之。

廖廷皓，貴池人。力耕養母。一日，廷皓在田，母被虎厄，急追，力救始得脱。負母返室，見母傷處腫甚，爲口吮其毒，數日腫始消。

孫慤述，字清華，青陽人。性至孝，居喪哀毀，廬墓九年，感馴雀之異，郡邑屢舉孝子。萬(歷)〔曆〕中，以貢歷忠州學正，署州事。值懋酋之亂，有城守功。

江鯤，字南溟，青陽人。事孀母盡孝，侍疾衣不解帶，居喪不御酒肉。置義田，建家塾，歲饑出穀周鄰里。

吴應彦，貴池人。柯達，字本章，俱①貴池人。並刲股愈父母疾。達居喪哀毀，廬墓三年。萬(歷)〔曆〕中旌表。

柯延茹，建德人。事親盡孝。兄薰致仕歸，延茹食必共席，疾必侍藥。時百口共爨，延茹總理家務，以雍睦稱。

王之璘，青陽人，布政使一楨子。天啓丁卯北闈副榜，考授通判。明季徵辟賢良，大吏交薦，之璘以養母堅辭不赴。設義田贍族，建義塾訓士，歲饑糴穀助賑，鄉人德之。楚兵南下，之璘罄家財募壯勇，嬰城固守，邑賴以全。

郎大徵，貴池人。楚師薄城，馳説其帥，即獲斂兵退。安撫録功，題授遊擊，辭不受。

陳其恭，銅陵人。邑東北仁豐三圩向無埂岸，江水内灌，悉爲巨浸。崇(正)〔禎〕十一年，其恭及

① 「俱」，疑爲衍文。或當作「亦」。

弟其葵捐資，買繁昌縣民地爲堤址，創築堤四百餘丈，三年始訖工，自是圩無水患。居民祀田祖，必分胙餽之。

柯孟顯，字惟達，貴池人。幼孤，事母以孝聞。崇（正）〔禎〕庚辰，輸穀賑饑，邑人頌之。

汪景德，建德人。刲股療父疾。又母病瞽，舐之復明。親殁，廬墓。

國朝

陳光正，石埭縣人。少孤，嘗自痛不逮養其父，事母加謹。母殁，既祔葬父墓，即廬其側，哀號不出①。有醴泉湧石罅，見者以爲孝感。又建德吳來芳，事母盡孝。

楊國儁，石埭人，父殁，廬墓。

方祥美，貴池人。性孝友，有幼弟爲母所鍾愛，喜依之居，每膳，祥美輒負其母來食，已仍負之返，積十數載以爲常。後其弟坐盜誣繫獄，祥美盡鬻己産以雪之。

郎思誠，字孺若，貴池人。幼孤，事母孝，嘗刲股療母疾。後母殁，啜粥廬墓。其地素多虎，自廬墓後，虎遂絶跡。值歲饑疫，減價糶穀，又施粥給藥，多所全濟。順治十三年，徵選遺良，郡守顔敏欲舉思誠純孝，堅以老疾辭。雍正五年旌表。

① 「出」，《四庫》本作「輟」。

王之光，建德人。幼爲石工，孝事其母，從工所得肉必携歸奉母。母卒，廬墓三年。或其日就工數十里外，及夜必趨墓所。

吴日光，青陽人。性敦孝友，好義樂施，鄉里欽其名德。平日設立規條訓戒，族人皆以馴謹聞。

陳萬昇，貴池人。與弟嘉蔭、從弟萬鹍同就外傅。康熙己酉，盜掠近村，嘉蔭、萬鹍被執，萬昇請代弟死，盜并殺之。

陳國甲，字元及，貴池諸生。父年老，抱沉疴五載，侍湯藥不倦。弟早世，遺孤僅八月，撫愛逾己子。性樂善，好施予。康熙戊子、己丑間，遇饑疫，賑粟施藥，存活無算。居常賻贈有喪，佽助貧不能婚嫁者，寒施絮，暑施茶，橋梁道路修葺，以便行人。年七十二，無病而終。子鵬、興、爵，皆能繼其志。

太平府

漢

方儲，字聖明，丹陽人。除郎中，丁母憂歸。負土成墳，種松千株，鸞鳥栖其上，白兔遊其下。

唐

朱悖，繁昌人，割股愈親。奉詔旌門。

王丕，繁昌人，數世同居。里閈高其義睦，聞於朝廷，旌門，賜粟帛，州縣時存問，仍復賦稅。

宋

趙權，當塗人。母病篤，權焚香夜禱，泣曰：「母死，權何以生？」取刃刺脅，取肝以進，母漸瘳，權亦遇良藥無患。

張崇，繁昌人。登進士第，仕至太常丞。自祖琄以來，千口同居，雍睦無間言。嘉祐中，楊傑過其家，書「義居」二字遺之。太守孫楙表其里曰「孝感坊」。

聶雲，蕪湖人，割股愈父。其後伯父病，復割臂以進而愈。咸淳十年，知州孟之縉獎其孝。

元

張鐩，字文煐，東平人。至元中任太平路總管府治中，秩滿，因家當塗。事母純孝。母没，廬墓，有紅蓮變白之異。郡爲立孝感蓮坊。大德二年旌表。

芮世通，蕪湖人，十世同居。奉詔旌表。

夏餘達，當塗人。自宋慶（歷）〔曆〕中七世祖邦政以來，合族同居。至正末年旌表。家有田一（坵）〔丘〕，每歲麥秀皆雙穗。知府李習、尚書汪澤民並爲傳。

邢國傑，當塗人。嘗以布衣條議時政，大臣爲改容謝。至正中，檄授繁昌校官，以親老固辭。

胡光遠，當塗人。事母盡孝。母喪，廬墓。一日，夢母欲食魚，晨起將求魚以祭，見生魚五尾列於前，俱有齧痕，鄰里驚異。忽見有獺出草中浮水去，衆知乃獺所獻。事聞旌表。

明

魏祥，蕪湖人。性至孝。領成化丁酉鄉薦，以母老不忍遠離，絶意公車，朝夕侍養。母没，祥哀毁卒。

楊乙六，當塗人。自乙六至貴二五世同居。自貴二子旺七一支，更同居四世，食指千計，條置家法，鉅細有禮。萬（歷）〔曆〕十年旌表。

王華，繁昌人，十三世同居。

夏廷美，字雲峰，繁昌田夫。篤於孝友，里人敬信。從張緒、焦竑講學，多警悟。没，祀金陵理學祠。

韋學仁，字春麓，蕪湖庠生。經明行修，鄉里稱其孝友。子受薦，賑荒恤族，亦有行誼。

李仲名，當塗人。太學生。幼孤，事母孝。母没，廬墓三年。後遇烈風雷雨，必省視墓側，嗚咽移時。天啓元年旌表。

丁大相，當塗縣人。張秀，蕪湖縣人。徐大賓與汪琦，俱繁昌縣人。四人皆廬墓以孝聞。

徐思明，當塗人。父母病，兩次刲股。母亡，廬墓。天啓年旌。

李潔，蕪湖人。父病，刲股。及没，廬墓。

魯熹、曾瀛、孫瓓三人，俱當塗人。黄文星、楊逢時、陳彔三人，俱蕪湖人。魯焌與、閔濟周，俱繁昌人。並刲股療親。

趙應時，蕪湖人。扶父櫬遠歸，遭風舟覆，抱櫬呼號，漂數十里，遇救獲免。人詫其有神助。

章杞，字弘奎，當塗人。與韓良直爲密友，韓疾劇，以三十金授杞，囑之曰：「妻方有孕，若男也，可以此撫之。」韓亡後，妻果生子，杞給衣食得成立。及杞抱病垂没，呼韓氏子至，啓篋金三百授之，曰：「昔汝父臨終以三十金見托，自營息歷年來今已十倍，可謹守之。」子歸白母，母感泣。聞者皆高其義。

丁僧，當塗人。鬻水麓心寺，拾金欲還，恐出入無時，與失金者左，遂削髮寺中，久俟其至。既還之後，堅却謝金。

國朝

楊璜，字希周，當塗縣人。會兵繞其鄉，璜匿妻子林中，身守祖墓。兵將執之，遂赴水死。子甫十齡，見父溺，號哭，亦奔投於水。久之，父子兩尸携手浮出，見者嗟異。

孫啓綸，字君受，當塗人。究心理學。事母以純孝聞。嘗負母避盜，盜識之曰：「此孫孝子也。」遂解去。

陳三齊，繁昌人，農家子。十二歲母死，朝夕上食，哭泣盡哀。既葬，獨廬墓側，三年始歸。

楊一儒，字翼真，當塗庠生。事母孝，頻奉母命賙親族之困。子錫汝，令孝豐，邑多逋賦，前令坐累者數人，一儒毁産代償。咸頌其義。

宋真儒，蕪湖人。與弟繩武俱少孤，事母盡孝。母没，兄弟廬墓，悲號不輟，池蓮變白色，并有雙莖之異。又四世同居，置田贍族。康熙五十三年旌表。

廬州府

漢

毛義，字少節，廬江人。家貧，以孝行稱。南陽張奉慕其名，往候之。坐定，府檄適至，以義守安陽令。義捧檄而入，喜動顔色，奉心賤之。及義母卒，去官，數辟公府、舉賢良、〔公車〕①徵，皆不至。

① 據《後漢書·劉趙淳于江劉周趙傳》補。

奉歎曰：「賢者固不可測，往日之喜，乃爲親屈也。」建初中，章帝下詔褒美，賜穀千斛，常以八月遣長吏問起居。壽終於家。

南北朝　齊

王虛之，字文静，廬江人。居父母喪，以孝聞。武帝永明中，詔旌門，蠲租三世。

唐

萬敬儒，合肥人。三世同居。親亡，廬墓。大中間，旌表其門，名其鄉爲「成孝」。

唐海，巢縣人。母喪，廬墓，手自耕植，以備祠祭。忽於田中産嘉禾，一本六穗，一本五穗。廬州刺史裴靖上其事，作《嘉禾表》以聞。

張進昭，巢縣人。事親孝。母患狐刺，墮左手死，進昭截左腕廬於墓。

徐行周，舒城人，數世同居。詔旌其門。

袁傑，無爲人。唐末盜亂，傑招集義兵，保障鄉里。拒敵不勝死，尸僵七日不僕，賊棄諸河。逆流而上，將至黄金城，母尋見之，曰：「若是我兒，呼之必動。」呼果動。鄉人神之，因立廟，名其處曰「呼兒港」。

宋

王光濟，盧州人。母亡，刻像事之如平生，孝道純篤。咸平中詔旌之。

吕士元，巢縣人。哲宗時立十科法，士元上疏懇切，未報。後累試不第，歸而憤曰：「當今蔡確、蔡卞、吕惠卿、章惇四害未除，吾等困老田間，與世無補！」乃去東山二里許，抱書投橋下。朝士王巖叟、朱光廷咸惜之，因名其橋曰「抱書」。

趙廣，合肥人，淳化中八世同居。

何宗壽，梁縣人。李吴貞，合肥縣人。皆割股療母病。

方孝子，無爲人，名未詳。母目雙盲，每旦餂之，久之眼復明。

余元璨、汪安淵、檀念二三人，俱舒城人，皆割股療母病。事聞於朝，詔付史館，令有司依例優給。

元

羊仁，廬江人。至元初，阿術①兵南下，仁父被殺，母及兄弟皆散去，仁年七歲，賣爲汴人李子安

① 「術」，《四庫》本作「珠」。

家奴，力作二十餘年。子安憐之，令爲良。仁踪跡母於潁州蒙古軍塔海家，兄於睢州蒙古軍岳納家，弟於邯鄲連大家爲役，俱無恙。乃遍懇親故，貸得鈔百錠，歷詣諸家求贖。經營六年，大小二十餘口復得完聚，鄉里稱美。大德中旌表。

季原禮，無爲人。性最孝。親終，廬墓，不食鹽醬。子立與曾孫廷春，居父母喪並如之。立母目瞽，舐之復明。人謂一門純孝。

明

吴敬，無爲人。母疾，割肝煎湯，母愈而敬不傷。事聞，太祖官以贊禮郎。

廖鏞，巢縣人，永忠孫。歷官至都督。建文時豫議兵事。鏞與弟銘及同縣指揮倪遴，皆嘗從學方孝孺，孝孺死，鏞、銘收葬遺骸，遴慟哭奠祭，俱被收論死。

向侃，字希顔。中永樂甲午鄉試。宣德間，判静寧州，職專撫民。未幾，裁天下撫民官缺，巡撫獨奏留之。擢御史，出知澂江府。侃天性孝友，兄弟五人，白首同居。妻亡，鰥居四十年。

高興，合肥人。事親盡孝。父殁，廬墓三年。烏巢墳樹，興哭，悲鳴以助其哀。服滿，親鄰勸歸，有白鵲數百，大如鶴鸛隨後，翔集其宅，良久方去。是時同邑張俊，亦以孝聞，並旌。

錢敏，舒城人。永樂辛丑登第，乞終養。母殁，廬墓，詔旌之。

薛崇禮，弱冠食餼泮宫，讓選貢於師楊澤民。逾年，應歲薦，復以讓老友周承軒。邑令延主西塾，訓課外毫不干以私。居家孝友，與兄崇仁俱爲時重。

沈諲，合肥人。母喪，哀毀廬墓，築墻而泉湧出，哭奠則鵲哀鳴。成化間旌。

朱世藩，合肥人。幼孤，奉母盡孝。母故，藩囓棺呼號，口眼血出，遂喪明。奉旨旌。

衛郡，合肥人。母病篤，思飲泉水，是年旱，郡叩天掘井，泉水湧出，母飲之而愈。鄉人稱爲「衛孝泉」。奉旨旌。

鄭元，合肥人，五世同居。弘治時旌。

沈秉直，十二歲刲股療母疾。奉旨旌。

張梅，合肥人。母疾篤，嘗糞嘗痰。復病疽，吮出膿血得愈。父歿，廬墓。奉旨旌。

李得春，合肥人。年甫十三，父病，嘗糞刲股。母病，亦如之。父母歿，俱廬墓三年，冬月有野草生花之異。

王紹，字繼學，舒城人。由進士任監察御史。母喪，躃踊頓絶，廬墓三年。詔旌之。同邑胡紀，官吏部主事，亦同時以孝旌。

孫剪兒，舒城人。早喪父，事母孝，樵採供甘旨。母卒，露宿墓側。鄰翁憐之，爲結廬，鵲巢樹上，哭則悲鳴相應。復有兩虎，每日晡至墓側，旋繞哮吼，達旦而去。刻木肖母像，事之終身。

張政，廬江人。父病，侍湯藥。及卒，哀毀逾禮，廬於墓側，虎不爲患，人以爲孝感。正統年旌。

陳本忠，無爲人。正統庚辰，輸米九千二百斛，子志高二千斛、志達穀八千八十斛以備賑。又憫流民路宿，即舍傍披草萊爲屋百楹居之。復施粥二月，以食飢者。父子三人俱奉敕旌。

朱燦，無爲人。厚重好義。正統間歲歉，燦以米四千四百斛輸官。同族名亮者設粥，日食數百人。朝廷旌曰「尚義之門」。

張澄，廬江人。少時執厨役，事母惟謹，母喜飲，澄必具佳醞，少不樂，輒唱舞以怡之。兩拾遺金，俱驗實還之。嘉靖年，詔賜壽官。

朱宸，萬（歷）〔曆〕間諸生。與妻李氏侍母病，衣不解帶者三月。妻素羸，遂成痼疾，與姑相繼卒。時宸年未四十，誓不再娶。縣令爲詳府云：「廬陽有節婦，無義夫，幾爲缺典，宜表揚以勵人心。」准給冠帶。

李大經、周繼成、詹天瑞，俱廬江人，刲股廬墓。

丁華一，無爲人。兄弟五人，不忍析居，相與誓天，折梅五枝，共接一本，各識之，祝曰：「如一枝枯，即某有異心。」後五枝俱秀實，鄉里驚歎，號「五果丁氏」。

吴孝子，無爲人，逸其名。家貧，常執役富室，身無完衣，母饒甘旨。富人有感其孝者，常資給之。後母歿未葬，鄰家失火，將及其廬，力不能救，惟伏棺以號，火焰他徙。左右無一免者，惟孝子廬獨存。

章華國，無爲人。少孤，授徒養母。母病篤，國刺臂血，飲之而愈。後母病異瘡，國禱神齋宿，夢神人指京紅紙熏之，果愈。母歿，三年不茹葷酒，每臨肉食則涕下，竟以羸疾死。

楊舜漁，號見吕，無爲人。敦本尚質，里中目爲楊古人。教子侄義命自安，一門之内自相師友。京山李本寧述其行。子維嶽，鬻産助餉。聞流寇之難，絶粒以殁。

杜濂，無爲人。少客維揚，又客蕪湖，嘗兩拾遺金數百金，俱遲其人至，悉還之。後濂晝寢夢神語曰：「汝來日合雷震死，爲有陰德，宥之矣。」次日雷擊其家牛、驢各一，濂無恙。

姜潤，巢縣人，母病割股。

張四哲，合肥人。崇(正)〔禎〕乙亥，流寇圍廬急，四哲率弟四美、四奇與賊戰城下，不勝。退謂兩弟曰：「城將陷，與舉家戮辱死，不如清白死。」遂偕弟暨妻女子婦共一十五口投井以殁。

佘承德，無爲人。崇(正)〔禎〕十五年，流賊突至，承德掖其祖母劉、母魏及妻楊、妹玉女出避。祖母、母爲賊所獲，承德號救，並遇害。楊投水死。

國朝

張維德，合肥縣人。崇(正)〔禎〕乙亥，流寇入境，其父被執，將見殺，維德甫十齡，延頸就刃，乞代，賊感而釋之。順治丙申，父殁，德哀毁骨立。既葬，廬墓三年。

方華，合肥人。父妾生一子，先經析産。父殁後，復以祖遺讓之。少結婚魯氏，其女瞽，父母欲不娶，華曰：「兒不娶，女將誰適？」娶後相得甚歡。

張大履，合肥諸生。父母殁，事兄益謹。壬午，兄卧病郡居，偶思肉食，大履走數十里求肉不得。

及回，兄已殞，遂終身不食肉。妻早亡，念其荼苦，單棲四十餘年。

李珙，合肥人。武舉，家素饒。崇〔正〕〔禎〕十三年，奇荒，珙捐貲糴穀以賑。順治九年，斗米四錢，珙置飢民簿，計口授糧，月三次，輪給之，近者餔以糜。里人稱貸，券可盈尺，一日盡焚之。康熙十年，旱蝗，富家出穀市利十倍，李獨不取償。有司榜其名爲衆勸。

魏振趾，合肥生員，出穀賑饑。親歿，廬墓。

胡蔭，合肥人，親疾割股。

楊光耀，無爲人。攻石爲業。母病，夫婦相繼割股進之，各不自言。久之，見瘢痕，相持而泣。

張振祚，廬江人。父弘任，携孥知四川嘉定州。崇〔正〕〔禎〕壬午，流賊逼城，祚奉父命領數騎突出求救。城陷，祚還見父被害，觸石死。時弟振祺應試回籍，阻絶無音耗。迨順治甲午，聞信奔赴，至保寧不得前，巡撫李國英拔署梓潼縣。閲三載，道始通，即辭官尋母。遇之峨眉縣，年七十餘矣，奉以歸。

宋儒醇，字衍魯，廬江諸生。有行義。明末流賊劫殺西鄉，中忽有一人大呼曰：「此予恩人宋公里也！」衆問故，其人泣曰：「余蕪湖人，十歲父賣我償債，遇宋公助銀二十兩，全予父子。必保全此鄉以報德！」順治九年歲饑，儒醇出穀千斛助賑。

許祝年，字樸齋，廬江廪貢，選沭陽教諭，以親老不赴。後考授主事，邑遭水旱，首捐穀數百石倡賑濟。著《澮寧集》。

張文達，字必之，合肥人。明季壬午夏，詣北莊收麥，聞寇至奔還，於積尸中覓得其父，尚未死，負行七十里抵莊，得全。達年至百有三歲。奉旨建昇平人瑞之坊。

王鳳吾，合肥農夫也。事孀母，食必親進。夏日①先坐母於涼處，而後往田。天寒令妻抱母足而眠，歲以爲常。

高克謹，字式穀，廬江人。年十三，父爲寇獲，謹乞身代，寇兩釋之。長而好義，鬻産賑饑，置田贍族，還人遺金，代償鬻妻者債。同邑有李之幹，字綰公，其行義略同。

賈又彪，字偉三，舒城貢生。孝友性成，撫教孤侄四人不異己子。有蕩産者，更以己産給之。相葬地山中，遇虎不咥，人以爲孝感。雍正九年旌表。

朱維世，字斐英，舒城人。敦本好施，助親族之不能婚嫁者，賑歲暮之不能舉火者。一切施棺掩骼之事，靡有不爲。雍正九年旌表。

郭士瑛，字右璋，舒城人。康熙乙卯舉人。五歲喪父，哭泣如成人。母殁，冒雪躬自築墳。友愛前母兄及庶弟，人無間言。

許明時，字吉生，舒城人。歲貢，授建平訓導。少孤，事母孝。母殁，廬外不茹葷酒者四年。嫁族人女，代兄償負。

---

① 「日」，《四庫》本作「月」。

宋志靈，廬江人，字子睿。事後母極孝。以拔貢授訓導，辭不赴。母病，繞膝呼號，願以身代。母歿，廬墓三年，有白烏來集之瑞。

張一綸，字莘野，無爲人。三齡失怙，奉母極孝。九歲，母病危篤，籲天請代，遂獲延壽，孺慕終身不懈。友愛兄弟，推財讓産，雍雍如也。二子熹、烈，俱以孝友聞。父母未葬，冬不衣絮。樂善好施，族戚待以舉火者甚衆。嫁娶喪葬皆傾貲助之，里有義門之目。

江南通志卷一百六十二

人物志

孝義　六

鳳、潁二府　滁、和、廣、六、泗五州

鳳陽府

漢

桓鸞，字始春，龍亢人，焉弟子也。少立操行，緼袍糟食，不求盈餘。時太守向苗有名迹，乃舉鸞孝廉，遷爲膠東令。始到官而苗卒，鸞去職奔喪，終三年然後歸，淮、汝之間高其義。後爲己吾、汲二縣令，甚有名迹。子曄。

趙孝，字長平，沛國蘄人。父普，王莽時爲田禾將軍，任孝爲郎。及天下亂，人相食，弟禮爲餓賊所得。孝聞之，即自縛詣賊，曰：「禮久餓羸瘦，不如孝肥。」賊大驚，並放之，謂曰：「可且歸，持米糒來。」孝求不能得，復往報賊，願就烹。衆異之，遂不害。鄉黨服其義。顯宗聞其行，詔拜諫議大夫，遷長樂衛尉，復徵弟禮爲御史中丞。

趙禮，行己恭謙類於孝。帝嘉其兄弟篤行，欲寵異之，詔禮十日一就衛尉府，大官送供具，令共相對盡歡。數年，禮卒，帝令孝從官屬送喪歸葬。孝無子，拜禮兩子爲郎。

范遷，字子廬，相人。有清行，仕爲漁陽太守，後居公輔。有宅數畝，田不過一頃，復推以與兄子。其妻曰：「君有數子，而無立錐之地，盍餘俸禄以爲後世業？」遷曰：「吾備位大臣，而畜財求利，何以示後世也？」

唐

董邵南，壽州安豐人。苦學讀書，隱居行義，事親備極色養。其孝慈及物，有雞犬相哺之異。韓愈作《董生行》頌之。

李興，安豐人。父死，哀毁，口鼻流血，猶捧土就墳。廬於墓側，廬上産紫白芝二本，醴泉湧出。柳宗元作《孝門銘》。

宋

步游張，張姓。少失母，徒步尋訪，因稱步游張。久不得，忽至宿州見病嫗，究問，乃其母也，相持大哭。遂就養，因家於宿。

元

許崇政，下蔡人，廬墓。以孝旌。

孫克忠，宿州人，以孝聞。

王珍，宿州人，累世同居。

馬希先，懷遠人。舉鄉貢，授陳留教諭，養親不就職，竭誠奉事。廬祖母墓及父母墓，凡九年。

姜起宗，懷遠人，五世同居。

高中，懷遠人。祖仕宋，爲安撫使。父文龍先卒，事祖盡孝養，事叔文豹如事父。服闋，以嫡孫當襲，請讓文豹。至元間，事聞，詔旌其門。

明

郭子興，定遠人。元末起兵，自稱元帥，一見太祖，奇之，授以兵，妻以所撫馬公女，即馬后也。

後封子興滁陽王，妻張爲夫人，立廟滁州。

劉繼祖，字大秀，鳳陽人。仕元爲總管，家饒於財，與明太祖父淳皇帝爲比鄰。後崩，太祖年十七，家貧，無葬地，繼祖以地給之。既貴，官其子英，追封繼祖爲義惠侯，妻婁氏夫人。

張倫，鳳陽人，河南衛百户。洪武四年，以親老乞解職歸養。上嘉之，命爲濠州衛副千户。

王阿孫，懷遠人。父疾，刲股以進，立愈。母病，又割肝以進，亦愈。洪武年旌。

羅子明，鳳陽人。父病，刲股，殁後廬墓三年。

沈律、陳汝聯、連思恭三人，俱鳳陽人，刲股療親。

王絅，定遠人。事母孝，母殁茹蔬廬墓。宣德年旌。

張簡，懷遠人。正統五年，輸麥一千三百石賑濟。景泰四年，復輸粟三百五十石。奉敕旌表，賜冠帶。

廖冠平，懷遠人，正統五年輸小麥一千一百石。弟冠正、冠玉，各輸粟五百石助賑。俱奉敕旌表。

李忠，鳳陽人。事親孝。親殁，廬墓，斷葷酒，每慟群鵲悲鳴，若爲助哀。景泰時旌。

李寬，宿州人。母殁，負土成墳，結廬墓側，常見二兔馴擾其旁。暇則合藥濟世。景泰年旌。

郭興，宿州人。父喪，廬墓側，手植樹千株，灌培鬱葱，有馴兔之異。景泰年旌。

黄金，字良貴，定遠人。成化甲辰進士，歷官廣西參政。歸里值歲饑民疫，指畫賑濟，自爲煮粥，活數千人。所著有《東澗集》《泉山稿》。

許本忠，懷遠人。事父母孝。母愛少子，因愛其弟益篤。父母亡，先後廬墓六年。弘治中旌。子璉，事本忠孝亦如之。

劉澄，懷遠人，孝行。弘治年旌。

張全，臨淮人。幼喪父，事母至孝。母年八十一卒，既葬，猶泣血哀毁。鄉士大夫舉孝行，哭辭不敢當。叔祖、伯叔祖母貧無嗣，請同居，生養死葬焉。弘治年旌。

王澄，臨淮人。三歲喪父，事母純孝。母死，結廬墓側，衰絰不去身，冢前産芝。弘治年旌。

張欽，鳳陽人，孝行。弘治年旌。

王裕，宿州人。父喪，哀毁廬墓，兩産靈芝。弘治中①旌。

胡淳，壽州人。正德間出穀賑饑，還遺金。嘗買婢，其父因失馬價銀，賣女以償，淳如數與之，歸其女。人重其義。

張潼，靈璧人。正德中，流寇入邑，祖被害，潼號慟大罵，願與俱死。賊憐其孝，不忍殺之。後奉母備極色養。

連楫，鳳陽人。事父先意承順，稱純孝。事聞旌之。

① 「中」，《四庫》本作「年」。

蒯昂，字廷舉，壽州諸生。母喪，廬墓。

劉鳳，字鳴岐，壽州人。母喪，廬墓。

馬體乾，臨淮人。父喪，廬墓。

金爲聲，臨淮人，刲股療父。

顧琛，壽州人。母失明，琛竭誠禱求，目遂復故。

曹格，靈璧人。性孝謹。有蘇商陸某僑於格舍，病故，囊蓄五百金，格爲之殯，促其子至與之。

趙銘，宿州人，刲股愈父。

詹臺錦，臨淮人，割股療繼母病。

韋儒，懷遠人。母病，衣不解帶，親嘗湯藥，籲天願以身代。母死，儒過慟嘔血，亦死。嘉靖十年旌。

陸欽，懷遠人。母歿，廬墓。

張賢，懷遠鄉民。父母歿，先後廬墓凡九年。

郭藩，定遠人。嘉靖中，父壽卒於京，藩徒步數千里，扶櫬歸葬。結廬墓旁，日夜環冢哭。有剽掠者過其廬，戒曰：「此孝子也，勿驚。」墓常出金色蛇，人以爲孝感。

耿約，懷遠人。事繼母孝。父歿，廬墓。弟蘭早亡，撫其孤與己子同。周貧乏，人咸德之。

許士俊，懷遠人。年十七，隨父渡淮，父墮水，士俊號慟入水中，求之三日，抱父尸出。萬(歷)

〔曆〕間旌。

袁鏜，懷遠人。奉孀母孝。司訓張天祐卒於任，貧甚，鏜爲殮之，賻其櫬歸。歲饑，嘗輸粟以賑。

徐彦良，懷遠人。與弟彦聰捐粟賑饑，掩骴埋骼，施棺椁無虚日。

潘儀，定遠人。母卒，廬墓。

蔡斌、徐榮，俱定遠縣人，割股愈親。

劉時暢，虹縣人。母病劇，暢取母糞嘗之，味苦，曰：「我母生矣。」果愈。

鄧讓，字汝謙，壽州人。父卒，有異母兄疑讓少子有厚蓄，讓即盡出囊槖畀之。母卒，哀毁過禮。歲饑，出米賑給，全活甚多①。

陳自修，鳳陽人。母亡，殯於中庭。崇（正）〔禎〕八年，獻賊犯鳳陽，自修繞柩哀鳴，竟被害。

國　朝

馬魁，臨淮縣人。母死，自具畚插，負土壘墳，三年廬於墓側。

王繼善，臨淮人，封股療繼母病。

邵光先，懷遠人。順治六年，獲遺金三百餘兩，其人尋至，款以酒食，還之。其孫蘭、蕙二人，年

① 「多」，《四庫》本作「衆」。

尚幼，亦還醉客銀百二十兩。

張明棐，宿州人。順治中，賊五十騎入其鄉，家人俱登樓，母劉年七旬，不及避，爲賊所劫，明棐急下救母。賊執之，支解而死，母遂得免。十七年旌表。

孫守信，宿州人。好施予，待以舉火者數十家。有戚託孤授金三百，守信俟其成立還之，封緘如故。兩舉鄉飲賓。

王永康，宿州諸生。葬母，廬墓側三年。

曹培，靈璧諸生。執親喪，躬自壘土爲臺，寢處其中，朝夕每聞其泣聲，未及歸而卒。人稱孝子臺。

尹國泰，靈璧人。年四十餘無子，妻爲置妾，詢其自知爲名家子①，從夫宦遊，爲寇掠至此。國泰惻然，即日遣置别室，訪其原配，贈貲還之。

陳懷禮，靈璧人。有饑民王姓者，指妻爲妹，賣懷禮作妾。問得狀，即日還之，不問原資。

周建古，懷遠人。父希賜卒於官，建古匍匐數千里扶櫬歸。事繼母嚴氏盡孝。既葬，二十餘年未離墓側。

徐遇，字天衢，壽州人。事節母李氏極孝。弟析居後産中落，仍與同居，不分爾我。樂施不倦，

① 《四庫》本作「名家人」。

鄉里稱爲仁孝先生。

徐自鑑，壽州人。父早卒，母馮氏爲姑遣嫁南昌。自鑑既長，徒步尋得之，迎養焉。

戚雲鵠，壽州人。以木工爲業。有徽人謝君英避火，以箱授之。火息，密訪其人還之，箱内白金如故。

黄應麒，壽州人。性孝友。母病失明，曲盡奉養。母殁，哀毁骨立。産讓二弟。遇自經者，以藥救起之，知爲鬻子失金者，應麒贈金如數，遣歸。

邢尌，字溥公，壽州人。事母孝，奉養備至。嘗還人遺金。子雨甘，亦以孝稱。同邑馬化，亦以還金稱鄉里。

潁州府

陳姓，失其名，居壽州。貧爲傭，竭力奉養。父母死，葬門外，日哭於墓，久而無間。

後漢

韓伯俞，城父縣人。嘗有過，母笞之，泣。母曰：「他日笞汝，未嘗泣，今泣何也？」曰：「他日笞常痛，今母之力不能使痛，是以泣也。」郡人稱其孝，立祠祀之，在義門集西。

唐

朱仁軌，字德容，亳州永城人。隱居養親。嘗誨子弟曰：「終身遜路，不枉百步；終身遜畔，不失一段。」有赤烏白鵲棲所居樹，詔表其異。及卒，郭山惲、員半千、魏知古共謚爲「孝友先生」。

朱敬則，字少連，亳州永城人，仁軌弟。以孝義世被旌顯，一門六闕相望。敬則志尚恢博，好學重節義。高宗聞其名，召見異之，除右補闕。武后時，開告密羅織之路，興大獄，張易之因搆魏元忠、張説，欲誅之，無敢言者。敬則獨奏曰：「元忠、説皆秉心忠一，而所坐無名，殺之失天下望。」乃得不死。爲冉祖雍誣奏，貶涪州刺史。既明其非罪，改廬州。代還，無淮南一物，所乘止一馬，子曹步從以還。睿宗朝，劉幽求奏曰：「敬則忠敬義烈，天下所推。」追贈秘書監，謚曰元。

五代

常彦能，潁州人。朱温攻淮南，過潁，潁人畏避。温怒曰：「軍回，當屠城。」至淮，久雨乏糧，彦能自以家貲餉軍。温喜，賞以官，不受。温曰：「汝何欲？」曰：「潁人畏王威，逃遁不敢迎，幸察之，貸一城生命。」温從之，潁人得免於難。

麴温，潁州汝陰人。居家孝友。乾祐三年旌表門閭。

張仁愿，譙郡人，存敬子。有孝行。存敬殁，事其兄仁潁出必告，反必面，如事父之禮。曉法令，事梁、唐、晋常爲大理卿。卒，贈秘書監①。

宋

張可象，潁州人，七世同居。宋延平中，詔加旌表，仍蠲其課調。

元

張紹祖，字子讓，潁州人。讀書力學，以孝行聞，授河南路學教授。至正中奉父避兵山間，賊至，將殺其父，紹祖泣曰：「吾父耆德善人，請殺我以代父。且若輩獨非父母所生乎，何忍害人父？」賊怒，以戈擊之，戈應手挫鈍②，因感而相謂曰：「此真孝子，不可害。」乃釋之。

張旺舅，霍（邱）〔丘〕人。幼失父，母陳氏居貧守志，旺舅九歲，賣餳以養其母。母病，貧不能求醫，惟日夜痛哭，籲天求代，未幾遂愈。又自以生業微，不能多給，竟不娶，以終母年。有司言於朝，旌之。

劉通，亳州人。家貧業農。母失明，通斷酒肉，日夜禱於神，歷三十年不懈，母年八十五目復明。

---

①《四庫》本無「卒贈秘書監」五字。

②「鈍」，《四庫》本作「鋭」。

明

徐汝楫，霍（邱）〔丘〕人。父歿，負土培墳，廬於墓。成化六年旌。

李崇德，字養淳，潁州衛人。生平孝友仁愛，賑貧乏，修橋梁，凡益人者孜孜不倦。鄰人以地售，曰：「吾世鄰，忍售爾地乎？」助之以粟而去。子文煌、文輝，俱登賢書。有弟早世，教其孤三人皆爲博士弟子員。

李琦之，字公韓，潁州人。年二十，流賊陷潁，執其父文奐索金，無以應，欲殺之。琦之求代父死，詞甚哀。賊不聽，因駡賊，賊怒，立斃刃下。賊衆中有憐而相勸者，終釋其父。琦之妻年十六，亦自縊以殉。

杜煥，字永顯，潁上人。母病危，刲右股肉和藥療之，遂愈。父晚年兩目失明，又割左股肉爲羹以進，父目漸開，人以爲孝感所致。由監生例得選，乞歸養親。服闋，授福建按察檢校。琉球入貢，憲長委煥賓接，使者以金爲贄，煥正色曰：「遠人慕化而來，吾奉命賓接，而先受金可乎？」使者敬服。官至延平通判。

王翊，潁上人，弘治間以孝行旌。

張价，字大之，蒙城人。母病目盲，价舐之而愈。弘治四年舉鄉薦，後訓鄆城，有教澤。母亡，廬墓三年。

楊昇，武平衛人。葬父結廬墓側，蔬食三年。黄河水屢溢，至廬輒回。弘治間，詔旌其門。

時尚祥，潁州人。祖父病目，每晨祝天，餂之，目復明。又刲股以療祖疾。

杜憲、周之士，俱潁上人，皆割股療父病。

魏安民、王敷政，俱潁上人，皆廬墓。

成綱，武平衛人。母亡，結廬墓側，冬不衣絮，夏不揮扇，墓木生連理枝。詔旌其門。

林鵬，太和人。正德辛未流賊之變，鵬負母而逃，遇賊將殺之，感其孝不忍加害。母年八十有三，鵬未嘗一日離左右。及歿，送終之具不分委於弟兄。

張一鳳，霍(邱)〔丘〕人。嘉靖壬午舉人。母孀居，孝養惟謹。嘗有盜入室，鳳不顧妻、子，獨負母而逃，得免於難。

甯中立，字爾强，潁州人。萬(歷)〔曆〕癸未進士，選庶吉士，尋改禮部主事，晋郎中。疏請養母，閱十八年孝敬備至。母終，補原官，擢尚寶丞。卒於官。中立讓産於兄，好周人之急，而自甘粗糲，鄉里稱之。

李文明，亳州人。以鄉貢授武英殿中書。萬(歷)〔曆〕四十三年，亳大饑，文明捐米一千五百石以助賑，敕賜「蒼生寄命」四字以旌之。

吴自勵，字健甫。天啓間選貢，例得任别駕，以養親不就。父歿，撫育幼弟，俾之成立。凡田舍之美者，悉讓之友人。劉某以千金密托之曰：「吾子未至蕩盡家園，此金斷不可與。」已而，其家果日落，有饑寒之憂。乃召其子，戒其妄費，以金還之。

白精衷，字輔乾，潁州人。五歲而孤，母袁氏甘貧守節，每自齧糠粃，以飯飼兒，精衷泣曰：「兒無能供饘炊，乃忍食細而母食粗乎？」每食，即先啖粗糲以示甘。天啓丁卯舉於鄉。崇（正）〔禎〕乙亥，流賊破潁州，家人勸逃匿，曰：「母守我四十年，我何忍舍之去？」賊刃之，至死猶手護一袴，曰：「吾母手裁也。」

張燦垣，霍（邱）〔丘〕人。賊屠城，父被執，冒刃入賊營救父。不克，伏尸痛哭，瞋目大罵，奪賊刀相併，賊怒殺之。

汪時譽，霍（邱）〔丘〕人。九歲喪父，事母孝謹。三遇母病，刲股者三，皆獲愈。

萬鍾、徐興祖、姚得山、李嶼、李岷五人，俱霍（邱）〔丘〕人，輸粟千石賑饑。奉旨旌表。陳鏞、李義、王崇禮、胡義、朱理、王暘、胡敬七人，俱霍（邱）〔丘〕人，皆嘗輸粟五百石以賑饑民。事聞，奉詔旌表，立碑紀其事。

檀之樾，字量垣，潁州人。事親孝，教授里中，以束脯佐甘旨。崇（正）〔禎〕八年，城陷，時母柩在殯，不忍去。賊掠其家，樾持石杵連斃二賊，又傷數賊。後賊來益衆，被創而仆，縛屋柱間磔之。移時，兩目猶閃閃動也。

張芳，亳州人。母亡，廬於墓側。次年秋病篤，妻、子往視之，不令入廬而卒。

汪泉，字及之，蒙城人。父殁，廬墓，有白鳩巢其廬。

張忠卿，蒙城人。親歿，廬墓三年。

陸九一，蒙城人。三歲父亡，母年二十六，甘貧守志。歿後，九一廬墓三年，不茹葷血。

張顯思，蒙城人。年十三喪父，廬冢上，日夜號泣。有盗經其廬，曰：「無驚孝子。」相率而去。遺産盡推予其兄，授徒自給。

韓文昇，蒙城人。母劉氏，苦節撫昇。母病篤，昇與妻柳氏同割股救之。

牛斗光，蒙城人。年十七，父疾，割股。父歿，廬墓。事母尤盡力，一味之甘，母未嘗，不敢食。歿後，廬墓如父喪時。

張依誠，蒙城人，户部侍郎思恭七世孫。父早卒，家貧，母好施。依誠夏則汲水，冬則刈薪，竭力以承母志。母病，割股療之。及卒，自負土成墳，廬墓三年。

劉文試，太和人。因母病習醫，時調湯藥。母卒，廬墓三年，木生連理。

陳倫，太和人。弟早卒，遺孤六歲，倫撫之成立，分産與己子無異。族黨有喪未舉者助之，貧不給者濟之，時服其義。

張四重，太和人。嘗宿旅邸，有女私奔，重楗户不納。有客寄以千金，數年後來取，封識宛然。子名立，領鄉薦，庚戌中乙榜。

黄經，太和人。家貧，妻、子嘗凍餒，傭工以養母。每具膳，必誘幼子出外，恐分母食。及死無以爲殮，遂鬻子以辦葬事。

孫應傑，太和人。母殁甫斂，有寇（驚）〔警〕①，家人勸之逃，傑曰：「柩在，何忍去？」寇至，疑柩中有金，欲舉火焚之，傑以身衛。賊怒，揮刃戕其手足，開視乃知非詐，仍完其棺而去。

常有榮，太和人。流賊壓境，繼母戴氏病不能行，榮與子從教載母而逃。遇寇，將刃其母，榮抱母求免。欲殺榮，從教又抱父求代。賊感其孝，俱釋之。

陳澤九，太和人。闖賊入境，執其父有成，將加以刃，澤九求代，弗許，同被害。澤九妻王氏與其媳李氏以瓦器投賊，泣駡不已，賊又刃之。父子同難，姑媳雙烈，時稱節孝兩全。

周永祚，亳州人。母早亡，祚侍父二十餘年，同卧起，昏暮每負以行。父殁，廬於墓傍，二載而卒。

李心惟，亳州人。崇（正）〔禎〕八年，寇入亳，心惟泣守母喪不肯離，賊至被害。子果見父死，駡賊，賊又殺之。父子皆諸生。

李如龍，亳州人。闖賊執其母，如龍奮力擊賊，賊怒，並妻劉氏俱剖腹死。從兄猶龍守親柩不忍離，亦遇害。

王德新，亳州人，明季諸生，割股愈父疾。

張才廣，亳州人。吴裕，武平衛人。懷成，亦武平衛人。三人皆嘗割股愈母疾。

① 據《四庫》本改。

張維黄，字坤儀，潁州人，鶴騰孫。崇(正)〔禎〕乙亥，流賊陷城，與其母匿巷舍。賊牽其母索金，將刃之，維黄急呼曰：「毋殺我母，請殺我！」賊殺之。有老嫗伏積薪下，見其引頸無怖色，惟顧母而已。事聞，贈應天府儒學教授。

張大賡，字颺甫，潁州人，鶴鳴子。官廕生。喜讀書，工詩，兼長繪事。寇破潁城，父、兄、叔、伯同日殉難，家口死者三十餘人。大賡救父罵賊，受傷昏仆，賊去復甦。殯殮畢，即裹創走京師，與兄大壯哭請於朝。鶴鳴得賜祭葬，而鶴騰、大同咸蒙旌表。

國朝

沈允達，潁上人。康熙元年，有盜入其室，執父九德拷掠。允達越垣告急，鄰里不應，奮曰：「有親如此，安用生爲？」赴鬭遇害。

解于信，蒙城人。割股救父，廬墓三年。

曹元聲，蒙城人。父爾嘉遇流寇，不屈被害。聲時在城，即縋城奔赴，獲父尸而還。

徐文明，蒙城人。李恭，亦蒙城人。黄麟生，亦蒙城人。又譚籍，太和人。王廷瑝，亦太和人。五人俱親病刲股。

滁州

宋

苟與齡，字壽隆，來安人。志尚高潔，事親力竭而禮盡。母歿，廬墓側，旦暮上食哭，有芝十九莖生墓門。宣和中，州守唐恪以事聞，詔旌其門。

趙察，字叔晦，來安人。紹聖初，有聲太學。察事親孝，養孤侄如己子，以行義爲鄉里所推。人有争，得察一言即解去。晚歲以特恩調永福丞。

王鈞，滁州人。性孝友，貧不能自給，而奉親必竭其力。父卒，哀毀盡禮。事無巨細，必（資）〔咨〕①於兄而後行。鄉里義之。

明

陳通，全椒人，正統七年輸粟千石賑饑。事聞旌表。

黄正，字景齊，滁州人。性至孝。母華氏年八十餘歿，正哀毀不能起。及葬，負土築墳，廬於墓

① 據《四庫》本改。

側，蔬食三年。成化中旌表。

徐昇，字仲高，來安人。資性敦厚，讀書守禮，族屬百餘口同居共爨，庭無間言。

盧守益，滁州人，六世同居。詔旌其門曰「尚義」。

孫庸，字乂良，滁州人。父景和，市馬廣西，道死南寧，官爲藁葬。景和殁三月，庸始生。及壯，鋭意訪父遺骸，徒步之南寧，遍歷山谷。有二嫗指示葬所，因而掘之，遂得枯骨。刺血以驗，乃負歸營葬，廬墓三年，哀毁骨立。時人稱孝。

邵煒，字維張，全椒人。天性孝友。父殁，終身不飲酒，竭力奉事孀母。待兄及從弟俱極孝愛。

濮檠，滁州人。母卒，侍父寢三年不入私室。事繼母盡孝。有異母弟五人，檠皆篤愛之，人亦不知爲兩母出也。

楊于庭，字道行，全椒人。少聘陳氏女，及笄而瞽，或勸别娶，于庭不聽，人高其義。後舉萬（歷）〔曆〕庚辰進士，歷官兵部郎中。

金光璧，字文宿，全椒人。太學生。父九陛從湖南兵備致仕歸，光璧侍行。至中途，夜遇盜，光璧冒白刃負父突圍出，獲免於難。人稱其孝。

吴國鼎，字玉鉉，全椒人，給事中國龍長兄。崇（正）〔禎〕癸未進士，授中書舍人。旋遭母喪，廬墓不出。

吴國瑞，全椒人。父疾篤，刲肝以進而愈。

金新鼎，字仍之，全椒庠生。居母喪，哀毀疾卒，遺令以縞素殮。

國朝

吴一龍，字德中，全椒庠生。性純孝，尤篤友愛，撫侄如子。

吴國器字玉質，吴國縉字玉林，俱國鼎弟。國器封股以愈父疾，母殁茹素終身。國縉順治壬辰進士，授江寧教授，慷慨好施，頻濟困阨，人高其義。

魯子琳，全椒庠生。侍奉父母竭力盡孝，父母殁，前後廬墓六年。康熙四十九年旌表。

和州

南北朝 宋

劉瑜，歷陽人。七歲喪父，事母至孝。年五十二喪母，三年不進鹽酪，號泣晝夜不絶聲，勤身力以營葬事。服除二十餘年，布衣蔬食，言輒流涕，恒居墓下，未嘗暫違。元嘉初卒。

唐

何蕃，和州人。入太學，以學行爲諸生推服。朱泚之變，正色叱諸生之欲從亂者，由是六館之士不受污。蕃性純孝，以親老歸養。諸生言於司業陽城，請諭留之，會城出刺道州，不果留。韓愈爲作傳。

明

黄有常，含山人。元末兵興，奉母遠避，屢經艱險，竭力扶護，卒脱於難。洪武初舉孝行，授平陽主簿。

王鎬，字子京，和州人。永樂甲午舉人，歷官户部員外，以廉能著。奔父喪哀毁逾禮，負土築墳，手植松柏，有芝二本生墓側，人皆言孝感所致。元〔玄〕孫元吉，由舉人歷教授，篤於孝友。嘗侍父疾，籲天嘗糞，疾即平復。

張全，和州人，正統六年輸米麥千石賑荒。奉詔旌獎。

于纓，和州人。正統中父没，又三十年母亡，纓哀毁廬墓，終制而歸，先後如一。有司欲舉旌典，力辭而止。

薛良，和州人。正統戊午舉人，知獲嘉縣。有孝行，天順時旌。

唐慶，字以章，含山人。少喪父，家貧，事節母盡孝，奉嫠嫂甚謹。兄弟遺孤，撫育如子。二十餘年不私尺帛，雖半畝之宫，悉以均授。

張弘道，字志夫，含山人。嘉靖己酉舉人。母喪，廬墓。因母存日畏雷，弘道每聞雷聲，中夜必起，伏哭冢旁，曰：「兒在此。」當事薦其至行，特擢南京國子監學録。

趙爲光，和州庠生。親殁，廬墓三年。

詹雨潤，和州庠生。年十一，刲股愈父病。

閔應榜，和州人，刳肝愈母病。

王弘中，和州人，刲股療母。

汪奇敏，含山人，刲股療母。後奇敏病，其子迅亦如之。

蔣崇仁，含山人。父母病，刲股以進者三，皆即愈。

國朝

周文光，字武明，和州人。值歲大祲，文光輸粟助賑，全活甚衆。順治十四年旌表。

曹超，和州庠生。順治十六年，海寇入犯江寧，掠及州境。超奉親出避，猝遇寇兵，欲戕其父母，號泣請代，寇憫而釋之。家甚貧困，而甘旨之奉必竭力辦具。又辭聘不出，侍養終身。居喪毁瘠，負土作墳。家有父植紫薇一株，已久枯，超每對之哀慟，忽復發花，咸稱孝感。康熙四十二年旌表。

戴晏、晏弟杲，俱和州人，兄弟事親皆篤孝。父喪過哀，絶而復蘇。既葬，並廬墓側三年，服闋始歸。康熙四十四年旌表。

徐繼稈，含山庠生。連遭親喪，哀毁盡禮，結廬墓側，前後六年。嘗中夜聞母在廬外呼之，稈驚起出視，廬垣忽倒，得免於阨。又時有白燕飛鳴之異，人皆言純孝所感。康熙五十三年旌表。

趙珮，和州人。年十一，母病篤，哀籲神前，祈以身代。伏地未起，恍若聞神語許之，母遂平復。既長，孝敬二親歷五十年。後連遭大喪，哀毁骨立。墓在深山，素多虎患，珮廬於旁，皆馴伏無犯，人多嗟異。雍正六年旌表。

張弧，和州人。母病，禱神乞以身代，夢神允其請。弧旋卒，母果愈。

晏璧生，含山人。貢生，歷任繁昌、蒙城、潛山訓導。事親撫弟，以孝友稱。又周給貧困，全濟甚多。

廣德州

唐

潘晃，廣德人。事父至孝。嘗以役事至京，一夕夢神告曰：「汝父病篤。」晃覺，驚惶不已，日夜奔走以歸。一夕，復夢神語曰：「汝父病愈。」歸問其故，果如夢中言。父卒，廬墓，芝草生墓側。事聞，詔旌其門，授廣德令。

宋

王安兒，桐汭鄉居民。鄉舊有廟，安兒父病篤，禱於神，割股肉和粥以進，父即愈。鄉人名其廟爲割股廟。

范日進，宋咸淳時人。家衆三百口不分産，鑿雙井共汲，惇睦無間。

李貴，居原通鄉。事親至孝。處宗族賙貧恤孤，樂善好施，故鄉人名其居傍之橋曰「孝義」。

李彭年，紹興間進士。割股肉以療父病。事聞，詔表其都①曰「旌孝鄉」。

明

姚觀壽，割股療父病。洪武中旌表其門。

潘事心，字若泰，廣德人。新婚而親没，柴毁骨立，廬墓六年，不入寢室。

岑熙，廣德人。少以孝行聞。客都下，得遺金五百兩於旅次，求其人還之，御史馮明玠記其事。

庚辰、辛巳連歲大祲，破産以賑親族之無告者。

姚啓宗，字午明。篤學好義，見人冤抑，不惜破産申雪之。有誣陷大辟者，其仇也，啓宗力爲解

① 「都」，《四庫》本作「鄉」。下文「鄉」字，《四庫》本無。

釋。或負啓宗五十金，欲鬻妻以償，啓宗亟焚其券。

王應篤，家貧好義。里人有貸金娶妻，生子十歲矣，不能償，欲鬻子償之，應篤焚券不復索。歲饑，出穀二百石以賑鄉人。

國朝

程應桂，建平人也。爲邑掾。乙酉兵亂，知縣杜鶴年以家口委應桂，應桂多方匿之，獲全。後鶴年被殺，復護其孤孫與主婦還關中。邑令張正中顔其居曰「義高千古」。

陳乾，字亨之。竭力事親。弟殀，撫侄如子。族有賣子典身者，出銀代贖。貧人負債，焚券不取。地方染疫，爲貧者延醫，死則施棺。人誦其義。

宗維漢，建平人，宋留守、謚忠簡澤之裔孫也。父患背疽，維漢吮舐得愈。母歿，哀毀骨立，旬餘不進水漿。嘗廬墓悲號，暈仆經日始甦。母性好施捨，維漢承順不倦，出母所積金六百兩，設廠賑粥，更捐貲以瘞貧不能殮葬者。時建邑長圩水潰，里黨艱於補築，維漢復出母遺金募工修築，十里完固倍昔。贍恤老羸，歲以爲常。雍正十一年旌表。

六安州

宋

郭淵，字濟川，六安人。群盜起，淵聚族保障一村，六人往依焉。大德末，淮西大饑，淵作饘粥食之。時多鬻子，淵視其尤困者假子養之，長爲娶婦，至歲大穰縱之去。六人初習兵少文，淵與父諗以詩書，俎豆爲業，人慕之，多化者。孫言，與宋景濂遊，宋稱爲奇男子。

明

黄用賢，六安人。父母殁，廬墓側，清泉自湧，有虎不爲害、火不毀廬之異。成化間旌表。

張時厚，六安人。段弘仁與張翀，皆英山人。俱以廬墓旌。

武紹元，六安人。父疾，鍼炙必以身先。居喪哀毁，四載不入寢室。有司以孝聞，獲旌。

李九疇，字叙卿，六安人。父鰲以疾廢，祖老且貧，疇事病父哀祖，曲盡孝養。父先卒，祖年九十餘卒，喪葬如禮。嘉靖年①，旌其門曰「順孫」。

① 「年」，《四庫》本作「間」。

馬應乾，英山人。刲股，廬墓，縣令屢旌之。而同邑段孟塤，亦以廬墓稱。又有傅得年，事繼母如所生，鄉里稱之。

何金，六安人。母遺腹生金，母疾篤，金爲嘗糞。卒，廬墓三年。萬〔歷〕〔曆〕間旌表。

黄岳、吴繼宗、朱德溥、陳嗣禹、李世芳、謝叔因、李植、程尚德，俱六安人，以刲股稱孝。

單植與周傑，六安人，俱廬墓三年。

姜宣、鄭顯忠，俱英山人。萬〔歷〕〔曆〕九年，共捐穀四千石備賑，有司旌之。

劉國翰，六安人。崇〔正〕〔禎〕十三年，捐穀一千石賑饑，都院史可法旌之。

汪禮，六安人。常商於淮南，有浙人劉姓者將入京，聞其好義，以五百金求寄。逾三十年，劉以罪戍遼左歸，禮舉以與之，封識宛然。

何克仁，字樂山，六安諸生。嘗赴省試，宿逆旅，拾遺金，故留不去。頃主人倉皇呼索，詢實還之，不受其謝。

國朝

項倫，霍山庠生。親殁，廬墓。年四十喪妻，遂不娶。鄉人稱爲孝子義夫。

段一定，六安人。明季族子女有流離失所者，捐貲贖歸。居家孝友，絶跡城市。

馬之光，字實甫，六安人。明季舉人，官修武令，卒。生平慷慨好義。公車偕友入都，過西河沿，見倚門一婦，友愕然與語，大哭，乃其子婦爲亂兵掠賣者。之光罄所携，并告貸贖還之。邂逅一江西士人，饑困欲死，問其所須若干，慨然解橐濟之。子晉錫，以孝聞。舉康熙癸卯南榜第一。

黄九錫，字公位，六安人。乙未武進士。父鉉明季守備昌平，歿於王事，九錫犯重圍尋骸骨歸葬。季父鼎奉檄剿山賊，九錫參謀議平之。居鄉修州學，建橋梁。

(邱)〔丘〕從先，字寧野，六安人。少苦志問學。父民逵，明季壬午以守城罵賊死。賊退，從先於積尸中刺血得骸骨，歸葬。奉母避難，雖流離不缺甘旨。撫兩弟俱成人。舉鄉飲賓。

駱士憤，字子發，六安人。順治中領鄉薦，教諭虞山，擢鄖陽司李，平反多隱德，鄖人尸祝之。性至孝。於郭西先塋搆祠三楹，號呼上食，如生前問視狀。其孺慕誠信，蓋得於天性然也。

金天爵，字理源，六安人。少嗜學，事親盡色養。親歿，逢忌辰哀泣如初喪。撫侄如己子。初因艱嗣，妻爲置妾，詢知宦裔，具奩嫁之。鄰被火，幾百餘家，天爵貸粟以贍，悉賴以安。

程之光，六安人，性至孝。雍正九年旌表。

泗　州

漢

徐憲，臨淮人。居喪至孝，白鳩巢於户側。太守鄭宏舉爲孝廉，朝廷稱爲白鳩郎。

南北朝　宋

王彭，盱眙直瀆人。元嘉初，父喪，家貧不能葬，弟兄二人晝則傭力，夜則號泣，鄉里哀之，爲助力作甎。時天旱，井泉枯涸，彭號天自訴，泉忽湧出，葬畢而竭。太守表其事，名其里曰「通靈」，蠲租布二世。

宋

朱壽昌，天長人，字康叔。以父巽蔭補官，歷知岳、閬二州，有善政。巽守京兆時，壽昌母劉氏有娠而出，生壽昌，數歲乃還父家。母子不相聞者五十年，壽昌行四方求之不得。熙寧初，棄官入秦，誓不見母不還，乃相遇於同州。母時年七十餘，有數子，悉迎以歸。事聞，詔壽昌還官，壽昌以養母故，求通判河中府。數歲，母卒，哀毁幾喪明。孝聞天下。

明

陳逵，五河人。幼喪父，爲邑吏，例得候選，不忍違其母，願乞冠帶終身。母病，割股。及卒，廬墓三年。

蔡興，盱眙人。父殁，負土築墳，廬墓三年。景泰間旌。

楊芸，泗州人。母病，割股得愈。妻侯氏，並以孝聞。

湯三聘，泗州人。父病篤，三聘寢食俱廢，刲股肉，復以口吮便處，父少安。而三聘病，歎曰：「父無恙，予敢更求生哉？」竟不起。

楊見復，泗州人。母陸氏病篤，見復刲左股進母，少安。弟見和復割右髆，遂全愈。

周夢兆，泗州人。父病，夢兆咬左髆以進，病得愈。善事繼母無間言。

王之給，泗州人。年十四，孀母病篤，割股進之，母遂愈。

蔣學顔，盱眙人。年十六，割股救母。旌表。

沈一元，盱眙人。母病劇，醫藥弗效，與弟一中俱禱天割股以進。

張桂，泗州人。善事繼母，割股療病。

王大像，天長人。父葬，廬墓三年。時歸省母，不入私室，其妻共母卧起。母病痢，大像嘗之。

王枝，天長人。父卒，母以年饑鬻枝於徽商，枝念母，時時哀泣。商遣之歸，而母已亡，結廬墓傍，悲號不輟。有司聞而旌之。

唐堯智，天長人。年十二，母疾，刲股作羹進之，即愈。後以貢授教職，陞湖廣上津縣知縣。時按臣囑鄖道察鄖陽七邑奸宄，道以舊怨株連百餘人。堯智曰：「吾何忍以百命博一官！」焚其稿，遂忤上官意，調王府長史，不就歸，惟以勤學著書爲事。孫士俊，亦割股療母疾。

許純忠，天長人。年十四，割股愈母病。

馬應台，天長人。年十二，母病，刲肝作羹。其兄應星，亦刲股進母。

石梯，天長人。年十四，割股愈父病。

繆悦道，天長人，田間兒也。母病，悦道刲肉熟之以啖母。有教之者曰：「子誤矣，須煮羹。」悦道再割作羹以進，母病遂愈。

王應舉，天長人，櫛工也，割股愈母病。

王和，天長人，割股愈母病。

許三選，天長人。割股療父病，不使人知，人有詢其事者，曰：「此不能已之至情，可以是聞於人耶？」

張嘉彦，天長人，刲肝愈母病。

蘇旺、仲弟智、季弟旻與朱文玘，俱泗州人。正德間，山東盜犯境，旺等糾合鄉勇朱文玘等，挺身迎戰，各手刃數賊，尋以賊衆力窮遇害。州守義而祀之。

孫仁，天長人。家饒於貲，值歲荒，百姓負官租千餘金，仁慨爲代償。上官旌其義。

戚杰，字世秀，泗州人。年十七，中嘉靖乙丑進士，授知縣，擢吏部考功郎中。杰少聘花氏女，未婚而瞽。及登進士，婦家請易婚，杰不可，曰：「夫婦，倫也。病廢，命也。吾不娶，將安歸？」

蔣臚，盱眙人，萬(歷)〔曆〕間以孝行旌。

張威，天長人，僉事張昊之僕。昊征姚元洞蠻爲賊所執，昊曰：「我死國宜爾，汝急歸家。」威曰：「主不歸，我何之？」賊刃昊，威力拒之，曰：「寧殺我！」賊怒，支解。張氏世祀之。

胡世富，天長人，崇應第之僕。應第少時嘗出遇盜，被執索金，世富紿之曰：「金在我橐，執彼何爲？」應第因得脱。盜從世富求金不得，被害。

王秋，天長人，王應芬之僕。應芬遊粤嶠得疾，秋籲天刲股進，芬遂愈。

國朝

董官治，天長諸生。工詩文。三刲股愈父母病。

潘其蓁、蓁弟其茂，天長人。母病，兄弟同日割股。

李鸞瑞，天長人。母病，嘗糞，割股，母隨①愈。後十年，母又病，鸞瑞再割右股療之。

孫中裕，盱眙人，割股愈母疾。

俞士瑄，天長人。歲貢生。父母及生母歿，皆勺水不入口，哭不絶聲。居喪三年，不御酒肉，冬不爐，夏不扇。後因修墓往返，病暑而卒。康熙四十三年旌表。

劉芳名，泗州人，兩割股以療母病。

戚怡，泗州人。年十歲，刲股愈母病。

---

① 「隨」，《四庫》本作「遂」。

潘士吉，天長人。輕財尚義。揚州破，人掠子女至邑，士吉遇則買而歸之。有二幼女無歸，撫之如己女，長而擇配。年七十二，預知死期，言笑而卒。

劉鼎盛、顧僩、張士鉅、繆自守，四人俱天長人，皆割股救父。

李行恭、張弘業、葉英、陳養廉、陳其弼、王自明、張儀、胡時達、王禪，八人俱天長人，皆割股救母。

江南通志卷一百六十三

人物志

儒林 一

江、蘇、松、常、鎮、淮、揚、徐八府　太、海二州

班固言：儒家者流，其道最爲高。裒集諸儒修經學者，述儒林傳。其特爲傳者如沛施讎、高相，東海后倉、嚴彭祖。附見者若江東馯臂子弓，碭田王孫、魯賜，沛戴崇子平、褚少孫，淮陽彭宣，淮南賁生，山陽張就、張長安，東海髮福，九江陳俠、張邯。皆今江南地所産也，蓋其盛如此。然則源流派别，支葉蕃滋，居可知矣。況聖朝彰闡六學，勸興黌序，所以崇奬風厲，倍隆於古者乎？或授受一經，或旁通大義，爲箋疏傳注之學，尤較著者，具録於篇。

三國

唐固，字子正，丹陽人。修身積學，稱爲儒者。著《國語》《公羊》《穀梁傳》注，講授常數十人。孫權爲吴王，拜固議郎，自陸遜、張温等皆拜之。黄武四年，爲尚書僕射，卒。

唐

許叔牙，字延基，句容人。邃於《詩》《禮》。貞觀間，拜弘文館直學士，獻《詩纂義》十篇。① 子子儒，字文舉，高宗時議北郊禮。

許淹，句容人。精訓詁，與魏横、公孫模皆以博學名家。

① 《舊唐書》卷一九六作「毛詩纂義十卷」。

宋

周啓明，字昭回，昇州人。景德中舉賢良方正，既召，會東封，報罷。〔教〕①弟子百餘人，不復求仕。轉運使陳堯佐表其行義於朝，賜粟帛。仁宗時，除試助教，遷太常丞。

元

孫轍，金陵人。學行純篤，教授不倦，口不及人過。士至郡，以不詣轍爲耻，諸部使及長吏之賢者多造請焉。

明

陳遇，字中行，江寧人。博究經史。仕元爲温州教授，棄官歸。明初以薦召見，太祖與語大悦，命爲翰林學士、中書左丞、禮部尚書，皆不受。然國家事多所獻替，非正道不陳。眷待甚厚，卒，賜葬鍾山。子恭，官至工部尚書。

陶元素，字希文，上元人。正統元年進士，乞歸養親。歷聘典浙江、河南鄉試。家居，吉凶禮儀

---

① 據《宋史》卷二一七補。

悉遵朱子，而參以時制。

金潤，字伯玉，上元人。正統間，以鄉貢授兵部司務。己巳，瓦剌①入寇，上欲親征，潤白於尚書鄺埜曰：「細事未可重煩車駕。」上疏不報。土木之變，言於司馬于謙，請堅壁清野以待之，謙從其言。軍國大計，每與咨議。知南安府，致仕。潤有文章，尤邃於《易》，嘗畫圖系解，著《淵學探微》十二卷。②

沈鐘，字仲律，上元人。天順庚辰進士，授驗封主事，改南主客司。與章懋、羅倫爲友，時稱「十君子」。歷陞僉事、副使，督學湖廣、山東。仕三十餘年，無所干謁，李文正稱之曰：「今之不識相門者，仲律一人耳。」

蔣浤，字惟深，上元人。成化丁未進士，官參議。性樸茂，篤孝友，家居數十年，杜門讀書，人罕覿其面。喜讀《性理大全》《通鑑綱目》，每閱一遍，用一色筆評注，至五色皆備，字畫精好。顧文莊見之曰：「即此可見前輩風流。」

金賢，字士希，江寧人。弘治壬戌進士，授給事中。奉命勘兩淮重獄，時奄瑾亂政，諸司讞獄皆取瑾意旨，賢獨否，瑾恨之。出守大名，徙延平歸。賢精《春秋》學，病諸傳之舛，令微文隱旨不見於

① 「瓦剌」，《四庫》本作「威喇」。
② 《千頃堂書目》卷十一作《心學探微》十二卷。

後，著《紀愚》十卷、《或問》百篇行世。

景暘，字伯時，上元人。正德戊辰進士，除翰林院編修。時逆瑾亂政，陵轢朝士，景暘獨弗阿。每當進講，必越宿齋沐，覬有感悟。遷國子司業，六館諸生咸以爲得師。改左中允，管南京國子司業事，南方士習稍正。以母憂去，遂卒。暘性篤孝義，母目盲，暘旦夕禱於神，雙眸復明。

殷邁，字秋溟，江寧人。嘉靖辛丑進士，仕至貴州提學副使，以疾歸。復起提學浙江，進太僕寺卿，釐革雇役、僞票諸弊。萬（歷）〔曆〕中，張居正當國，以邁有盛名，欲引以爲重，邁不應。久之，進南太常。旋以禮部侍郎，管南祭酒致仕。學者稱「白野先生」。

盧璧，字國賢，金吾衛籍。嘉靖戊戌進士，仕至苑馬寺少卿。孝友廉介，居官常禄外秋毫無取。歸，杜門却掃，人罕見其面。

楊希淳，字道南，上元人。年十四，督學胡象岡試《孔子惜繁纓論》，意爲宿學；見其幼，更異之。督學耿定向試以《學莫先於立志論》，尤相賞契。生平（摻）〔操〕①持甚嚴，嘗力却人厚餽。臨終戒勿②丐人銘墓，曰：「我固無求者，死後乃有求耶？」

李登，字士龍，上元人。文行特著。隆慶初選貢，授新野令，折鍰納粟以備饑，築堤成梁以捍水，

① 據《四庫》本改。
② 「勿」，《四庫》本作「無」。

民戴其惠。以伉直忤時，改崇仁教諭，講明鄒魯之學。有《願學篇》《寶唐語録》。

朱之蕃，字元升，衣之子。萬(歷)〔曆〕乙未殿試第一。奉使朝鮮，遇屬國君臣，嚴重有體。事竣，盡却餽贐，朝鮮重之。擢右諭德，掌南翰林院事，晋南禮部侍郎。丁艱歸，不復出。素行孝友，既貴，悉以遺田推弟，辦同産子女之婚嫁，分宅居父執之妻孥，鄉黨重之。

顧起元，字鄰初，國輔子。萬(歷)〔曆〕戊戌會試第一，殿試第三。由編修歷吏部左侍郎，當軸欲引以大拜，起元避居遯園，七徵不起，友人題其小築曰「七召亭」。學問該博，凡古今成敗、人物賢否、諸曹掌故，無不通曉。居家絶跡公府，惟地方利弊，不恤身任而力争之。後卒，謚文莊。

鄭宗化，字尚德，上元人。以明經教諭滁陽，學者宗之，稱明臺夫子。孝友端慤。遊於耿定向、羅洪先、焦竑之門，顧起元目爲今之黄憲。子元厚，讀書敦行有父風。

劉閔，字子賢，六合人。家貧力養，母或恚怒，則衣冠跪牀下。以父喪未葬，三年斷酒肉、不内寢，朔望輒號於殯所。鄰族憐之，爲助其葬。妻失愛於母，出之，終身不復娶。當事交薦其學行，詔授本學訓導。所著有《家禮考注》《昭穆圖》《宗子説》《五倫啓蒙》等書。

國朝

張正綱，字敦五，上元人。敦勵實學，嘗云：「孔辨君子、小人，孟辨舜、跖之徒。未有利關不破，可以語爲人者。」注《周禮》《離騷》《春秋》，多昔賢所未發。

張自超，字彝嘆①，高淳人。康熙癸未進士。博極群書。研究經史，一以躬行實踐爲主，不事聲華。釋褐後授經講學，文行日著。徐元夢撫浙時，禮聘爲書院山長。後奉召入都，行至茌平，無疾而終，未竟其用。著《春秋宗朱辨義》。

蘇州府

漢

臯弘，字奉卿，吴人。家世冠族，少有英才。與桓榮相善，榮薦其經術，自揚州從事拜議郎。子徽，官至司徒長史。

顧綜，字文偉②，吴人。明帝時辟有道，歷官至尚書令。帝舉三代之禮，以正月上日幸辟雍，延綜爲三老。設几杖，從綜乞言焉。

① 「嘆」，《四庫》本及光緒《高淳縣志》俱作「嘆」。
② 「偉」，明王鏊《姑蘇志》及乾隆《長洲縣志》作「緯」。

南北朝　齊

張緒，字思曼，吴人。父演，太子中舍人。緒少知名，清簡寡欲，齊高帝用爲太常卿，領國子祭酒。緒長於《周易》，言精理奥，見宗一時，遇者肅然如在宗廟。卒，謚簡子。子充，多所該通，尤明《老》《易》。仕齊，累官義興太守，爲政清净。梁天監初，歷吏部尚書，居選以平允稱。遷國子祭酒，登堂講説，皇太子以下多執經以拜。

梁

皇侃，吴郡人。少好學，師事會稽賀瑒，精力專門，盡通其業。尤明《三禮》《孝經》《論語》。仕梁爲國子助教，於學講説，聽者嘗數百人。召入壽光殿説《禮記》義，武帝善之。侃性至孝，日限誦《孝經》二十遍。丁母憂歸。邵陵王綸欽其學，厚禮迎之。尋卒。所撰諸經義並見重於世，學者傳焉。

陸璉，吴郡人。天監四年，詔開五館，建立國學，總以五經教授，置五經博士各一人。以璉及沈峻等補博士，各主一館。館有數百生，給其廪餼，於是懷經負笈者雲會焉。

陳

陸慶，吴郡人。遍通五經，尤明《春秋左氏傳》。節操甚高。仕梁爲婁令，入陳屢辭徵辟，築室屏居。永陽王欲見之，不可得，乃於陸榮宅穿壁觀之，謂榮曰：「嚴君平、鄭子真何以加兹！」子士季，從顧野王學左氏、馬、班諸書，唐初終弘文館學士。

張沖，字叔(元)〔玄〕，吴郡人。仕陳爲左中郎將。好覃思經典，撰《春秋義略》，《喪服》《孝經》《論語》義諸書。後入隋，授漢王諒侍讀，諒出牧并州，引爲博士。子後(印)〔胤〕。

隋

潘徽，字伯彦，吴郡人。少受《禮》於鄭灼，受《詩》於施公，受《書》於張沖，並通大義，尤精三史。始煬帝鎮廣陵，引爲博士，令與諸儒撰《江都集禮》。及帝嗣位，復詔徽與褚亮等助楊素共撰《魏書》，會素卒而止。

褚輝，字高明，吴郡人。以三禮學稱於江南。煬帝時，徵天下儒術之士，悉集内史省，相次講論。輝博辯，無能屈者，擢太常博士。

唐

陸德明，名元朗，以字行，吴人。陳大建中，太子徵四方名儒講於承光殿，德明始冠，與國子祭酒徐孝克抗對，屢奪其説，舉坐咨賞。入隋爲國子助教。王世充僭號，遣其子元恕即其廬行束脩①禮。德明恥之，服巴豆散，卧東壁下。元恕入拜，德明對之遺痢，竟不與語。世充平，太宗徵爲秦王府文學館學士，命中山王承乾受業。貞觀初，終國子博士。太宗後閲德明所撰《經典釋文》，甚嘉之，厚賜其家。

張後(印)〔胤〕，字嗣宗。隨父沖在並州，以學行見稱。高祖鎮太原，引居賓館，以《春秋》授太宗。武德中，擢員外散騎侍郎。太宗即位，歷國子祭酒。嘗賜宴月池，令群臣以《春秋》酬難，帝曰：「朕昔受大義於君，今尚記之。」永徽中致仕，卒謚曰康，陪葬昭陵。孫齊(邱)〔丘〕，累官朔方節度使、東都留守，謚貞獻。

朱子奢，吴人。通《春秋左氏傳》，博觀子史。隋大業中，直秘書學士。入唐授國子助教。貞觀初，高麗、百濟同伐新羅，連兵數年不解，新羅遣使告急，帝命②子奢充使，諭旨以釋三國之憾。子奢雅有儀觀，海外欽服，皆上表謝罪。累轉弘文館學士。唐初太廟止四室，子奢始發七廟之議。帝嘗欲觀起居紀録，子奢曰：「(陞)〔陛〕③下無過舉，雖見無嫌。然以此開後世史官之禍，可懼也。」上雖

① 「脩」，原作「修」，據《四庫》本改。
② 「命」，《四庫》本作「令」。
③ 據《四庫》本改。

不從，人多韙之。

施士丐，吴人。明毛、鄭《詩》，通《春秋左氏傳》，善講説，朝之賢士大夫從而執經考疑者繼於門，太學生習二經者皆其弟子。由四門助教爲博士，秩滿當去，諸生輒拜疏乞留。貞元十八年卒官，韓愈誌其墓。

陸質，字伯沖，吴人。本名淳，以避憲宗諱改「質」。有經學，尤深於《春秋》。少師事趙匡，匡師啖助，質盡得其傳。陳少游鎮揚州，辟爲從事。後薦於朝，拜左拾遺，歷給事中、皇太子侍讀。卒，學者稱文通先生。元延祐中，集賢大學士曲出言質所著《春秋纂例》《辯①疑》《微旨》三書有益後學，請令江西行省鋟梓，以廣其傳。仁宗從之。

宋

陳之奇，字虞卿，吴人。天聖中舉禮部，御試不得第，退居十年，無仕進意。舅丁謂欲官之，力辭不就。寶元初及第，歷太常博士。之奇孝於親，約於身，信於朋友，篤行好學。遠近欽其名德，皆以君子稱之。

錢象先，字資元，吴人。中進士高第，宰相吕夷簡薦其經行，爲國子監直講，終吏部侍郎。象先

① 「辯」，《四庫》本作「辨」。

長於經術，仁宗留神經藝，屢有顧問，象先輒依經以對。因以諷論政事時務，有啓迪獻納之益。留侍經筵，前後十五年。嘗修敕成，例賜勳爵，仁宗以象先事母孝，特賜章服榮之。

朱長文，字伯原，吴人。從泰山孫明復授經，尤邃於《春秋》。博聞强識，篤學力行。舉進士，歷校書郎。丁父憂歸，家居二十年。時俊咸師仰之，因其所居樂圃，號樂圃先生。元祐中，起本州教授。同舉者徐積、陳烈，時號「三先生」。其教人先經術，而後詞章。召爲太學博士、秘書省正字。元符初卒，哲宗知其清，賻絹百匹。生平撰述甚多，並行於世。

林虙，字德祖，吴郡人。登進士第，教授常州，身爲勸率，從者風靡。大觀三年廷試，常士預選者五十三人，詔以進賢宜受上賞，特轉一官。知州徐申於學之南立進賢坊以榮之。遷開封府左司録，請老歸。虙自六經、諸子而下，錯綜貫穿，著有《易說》《書義》等書。

王綯，字唐公，昆山人。建炎初爲御史中丞，歷拜參知政事。爲人剛正有守，文章温潤典雅，深於理趣。所著有《論語解》《孝經解》諸書。

王蘋，字信伯，吴江人。從二程子於洛，爲高弟，通《春秋》，視楊時猶爲後進，時亦以爲後來師門，成就惟蘋耳。高宗駐蹕平江，郡守孫佑薦其學行，宰相趙鼎復薦之，賜出身，除正字。蘋奏治平三事，上深嘉其通曉世務。歷著作佐郎、通判常州。晚作《論語集解》，未成而卒。寶祐初，里人沈義甫建明教堂祀蘋，以陳長文、楊邦弼配，皆其弟子也。義甫亦有名行，嘗爲白鹿洞書院山長，力行朱子學規。

陳長方，字齊之，吴江人。從王蘋遊。紹興中舉進士，爲江陰教授。尋歸，閉門著書，學者稱惟室先生。

章憲，字叔度，常熟人。樂道好德，操履高潔。師事王蘋，而與朱震、吕本中等遊。尤邃於《春秋》。

吴仁傑，字斗南，昆山人。淳熙進士，歷國子學録。博洽經史，爲時碩儒。嘗講學朱子之門，詩文亦名一時。所著有《古易》及《周易圖説》《樂舞新書》諸編。

衛湜，字正叔，昆山人，參知政事涇弟。好古博學，嘗集《禮記》諸家傳説，名《禮記集説》，寶慶二年上之。仕至直寶謨閣、知袁州。學者稱①櫟齋先生。

錢俣，字廷碩，常熟人。舉進士，終朝請郎。平生耽味經籍，尤精《易》學。所著有《易説》諸編。

王楙，字勉夫，蘋從孫。早孤奮學。母歿後，以不逮養不預鄉薦，著書終老。子德文字周卿，孫敉字行父，並有學行。德文以魏了翁、真德秀薦，仕至承節郎。

滕宬，字季度，吴人。沈敏好學，耽研經史。淳熙中舉賢良，以忤考官被擯。後雖再召薦者，不絶，處之漠如也。葉適薦其學行，賜號廉靖居士。

孟文龍，字震翁，昭慈后五世侄孫。以高祖忠厚鎮吴，遂家焉。累調浙東提舉常平幹辦公事，以

① 《四庫》本「稱」下有「爲」字。

内艱，不行。國亡後，力辭當事之薦，不出户庭三十年。著《易解大全》三十卷。子潼，歷松江府判官，亦以篤學勵行稱。

俞琰，字玉吾，吴縣人。初以詞賦稱。宋亡，隱居著書，不復仕進，以義理之學淑諸人。於書無不讀，尤精《易》學，好鼓琴。既老，自號石澗。卒，年七十餘。其所纂述諸書，並行於世。子仲温，克繼其學。

元

邵光祖，字弘道，吴人。博學好古，研精經傳，講習垂三十年。通三經，所著有《尚書集義》。

范成，字性存。父霖，元初以名儒召，歷禮部侍郎，立朝有論議氣節。自浙東徙吴。成幼力於學，卓然有立，獲親炙前朝遺老，治家有法。以經術教授，章句、名數無不究極。隨才誘掖，成就後學。郡嘗禮致爲訓導。子焕，有孝行。

王原傑，吴江人。學邃行潔。至正間領鄉薦，值兵興，不復仕，教授於鄉。所著有《春秋讞議》。

明

徐達左，字良夫，吴縣人。從名儒受《易》《書》二經。元季隱光福山中，置家塾，合族屬子弟教之，鄉黨遵化。洪武初，用薦爲建寧訓導，師道克立。所著有《四子書》及文集。

趙文，字宗文，長洲人。永樂中，用薦知鄱陽縣。鄉里稱篤實君子，所著有《理學述言》諸編。

王璡，字汝嘉，長洲人，贅善璲弟。舉明經，歷大庾教諭。永樂初，召修《永樂大典》，充副總裁。又修《五經四書性理大全》。書成，留爲翰林、五經博士，進侍講。洪熙初開弘文閣，璡①與楊溥、陳繼日直其中，禮遇甚厚。璡文章不及璲，而理致爲勝。制行醇篤，楊士奇深重之。

楊翥，字仲舉，吴縣人。少以德量稱。仁宗朝，楊士奇薦之，召授編修。歷禮部尚書，告歸。翥修身謹行，言動不妄，與物無競，一時搢紳推厚德者，翥爲最。文章平實恬和如其人。

顧巽，字順中，長洲人。受《易》於鄉儒周傳。永樂甲辰進士。吴中《易》學實始於巽，當時賀廉、孔友諒、顧珣，皆從巽受經。

尤安禮，字文度，長洲人。父義，字崇道，有名行。安禮少從父寓武昌，與楊士奇、楊翥以德業相勵。建文元年舉於鄉，爲方孝孺所取士，仕至貴州參議。安禮平居若無所可否，至辨析理欲，毫介不苟。

金問，字公素，吴縣人。少受《易》於俞貞木。家貧無書，從人借讀，無不通曉。永樂時，以被薦爲司經局正字。時宮僚多得罪，問與黄淮、楊溥同坐系，三人相得甚，省躬念咎之暇，各持一經講論，曰：「此處憂患之道也。」正統間，終禮部右侍郎。問義聞流著，平生閲履否泰相循而不變所操。製

① 「璡」，疑爲「璡」字之誤。下句「璡」字亦同。

述雅健，書得魏晋筆法。星〔歷〕〔曆〕之學尤精。兄聲，亦好古嗜學，問事之如嚴師。

劉鉉，字宗器，長洲人。事母以孝聞。永樂時，以善書徵入翰林，遂舉庚子鄉薦，授中書舍人。宣德間，與修《實録》。言行不苟，與人交一以誠信，權門要路未嘗涉迹。歷國子祭酒，嚴教條以約諸生，無敢倖進者。天順初，遷少詹事，侍太子講讀。卒，上嗟悼曰：「安得學行醇篤如斯人者耶？」謚文恭。

陳繼，字嗣初，吴縣人，汝言子。生十月而孤，家所存惟書二萬卷，其母守節教繼。及長，學成名盛，事母至孝。有司上其事，使御史察之，繼方隨母抱甕行灌，母以壺漿與之，拜而後飲，朝廷嗟異。仁宗初，以楊士奇薦，召授翰林五經博士。時初開弘文閣，繼日直閣中備顧問。進檢討，致仕。繼爲人端恪。其學自經史、百氏，皆考究精核，文章根義理。臨卒，誦《西銘》「存順」「没寧」二語而逝。子寬、完，皆能文。

王庭，字元直，昆山人。少師事葉文莊盛，盛甚器之。領天順壬午鄉薦，授鄜州學正，終潘王府長史。庭學貴踐履，不尚詞華，律身教人，動以禮法。

周木，字近仁，常熟人。成化乙未進士，歷官河南布政。生平究心理學，晚尤好《易》，所畫諸圖，因義、文、邵子之所命者而衍之，其於《洪範》所陳，配合皆有倫類。居家冠、婚、喪、祭，悉遵古儀注。學者稱勉思先生。子炯，字光宇，舉進士，累官山西布政，以才守稱。

鄧韍，字文度，本姓蔡，常熟人。正德丙子舉人。以通經博古爲學，嘗①仿吕祖謙《大事記》，論次古今得失，曰：「如有用我，執此以往。」爲文有體要。尤篤好濂洛關閩之學。

杜偉，字道升，吴江人。嘉靖壬子舉人，官工部主事。篤志聖學，講明濂洛宗旨，躬行實踐，不務標榜。所著有《正學編》諸書。學者稱静臺先生。

徐師曾，字伯魯，吴江人。嘉靖丁未進士，歷官吏科給事中。移疾歸里，闢書舍南湖上，講誦如諸生。萬（歷）〔曆〕中屢詔起，辭不赴。益研究經學，撰《禮記集註》諸編。學者稱魯庵先生。

歸有光，字熙甫，昆山人。弱冠通六經、三史，蔚爲大儒。嘉靖庚子，舉南闈第二人。八上春官不第。讀書談道，居嘉定安亭江上，四方來學者數百人，海内稱震川先生。乙丑舉進士，歷官太僕寺丞。所著有《洪範傳》諸編。子子慕，字季思，萬（歷）〔曆〕辛卯舉人。再試不第，屏居江村，講性命之學。懷宗中，有詔搜訪遺逸，時子慕已前卒，巡按表其名行，追贈翰林院待詔。孫昌世字文休，曾孫莊字元恭，並以詞翰擅名。

王應電，字昭明，昆山人。受業於魏校。篤好《周禮》，謂《周禮》自宋以後或著書指摘，或以己意更次，此皆諸儒之《周禮》也。覃精十載，求聖人之心，溯斯禮之源，原設官之意，成《周禮傳詁》數十卷，以爲百世不易矣。既就正羅洪先，洪先嘆曰：「昭明之書，如盤根樛枝，附麗宛轉，即白虎諸儒，

① 「嘗」，《四庫》本作「常」。

莫能駕其上也。」翰林陳昌績以師禮事之，江撫胡松爲刊行於世。應電又研精字學，訂正《説文》譌謬，名曰《經傳正譌》。又著《同文備考》《書法指要》諸編，並行於世。

王敬臣，字以道，長洲人。江西參議庭子。事親以篤孝聞，人目爲王曾子。少受業魏校。聞默成之旨，嘗言：「議論不如著述，著述不如躬行。」自見耿定向，語以無獨成之學，由是多所誘掖，弟子從遊者四百餘人。其學以「慎獨」爲先，深以標立門户爲戒。學者稱少湖先生。萬〔歷〕〔曆〕中，廷臣薦其學行，以博士徵，辭不行，詔以所授官致仕。後復以巡按薦，詔有司時加優禮。

鄭光宙，字道夫，吴縣人。師事王敬臣，盡得其傳。敬臣晚歲每語來受業者曰：「道夫進業立誠，足爲學者師，盍往事之？」自是生徒日盛。所著有《周易管窺》諸書。學者稱拱山先生。

何思佐，字穎凡，長洲諸生。家世以儒學相傳，精《曲臺禮》，有纂述行世。

楊廷樞，字維斗，吴縣人。兵部尚書成孫，孝子大濴子。舉懷宗庚午鄉試第一。爲諸生時，即以文章氣節負重名，與諸名流分經立課，集漢唐以下諸儒義疏傳説，辨其源流得失。領解之後，聲譽日盛，士林奉爲模楷。因其所居皋里，稱皋里先生。門弟子著録者二千人。甲申之後，授命蘆墟。門人私謚忠文。

王錫闡，字寅旭，吴江人。博綜群書，尤精〔歷〕〔曆〕象之學。創新法，候日月食較密於前人。撰有《〔歷〕〔曆〕法》《〔歷〕〔曆〕説》諸編，一時碩儒皆推服其學究天人。

韓洽，字君望，長洲人。隱居羊山，以高節著。深於字學，所著有《篆學測解》《釋訓考源》，識者言足證《説文長箋》之誤。

楊無咎，字震伯，廷樞子。痛父罹難，杜門隱居，歷八十年。與徐枋、朱用純稱「吴中三高士」。生平覃思經學，多闡前人所未發。所著有《譚經録》諸書。

朱用純，字致一。父集璜殉難時，用純方補郡諸生，茹哀隱痛，遂棄舉業，授徒贍母。潛心理學、四子、六經，及濂洛關閩之書，探索融會，務在躬行實踐。所著有《四書講義》諸編。

國朝

顧炎武，字寧人，昆山人。貢生。少負異質，篤志古學，九經、諸史皆能背誦。生平足跡半天下，所至考其山川、風俗，疾苦、利病如指諸掌。凡所論著，皆上下古今，貫串精核，卓然成一家言，當代咸服爲通儒。於六書音義，尤有獨得，李光地以爲自漢晋以來所未有。學者稱亭林先生。

楊彝，字子常，常熟人。以貢歷都昌知縣，移疾歸。少與婁東顧夢麟友善，明季俗學多創新説、背傳注，彝與夢麟講説辯①難，力明程朱之説，天下翕然從風，稱「楊顧之學」。晚歲②目盲，猶請友人讀書其側，爲諸生講説無少倦。

---

① 「辯」，《四庫》本作「辨」。

② 「歲」，《四庫》本作「年」。

朱鶴齡，字長孺，吴江諸生。嗜古博學，注杜甫、李商隱詩，時稱詳贍。晚年潛心六經，長於箋疏之學，考證精核。所著有《毛詩通義》《尚書埤傳》諸編。

彭定求，字勤止，長洲人。康熙丙辰會試、殿試俱第一，授修撰，歷官侍講。先後里居二十餘年，泊若寒素。父瓏，舉進士，自長寧令罷歸，結社講學，學者宗之。定求夙承門風，又從遊湯潛庵先生之門，益研求心性宗旨，粹然負儒者之望。嘗編纂《儒門法語》《蒙正録》諸書。儀封張公伯行撫蘇，尤相契合。裁成後學，佽助爲多。

王喆生，字醇叔，昆山人。明刑部郎中臨亨孫，舉人志長子。少師事邑中耆儒朱用純，能得其傳。舉康熙壬戌進士，官編修。授職七月，即乞假養母，絶意仕進。讀書敦行，品望日重。兩任邑中清田事，先後爲中丞湯斌、宋犖所推。表章前哲，扶植桑梓，每不遺餘力。著《懿言日録》，張伯行稱其精深博大，比之抑戒云。

松江府

三國

陸績，字公紀，吴郡人，康子。博學多識，星（歷）〔曆〕、算數無不該覽。孫權統事，辟爲奏曹掾。出爲鬱林太守，加偏將軍。績意在儒雅，非其志也，雖有軍事，著述不廢，作渾天圖，注《易》，釋

（元）《〔玄〕》，皆傳於世。

南北朝　陳

顧野王，字希馮，吴人。七歲讀五經，知大旨，長而遍觀經史，精記默識，天文、地理，蓍龜、占候，蟲篆、奇字，無所不通。以篤學至性知名。仕梁及陳，歷官黄門侍郎。所撰有《輿地志》《玉篇》《（元）〔玄〕象表》諸書行世。孫道衍，字正平，唐開元中登文學優贍科。

宋

陳伯達，華亭人。紹興中進士。其學深於經術，著《洪範九圖九説》。

田疇，華亭人。嘉定間，嘗設講席于國學，六館之士皆執北面禮。所著有《學易蹊徑》等書。

元

陳宏，字君宏，華亭人。以儒業著聞。邃於《易》，嘗著《易象發揮》《易孟通言》《童子問》。

夏侯尚元，字文卿，華亭人。爲文下筆立就，嘗作《中庸管見》《聚疑》《原孟》等書，皆出先儒議論之表。趙孟頫薦爲東宫伴讀，既而主禮典樂，皆稱職。郯王聞其賢，招致之，待以國士。王被誣誅，尚元力陳王忠孝數事，得白，遂歸不復仕。

王昭大，字茂卿，華亭人。博綜經傳，於《易》尤精詣。授湖州教授，致仕歸。

周之翰，字申甫，華亭人。博極群書，尤精《易》學。所著有《乾坤闔闢》《天地生成》《陰陽變化》《山川流峙》四圖並贊，以發其藴。自號「易癡道人」，講授於鄉。以壽終。

王文澤，字伯雨，上海人。博學通經，所著有《尚書制度圖》三卷。官府學訓導。子默，字子章。多藝，善談論，書法趙孟頫。至正中徵至京，書金字釋典。擬官翰林，力辭歸。

明

殷奎，字孝章，華亭人。少從楊廉夫受《春秋》。洪武四年，以薦授陝西咸陽教諭。所撰有《道學統系圖》《家祭儀》《關中名勝集》。後徙居昆山。卒，門人私謚文懿先生。弟璧、箕，俱明經篤行。

林鐘，華亭人。有學行，通《詩》《書》《春秋》。宣德中，任昆山訓導，入侍經筵，歷遷山東參政。

宋瑛，字克輝，華亭人。少嗜學，既領鄉薦，益肆志學問，務窮理，期有以體之身心，措諸事業。登天順丁丑進士，授工部主事。人樂其簡易，而憚其嚴。中貴人不悦，偵其過無所得，遂引疾歸。遠方來受業者甚衆。事母孝，居喪哀毁，有燕乳白雛於堂。

徐三重，字伯同，青浦人。萬(歷)〔曆〕甲戌舉禮部，丁丑廷試，授刑部主事。時政尚綜核，而三重獨持平恕，甫滿一考，即乞假歸。以父老，遂不復出，家居四十餘載，内行醇謹，門風肅穆。生平篤志理學，以朱子爲宗。學者稱鴻洲先生。所著《庸齋日記》《信古餘論》諸書，皆可垂世範俗。長子貞秩，以孝謹稱。次子貞稷，字叔開，由進士官刑部主事，亦有平允名，歷東川兵備。以父年七十，乞侍養歸，屢薦不起，以名德重一時。貞秩子銘敬，貞稷子銘常，懷宗時俱領鄉薦。

錢大復，字肇陽，華亭人。領萬（歷）〔曆〕鄉薦，授蓬萊令，每月朔，集諸生講義。致仕歸，構日新書院，講理學，歷九年，寒暑不輟。其門人莊大儒，字仲醇，尤刻志聖賢之學。子龍錫。

徐鳳彩，字聖期，華亭人。太學生，與兄孚遠聲名相埒。六經皆有纂述，尤精於《詩》。所著《詩經輔註》四卷。子允貞，孫懷祖，皆有士行。

國朝

張昺，字長史，華亭人。康熙辛未進士，選庶吉士。性恬澹無營，淬志理學，座師李光地於禮闈閱策，深賞其《西銘》之對，能闡先儒所未發。入史館後，又頻與講論，契合尤深，謂門弟子中穎悟無如昺者。未久，疾卒。所著《西銘圖論》《中庸精義》，光地皆録而存之。

宋

杜鎬，字文周，無錫人。南唐時舉明經，任集賢校理。仕宋爲崇文院檢討。會將祀南郊，彗星見，宰相趙普問鎬，鎬曰：「當祭而日食猶廢，況謫見如此乎？」帝嘗問：「西漢賜與用黄金，而今難得，何也？」鎬曰：「當時佛事未興，故金價賤。」預修《册府元龜》，特置龍圖閣直學士以榮之。累官禮部侍郎。博學多識，真宗每得古器異書，必詢之，皆能究其本末。

張巨，武進人。少從胡瑗遊，與同郡蔣之奇、胡宗愈、丁騭爲四友。嘉祐中舉明經，歷國子監直講。王安石《新經》行，巨即引去，時論高之。

龐安仁，字宅道，晋陵人。通五經，尤長於《易》。鄒浩從受業。著《易解》十卷。

唐棣，字彦思，宜興人。政和五年進士。從河南程頤學，能得其傳。編次《伊川語録》百餘條。

丁騭①，字公點，晋陵人。嘉祐初進士，以經學倡後進，尤長於《易》《春秋》。李定用事，辟爲屬，歷官秘書少監。

① 「騭」，《四庫》本作「隲」。

以疾辭。蘇軾、曾肇、孔文仲交章薦鶩。司馬光當國，鶩謁之獨後，光曰：「真自重士也！」除太常博士，改右正言。元祐間，疏請正士風。後出知處州。

周孚先，字伯忱，晉陵人。偕弟恭先往洛從程頤學，與楊時相友善。在頤門下凡十七年，後歸，生徒遠至者衆，創城西、城東書院，兄弟分主之。楊時至郡，館之城西，命諸生師之。孚先由鄉薦入太學，官臨安教授。著有《論語解》。

淩浩，字直翁，無錫人。與同邑陳敏同學于胡瑗，以經術知名。治平乙巳進士。嘗爲蓬萊、武涉令，以能名。召拜太學博士，推胡瑗之學以誨士，士多從之。出守渠陽。

元

陸文圭，字子方，江陰人。博通經史百家，及天文、地理、律（歷）〔曆〕、醫藥、算數之學。爲文融會經傳，東南學者皆宗師之。朝廷屢遣使馳幣聘之，以老疾不行。所居在城東，學者稱之曰牆東先生。有《牆東類稿》二十卷。

梁益，字友直，江陰人。博洽經史，而工於文詞。陸文圭卒後，浙西稱學術醇正爲世師表，惟益一人。所著有《詩傳旁通》，發揮朱子之學爲精。又有《詩緒餘》《史傳姓氏纂》。

陸以道，字士弘，無錫人。明《易》，溯程朱之源，得象外旨。至正二年進士，歷翰林待制。

謝應芳，字子蘭，武進人。篤志好學，以道義名節自勵。元至正初，隱白鶴溪上，授徒講學。江南平，有司徵修郡志，强起赴之。德望重東南，縉紳達官過郡，必訪其廬。詩文典雅藴藉，有《辨惑編》《龜巢稿》《毗陵續志》《思賢録》。

孫作，字大雅，後以字行，江陰人。世以儒名。爲文醇正典雅，著書十二篇，號東家子，宋濂比之《法言》《通書》。元季避兵吴中，張士誠廪禄之，旋謝去，客松江以居。洪武六年，召修日曆。書成，累擢國子司業，坐事免。復起待詔，終長樂縣教諭。門人稱清尚先生。

陳濟，字伯載，武進人。與弟洽、浚從謝應芳遊，濟尤學問該博。成祖修《永樂大典》，用大臣薦，以布衣召爲都總裁。書成，授右贊善。又命授諸皇孫書。僦室以居，僅蔽風雨。爲文章根據經史，必務理勝，不事葩藻。所著有《詩傳通證》《書傳補經》①《元史舉要》《通鑑綱目集覽》《正誤》諸書。

周衝，字道通，宜興人。由舉人仕訓導，至唐府紀善。遊王守仁、湛若水之門，嘗曰：「湛之體認天理，即王之致良知也。」兩家門人各相非笑。衝爲疏通其旨，與蔣信集師説，爲《新泉問辨録》。

薛應旂，字仲常，武進人。嘉靖乙未進士。由慈谿令改九江教授。徐階督學江西，檄掌白鹿書

① 「《書傳補經》」，《明史·藝文志》作「書傳補注」。

院事。擢南吏部考功郎中，主察典。輔臣嚴嵩令尚寶卿諸傑囑應旂去一御史，應旂反黜傑。嵩怒，嗾御史劾之，謫建昌通判。歷浙江提學副使，罷歸。所著有《考亭淵源》《憲章録》《宋元通鑑》《甲子會紀》《四書人物考》《高士傳》《浙江通志》諸書。

王升，字世新，宜興人。由歲貢官國子學録。張居正柄國，欲網羅當世知名士，托升友道意，欲令典制敕，升力辭不就。通判成都，有廉譽。遷鹽課提舉，謝歸。有《四書輯略》《讀左贅言》諸書行世。學者稱乎齋先生。

錢一本，字國瑞，武進人。萬（歷）〔曆〕癸未進士，由知縣擢御史。上建儲、論相二疏，語極戇直，斥歸。郡守歐陽東鳳構經正堂講學，推一本主之。與顧憲成分主東林講席，學者稱啓新先生。最精《易》學，有《像象管見》《象鈔》《〔像〕續鈔》①《範衍》。

吴桂森，字叔美，無錫人。從顧憲成、高攀龍講學東林書院。萬（歷）〔曆〕丙辰歲貢，廷試歸。學《易》於錢一本，受所著《像象管見》，廣其意，作《像象述》《像象金針》《易説》《談易隨問》。同邑諸生鄒期楨，字公寧，亦從攀龍學，静坐有得，時稱兩素衣先生。

華允誠，字汝立，無錫人。天啓壬戌進士，對策極陳奄寺之害，置二甲。除户部主事，值魏璫亂政，告歸。懷宗初，起工部員外郎。京師戒嚴，守德勝門稱旨，改職方。劾輔臣温體仁、尚書閔洪學

① 《像續鈔》二卷，清錢濟世刻本，今存，藏福建圖書館，今據補。

朋比阿黨，詔奪俸。旋乞歸，後殉國難。少與兄允謀、允誼從錢一本、高攀龍遊，盡得其學，俱以儒學稱。允誠有《春秋説》《四書大全參補》，允誼有《三象粹精》《春秋傳》《戴記纂疏》諸書行世。

岳虞巒，字舜牧，武進人。崇〔正〕〔禎〕辛未進士，歷江西按察歸，惟以著書爲事。晚尤好《易》，撰《周易感》《春秋平義》二書。時宜興諸生儲澈受學於錢一本，著有易疑、春秋屬比直書。子秬，亦以學稱，有《周易集義》。

吴鍾巒，字巒稺，武進人。崇〔正〕〔禎〕甲戌進士。少從高攀龍、顧憲成講學，門下士數百人，江陰李應昇爲最。初令長興，以早潦緩徵税不中額，謫紹興府照磨，量移桂林推官。國亡，自焚死。所著有《周易卦説》《大學衍義》《霞舟語録》諸書。

秦鏞，字大音，無錫人。崇〔正〕〔禎〕丁丑進士，令清江，多惠政。父爾載，師事高攀龍。鏞承家訓，精理學，著有《易序圖説》《通書〔半〕①解》《皇極内篇小衍》《參同閣集》。

李如一，初名鵬翀，字貫之，江陰人。應昇從父。篤學好古，其論學以六經爲淵海，箋疏爲梯航。謂朱子《戴記》未有成書，網羅鈎貫，撰《禮記緝正》，通儒稱之。

堵景濂，字濂生，無錫人。崇〔正〕〔禎〕壬午舉人。授徒講學，學者稱禾齋先生，從遊者八百餘

①　據乾隆《無錫縣志》卷三十九補。

人。《有禮經貫〔屬〕》①《四書就正語》。時江陰諸生顧文熊，亦著《禮經集解》及《（歷）〔曆〕象圖書》二考諸編。

國朝

任元祥，字王谷，邑諸生。學以良知爲宗，持身嚴肅，言動不苟。建宗祠，定宗法，族人世世遵之。詩文真樸，典則井然。與商（邱）〔丘〕侯方域、寧都魏禧、同邑陳維崧名相埒。著《鶴鳴堂集》，商（邱）〔丘〕宋犖序之。

董以寧，字文友，武進人。郡諸生。天資明敏，少喜爲詩詞古文，於天文、（歷）〔曆〕象、樂律、方輿之旨，多所發明。晚年盡棄去，專事窮經。於《易》宗來知德，闡錯綜之妙；於《春秋》則欲參三傳而另爲一書。著《正誼堂集》。

秦松齡，字留仙，無錫人。順治乙未進士，歷官左春坊左諭德。七歲讀《中庸》，閉目潛思良久，告其師曰：「吾識性矣」。十九官庶常，世祖章皇帝召試《詠鶴詩》，有「高鳴常向月，善舞不迎人」之句，指示閣臣曰：「此人必有品。」置第一。以逋糧案罣誤歸田。旋以博學宏詞薦，侍從講幄，纂修《明史》。里居二十餘年，研精宋五子書，窮經，尤邃於《詩》，著《毛詩日箋》。

① 據道光《續纂宜荆縣志》卷九補。

高愈，字紫超，無錫人。攀龍從孫，私淑乃祖，言動不苟。父嗜飲，每赴宴，愈必袖小燈伺道旁扶掖歸，雨雪益謹。與人言，依於孝弟，肫懇動人。尤嚴取與。年七十，門弟子共市一新冠爲壽，猶却之。邃經學，《周禮》尤精熟。以歲貢終。

華學泉，字天沐，無錫人。性聰穎，嗜讀書，於六經各能會通古人義疏，而折衷以己意。著述甚多，尤深於《易》，起居坐卧，惟《易》是偕。爲人豈弟樂易，篤於同氣。鍵户四十餘年，以布衣終。

吴晋剡，字錫孺，宜興人。順治壬辰進士，授廉州推官，以清節著。尋丁母憂歸，結廬墓側，絶志仕進。遵紫陽半日讀書、半日静坐之法，覃思理學。與同邑湯之錡相砥礪。病中聞兄明孺卒，力疾往哭，遂不起。

湯之錡，字世調，宜興人。至性純篤，居親喪一循古禮，就地寢苫，事諸父如父。於儒先①書無不讀，而以周子主静之説爲宗。倣高忠憲復七規，春、秋兩會，四方學者翕然宗之。延陵書院暨錫山東林書院各延主講席，不就。有詢朱、陸異同者，則曰：「顧吾力行何如耳，多辨論何益？」其卒也，整襟危坐而逝。

任培元，宜興人。父贊，性敦厚直諒，家貧自樂，每言及明愍皇帝，輒痛哭不已。培元教授里中，奉朱子小學爲準繩。嘗言：「既爲吾弟子，當爲其終身謀。先使識義理大分，根柢既端，即轉之農、工、商、賈，終不入於大惡。」定宗法十八則治族人，子弟有犯，啓祠告祖行杖，雖素有名者不少假。

---

① 「儒先」，《四庫》本作「先儒」。

楊懷遠，字文來，宜興諸生。讀書有疑義，必究析其所以然，雖先儒不敢遽信。積四十年，成《四書明辯録》，微言大義及名物典故皆在焉。又考古限田、均田制爲一書，古今祭禮爲一書。復纂《周禮疑》《五經疑》《諸儒源流考》《鄉評備考》諸編。家貧，常苦饑，而一介不苟取。卒金陵邸舍。同時有周亦魯，字型曾，亦諸生。爲人謙謹樸茂，教授里中，積脩脯營家祠及祭田。

陳其難，字克艱，江陰諸生。博聞强識，尤深於《易》。嘗著《易圖系》①及《六書樂律》《通鑑地理考》。學士揆叙聘至京，與講《易》月餘，安溪李光地極推服。年九十五卒。

徐世沐，字爾瀚，江陰諸生。不赴科舉，績學力行，與當湖陸隴其相契。居家有禮法，不作佛事，年八十五卒。

子恪，羅城令，能詩文，卒官。孫昆，諸生，奔喪道死。

金敞，字廓明，靖江人。好讀顧憲成、高攀龍遺書，以聖人爲必可學。及長，師事荆溪湯之錡，長之錡三歲，執禮恭謹。之錡卒，卜居無錫。遵攀龍復七規，與同志静坐讀書，興起者甚衆。

章大士，字我任，武進人。少慕包拯、海瑞爲人，長從湯之錡、金敞，得聞顧、高之學，乃虚心抑氣，以聖賢爲歸。病亟時，誦邵雍《上天生我》詩，一笑而逝。

① 乾隆《江陰縣志》卷十六作《周易圖系圖説》。

鎮江府

漢

包咸，字子良，曲阿人。受業長安，習《魯詩》《論語》。歸鄉里，途爲赤眉所執，晨夜誦經自若，賊異而遣之。光武即位，舉孝廉，除郎中，授皇太子《論語》。遷大鴻臚，經傳有疑，輒遣小黄門就問。顯宗以咸有師傅恩，而素清苦，俸賜增於諸卿，咸皆散給諸生之貧者。子福，拜郎中，亦以《論語》入授和帝。

三國

韋昭，字弘嗣，雲陽人。爲太史令，撰《吴書》。孫休時爲博士祭酒，命昭依劉向故事，校定衆書。孫皓即位，遷侍中，領左國史。皓以瑞應問昭，昭答曰：「此家人筐篋中物耳。」皓欲爲父和作紀，昭以和未登帝位，當立傳，不當爲紀。皓滋不悦，積前後嫌忿，誅之。所著有《洞記》三卷，《官職訓》及《辨釋》各一卷。子隆，亦有文學。

晋

臧燾，字德仁。祖汪，自東莞家京口。善三禮之學，爲國學助教，議宣太后不當配食，中宗從之。又因太廟災議祧禮，學者多是之。

南北朝 梁

臧嚴，字彦威。燾〔曾〕①孫。孤貧勤學。性孤介，不輕造請，僕射徐勉欲識之，嚴終不詣。歷監義陽、武寧郡，累任皆逼蠻，嚴以數門生單車入境，群蠻悦服。有文集十卷。從子盾，累官領軍將軍。爲人敏贍有風力，長於撥繁。幼從徵士諸葛璩受五經，璩許爲王佐才。

唐

施敬本，丹陽人。爲四門助教。明皇將封禪，詔有司講求典儀，盥手、洗爵，侍中主之，祀天神，太祝主之。敬本歷陳古制，言：「盥洗乃虋人之事。今侍中，位宰相，非虋人比。今太祝，乃下士。以下士接天，以大臣奉天子，輕重不倫，非禮也。」時以爲識體。屢遷至右補闕、秘書郎。

① 據《梁書》卷五〇補。

姚闢，字子張，金壇人。皇祐元年進士，授項城令、通州通判，所至有聲。時以辭章相尚，闢獨究心六經。與蘇洵同修禮書，有《太常因革禮》一百卷。

焦千之，字伯强，丹徒人。歐陽修勉以棄科舉之學，專意經術。吕公著判潁州，延教其子，嚴毅方正，以師道自重。嘉祐中舉行誼，爲國子直講，歷知無錫州。

葛勝仲，字魯卿，丹陽人。紹聖進士，爲太學正，累遷太常卿。詔續《太常因革禮》書，會建儲，以勝仲兼諭德，作仁、孝、學三論獻太子。又採歷代太子善惡成敗之跡，日進數事。除國子祭酒，歷知數州，有政績。忤朱勔，罷歸。卒，謚文康。

湯泳，字叔永，丹陽人。粹於理學，與弟沂同遊考亭之門，其問答見《文公語類》。官南廓簿領，未赴卒。

竇從周，字文卿，丹陽人。志尚沖雅。年五十，偕弟澄從朱子學，耑以摻①心爲己爲學者倡。兄弟築室講道，一夕，盜入其室，睥睨久之，知爲從周居，謂其徒：「毋驚此公！」相率去。朱子曰：「忠信可行，於此見之！」

①「摻」，《四庫》本作「操」。

劉宰，字平國，金壇人。紹熙元年進士，調真州司法。時朝旨責出身，見任人供狀不讀周惇頤、程顥、程頤等書，方得考試。宰喟然曰：「平生所學謂何？首可斷，狀不可得也！」遷浙東倉司幹官，不樂仕，告歸。理宗時，累奉旨授官，皆不起。隱居三十年，施惠於鄉邦，雖生理素薄，而見義必爲，既竭其力，復質貸以繼之。又毁淫祠八十四所。書無所不讀，以博考訓注而自得之爲貴。卒，謚文清。有《漫堂集》三十卷。

顧奎，字應文，丹徒人。貢太學，好學篤行，後進師尊之。每郡博士至，必執弟子禮，迎致鄉校，以爲領袖。

元

王垚，字樂天，居京口。長於康節經世之學。至大改元，瀋陽王奏充説書。從王使高麗還，陳便利三十餘事。

湯炳龍，字子文，居京口。辟慶元市舶提舉。學問該博，四書、五經皆有傳註，尤深於《易》。詩歌甚工，號《北村集》。

陳鈞，字公秉，居金壇。歷官至湖南榷茶提舉。通諸經，尤長於《易》，著《原理》《原數》二篇。有文集。

丁元吉，字旡咎，丹徒人。博學，尤深於《易》，善造就弟子。性至孝。喜吟咏、考古論事，談養生治疾之方，所著書多至二百餘卷。子璣。

丁璣，字玉夫，丹徒人。成化戊戌進士，授中書舍人。嘗因星變，陳治道本末，反覆千言，而根極於正心。擢廣東副使，提督學校。生平守程朱之學，其教人正容、端坐、澄心、定氣，使躁釋慮消。爲政先風化，而一以誠意將之。所著有《補齋集》八卷、《大學疑義》等書。

于鎰，字南金，金壇人。成化甲午舉人。德性端重，孝友見稱。知萬載縣，務以德化。究心理學，著《中説》。

朱錫，丹徒人。任榮府紀善。嘗從王心齋艮遊，潛心理學，所著《語録》行世。

王濂，字仲清，金壇人。正德癸酉舉人。學於羅文莊欽順，精研理奥，躬行實踐，欽順所著《困知記》，屬濂序之。謁選湖州推官，楊文襄一清稱其清操直節，從涵養省察中出。

王樵，字明逸，金壇人。臯子。嘉靖丁未進士，授行人，遷刑部主事。嘗曰：「士大夫以留心案牘爲俗吏，文墨詩酒爲風雅。夫飽食官禄，受成吏胥①，謂之風雅，可乎？」乃著《讀律私箋》，甚精

① 《四庫》本作「胥吏」。

核。萬（歷）〔曆〕初，分巡浙西，入爲尚寶卿，轉鴻臚卿，疏請勵精聽納，急宗社大計。歷官南京右都御史，致仕。樵素簡默，至談經學則娓娓不倦。閉門宴坐，樸遬如寒士。徒步里中，與負擔者讓道無忤容。卒，謚恭簡。所著有《周易私録》《尚書日記》《春秋輯傳》《四書紹聞編》《方麓居士集》。

束桓，字子威，丹陽人。以貢士授寧州判，州迫洞蠻，桓身歷其地，戒毋剽掠。賊既歛戢，守將倖功請剿，桓力争于督府，得罷兵。調膠州，兩視高密、即墨篆。上官例取無礙錢糧，桓狀言賦役有成書，徵收有實册，安所得無礙者，雖報可，而心銜之，卒罷歸。與丹徒貢生殷士望月爲講學會，以孝悌求仁爲本，敦樸存誠爲務。學者稱懷玉先生。

于孔兼，字元時，金壇人。湛孫。由進士授九江推官，再陞禮部郎中，累疏争三王並封，議得寢。又疏救考功郎趙南星，謫安吉州判。尋投劾歸，與顧憲成、高攀龍講學東林。嘗云：「學在不事空言，無求頓悟。」光宗立，贈光禄少卿。兄文熙，官大名兵備副使，亦有名。

王肯堂，字宇泰，金壇人。都御史樵子。萬（歷）〔曆〕己丑進士，授檢討，仕至福建參政。生平好讀書，著述甚富，於經傳多所發明。有《論語義府》《尚書要旨》《律例箋釋》《鬱岡齋筆塵》。尤精醫理，著《醫科證治準繩》等書，盛行於世。工書法，輯《鬱岡齋法帖》數十卷，手自鉤搨，爲一時石刻冠。

笪繼良，號我箴，丹徒人。萬（歷）〔曆〕辛卯鄉舉，署寧國府教諭。作《廟祀考》《禮樂考》示諸生，又上《黌宫六議》於學使者。遷鉛山知縣，講《易》鵝湖書院。晋絳州知州。時議爲魏忠賢置祠上林，繼良執不可，遷判順天。魏、崔惡之，以東林邪黨削奪歸。懷宗時，起户部郎中。上賦役便民議，出知汀州。告歸，講學天心書院，有《語録》行世。著《鵝湖讀易》十二卷。

潘槐，字廷卿，金壇人。萬(歷)〔曆〕中貢士，任盧州府訓導。署英山縣篆，汰浮糧，白冤獄，傲刁頑，甫四月而頌聲大著。歸，與顧憲成、高攀龍講學於八卦亭。

符應乾，字健甫，金壇人。萬(歷)〔曆〕丙午鄉舉，知零陵，著《惜夫惜馬歌》，沿途皆詠之。陞南康府同知。主白鹿洞教事，與諸生講學，著《鐸講》行世。

國朝

顧言，字子訥，丹徒人。由明經授石埭訓導，遷豐縣教諭，繼陞池州教授，辭不赴。所至訓諸生，先德器，後文藝。著《易編合朱》，纂《道學正宗》行世。

史岱，字東觀，金壇貢生。選授學正，後補禮部司務。岱敦行績學，遵父逸裘遺命，建小宗祠，立宗法，議祔祧，作《小宗志》。又著《五祀考》《釋菜考》，補輯《孔子家語》内篇、外篇、雜篇，《學山集》。

淮安府

漢

澓中翁，東海人，善《詩》《書》。宣帝在民間，依倚許廣漢兄弟及祖母家史氏，從之受學。

衛宏，字敬仲，東海人。與河南鄭興俱好古學，從九江謝曼卿受《毛詩》，因作《詩序》。又從司徒杜林受《古文尚書》。光武以爲議郎，作《漢書儀》四篇，以載西京雜事。又著賦、頌、〔誄〕①七篇，皆傳於世。

晋

陳邵，字節良，襄賁人。郡察孝廉，不就。以儒學徵，入爲陳留内史，遷燕王傅，撰《周禮評》行世。泰始中，詔稱邵「清貞潔静，博通六籍②，宜在左右，以篤儒教，可爲給事中」。卒於官。

宋

徐積，字仲車，山陽人。父石，以神童舉，知羅城縣。父殁，以父名「石」，終身不用石器，足不踐石。事母至孝。從胡瑗學，應舉入都，載母以行。登進士第。母亡，廬墓三年，雪夜哭墓側不絶音，有甘露木連理之瑞。客從南越來，積與論嶺表山川險易、鎮戍疏密如指掌。客嘆曰：「不出户知天下，徐公是也！」廷臣薦其孝行、道義、文學，宜表其賢，乃授楚州教授。卒，賜謚節孝處士。

① 據《後漢書》卷七十九補。
② 「籍」，《四庫》本作「經」。

國朝

岳薦，字西來，山陽人。明季棄諸生，篤志汲古，博通經史。久之，所得益深，所養彌粹。事親孝謹，家貧，薦與妻噉糠覈，而奉養甘旨必具。有庶弟，甫生，其生母暴亡，薦夫婦棄己女而乳之。平日指授學者，專用宋儒程朱之學爲準的，矩言楷行，人皆欽服。及殁，同里劉昌言及長洲汪琬並爲作傳。

閻若璩，字百詩，其先自太原徙山陽。若璩淹貫經史，學博而思精，最長於考訂，多闡先儒所未發。所著有《尚書疏證》《四書釋地》《困學紀聞注》。又同縣張弨，字力臣，篤學嗜古，精於六書，一時耆碩皆推服之。

揚州府

漢

徐淑，字伯進，廣陵人。博雅好學，隨父慎在京師，纘《孟氏易》《春秋》《公羊傳》《禮記》《周書》。舉茂才，除渤海令，遷琅邪都尉。

唐

曹憲，江都人。仕隋爲秘書學士，聚徒教授，公卿多從遊。尤邃小學，煬帝令與諸儒譔《桂苑珠叢》，規正文字。又注《廣雅》，藏於秘書。唐貞觀中召，不至，即家拜朝散大夫。太宗嘗讀書有奇難字，輒遣使問憲，具爲音注，援驗詳確，帝咨賞之。卒，年百餘歲。

宋

王令，字逢源，真州人。王安石嘗謂曰：「始得君文，獨愛君才。既而見君，衣刓履缺。坐而語，未嘗及己之窮。退而詢，知君終歲食不葷，不以銖忽妄售於人。世之自立如君者有幾？」後居江陰卒。所著有《論語》《孟子》講義①，《廣陵集》十卷，《蒙求》一卷。

沈季長，字道原，真州人。舉進士第，累官崇政殿説書。元豐初，帝御邇英殿，季長進講《周禮》稱旨。帝論漢武帝學神仙，爲貪生以固位，因言人臣固位，天下之士能輕爵禄者少。季長曰：「士輕爵禄，爲士言之則可，爲國言之非福也。人主有尊德樂道之心，士皆以不得爵禄爲耻。至於言違諫愎，士有去志，始以爵禄爲輕。」帝曰：「誠如卿言。」後官至國子監直講。

① 據《直齋書録解題》卷三，此二書實爲《論語解》《孟子解》。

王居正，字剛中，揚州人。熙寧中，王安石以《新經義》頒天下，居正獨非之，十餘年不應舉。至宣和三年始第進士，仕終史館修撰。高宗初，居正次前世聽納事，爲《集諫》十五卷，以開廣上意。於上前極論秦檜，檜諷中丞何鑄劾居正爲趙鼎所薦，奪職。楊時嘗出所著《三經義辨》示居正，曰：「吾舉其端，子成吾志。」因著《毛詩辨》《學詩辨》《學周禮辨》《學及辨》《學外集》等書。

堯允恭，字克遜，海陵人。兩領鄉薦，專意經傳，尤邃於《易》。有詩文二十卷。

明

石光霽，字仲濂，泰州人。讀書五行俱下。洪武中，以貢授國子學正，進博士。作《春秋鉤(元)〔玄〕》。

王艮，字汝止，泰州人。初授書鄉塾，信口談説，中理解。後謁王守仁於豫章，踞上坐，與語，氣凌其上。已乃執弟子禮，學益深造。子襞，字宗順，亦以學鳴。

王棟，泰州人，艮從弟。以嘉靖中歲貢，爲深州學正，歷主白鹿洞書院。著有《一庵會語》。

沈珠，字汝淵，江都人。中正德丙子鄉試，從祭酒湛若水遊。授永新知縣，陞南國子監丞。若水徒滿四方，珠爲都講。

林春，字子仁，泰州人。受業於王艮，動有繩檢。嘉靖壬辰，會試第一，授户部主事，累遷文選郎中。吏部故矜崖岸自尊重，惟春氣愉色和，不以行能先人。母病假歸，就故所讀書處講學。母病間，補原官。時紳士講學京師者數十人，志行敦實首推春。選曹多事，日夕勤瘁。卒，橐餘四金不能棺，寮友賻助得殮。

許繼，字從志，儀（徵）〔真〕人。治《蔡氏尚書》。王守仁、湛若水並推重之，巡撫唐龍、劉節相繼按部造其廬。

朱永年，字仲開，儀（徵）〔真〕人。嘉靖中歲貢，授光山知縣。時世宗寵方士陶仲文，官兼大宗伯，奉命之興都監司，臺使者皆先驅迎，永年弗往。既見，又長揖不拜。仲文大怒，劾罷之。歸，杜門著書，有集行世。

周蕙，字廷芳，泰州人。始爲蘭州戍卒，聽人講《大學》首章有感，遂讀書。從薛瑄門人段堅、李昹遊，研究五經，學益邃。後還泰州，幅巾深衣，動必由禮，州人化之，稱小泉先生。其門人王爵，字錫之，亦泰州人。教人務以誠敬爲本，官保安州判。

韓貞，興化人。從王艮子襞遊。提獎後進，來學者數百人。督學耿定向器重之，學者稱樂吾先生。

張懋勳，字堯光，江都人。私淑王守仁。所著有《二一劍齋日編》及《心學正統》等書。

何堅，字叔節，江都人。嘉靖庚子舉鄉試，授臨江府判，遷瀋府審理。歸，以修學著書爲事。買田射陽，爲溝洫蓄泄，以資旱潦，如古井田法。製器候氣，驗律聽聲，又著《漕渠七義》，當世多採用之。

林之翰，字爾憲，儀（徵）〔真〕人。少而嗜學，坐卧處皆書「隨處體認天理」六字以自警。萬（歷）

〔曆〕庚子中鄉試，累官至寧州知州，時稱儒吏。所著有《龍沙會語》《澹臺祠證學》等編。

劉永澄，字静之，寶應人。敦行孝友，究心理學。萬(歷)〔曆〕辛丑成進士，歷官兵部主事。

李清①，字心水，興化人。崇(正)〔禎〕辛未進士，授寧波司理。擢給事中，居言路中立無倚。嘗上言寇宜剿不宜撫；諸臣闕門户，宜量懲一二人，以静議論。又請定開國靖難及正德、天啓諸戮臣贈謚，不果行。後復疏請，卒行之。所著有《史論》《女世説》《史略正誤》《南北史》、《南唐書》合注，《正史外史摘奇》《廿一史同異》諸書。康熙己未，徵遺獻纂修《明史》，清辭以年老不至。子枏。

孫兆祥，高郵人，歲貢生。潛心理學，著《格物論》《明善論》《天論》《良知論》《子臣心鏡》等書。

國朝

俞楷，字陳芳，泰州人。以歲貢充内廷供奉，進經學劄子，陳時文科舉之弊。補天長訓導，擢華亭教諭。著《三極易知録》、《俞子書三刻》。弟梅，字師巖，康熙癸未進士，改庶吉士，授編修，典試山西。著有《治河方略》。

李漢②，字子倬，興化人。春芳元孫。少有至性。稍長，研精理學，排黜異端，一以程朱爲宗。

---

① 本傳爲《四庫》本所無。

② 本傳爲《四庫》本所無。

講授開導，興邑風氣爲之一變。順治辛卯中副榜，例應廷試，授推、知等官，以母老不赴。後膺歲薦以終。著有《素庵集義解》諸書。

郭嗣齡，字引年，江都人，爲仲父。後以孝聞。家貧授徒，積脩脯爲兄嫂營喪葬。研精理學，所著《神化性命通一無二論》，士林傳之。其傳記序説，皆具古法。康熙乙未成進士，授松江府教授，潔己課士，爲一時廣文之最。雍正癸卯，同考浙江鄉試。其從兄彭齡，字商山，康熙丙午舉人，文譽與嗣齡競爽。

徐州府

漢

韋孟，彭城人，爲楚元王傅。及孫王戊荒淫不道，孟作詩諷諫。後①去位，徙家於鄒。自孟至賢，五世爲鄒魯大儒。

魯賜，碭人。受《詩》於申公。官至東海太守，治官民有廉節稱。

① 《四庫》本「後」下有「亡」字。

嚴彭祖，字公子，下邳人。以《春秋公羊》專門教授。宣帝時爲博士，歷河南（東）①郡太守，入爲左馮翊，遷太子太傅。廉直不事權貴，或勸其少自勉强，以取宰相，彭祖曰：「凡通經術，固當修行先王之道，何可委曲從俗，苟求富貴乎？」官終太傅。

蔡千秋，字少君，沛人。嘗受《穀梁春秋》於魯榮廣及皓宣公。宣帝時爲郎，召見，與公羊家並説。帝善穀梁説，擢千秋爲諫大夫、給事中。

田王孫，碭人。受《易》於丁寬，王孫又授施讎、孟喜、梁（邱）〔丘〕賀，由是易有施、孟、梁（邱）〔丘〕之學。

高相，沛人。治《易》亡章句，專説陰陽災異，自言出於丁將軍寬。授子康，由是《易》有高氏學。

施讎，字長卿，沛人。從田王孫受《易》，常謙讓稱學廢，不教授。後以梁（邱）〔丘〕賀薦，拜博士。甘露中，與五經諸儒雜論同異於石渠閣。讎授張禹，禹授彭宣、戴崇②，繇是施家有張彭之學。

翼奉，字少君，下邳人。治《齊詩》，好律（歷）〔曆〕陰陽之占。元帝時，待詔宦者署，言事必採究經史，窮極陰陽，以寓法戒。論祭天地於雲陽、汾陰，及諸寢廟不以親疏迭毁，皆煩費，違古制。後定迭毁禮，徙南北郊，皆自奉發之。以諫大夫終。子孫皆以學爲儒官。

① 據《漢書》卷八十八，「東」爲衍文。
② 「彭宣」，《四庫》本作「彭城」。

翟牧，字子況，沛人。與蘭陵白光同受《易》孟喜，爲博士，由是有翟、孟、白之學。

焦贛，字延壽，梁人。自云嘗從孟喜問《易》，會喜死，京房以爲延壽《易》即孟氏學，從之。至成帝時，劉向考《易》説皆祖田何，唯京氏爲異，由是《易》有京氏學。

戴崇，字子平，沛人。受《易》丞相張禹，得施讎之傳。後爲九卿。

戴賓，沛人。平帝時以施氏《易》授陳留劉昆，昆以異政顯。

慶普，字孝公，沛人。與大小戴同受《禮》于后倉，爲東平太傅。普授魯夏侯敬。

橋仁，字季卿，梁人。與同郡楊榮從小戴受《禮》學。仁仕爲大鴻臚，榮仕爲琅邪太守。由是《小戴》有橋楊之學。

龔舍，字君倩。通五經，以《魯詩》教授，與兄龔勝並著名節，世謂之楚兩龔。舍不願仕，以勝薦，徵爲諫大夫，病免。哀帝時，即家拜太山太守。之官數月，乞骸骨。王莽居攝中卒。

唐林，字子高。受《書》於長安許商，商師周堪，得大夏侯勝之傳者也。商門人四科，林列德行，後以明經飭行顯名於世。王莽時，上疏諫正，有忠直節。

褚少孫，沛人。事王式，問經數篇，式謝曰：「聞之於師，具是矣。」自潤色之。

鄧彭祖，字子夏，沛人。受《易》於五鹿充宗，官真定太傅。

陳宣，字子興，蕭人。博學明《魯詩》，光武徵拜諫議大夫。帝出，宣前引，行稍遲，乘輿欲驅，鈎宣御者墮車下。宣諫曰：「王者車鳴鸞，步佩玉。孝文帝却千里馬，謂朕乘是馬，獨先安之，願以文帝爲法。」帝納其言，遂徐行按轡。

申章昌，字曼君，楚人。梁丁姓弟子傳《穀梁春秋》，爲博士，至長沙太傅，徒衆尤盛。由是《穀梁春秋》有申章氏學。

聞人通漢，字子方，沛人。后倉説《禮》數萬言，號曰《后氏曲臺記》，授通漢。通漢以太子舍人論石渠，至中山中尉。

三國

嚴畯，字曼才，彭城人。善《詩》、《書》、三禮。性純直，避難江東，張昭薦爲騎都尉。魯肅卒，吴主以畯代肅，畯固辭：「樸素書生，不閑軍事。」諸葛亮深善之。所著《孝經傳》《潮水論》傳世。

宋

劉顔，字子望，彭城人。好古學，不專章句。舉進士，知龍興縣。免官家居，教授數百人。所著有《儒術通要》《經濟樞言》。石介見其書，嘆曰：「恨不在弟子之列！」子庠，見《宦績》。

明

劉儼，字若思，蕭人。洪武中知慈利縣，廉惠並著。儼好學，明經義，邑令郝玘爲建易安書院，聚徒授講，蕭士悉宗之。

馬津，字宗孔，徐州人。蕙裔孫。正德丁丑進士，任餘干令。宸濠反，從王守仁征討。擢御史，抗疏敢言，遷大理寺丞。出爲福建提學副使，端己帥物，秉經貞教，士皆悦服。所撰有《克復》諸篇。

許詢，字問芻，蕭人。氣體端凝，詩書外無他嗜好。尤精《周易》《尚書》，每御臯比，爲弟子説經，語如注疏，聽者競相傳寫。丙子，罹寇難。門人私謚之曰文端先生。

太倉州

明

秦約，字文仲，太倉人。父玉，居崇明，孝友，工詩。洪武初，約應召①試《慎獨箴》，拜禮部侍郎，以母老辭歸。再徵詣京師，上書言事，上悦，以約年老，難劇任，授溧陽教諭。御史練則成等薦之，稱爲「宿學遺老」云。

陸釴，字鼎儀，太倉人。天順癸未會元，爲東宮侍讀，亶心敷納，禮度莊雅，憲宗每屬目焉。以疾

① 「召」，《四庫》本作「廷」。

乞歸。鈦潔清有志操，學問淹洽，文章完慎。病亟，猶自以「東宫舊人」具遺章言事，其不忘家國如此。

趙中行，字子與，嘉定人。嘉靖癸卯舉於鄉，好學厲志節，以經綸自負。時邑有倭警，中行爲晝守禦之法，邑人賴之。上公車不第，有故人重其才，薦于嚴相嵩，擬授臨清州守，中行夜促裝南還。其進退不苟如此。

張采，字受先，太倉人。崇（正）〔禎〕戊辰進士。少與張溥同讀書七録齋中，以六經、《史》《漢》倡明古學，時號「婁東二張」。通籍後，集鄉老自誓，毋使宗黨子弟、奴僕勢淩鄉里，渝約者共斥之，風俗一變。令臨川，移疾歸，益潛心濂閩之學。溥性寬博愛，而采嚴，喜甄别可否，故銜采者多。所著有《知畏堂集》。

張溥，字天如，太倉人。崇（正）〔禎〕辛未進士，選庶吉士，乞假歸。益讀書倡古學，〔名其文社〕①曰復社，學者歸之，以不及門爲恥。時有以婁東社黨中溥者，事下巡撫都御史，提學倪元珙言：「諸生誦服聖賢，聚徒講習，無可罪者。」會溥病卒，而張采疏辨，事乃已。後以御史、給事中交章言溥砥行力學，表章六經，請徵遺籍備乙覽，奉旨呈進。

黄淳耀，字蕴生，嘉定人。崇（正）〔禎〕癸未進士。少即以聖賢自期，著《自監録》《知過録》。後

① 據《明史》卷二百八十八補。

爲日〔歷〕〔曆〕，晝之所爲，夜必書之。晚而造詣益深，詩古文悉軌先正，原本六經。緼袍糲食，不苟取一錢。嘗白一人冤，其人欲餽之五十金而不敢言，乃納諸書笥。經數日檢出，大駭，還之。嘉定破，從容入僧舍，與弟淵耀相對縊死。淵耀，字偉恭，諸生，好學敦行如其兄。

國朝

陳瑚，字言夏，太倉人。崇〔正〕〔禎〕壬午舉人。少通五經，求實學。鼎革後，與其門弟子磨礲名行，礈礪經術，粹然爲居敬窮理工夫。著有《聖學入門》《四書講義》《求道録》《切己録》等書。

王御，字聖乘，太倉人。明季以舉人令房山，力懇上官，疏除瘠田浮賦，房民得甦。引疾歸，杜門却掃，尋繹遺經，以倡明絶學爲己任。請業者必告以立心爲己、涵養性情之實。著有《證我箋》《先賢學記》等書。

陸元輔，字翼王，嘉定人。少師黄淳耀，以敦篤之姿，精微之學稱之。自早年以存誠主敬自勵，至老不倦。其學博極群書，而要歸於六經。士大夫相語，往往稱「陸先生」，不舉其字也。康熙十七年，有以博學鴻儒薦者，元輔雅不欲違素志，以不入格罷歸。所著有《十三經注疏類抄》《續經籍考》。

陸世儀，字道威，太倉人。少穎悟，尤究心先儒語録及經濟諸書。順治間，督學張能麟聘輯《儒宗理要》。後嘗講學於錫山東林書院，説《易》於毗陵大儒祠，受業者數百人。著有《思辨録》《論學酬答》。康熙五十年，巡撫張伯行刻其集，稱爲「吾道干城」。

周象明，字懸著，太倉人。康熙壬子舉人，性行端潔。臺司延請講學，象明正容就席，爲説《洪範》《九疇》大旨，及《先賢敬一箴》，精切詳明，一時父老子弟莫不拱聽。著有《七經同異録》①《尚友編》《事物考辨》《蘇松田賦備考》，共數百卷。没後，門人春、秋祀之。

海州

隋

包愷，字和樂，東海人。兄愉，明五經，愷悉傳其業。從王仲通受《史記》《漢書》，尤稱精究，學《漢書》者宗之。教授嘗數千人。大業中，爲國子助教，卒。

① 《清史稿藝文補編》作《七經異同考》。

江南通志卷一百六十四

人物志

儒林 二

安、徽、寧、池、太、廬、鳳、潁八府　和、廣、六三州

安慶府

南北朝　宋

何尚之，字彦德，潛〔山〕①人。雅好文義，爲文帝所知，爲丹陽尹。立宅南郭外，設學聚生徒，四

① 據《四庫》本補。

方慕義來遊者謂之南學。累遷吏部尚書。尚之立身簡約，車服率素，妻亡不娶。執衡當朝，畏遠權柄。卒，謚簡穆。

齊

何佟之，字士威，潛①人。少好三禮，師心獨學。（疆）〔彊〕②力專精，手不輟卷，爲京師碩儒。仕齊爲國子博士，遷驃騎諮議參軍，國家吉凶禮皆取决焉。所著文章禮義百餘篇。

元

王幼學，字行卿，望江人。生於宋季，幼罹兵禍，俘掠至河南，陳氏得之，養以爲子。乃命之學，勤苦博覽，業遂大進。元至元間歸望江，躬耕慈湖之坂，與同志講道不輟。所著有《通鑑綱目集覽》盛行於世。

方用，字希才，望江人。少負逸才，與揭傒斯、朱公遷、歐陽（元）〔玄〕同遊許白雲之門，以羽翼斯文相砥礪，時稱「許門四傑」。所著有《先儒宗旨》《茗谷叢說》諸書。

---

① 據《四庫》本補。
② 據《梁書》卷四十八本傳改。

明

程桯，字用憑，懷寧人。積學勵行，設教里中，遠近就學者前後數百人。專以踐履篤實爲務。嘉靖中舉明經，爲臨武令，有惠政。

何唐，字宗堯，桐城人。少孤貧，沉潛有大志。正德辛巳進士，年二十即以斯道自任。授南兵部主事，有直指餽金，虞其弗受，戒使者致而去。唐欲辭不得，嘆曰：「吾邸安得宿此？」乃易錢周九市之貧者，曰：「代直指爲惠耳。」後因事忤中貴，告歸。凡從遊者，告以稽古明道、立法善俗爲先。慕曾子之學，作《日省録》，學者稱省齋先生。

金道寓，字晴嵐，潛山人。少孤，以學行著聲，搆竹浪館，率諸弟侄讀書其中。晚年精心濂洛之學，著有《朱陸異同辨》《竹浪館文集》。弟道心，亦端恪醇雅過人。

金道器，字達生，潛山人。性嗜學，博極群籍，破産積書，朝夕沉涵其中。初宗陸子静，以簡易悟人，後豁然曰：「無戒慎功，終屬影響。」自是專讀朱子書。因知德性不能離問學，而耽空守寂，不但背程朱之門庭，亦非象山之初旨也。晚年學益醇深。

游於詩，字二南，懷寧人。事親孝，日夕侍膳，親食然後敢食。以諸生入太學。時盱江羅近溪爲海内儒宗，千里負笈，受業其門。與金陵焦竑輩結爲里社，開示後學。倣朱子立義倉七楹於其鄉，凶歲賴以全活者數百家。

涂[1]榮臺，潛山人。少從從父皖川講學，長而設教授徒，以省身克己爲要。著有《克己録》《四書辨疑》《性理集成》諸書。

顔素，字質卿，懷寧人。自少講求性道，毅然曰：「聖人可學而至也。」萬(歷)〔曆〕甲戌進士。授中書，丁内艱，遂不復出，結廬石門，窮究古今。尤邃於《易》，其學以易簡直截見性爲宗，所著有《易研》及詩文數卷。仕至應天府丞。

吴獄秀，字幼鍾，懷寧人。萬(歷)〔曆〕庚辰進士。授中書舍人。與同年顧憲成輩講學東林，以道德文章相礪。遷給諫，直聲震天下。卒以忤權貴，出爲右布政。尋乞歸，築方丈一室，改號遯齋。晚年謂湛若水先生「隨處體認天理」之語，爲學者入聖之門，大書於室，用以自警。

童自澄，字定夫，桐城人。萬(歷)〔曆〕間布衣。初見張甑山，即毅然志學。嘗自言曰：「泰州起布衣，爲餘姚高弟，彼丈夫也。」遂篤志聖賢，交四方講學之士，弟子彌衆。建輔仁會館於棕棲之，坐卧一小樓，怡神養氣。年八十四，卒。

吴應賓，字尚之，桐城人。母孫夢飛星入口而生。少穎異，日誦千言。比長，博覽群籍。登萬(歷)〔曆〕丙戌進士。官編修，以目眚告歸。家居四十載，惟閉户著述，闡發性命之旨。同里左光斗、方大任交章以理學薦，特召，辭不赴。上疏極論時政，上嘉之。著《宗一聖論》十篇，《性善》二書，

① 「涂」，《四庫》本作「余」。

《學》《庸》《論語》釋行世。

方鯤，字羽南，桐城人。少爲名諸生。長而研求經學，謂詩文小道，非儒者所急。會豫章葉兼山講《易》桐城，鯤盡得其學。推河洛縱横之圖，以測古人制樂用兵之法。黄道周、何楷見之，嘆以爲從前所未有也。

方學漸，字達卿，桐城人。志洛閩之道，講學桐川、秋浦間，揭性善之旨，弟子嘗數百人。

方大鎮，字君静，學漸子。萬〔歷〕〔曆〕己丑進士。歷官大理少卿。與同志講學於京師首善書院，會群小排斥，毁之。大鎮筮得同人於野，遂號野同。隱白鹿山，與門人講學不輟。作《居敬論》六篇，《開斯録》《桐川講義》《易意》《詩意》《禮説》。人稱爲文孝先生。

劉若宰，字穎平，懷寧人。崇〔正〕〔禎〕戊辰，廷試第一。以宫允充日講官，會講《修己以敬》章，反覆陳説。上微倦，斜倚御座，乃旁引《五子之歌》曰：「爲人上者，奈何不敬？」上爲端坐。聞母微疴，五疏乞終養，情詞悲切，特允之。

國　朝

陳朝棟，號磻石，桐城諸生。初解《論語》《孟子》，即謂聖賢可學，其師異之。既長，殫精宋儒理學諸書，以大道務在躬行，生平孜孜惟求寡過。以子焯貴，封如其官。著《清越樓日録》《三易露箋》等書。

劉餘清，字不疑，懷寧人。聞其父若實講隨處體認天理，餘清曰：「此正學者入聖之門。」遂沉潛理學。明季舉賢良。嘗受業於姜曰廣。司訓蕪湖，倡明絶學。著《易問》《太極説》《西銘解》。

蔣延姬，字孔緒，懷寧人。家貧嗜學，隱居教授。晚年益深明性理。

徽州府

南北朝　梁

胡明星，黟縣人。天監初爲太學博士，賀瑒舉助修五禮，遷太常卿。武帝崇尚釋氏，宗廟以麪爲犧牲，上疏切諫，不聽。與朱异不合，棄官歸。

宋

江致一，字得之，休寧人。從胡瑗遊，宣和鄉舉首選。靖康中伏闕上書，乞斬蔡京、童貫等六奸臣，復李綱相位，聲震中外。尋授承信郎。

朱松，字喬年，婺源人。登進士第。授建州政和尉，調尤溪尉，召試館職，除秘書省正字，歷司勳吏部郎。秦檜決策議和，松上章極言不可，出知饒州。嘗自謂性褊急害道，因取古人佩韋之義名其齋。疾革時，語子熹曰：「胡原仲、劉致中、劉彦仲，此三人學有淵源。吾即死，往受學焉。」元至正間追謚靖獻。

吴儆，字益恭，休寧人。紹興進士，通判邕州。張栻稱其忠義果斷、緩急可仗，薦於朝。召對，首陳恢復大計，備論帥臣、漕司協濟之宜，遷廣南西路安撫。儆文辭峻潔，一衷諸道。著有《竹洲集》。謚文肅。

汪楚材，字太初，休寧人。紹興進士。歷任廣西運司幹官。嘗問學於朱子、吴儆，以儒學名。

吴昶，字叔夏，歙縣人。朱子歸婺源，昶先執經館下，安貧守道。徵爲郡校書，弗就。學者稱友堂先生。

程洵，字允夫，婺源人。學於朱子。初任衡陽主簿，調廬陵録參，與新使不協，臺章有云：「吉州知録程洵，亦在僞學之流。」朱子曰：「今日始見吾弟行止分明。」有《克齋集》。

俞易直，字平叔，歙人。元豐登第。爲彭澤尉，歷三任，以母老歸。易直清修苦操，臨殁，郡守曾謂命其屬往視，見環堵蕭然。因問後事，易直曰：「棺已具，衣已浣矣。方屬妻子祔葬先塋，不爲齋具，此外無所需也。」曾遺吏齎錢五萬供湯藥，不受。吏再至，不復視，曰：「吾平生貧，不惟今日，豈以五萬錢變吾志哉？」是夕卒。

王炎，字晦叔，婺源人。登乾道乙科。授崇陽簿，累遷知湖州，不畏强禦。邸第貴价有撓政者，炎註於牘曰：「汝爲天子親，亂天子法；炎爲天子臣，正天子法。」人傳誦之。初著《易解》未竟，病篤，乃夜祝天，願須臾無死以成書，卒如其言。有《雙溪類藁》。

滕璘，字德粹，婺源人。與弟珙俱從朱子遊。以乙榜尉鄞縣，改四川制置司幹官。韓侂胄當國，或勸璘一見，可得掌政，璘不肯，屈官至朝奉大夫。璘初爲《論語說》，朱子見而善之，既而語之曰：「學以變化氣質爲功，而不在於多立說。」璘憮然，自是不敢輕論著。

汪安仁，績溪人。慶元進士。授學録。淳熙中，率太學生三百二十八人入奏，請朝重華宫，不報。仕終興國軍教官。

錢時，字子是，歙人。師慈溪楊簡，以《易》冠曹試。既而絶意科舉，究明理學，主象山書院講席。以薦入史館，旋以國史宏綱未畢求去。五經四書皆有著述，學者稱融堂先生。

金朋說，字希傅，休寧人。淳熙丁未進士。知鄱陽縣。時厲僞學之禁，凡薦舉改官，悉令漕帥取狀，方得擢用。朋說應薦，上狀言：「素師朱熹，講孔、孟及程氏遺書，實不知爲僞。」遂解職歸。

詹初，字以元，休寧人。淳熙間薦爲太學録。韓侂胄用事，上《辨邪正》一疏，不報，解官歸。著《寒松閣集》。

汪莘，字叔耕，休寧人。屏居讀《易》，旁通諸書。嘉定間應詔陳言，論天變、人事、民窮、吏污之弊，不報。時朱子召赴經筵，未至，莘逆通書言：「財不待先生而富，兵不待先生而强，惟主上父子之間所不能濟者，待先生而濟。」朱子深契之。所著有《柳塘集》。

劉伯諶，字諶甫，歙人。居父喪遵古制。著《理學正傳》《四書講說》。弟伯証，字証甫，以文謁魏了翁、真德秀，咸稱善，爲之序。有《唐史撮要》《左氏本末》《三傳制度》等書。真、魏二人相繼論薦，力辭不仕。

程若庸，字達原，休寧人。從饒魯遊，得朱子之學。咸淳間登進士，累爲安定、臨汝、武彝三書院山長，吴澄、程鉅夫皆出其門。稱勿齋元生，所著有《性理字訓》《講義》《太極》《洪範》圖說。

謝璡，字公玉，祁門人。授迪功郎。從朱子講性命之學，言行醇正，爲時名儒。

程永奇，字次卿，休寧人。受學朱子。居家嘗倣伊川宗會法，以合族人。又舉行《吕氏鄉約》，冠、婚、喪、祭，悉用朱氏禮，鄉族化之。僞學難作，遁於邑之東山。平生玩索經傳，所著有《六經四書疑義》《朱子語粹》《格齋藁》。疾革，門人問之，正衣冠而起，曰：「吾不能多言。」呼筆大書一「敬」字而逝。學者稱格齋先生。

元

汪一龍，字遠翔，休寧人。宋咸淳進士。令句容，歲大饑，倣朱子南康遺規，爲便民十條行之。至元中教授紫陽書院，闡朱子之學。學者稱定齋先生。

胡一桂，字廷芳，婺源人。父方平，精於《易》。宋景定間，一桂領鄉薦。入元，退而講學，遠近師之。嘗入閩，博求朱子緒論，爲《周易本義附録纂註》《十七史纂》《人倫事鑒》《歷代編年》諸書。學者稱雙湖先生。

陳櫟，字壽翁，休寧人。年十五，鄉人皆師之。致力於聖人之學，以爲有功聖門者莫若朱子，朱子歿而諸説亂真，乃著《四書發明》《禮記集成》《讀易編》《讀詩記》《爾雅釋》《六典撮要》《春秋三傳節註》《資治通鑑精節》《增廣通略》《論孟訓蒙口①議》《書解》數十萬言。延祐初復科舉，櫟舉於鄉，不赴禮部。居家教授，吴澄嘗稱櫟有功於朱子，凡江東受學者，盡遣歸櫟。櫟所居堂曰定宇，學者稱定宇先生。

程直方，字道大，婺源人。讀書十年不下樓，尤深於《易》。入元絶意仕進，行部至者必造請，或延至學宫，執禮受教。

倪士毅，字仲弘，休寧人。祖、父三世以經學教授鄉里，毅世其學，以教授於黟二十三年，黟人化之。學者稱道川先生。

胡炳文，字仲虎，婺源人。嘗爲信州道一書院山長。時餘干饒魯之學本出朱熹，而説多牴牾，炳文深正其非，作《四書通》以發其未盡之藴。尤以《易》名家，作《易本義通釋》。學者稱雲峰先生。門人同邑王偁，字伯武，著書極博。朱升素稱該洽，凡有疑必曰：「以問伯武。」

程復心，字子見，婺源人。師朱洪範，友胡炳文。嘗著《四書章圖》，又著《纂釋》二十卷，以發濂洛諸儒之旨。至大間，行省獻其書於朝，薦授徽州路教授。

王埜翁，字太古，婺源人。通經，工詩詞，尤嗜《易》。先儒之論皆謂陽實陰虚，埜翁則謂：「天氣

① 「口」，《四庫》本作「日」。

運，地形停，陽虛陰實。」吴澄善其説。扁其室曰「行易」。從學者甚衆。

鄭玉，字子美，歙人。篤志聖賢之學，四方來受業者衆，至不能容，共構師山書院以居之。至正十四年，以翰林待制召，謝使者不出，日以著書爲事。明兵至，守將欲要致之，玉曰：「吾既不能慷慨殺身以勵風俗，猶當從容就死以全節義。」遂自縊死。所著有《春秋闕疑》《餘力藁》。學者稱師山先生。

程榮秀，字孟敷，休寧人。幼學於方回，及回以睦州附元，因辭去，從許月卿受《易》。延祐中，以薦提舉浙江儒學，於諸經子史悉有記録。以《家禮》出朱子，歿後中多未定之論，復取朱子言行有涉於禮者，爲翼禮以傳焉。

汪炎昶，字懋遠，婺源人。幼能詩。長而淵源六經，發揮朱子之微旨而疏之，曰《四書集疏》。其教人必使循序漸進，其文奇而有法。

吴霞舉，字孟陽，歙人。父龍翰，宋迪功郎、編國史院實録。霞舉性孝友。嘗領歙邑教事，所著有《易管見》《筮易》《太(元)〔玄〕潛虛圖説》。又有《文公喪禮考異》，曹涇稱爲紫陽功臣。

程龍，字舜俞，婺源人。宋咸淳進士，仕至睦州推官。臨安歸元，除永嘉縣尹，轉湘陰知州，以徽州路同知致仕。所著有《尚書毛詩二傳釋疑》《禮記春秋辨証》及《三分易圖》。龍以仕元非本志，自號不不翁。

趙汸，字子常，休寧人。先學於九江黄澤，又從臨川虞集遊，獲聞吴澄之學，覃思冥悟，通貫六經。尤邃於《春秋》，作《春秋屬辭》，以著聖賢筆削之旨；作《春秋集傳》，以明聖人經世之志；著《左氏傳補註》《春秋師説》，以爲學者求端用力之階。至正末，嘗起鄉兵保鄉井。明興，召修《元史》。學者稱東山先生。

朱升，字允升，休寧人。少師事陳櫟，復偕趙汸從黄澤學。舉元鄉薦，授池州學正，士服其教，大江南北學者雲集。會蘄黄寇亂，避兵窮谷，著述不輟。明太祖召見，授翰林學士、知制誥。升尤邃經學，著《諸經旁註》《書傳補正》。學者稱楓林先生。子同，歷官禮部侍郎。

范準，字平仲，休寧人。元末東書從朱楓林避地三年遊於閩，從學益衆。久之歸，隱雲溪。洪武初，舉本邑訓導。召爲葭川令，清苦自甘，洞民化服。擢工部主事，卒於官。所著有《虀甕稿》《西游率稿》等書。

江克寬，字德一，祁門人。元泰定中舉鄉薦，教授宣、歙間。著《春秋纂疏》《易程朱傳義》《詩音義會通》《禮經補逸》《綱目考異》。學者稱環谷先生。明初召修《元史》，書成將授官，固辭，以老乞歸。程敏政贊其像稱爲「考亭世嫡第四人，史局布衣第一人。六經皆有説，而《春秋》獨盛；平生皆可師，而出處尤正。」

謝復，字一陽，祁門人。讀書不求仕進，聞吴與弼倡道小陂，負笈往從，三歲而歸，所得必見之躬行。居家孝友，喪、祭、冠、婚，悉遵古禮。或問學，曰：「知、行並進。」邑令問政，告以「謹辨義利」「視民如傷」兩言。人稱西山先生。

汪循，字進之，休寧人。遊莊昶之門，與王守仁數相論辨。登弘治丙辰進士。爲永嘉知縣，擢判順天，應詔陳内修外攘十事。時逆瑾亂政，上裁減中官疏，不報，罷歸。

洪垣，字峻之，婺源人。嘉靖壬辰進士。知永康縣，擢御史，疏請罷巡幸、選宮寮、革餘鹽、清選法、黜貪污一疏，而御史曹郎以下得罪者二十餘人。出知温州，坐事罷歸。垣初登第，受學於湛若水，罷官後仍從卒業。家居四十餘年而卒。

游震得，字汝潛，婺源人。嘉靖戊戌進士。由行人入諫垣。世宗好方士言，公卿多以祝釐進，震得獨昌言其失。上震怒，廷杖，外補副使贛州，分守辰州，省税榷，停積逋，掣民壯，裁調發，兩地皆尸祝之。歸創虹東書院，講學其中。著有《性理纂要》《談藝要録》。

汪禔，字介夫，祁門人。刻苦砥礪，上友古人，事母至孝。著有《家禮砭俗》《投壺儀節》《檗庵遺稿》。

范淶，字原易，休寧人。萬(歷)〔曆〕甲戌進士。知南城縣，累遷浙江按察、福建布政，所至興利除害。雅尚理學。南中爲江陵相祝釐，淶獨不赴。海中丞瑞謂南中得個半人，淶其一也。著《休寧理學先賢傳》《范子哤言》《晞陽文集》。

余懋衡，字持國，婺源人。萬（歷）〔曆〕壬辰進士。令永新，請通行官解法，以紓民困。擢御史，論罷礦税。巡按陝西，劾税璫梁永，爲永所毒，幾死，上爲撤永，民始靖。閱視固、延兩鎮，條上十事。掌外計，列計典七條，著爲令。天啓初，召爲大理卿，累陞兵部侍郎。魏閹請恩蔭諸弟侄及保姆客氏子，懋衡以婦寺冒濫非典，封還兩敕。陞南吏部尚書，引疾歸。初，懋衡於新安紫陽書院倡興理學，後與鄒元標、馮從吾構首善書院於京師。魏閹毁書院，懋衡亦坐削奪。所著有《乾惕齋集》《語録》《經翼》諸書。

江旭奇，字舜升，婺源人。補諸生，入太學。奏所著《孝經翼》《孝經疏義》，請敕儒臣補成《孝經大全》，命題取士，詔從之。仕爲安岳丞。所著有《續皇明通記》《筆花齋集》《漢魏春秋》等書。

程瞳，休寧人。不求仕進，專務實學。著《閑闢録》，辨朱、陸之異同。著《新安學系》，與朱子合者存，背者去。又有《新安文獻》《紫陽風雅》諸書。

謝顯，字惟仁，祁門人。沉慧好學。家貧，或勸之治生，對曰：「治生孰若治心？」從湛若水學，静坐有得云：「此學如過獨木橋，絶無倚靠立脚處。」督學耿定向檄祀鄉賢，評之曰：「跡其所至，已在善信之間；充其所志，不底聖人不已。」

洪德常，字常伯，歙人。少有遠志，研心六籍及宋、元、明諸儒之書。著《中庸要領》《周程張朱五子學約》《知行合一録》《養生格言》。次子珣，貢生，授武進訓導，亦以學行聞。

汪九漪，字紫瀾，休寧人。少嫻文詞。晚年專精邵子《易》學，原本廖氏，以聲音爲理數統宗，而參用祝氏異同之旨。著《續皇極經世書》《七音類集述》。其孫應銓直南書房，嘗以其書進御。

程智，字雲莊，休寧人。深究《易》理，高攀龍亟稱之。著有《二四一三參兩》諸説，及《大易宗旨》《中庸旨説》諸書。

國朝

施璜，字虹玉，休寧人。日以存何念、接何人、行何事、讀何書、吐何語五者自勘；教人九容以養其外，九思以養其内，九德以要其成。著有《五子近思録發明》。與吴曰慎講學紫陽、還古兩書院。

曰慎，字徽仲，歙人，著《易爻徵》《大學中庸章句翼》。

吴之騄，字耳公，歙人。壬子舉人。教諭績溪，遷丹陽教授，分校己卯湖廣鄉試。置義田，設義學，以教養族人。爲文詞達理舉，著有《孝經類解》《桂留堂集》。

寧國府

宋

孫自修，字敬夫，宣城人。從朱子游，朱子嘗貽書商確傳訓。既没，自修追記《池録》一卷，載《朱子語録》。

汪澥，字仲溶，旌德人。少從胡瑗學《易》。王安石著《三經義傳》，澥首傳其說。登進士第。知黟縣，嘗擿僞券及築隄障，民咸德之。累遷司業、祭酒，以儒名者三十年，人士推之。

元

左繼樗，字芳遠，涇縣人。任安慶路教授，接物和平。讀康節《擊壤集》，嘆曰：「人不見此書，則心不通大。」後陞錢塘令。移疾歸，築精舍曰隱齋，終日危坐，手《大易》《性理》諸編，推究性命之學。

明

董傑，字萬英，涇縣人。平居端謹無惰容。成化丁未進士。上疏論經筵，忤冢宰，出知沔陽州。累遷保定知府，練兵儲粟，盜發，賴以無恐。仕至江西巡撫。卒官，視其私篋，白金不盈兩。傑潛心理學，以聖賢自期。著《七士辨》，以明學術雅正云。

吴宗周，字子旦，宣城人。少孤，篤孝，嘗被旌於朝，以明正道、闢異端①爲己任。登弘治丙辰進士。方觀政，御史黄山、給事中龐泮以言得罪，抗疏救之。出守臨江，與士子講行五禮儀式。著有《廣崇正辨》諸書。學者稱石岡先生。

① 「端」，《四庫》本作「學」。

張桀，字士儀，涇縣人。幼穎異，五歲授書，即欲循鷄鳴盥漱之禮。十歲遍治諸經，十七廩諸生。究心時務，觀書獨得大旨，尤長於《易》。歐陽文莊爲南祭酒，往從之遊，以名節道義相劘切。倡建水西精舍，延名儒歲主講會，公卿咸折節加禮，由是水西之學名天下。

貢安國，字元略，宣城人。窮究性命。由明經司訓湖口，嘗主白鹿洞書院，知東平州，力行所志，學者咸尊嚮之。

汪景，字希道，南陵人。少好讀書，已而嘆曰：「日記萬言，適增耳目障耳。」於是一意於文行交致之功。從湛若水遊，鄒守益、錢德洪咸以畏友目之。由孝廉司理嘉興、汝寧，執法不避豪右。甫考績，即乞歸。見一時學者多宗虛無之教，每言：「聖門之學，以實踐爲功，真知爲貴。」作《良知辨》《讀陸子集辨》等書，皆有功斯道云。

施弘猷，字允升，宣城人。少受業陳覆祥，得羅盱江之傳。日聚同人講學，興起者衆。叔祖亡，嗣遺産千金，弘猷捐爲義田，以贍宗族。其先貸於人者，亦不下千金，悉焚其券，而以己資代爲營葬。學者稱中明先生。

查鐸，字子警，涇縣人。嘉靖末進士。隆慶初爲給事中，忤高拱，出爲山西參議，遷湖廣副使，移疾歸。繕水西書院，講學其中，後進多歸之。

徐榜，字薦所，涇縣人。萬(歷)〔曆〕選貢。廷試，神宗御批云：「天下文章，當以徐榜爲式。」成進士，仕至浙江右布政。榜志在濂洛，厭華麗，寡笑言，脱粟布衾，終身儒素。

汪有源，字惟清，太平人。少聞講《孝弟》章輒喜，謂：「孝弟，我分内事。」後師祁門陳九龍。在金陵，數與焦竑、鄒元標、楊起元、高攀龍往復會講，詞色冲然，平易近人，學者人人以爲坐春風中，稱爲昆一先生。

國朝

沈壽民，字眉生，宣城人，寵曾孫。博通經史，善古文。懷宗末，巡撫張國維以賢良方正薦。徵赴闕下，即抗疏劾大司馬楊嗣昌奪情誤國，總督熊文燦不能制敵，不報。拂衣歸，講學姑山之麓，從游者數百人。後黨人禍作，避地蘭溪。溧陽相陳名夏以書招之，不應。足跡不履城市者三十年。已而屬疾，諭門人劉堯枝、施閏章等曰：「以此心還天地，以此身還父母，以此學還孔、孟。」語畢而卒。

梅文鼎，字定九，宣城人。貢生。博雅善屬文，尤耽精（歷）〔曆〕算，兼通中西之學。自製揆日測算諸器，皆獨出新意。所著（歷）〔曆〕算八十八種，皆發前人所未發。李光地以文鼎所著《（歷）〔曆〕學疑問》三卷進呈，聖祖獎許，召見德州舟次者三。因年老，放歸田里，御書「績學參微」四大字賜之。詔光地曰：「此學今鮮知者，當世僅見也。」文鼎生平留心經濟，不爲無用之學。而孜孜好善，老而彌篤。卒，年八十九。

池州府

宋

王鎡，字時可，石埭人。登紹興八年進士第，授興國軍司户。高宗以時事召對稱旨，累擢監察御史，有風力。歷中書舍人，兼直學士院侍講。鎡素通經術，善訓導向，多門徒。及高宗爲吴后家置大小教授，以鎡領其職，其所撰《戚里元龜》，爲后家起也。又著《春秋門例通解》《易象寶鑑》。

明

李呈祥，字時龍，貴池人。年三十九，應歲貢赴廷試歸，築一軒，自署曰「尚志」，日端坐其中，研經味道。謁王守仁於江西，辨析同異，深契良知之旨。轉授門徒，柯喬、丁旦皆其入室弟子。郡守屢薦其文行，公卿皆敬慕之。所著有《古源日録》《知行二論》。

施達，字下之，青陽人。研精理學，不應科舉，隱天柱峰。一門之内，家人應對起居，悉準《内則》《曲禮》。傳經講學，聽受者常數百人，稱天柱先生。懷宗九年，尚寶卿張瑋以隱士薦，不赴。卒，其門人即天柱講堂祠之。所著有《讀書知易信易》《序卦圖》①《儒行注》《孝經註》諸編。

太平府

唐

張惟儉，當塗人。精《左氏》《穀梁春秋》。舉進士，歷和州刺史。與侍御柳鎮友善，鎮子宗元作《先友記》記父諸友，皆天下善士，惟儉預焉。

宋

王逢，字會之，當塗人。以博洽聞。教授姑蘇，學徒常數百人。時胡瑗在湖州學，教法盛東南，逢幾亞之。晚登進士乙科，歷國子監直講、太常博士。所著有《易傳》十卷及《乾德指説》《復書》諸編。

① 光緒《青陽縣志》卷上作《序卦雜卦圖解》。

元

姚和中，當塗人。世傳儒學，不應徵召。從游甚盛，如尚書婺源汪澤民，同邑李習、李翼兄弟，皆出其門。

明

謝理，當塗人，騫子。成化壬辰進士，以親老不仕。著有《周易解》《春秋解》諸編。

廬州府

漢

許子威，廬江合肥人。爲中大夫。光武少時，從受《尚書》。

宋

楊傑，字次公，無爲人。少有名於時。元豐中舉進士。數任太常，一時禮樂之事皆預討論。嘗議禧祖配帝及四后升祔之禮，從之。與范鎮議樂制不合，朝廷舍傑而從鎮，然論者終以傑説爲當。

官終兩浙提點刑獄。有《樂記》五卷。

明

孫鎮，合肥人。洪武中諸生。以經明行修除户部主事，時以課程事罪部官，鎮抗言不宜連坐，恐傷國體。忤旨，戍滇南。薦復職，除衛輝知府。靖難兵起，衛輝當南北之衝，鎮堅守不下。永樂登極，謫戍山海。宣德初赦回，除上饒丞，不就。

方欽，字寅之。弘治舉人，篤學力行。知福山縣，同官俱爲流賊所害，欽以好官不要錢獨免。劉瑾用事，監司斂諸屬金錢獻媚，欽獨無所輸。因注下考，謫齊河教諭。子榘，正德癸酉舉人，知平陰縣。耿直忤時，亦有清操。

蔡悉，字士備，合肥人。嘉靖進士。任常德推官，築六堤以免水患。累遷南光禄寺少卿，晋尚寶司卿。極論礦税之害，不從，告歸。平生沉酣六經，深探理學，清操亮節，淮西人宗之。所著有《先後大學解》《御製敬一箴解》。

胡鐸，字君求，舒城人。孝友直方，廬父墓三年，當途交薦。後開輔仁講會，闡明正學，四方就教者以千數。

李籛，字華仲。天啓辛酉舉人。崇（正）〔禎〕間，廬、鳳災荒，籛以謁選入都，慨然具疏，請加軫恤。署沂州學正。所著有《四書講》《嘯月集》。

國朝

葛遇朝，字鼎如，巢人。甲戌進士，博極典墳。初任莒州，調澧州，陞户部員外郎。晚尤嗜學。

鳳陽府

漢

召馴，字伯春，九江壽春人。少習《韓詩》，博通書傳，以志義聞鄉里，號之曰「德行恂恂召伯春」。肅宗朝，拜左中郎將，入授諸王。帝嘉其義學，恩寵甚崇，官至光禄勳。孫休，青州刺史。

桓榮，字春卿，沛郡龍亢人。少學長安，習《歐陽尚書》，十五年不窺家園。教授九江，徒衆數百人。世祖拜爲議郎，使授太子。每朝會，輒令榮於公卿前敷奏經書，帝稱善，拜爲博士。車駕幸太學，會諸博士論難於前，榮温恭藴藉，辨明經義，儒者莫及。常令止宿太子宫侍講。二十八年，拜爲少傅，賜以輜車、乘馬。榮大會諸生，陳其車馬、印綬，曰：「今日所蒙，稽古之力也。」顯宗即位，尊以師禮。乘輿嘗幸太常①，令榮坐東面，設几杖，天子親自執業。三雍初成，拜榮爲五更，賜爵關内侯。

① 「常」，《四庫》本作「學」。

桓郁，字仲恩，榮子。敦厚篤學，傳父業，以《尚書》教授，門徒常數百人。襲父爵，悉以租入與兄子泛。遷侍中。帝自置《五家要説》，令郁較定於宣明殿。授皇太子經，歷遷屯騎校尉。和帝即位，竇憲奏郁白首好禮，經行篤備，復入侍講，累官太常。郁授經二帝，恩寵甚篤，顯於當世。有《尚書桓君大小太常章句》。

桓焉，字叔元，郁子。明經篤行，有名稱。永初元年，入授安帝，三遷爲侍中步兵校尉。順帝立爲皇太子，以焉爲太傅。即位後，授經禁中。封陽平侯，歷官太尉。弟子傳業者數百人。

桓彬，字彦林，焉之兄孫。少與蔡邕齊名。初舉孝廉，拜尚書郎。時中常侍曹節女婿馮方亦爲郎，彬厲志操，與左丞劉歆、右丞杜希同好交善，未嘗與方共酒食之會。方深怨之，竟爲所論廢。所著《七説》及書凡三篇。蔡邕等論序其志有過人者四：夙志早成，岐嶷也；學優文麗，至通也；仕不苟禄，絶高也；辭隆從窊，潔操也。乃共樹碑而頌焉。父麟字元鳳，桓帝初爲郎，侍講禁中，以直道牾左右，出爲許令。

桓譚字君山，沛國相人。博學多通，遍習五經，能文章。尤好古學，數從劉歆、楊雄辨析疑異。以父任爲郎。王莽居攝，咸競競褒稱德美，譚獨默然自守。世祖即位，大司農宋弘薦拜議郎、給事中，上書陳時政。帝欲以讖決疑，譚復極言讖之非經。出爲六安郡丞。著書言當世行事二十九篇，號曰《新論》。元和中，肅宗東巡至沛，使使者祠譚家，鄉里以爲榮。

徐宣，沛國銍人。爲講學大夫，以《易》教授。子憲，亦傳宣業。

施延，字君子，蘄人。少爲諸生。明五經，星官、風角靡有不綜。家貧母老，常詣吴郡海鹽，取卒月直，賃作半路亭父以養母。時馮敷爲督郵，知其賢者，下車入亭，請與飲食，脱衣與之，餉錢不受。舉有道高第，爲侍中。順帝時，爲太尉。

南北朝　齊

劉瓛，字子珪，相人。篤志好學，博通五經，聚徒教授，屢除官不就。以母老闕養，拜彭城郡丞。儒學冠於當時，京師士子貴遊莫不下席受業。性謙率通美，不以高名自居。有至性，祖母病疽經年，手持膏藥，漬指爲爛。母孔氏謂親戚曰：「阿稱便是今世曾子。」阿稱，瓛小名也。梁天監中，詔爲瓛立碑，謚曰貞簡先生。

劉璡，瓛弟。方軌正直。建元初，爲武陵王曄冠軍征虜參軍。曄與僚佐飲，自割鵝炙，璡起請退。兄瓛夜隔壁呼璡共語，璡下牀著衣，然後應命。瓛問其久，璡曰：「向束帶未竟。」其立操如此。

宋

吕希哲，字原明，公著子。少從焦千之、孫復、石介、胡瑗學，復從程顥、程頤、張載遊，聞見由是益廣。范祖禹薦，詔以爲崇政殿説書。其勸導人主，以修身爲本，修身以正心誠意爲主。遭崇寧黨禍，奪職。希哲樂易簡儉，有至行，晚年名益重，遠近皆師尊之。

元

周楨，字子幹，安豐下蔡人。操行端簡，經史淹通。以儒業任安豐路判官，歸老手不釋卷。

明

石璟，字廷用，臨淮人。成化辛卯鄉薦。見聞該博，學有源本。

劉昺，字晋初，鳳陽人。知山陰縣，歷官山東濟南道。通經致用，以聖賢自期，篤於踐履，嘗曰：「學求諸内而已。」所著有《光化亭稿》《篋中集》。

楊嘉猷，字原忠，懷遠人。萬(歷)〔曆〕丙子舉於鄉。師事馮少墟、楊復，所講艮止之學。官冀州守，歷鎮遠府，有異績。與泰州王心齋、合肥蔡肖謙稱「淮南三賢」。著有《清粹録》等書。

鄭斐，字非文，壽州人。理學湛深，里中無長幼，咸稱鄭先生。訂正《喪禮》一編，尤爲簡要。

國朝

張介，字受兹，壽州人。歲貢。篤志聖賢之學。司訓潛邑，士風丕變。

陳赤，字懷丹，壽州人。事親盡孝，力學篤行。所著有《周易解》及詩文集。

潁州府

後漢

張酺，字孟侯，汝南細陽人。趙王張敖之後。少從祖父充受《尚書》，能傳其業。顯宗開四姓小侯學，酺以《尚書》教授。論難當上意，除爲郎，賜車馬衣服，令入侍皇太子，講率有匡正。累官至司徒。

宋

尹拙，潁州汝陰人。性純謹，博通經史。顯德初，拜檢校右散騎常侍，通判太常禮院事，與張昭同修《實録》，又與昭及田敏同詳定《經典釋文》。周世宗北征，命翰林學士作祭白馬文，學士不知所出，訪於拙，拙歷舉郡國祀白馬者以十數，時服其博。子季通，有文學，以蔭仕國子博士。

明

李惟一，字君守，蒙城人。少志聖賢之道，日夜勤思，豁然通一貫之旨，著《太極》《一貫》諸解。官婺源訓導。

和州

唐

高子貢，歷陽人。弱冠遊太學，遍涉六經，尤精《史記》。舉明經，歷弘文館直學士。東莞公融爲和州刺史，從子貢(授)〔受〕①業。

明

成清，字介甫，和州人。由貢生歷仁和教諭，研究理學，訓士有法。著《道學淵源集》諸編。人稱初水先生。又含山汪沛，自副榜授貴溪訓導，以博洽稱於時。

① 據《舊唐書》卷一八九本傳改。

廣德州

宋

查深，廣德人。隱居力學。治平間，郡守錢公輔薦於朝，力辭。乃爲築堂於城西，名曰清容，延請教誨郡子弟，儒風日振。學者稱清容先生。

明

錢用壬，字成夫，廣德人。元末進士第一，授編修。洪武初，改御史臺經歷，預編《大明律》，官至禮部尚書。上言文廟祀典宜以仲春、仲秋二上丁，以丞相初獻，學士亞獻，祭酒終獻。又定藉田禮，俱從之。

謝士貞，字彦良，建平人。永樂中，以明經任本學訓導，循循善誘，邑人知學，皆其教也。

濮陽淶，字真庵，廣德人。嘉靖丁酉舉人。公車時，適楊繼盛以忠諫死，淶素服往哭，幾被禍。通判南昌，平花園積寇，獲豐城劫盜。爲人端直，俸入不以自潤。所著有《四書禮記貞義》《韻學大成》《圖書性理訂疑》。

夏思，字官明，廣德人。少而苦學，寒暑不輟。舉隆慶庚午鄉試，王錫爵奇其文，延爲子衡師。

起家瑞昌教諭，累遷禮部司務，以請建儲忤旨歸。著《約言編》《還初録》。

六安州

晋

杜夷，字行齊，廬江灊人。博覽經籍，教授生徒千人，不應察舉。元帝時除國子祭酒。太子三至夷第，執經問義，及即位，夷自表請退。臨終，遺命角巾素衣以斂。著《幽求子》二十篇。兄崧，字行高，少有志節。惠帝時，俗尚浮僞，崧著《任子春秋》以刺世。

宋

焦焕，六安人。素履貞介。建炎乙亥，赴試京師，其僕拾得旅舍主婦金鐶，行數日焕方覺，曰：「失物者必鞭笞其左右，赴水投繯，皆勢所有。吾寧不試，當急返還之，以全人命！」會場屋災，展期重試，焕遂首舉。

明

楊忭，字節夫，六安人。景泰丙子鄉薦，官東平知州。弟惇，字載夫。成化進士，累官光禄寺卿。

兄弟並孝弟清謹，爲一時所重。

朱賢，字從善，六安人。天順進士。潛心理學，與天台陳選齊名。任監察御史。直諫忤旨，謫花林驛丞，尋復職。

潘子正，字汝中，鋭之子。少講學於湛甘泉、歐陽甫野先生之門。嘉靖壬辰進士。擢兵科給事中，劾冢宰王鋐專恣，列其罪狀，詔罷遣之。歷官湖廣兵備，端嚴清直，多惠政。後以貴州參政罷歸。

張孔傳，字淵魯，六安人。天啓丁卯鄉薦，不仕。博通諸史，留意鄉邦利病。六安舊苦徭役，畏僉點如湯火，孔傳倡議請通計應費若干，以糧爲斷，而一切以官主之，民困始蘇。

江南通志卷一百六十五

人物志

文苑 一

江、蘇二府

聖人之道，源遠而末分。自言子還吳，澹臺居楚，於是南方之學得其精華。而論者以爲，江左文章，流風綺靡，是亦沿其波，不尋其源者矣。考諸載籍所傳，代多作者。春華秋實，兼可採掇，殆庶幾彬彬文質者歟。

今國家作人之盛，雲漢昭回，光岳混同之氣，高謝六朝；雅頌和平之聲，同風三代。蓋有道之長，人文化成，固不僅如東京《文苑篇》辭爲貴者也。

江寧府

晋

王鑒，字茂高，堂邑人。少以文章著稱。杜弢作逆，鑒上疏勸元帝親征。後拜駙馬都尉，出守宜興。

許謐，句容人。博學知名，仕爲郡主簿。王導、蔡謨並辟從事，皆不就。後歷官至散騎常侍。

王羲之，字逸少，司徒導從子。起家秘書郎，拜右軍將軍、會稽内史。嘗遺殷浩書止北伐，與謝安書論賦役，深達時務。書翰之美，淩跨百代。子獻之，書法與父齊名，歷官中書令。

南北朝　梁

紀少瑜，字幼陽，秣陵人。年十三能文，賦《京華樂》，王僧孺見而賞之。嘗夢陸倕授以青鏤管筆，文綵益著。

隋

諸葛穎，丹陽建康人。年八歲，能屬文。歷仕梁、周。習《周易圖緯》《倉雅》《莊子》，清辨有俊才。隋晋王廣引參軍事，轉記室。及即位，遷著作郎，賜詩優異。從征吐谷渾，加正議大夫。有集二十卷。

唐

王昌齡，江寧人。開元進士，爲秘書郎。工詩，緒密而思清。以不護細行，貶龍標尉。詩家稱王江寧。

五代

朱存，金陵人。南唐時，取孫吴而下六朝書，具詳成敗得失之要，作《覽古詩》二百章，地志家多援以爲證。

宋

盧郢，昇州人。好學，有才藝，善吹鐵笛。李後主時，試賦擢第一。嘗代徐鉉爲文，口授吏書之，鉉以文進，後主曰：「語勢似非卿作。」鉉以實對，由是知名。後歸宋，累官知全州，有治績。

朱舜庸，建康人。好古博雅，爲府學正。嘗編金陵遺事，自里巷口傳至仙佛之書，無不研綜，名《續建康志》。

元

李桓，上元人。以鄉舉累官江浙儒學副提舉。其文紆餘豐潤，有名江東。

楊剛中，字志行，上元人。爲文奇奥，動法古人，而不屑爲凡近語，元明善極歎異之。終翰林待制。有《霜月集》行世。

明

夏煜，字允中，江寧人。好學有俊才，以詩名。太祖召置幕下，爲中書省博士。伐陳友諒時，煜侍太祖，草檄賦詩。洪武初，總制浙東諸府。

楊勉，江寧人。永樂初進士。文皇選曾棨等二十八人讀書中秘，勉其一也。時勉年最少，風姿俊偉，詩文春容典則出諸作者右。授刑部主事，陞本部侍郎，坐事出參廣東政。

李莊，字敬中。父爲欒城侯，歿於王事。莊從劉溥遊，刻意詞翰，人争傳之。

倪謙，字克讓，上元人。正統己未進士第三人。奉使朝鮮，文翰風采，傾動海邦。天順己卯，主試順天，黜權貴子，誣構謫戍開平。成化初復職，官至南禮部尚書，謚文僖。所著有《玉堂稿》《遼海編》諸集。

陳鎬，字宗之。家南京，少與弟欽俱有文名。同舉成化丙午鄉試，明年同登進士，同由郎署爲督學副使，時詑兄弟三同。鎬督學山東，爲衡文第一。歷官至巡撫。著《矩庵漫稿》《金陵人物志》。欽知廣平，有惠政，郡人號爲「陳母」。著《自庵集》《海山聯句集》。

顧璘，字華玉，上元人。弘治丙辰進士，由知縣歷知開封府。忤鎮守中官，矯詔逮獄，謫知全州。遷知府，仕至南刑部尚書。璘少負才名，與陳沂、王韋肆力爲詩文，稱「金陵三俊」。晚歲家居，構息園，接引勝流，坐客常滿。

王韋，字欽佩，上元人，徽子。弘治乙丑進士，改庶吉士，累遷太僕少卿。母喪，毀卒。詩文婉麗有雋味，著《南原集》。子逢元，亦詞翰有名。

陳沂，字魯南，上元人。十歲能文，著《孔墨辨》《赤竇山賦銘》。正德丁丑進士，選庶吉士，除編修。與修《武宗實録》，歷山東參政，疏捐馬種、薪木、運布諸征。以不附張孚敬、桂萼，改山西，行太僕卿。致仕歸，杜門著述。

管景，字子山。嘉靖中，以貢授廣信府檢校。監司聞其才，檄署永豐、上饒二縣。撫定上饒窑民之亂，遷布政司檢校。嘗修江寧府及上元縣志。

謝璿，字文卿，家金陵。八歲賦《暮秋》，有「紫塞風寒雁叫霜」之句，驚其座人。儲巏爲考功，作檀園詩社，璿每擅場。兄弟四人，各以詩畫名。璿子少南，從顧璘遊，亦知名。

陳芹，字子野。嘉靖甲午舉人，教諭崇仁。邑令有素所恨者二生，誣以罪，司牒提究，芹力白得免，人謂能舉其職。遷奉新令，調寧鄉歸。芹才藻敏贍，兼工繪畫。起邀笛閣於秦淮，結青溪社，與名士觴詠。

許穀，字仲詒，上元人。嘉靖乙未，會試第一。是年，親試進士入中秘，穀對策剴切，讀卷者恐忤上意，故抑之。授户部主事，歷南尚寶司卿致仕。穀爲顧璘高弟，風流儒雅，以耆宿主盟詞壇，後先相望云。

盛時泰，字仲交，江寧人。歲貢生。才氣横溢，舐筆伸紙，滚滚不休。嘗携所著兩都賦謁王世貞，和其《擬古》七十章，三日而就，世貞爲氣奪。

焦竑，字弱侯，江寧人。爲舉子即博極群書，負重望。萬（歷）〔曆〕己丑殿試第一，除修撰，充東宫講官，進講必從容叩擊，隨機納誨。又采故事，繪圖演義，名《養正圖説》①進之。忌者日甚，以丁酉主試北闈，文體險誕，謫州同知，復削籍歸。益專事著述。講求留都事宜，言於當事行之。所著有《經籍志》《獻徵録》《筆乘》《類林》等書。同時有周暉，字吉甫，上元人。胸饒藴蓄，性好編纂，著有《金陵瑣事》正、續集。又黄應登，字徵甫，萬（歷）〔曆〕中以貢授教諭。賣文養親，所修纂者有《獻徵録》《列卿紀》《京學志》諸書。

張榜，字賓王，句容人。萬（歷）〔曆〕癸卯舉鄉試。聰穎絶人，書史過目成誦，落筆如風。雄談雅謔，沁人心腑。在南雍，舉幡留大司成馮夢貞，上疏請伏斧鑕以直先生，人皆義之。

① 此書今存明萬曆歙縣玩虎軒刻本、清康熙刻本，又有《宛委别藏》本，各本俱題《養正圖解》。

凌世韶，字宫球，江寧籍。爲諸生，即以詩文名。崇（正）〔禎〕甲戌進士，知福清縣，不事催科，坐謫汀州經歷。署寧化縣，遷處州推官，擢户部歸。性介特，自矜重其文。有貴人持百金，介密友求作其父墓銘，揮去之，曰：「腕可斷，此等文不可作也！」

張文峙，字紫淀，家鍾山之陽。貫穿經史，辨覈掌故，務爲根底有用之學。撰《南樞志》一百七十卷，纂《明布衣詩》一百卷。

陳丹衷，字旻昭，江寧人。崇（正）〔禎〕癸未進士。少以孝聞。登第後請纓自效，授御史，召募苗兵未遂志卒。爲文閎奥，自成一家。

國朝

劉思敬，字純之，江寧人。十歲能文，順治丁亥進士。任刑部郎中，執法無所避。分校禮闈，得士最盛。尋擢參議，乞終養。修《江南省志》，著《徹賸》八編。

程邑，字翼蒼，江寧人。工詩，能文。順治己丑進士，授庶吉士，以不諳國書，出爲蘇州教授。課士有法，遷國子助教。纂修《明史》。

白夢鼐，字仲調，江寧人。少與兄夢鼎勤學尚志節，時有「二白」之目。鼐舉康熙庚戌會試第二，官大理評事。總憲魏象樞以博學宏詞薦。庚申補行福建鄉試，鼐爲考官，得士稱盛。

倪粲，字闇公，上元人。爲諸生即以淹雅著名。康熙丁巳舉鄉試。應博學宏詞薦，官檢討。

胡任輿，字孟行，上元人。文筆秀雅。舉康熙辛酉鄉試第一。甲戌進士，廷對第一，授修撰，侍講筵。歷陞諭德。

朱圻，字次郊，上元人。性峭潔，工詩文、書翰，爲諸生祭酒。著《夏雲堂天放居集》。子元英，康熙己丑進士，官編修。詩古文皆工，著《左傳拾遺》。

先著，字遷甫，江寧人。博覽多聞，工詩文及樂府、長短句，與同里張愨、徐時盛輩相唱和。所撰《嚴許集》《藥裹集》《勸影堂詞》及《易微》《詞潔》等書行於世。

黄越，字際飛，上元人。康熙己丑進士，官檢討。少以文名，凡所撰述，海内流傳，奉爲矩矱。晚益沉酣宋五子書，能抉其藴。同里朱文鑣，字履安，性醇厚恬雅，亦以文學知名。

李東櫰，字兆三，句容人。嘗自言生平得力於「精義」二字。博通經史，工詩文，禀性醇厚。雍正癸卯舉於鄉，任寧化知縣，卒於官。

徐佩，字子燧，上元學生。生六歲而孤，家貧，無力購書，每至書肆，觀之一屬目輒成誦。長通六籍百家，臯比談經，得其指授，悉成名雋，學者多以胡安定稱之。母曹苦節，備極孝養。伯母袁氏，年十六守志，無子，養之如己母終身。其篤行又如此。

蘇州府

漢

嚴助，吴人。舉賢良方正，對策百餘人，武帝獨善助對，擢爲中大夫，在左右見任用。嘗侍燕從容，帝問所欲，對願爲會稽太守，於是拜爲會稽太守。數年，復侍中，有奇異輒使爲文及賦頌。

三國　吴

沈友，字子正，吴人。年十一，華歆行風俗，見而異之，呼：「沈郎可登車語乎？」友逡巡曰：「先生銜命，將以裨補先王之教，整齊風俗，而輕脱威儀乎？」歆慚曰：「自桓、靈以來，雖多英彦，未有幼童若此者！」及冠，博學善屬文，兼好武事，注《孫子兵法》。孫權以禮聘之。既至，論王霸之略，權斂容敬焉。正色立朝，清議峻厲，爲庸臣所譖以死。

張儼，字子節，吴人。弱冠知名，以博聞多識，拜大鴻臚使於晋。孫皓謂曰：「今南北通好，以君有出境之才，故相屈行。」既至，賈充、裴秀等欲傲以所不知而不能。子勃、翰。勃撰《吴録》三十卷。翰别見。

陸璣，字元恪，吴人。爲太子中庶子、烏程令。撰《毛詩鳥獸草木蟲魚疏》二卷。

沈珩，字子山，吴郡人。少綜經學，尤善《春秋》内外傳。有智謀，能專對。使至魏，文帝引珩自近，談語終日，珩隨事響答，無所屈服。以奉使有稱，封永安鄉侯，官至少府。

晋

張憑，字長宗，吴郡人。舉孝廉。初欲詣丹陽尹劉惔，鄉里皆笑之。既至，惔處之下坐，神意不接。會王濛就惔，清言有所不通，憑於末座判之，言旨深遠，足暢彼我之懷，一坐皆驚。惔延之上坐，清言彌日，留宿至旦。遣之既還船，須臾，惔遣傳教覓張孝廉船。便與同載，詣簡文帝。帝與語，歎曰：「張憑勃窣理窟。」官至御史中丞。

張(元)〔玄〕之，字祖希，吴人。少以文學顯。扶風張業，大儒也，聞其才，引與語，曰：「今日真解矇矣！」遂請上堂，難問極日。范甯亦稱(元)〔玄〕之爲吴士之秀。孝武時，歷吏部尚書，出爲吴興太守。與會稽内史謝(元)〔玄〕稱「南北二(元)〔玄〕」。

南北朝　宋

張鏡，吴人。與顔延之鄰，延之談義飲酒，喧呼不絶，而鏡静默無聲。後鏡與客談，延之從籬邊聞之，取胡牀坐聽，辭義清遠。延之心服，謂客曰：「彼有人焉。」由是不復酣叫。鏡兄演，弟永、辯、岱，俱知名，時謂「張氏五龍」。

顧愿，字子恭，吴人。覬之從子。好學，有文詞，名於世。大明中舉秀才，對策稱旨，擢著作佐郎。早卒。初，覬之嘗謂秉命有定分，非智力所移。以其意命愿，著《定命論》。

齊

張融，字思光，吴郡人，暢子。有孝義，忌月三旬不舉樂。事嫂甚謹。爲封溪令。浮海至交州，作《海賦》，以示顧覬之，覬之曰：「卿此賦實超(元)〔玄〕虚，但恨不道鹽耳。」即求筆注曰：「漉沙構白，熬波出素。積雪仲春，飛霜暑路。」領司徒從事中郎。乞假東出，武帝問住在何處，答曰：「臣陸處無屋，舟居非水。」後問其從兄緒，緒曰：「融未有居止，權牽小船於岸上住。」帝大笑。融(元)〔玄〕義無師法，而神解過人，高談鮮能抗拒。永明中卒。文集數十卷行世，自名爲《玉海》。

陸澄，字彦淵，吴人。少好學，博覽無所不知。宋泰始中，爲尚書殿中郎，累遷度支尚書。嘗與王儉書，陳王弼注《易》，(元)〔玄〕學之所宗，而鄭《注》亦不可廢。并言《左氏》杜學之長，《穀梁》舊有麋信，近益以范甯，不足兩立。儉皆韙之。儉在尚書省，出巾箱几案雜物，令學士隸事，事多者與之，人各得一兩物。澄後來，更出諸人所不知事復數條，并奪物將去。竟陵王子良得古器，小口方腹，而底平可容七八升。以問澄，澄曰：「此名服匿，單于以予蘇武。」詳視器底有字，彷彿可識，如澄所言。隆昌中卒，謚靖。

梁

陸倕，字佐公，吴人，慧曉子。少勤學，善屬文，晝夜讀書，一編必誦於口。嘗借人《漢書》，失《五行志》四卷，乃暗寫還之，略無遺脱。竟陵王子良開西邸延英俊，與范雲、蕭琛、任昉、王融、蕭衍、謝朓、沈約，並以文學稱「八友」。梁武帝雅愛倕才，乃敕撰《新漏刻銘》，又詔爲《石闕銘》，敕褒美之。遷太常卿，卒。兄子繕，亦知名。

張率，字士簡，吴人。性寬雅，能屬文。時陸少(元)〔玄〕家有父澄藏書萬餘卷，率與少(元)〔玄〕善，盡讀其書。梁天監中，直文德待詔，使抄乙部書，又撰古婦人事，寫給後宫。取假東歸，爲《待詔賦》奏之，手敕答曰：「相如工而不敏，枚皋速而不工，卿可謂兼二子於金馬矣。」歷黄門侍郎。丁生母憂，卒。率自少屬文，《七略》及《藝文志》所載詩賦亡其文者，並補作之。

陸煦，吴郡人，徽孫。學有思理，位太子家令。撰《晋書》未就，著《陸史》十五卷、《陸氏驪泉志》一卷。兄子罩，字洞元。篤學，多所該覽，善屬文。爲簡文記室參軍，禮遇甚厚。以母老求去，公卿咸祖道，皇太子賜黄金五十斤，時人方之疏廣。

顧協，字正禮，吴人，和六世孫。舉秀才，尚書沈約覽其策，歎曰：「江左以來，未有斯作！」爲廷尉正。冬服單薄，蔡法度欲解襦與之，不敢發口，謂人曰：「我欲解身上襦衣顧郎，恐顧郎難衣食者。」歷鴻臚卿。卒官，無衾以殮。協博極群書，撰《異姓苑》五卷，《瑣語》文集若干卷。

陸雲公，字子龍，吴人。五歲誦《論語》《毛詩》，九歲讀《漢書》。從祖倕與劉顯質問十事，對無所失，顯歎異之。及長，好學有才思。製泰伯廟碑，吴興太守張纘經途讀其文曰：「今之蔡伯喈也。」至都言之武帝，召爲尚書儀曹郎，累遷中書黄門郎，兼掌著作，卒。

陳

陸瓊，字伯玉，雲公子。六歲爲五言詩，有詞采，都下號曰神童。朱异言之武帝，召見，風神警亮，帝甚異之。陳天嘉中，以文學屢遷尚書殿中郎，諸大手筆並敕付瓊。後主即位，直中書省，掌詔誥。初，雲公奉梁武敕撰《嘉瑞記》，瓊述其旨而續焉。丁母憂，過毁以卒。子從典，八歲讀沈約回文，援筆擬之，便有佳致。十二作《柳賦》，其詞甚美。從父瑜特所賞愛，命家中墳籍皆付之。陳亡，入隋，位著作佐郎。楊素奏從典續司馬遷《史記》迄於隋，未就，坐事免。

陸琰，字温玉，瓊從弟。歷法曹參軍，直嘉德殿學士。博學，善占誦。世祖嘗使製刀銘，援筆即成。副琅邪王厚聘齊，厚病卒，琰爲使主。時年二十餘，風神韶亮，占對閑敏，齊士大夫皆傾心焉。大建初，兼東宫管記，卒。後主求其文，撰成二卷。

陸瑜，字幹玉，琰弟。少篤學，美詞藻。官晋安王外兵參軍、東宫學士。兄琰時爲管記，並以才學侍左右，時人比之二應。從父兄玠，從父弟琛。玠字潤玉，弘雅有識度，善屬文。大建初爲東宫管記。有集十卷。琛字潔玉，少警俊，事後母以孝聞。爲給事黄門侍郎、中書舍人，參掌機密。

隋

陸士秀，字南容，吴人。博通百家。幼時在陳，容儀迅舉。齊使李騊駼問江南孟婆是何神，答曰：「《山海經》言：帝之二女游於江。郭璞注：天帝二女尊爲神。由此言之，則孟婆也。以天帝女，尊之爲孟，猶《郊祀志》以地神爲泰媪也。」騊駼曰：「僑南之辯，無以加焉！」後仕隋爲學士。

唐

朱佐日，吴人。兩登制科，三爲御史。武后嘗吟詩曰：「白日依山盡，黄河入海流。欲窮千里目，更上一層樓。」問是誰作，李嶠對曰：「御史朱佐日詩也。」①賜綵百疋，轉侍御史。子承慶，與父齊名。

陸餘慶，蘇州人，元方從父。已冠，名未顯，兄元表啫曰：「爾名宦不立，奈何？」餘慶感激，讀書三年，以博學稱。舉制策甲科，與陳子昂、杜審言等號「方外十友」。好獎薦寒品、晚進，人有過輒面折，退無一言。終太子詹事，謚曰莊。

張從申，吴人。善書，世稱獨步。擢第爲秘書省正字，後官長史。弟從師，仕終河南法曹參軍。

① 原文如此。《登鸛雀樓》詩的作者歷來有王之涣、朱斌等不同意見，此從唐張著《翰林盛事》。

張説撰《墓誌》云：「冲和純粹，辯博閎達，卓犖好古，跌宕逸群，忘懷樂道。」終葬虎(邱)〔丘〕西原。

張旭，字伯高，吴人。善草書，與包融、賀知章、張若虛號「吴中四士」。嘗見公主、擔夫争道，得筆法；觀公孫大孃舞《劍器》，而得其神。每大醉，呼叫狂走，乃下筆，或以頭濡墨而書。既醒自視，以爲神，世號「張顛」。得旭傳者，崔邈、顔真卿。

孫過庭，字虔禮，吴郡人。官胄曹，工書。嘗著《書譜》，自以行草書之。宋高宗謂妙備草法，手不少置。子翔，亦善書。

沈既濟，吴縣人。經學該明，拜左拾遺、史館修撰。議武后進非以德，請省其本紀。德宗時，詔兩省置待詔官，權公錢收子贍用，既濟諫止之。撰《建中實録》，時稱其能。子傳師。

于公異，吴人。擢進士第，李晟表爲掌書記。朱泚平，露布於德宗曰：「臣既肅清宫禁，祇奉寢園，鐘簴不移，廟貌如故。」帝覽泣下，問誰爲之，或以公異對，帝咨嗟久之。

張籍，字文昌，吴郡人。貞元中進士，韓愈薦爲國子博士，歷水部員外郎，終國子司業。性狷介。工詩，與孟郊、元、白並號「元和體」，樂府尤有名。

顧況，字逋翁，吴郡人。性詼諧，工詩歌。爲韓滉節度判官，稍遷著作郎。怏怏不樂，求歸吴，結廬茅山，自號「華陽真逸」。皇甫湜撰集序云：「逸歌長句，若穿天心、出月脅，非尋常所能及。」子非熊，少俊悟，一覽成誦。好陵轢時輩，爲衆所抑，久困場屋。長慶中，陳商榜無非熊名，詔進所試，敕及第。尋亦棄官隱茅山，或傳其得長生術云。

陸暢，字達夫，吴人。蚤有才名。舉進士，授秘書丞。雲陽公主出，降詔作《催妝詩》，稱旨。爲劍南節度使韋皋所厚，作《蜀道易》以美皋。

陸扆，字祥文，吴人。舉進士第一，進學士。屬辭敏捷，嘗與諸學士金鑾殿作賦，獨先就。昭宗歎曰：「貞元時，陸贄、吴通（元）〔玄〕兄弟善内廷文書，後無繼者。今朕得卿，斯文不墜矣。」與宗人希載文才、德器名冠一時，朝中號「二陸」。天復初，爲朱全忠所害。

陸希聲，吴人，景融四世孫。博學，善屬文，通《易》《春秋》《老子》，論著甚多。精書法，世所稱雙鈎撥鐙法，傳自二王、希聲，以授沙門䛒光。昭宗時，官至户部侍郎、同中書門下平章事。

吴仁璧，字廷寶，長洲人。大順中及第。善屬文，工詩，精星學。吴越錢鏐待以客禮，訪求天文，固辭非所知。鏐母殂，具禮幣請爲誌文，不從。鏐怒，沉之江中，時人憐之。有詩一卷。

宋

劉少逸，長洲人。年十一，工文詞，其師潘閬携謁長洲令王禹偁、吴縣令羅處約，以所作爲贄。二令負重名，疑其假手，因與聯句，皆敏妙。二令驚異，聞於朝，賜進士及第。

謝炎，字化南，吴人，太子賓客濤弟。端拱初，歷華容、公安二縣令。爲文法韓、柳，與杭州盧慎齊名。

謝絳，字希聲，吴人，濤子。以父任入官，又舉進士。楊億得其啓事，謂人曰：「此文中虎也！」

歷兵部郎、知制誥，出知鄧州，卒。絳以文學顯，兼有政事才，歐陽修、王安石皆極稱之。子景初，字師厚。慶〔歷〕〔曆〕中擢第，累遷屯田郎。博學工詩。景平字師同，景回字師復，亦並有文名。景平官至秘書丞。

陳睦，字子雝。祖司諫絳，自閩徙吴。第進士。治平中，詔舉館閣才學之士，與劉攽、李清臣首被選。終寶文閣待制。

許洞，字洞天，吴縣人。舉咸平三年進士。以才學自負，曠放不羈，與潘閬、錢易爲友。所著詩詞甚多，尤精《左氏》。官烏江主簿。

陸縉，字權叔，常熟人。舉進士，終職方郎中。工歌詩，蘇洵嘗贈詩，美其篤學好文。於諸經有造詣。

米芾，字元章，吴人。歷太常博士，知無爲軍，召爲書畫學博士，擢禮部員外郎，出知淮揚軍。爲文奇險不蹈襲。妙於翰墨，得王獻之筆意。畫山水人物，自名一家。工臨摹，善賞鑒，遇古器物、書畫，極力求之，必得乃已。子友仁，字元暉，力學嗜古。亦善書畫，世號「小米」。仕至兵部侍郎、敷文閣直學士。

黄策，字子虛，吴人。父彦，熙寧中進士，知浦江縣，清直明恕，民畫像祀之。策九歲以詩見蘇軾，軾曰：「子異時必以文顯。」弱冠擢第，教授齊州。上書忤蔡京，崇寧初以黨籍羈管登州。建炎中除直秘閣，通判嚴州。有集四十卷。子維纓，字端冕，以文名。宣和末，屢上書言事。纓子季魯，有集十卷。

陸徽之，字彦猷，常熟人。由太學生上舍賜進士，官濮陽主簿。高才博學。建中靖國初，詔求直言，徽之力陳時政闕失，放歸。大觀末復徵用，已卒。

魏憲，字令則，吴江人。與弟志俱進士，有聲。熙豐間，累遷中書舍人、給事中。其文温厚雅正，得代言體。以直學士致仕。憲執親喪三年，不御酒肉，廬於冢上，有芝草甘露之祥。

周南，字南仲，吴縣人。與孔元忠、滕宬皆從葉適遊。紹熙元年，對策言甚切直，大要謂：小人之倡爲異説以蒙蔽陛下者，一曰道學，二曰朋黨，三曰皇極。夫箕子謂有猷、有爲、有守，乃有才、有道、有操執之人也。今所指爲道學、朋黨者，正斯人耳。奈何反棄之，而謂之建皇極哉？考官得其文驚嘆。光宗疑之，格置乙科。官終秘書省正字。

張公秀，字仲實，蘇州人。紹興中臨海縣令，有善政。嘗從葉適遊，風流詞翰，推重一時。

邊純德，字公静，昆山人。幼孤，至孝，貧不廢禮。才思敏給，以能詩爲范成大所知，嘗與倡和。

孫緯，字彦文，吴人。擢進士第，官至尚書郎。精於典故，著本朝《人物志》。

五中鄉舉，就奏名即致仕。撰《脂韋子》五十卷。子瀛、濟，並有學行。

王伯廣，字師德，常熟人。少從楊邦弼學。由進士乙科調德清尉。善詩文，四六亦膾炙人口。所著有《聽雨集》。

張攀，字從龍，常熟人。登進士，歷秘書丞，銓次中興館閣書目凡一萬四千九百四十三卷上之。

終起居郎。有《益齋文集》。

高常，字履常，吴郡人。清癯灑落，性嗜吟詠。有《覆瓿集》五卷，尤熇、周弼、馮去非爲之序。吴人之學詩於周弼者，湯仲友、顧逢、陳瀧。逢字君際，弼稱爲「顧五言」。瀧字伯雨，博涉經史、百氏，深於《春秋》。仲友字瑞夫，淹貫經史，氣韻高逸。同郡陳發嘗評高、湯、顧、陳四子之詩，輯爲一編，曰《蘇臺四妙》。

張慶之，字子善，吴人。棄舉子業，精思經史、百氏。擬《太(元)〔玄〕》作《測靈》，撰《孔孟衍語》《老子注》。號海峰逸民，自爲傳，以伯夷、蔣詡、陶潛自況。

元

湯彌昌，字師言，吴郡人。父暉老，咸淳進士。父子皆以《周禮》發解。彌昌由建康路教授，轉瑞安州判官致仕。生平篤志義理，有文名。著《周禮解義》等書。

衛培，字寧深，昆山人，涇曾孫。博通經史，習知前代典故。充貢龍虎榜，賦文不起草，有倚馬之才。聘爲州學訓導。

劉岳，字公泰。祖開，宋神醫，世居星子，宋季來吴。元祖詔求南士，岳應聘入見，世祖詢其先世習醫，官以太醫院。未幾，詔以文合古作，改翰林學士、知制誥。所著有《東匡小稿》。

朱德潤，字澤民，昆山人。延祐末，用趙孟頫薦，官編修。至正間，浙省辟爲參謀。攝守長興，招徠流離，以病免。讀書一過能記。工詩文，善畫，虞集稱之曰：「澤民文章典雅，惜以畫掩其名。」

宋旡，字子虚。其先固始人，父遷於吴，旡遂爲吴人。以才略應樞府辟，典東征萬户書檄。入海遭颶風失道，漂經高麗諸山，罹沉疴歸。以病薄味清齋，日從林下遊。與趙孟頫、鄧光薦輩稱詩。年八十一，卒。所著有《翠寒》《啽囈》二集。

蔣堂，字子中，吴人。幼讀書有大志，長以孝友聞。中泰定鄉試，隱居教授，執經受業者不遠千里而至，其後登左右榜者，多出其門。至正間，用薦爲嘉定州教授。

郭翼，字羲仲，昆山人。少從衛培學，邃於《易》。爲文力追古人，楊維（貞）〔禎〕謂可方軌《西京》，李孝先稱其詩與人不同調。晚得訓導官以終。著有《林外野言》。

李世英，字伯英，長洲人。精書學，作《韻類》三十卷，以字爲本，音爲幹，義訓爲枝葉，自一而二，井然不紊，凡十年成書。從子文仲，又本《説文》作《字鑑》五卷，辨點畫，刊除舛謬，以備一家之書。干文傳、黄溍爲之序。

張雯，字子昭，吴人。力學嗜書，構樓藏書，自經、傳、子、史、稗官無不具。其學該通淵博。時宋亡已久，雯從故老訪宋遺文舊事，著書曰《繼潛録》。子田，字芸己，亦工詩文。孫肯，字繼孟，從金華宋濂學，爲詩文清麗有法。

顧權，字用衡，昆山人。博通群典，尤究心於《易》。爲文章刻意，有古作者矩度，一字不當不苟出。隱居教授卒，無子，知州揭傒斯買地葬之馬鞍山側。

葛乾孫，字可久，吴人。生有奇氣，膂力絶人，好擊刺戰陣之法，以至陰陽、律吕、星數，靡不精究。長乃折節治經，研覃淵邃，肆力古學。爲文章陵轢古今。父應雷以醫書授之，稍治輒精。而不屑以自見，或試之，皆取異效。

周南老，字正道，敦頤之後。其先世自道州徙吴。南老用薦爲吴縣主簿，又辟爲浙省掾。入明，徵詣太常議郊祀禮，禮成放還。南老端毅好學，本於義理，而詳於制度。所著有《易傳集説》《喪祭禮舉要》等書。

顧阿瑛，字仲英，昆山人。輕財結客，年三十始折節讀書，築别業於茜涇西，曰玉山佳處，四方文士若楊維（貞）〔禎〕、柯九思，方外張伯雨等，咸主其家。其園池亭榭之盛，圖書之富，及餼館聲歌，並甲一時。而才情妙麗，與諸公亦略相當。嘗舉茂材，署會稽教諭，辟行省官屬，皆不就。張士誠欲强以官，乃去隱於嘉興。既而以子恩封武略將軍、水軍千户。洪武初，隨其子遷臨濠，卒。

周砥，字履道，吴人。博學工詩。嘗寓荆溪，與馬治孝常者窮山水之勝，著《荆南倡和集》。晚歸吴中，與高、楊輩結社。

錢逵，字伯行，吴縣人。父良佑，字巽之，博學工詩，尤工篆隸。逵刻意力學。至正間，官淮南行省員外郎。洪武初，選詣太常議禮，禮成放還。後以事逮京師，卒。逵淳厚雅飭，稽古考訂，雖老不倦。篆、隸、行、楷，悉追古人。

繆侃，字叔正，常熟人。博雅工書，好蓄法書、古器。弟佚，亦能詩、善畫。同邑嚴焕，字子文，以進士終朝奉大夫。文章整健，詩學尤邃。

陸友，字友仁，吴縣人。博雅好古，有詩名。工漢隸、八分、行楷，尤能鑒别鐘鼎、銘刻、法書、名畫。嘗著《研史》《墨史》《印史》。

黄錫孫，字禹疇，常熟人。讀書勵行，窮約不易其守，善造就後進。爲文尚理氣，詩尤精粹。

時太初，字大本，常熟人。淵雅善詞章，嘗詠《白燕詩》云：「珠簾十二中間捲，玉剪一雙高下飛。」楊維（貞）〔禎〕極稱之。同邑陸景元，字子善。行義端飭，博學能文，詩尤高古。又有朱桓字仲威，盛彧字季文，鄧士英字伯琚，錢甦字更生，元季皆以文學知名於時。

盧觀，字彦遠，昆山人。敦行寬厚，記問該博，見道分明。凡經史、禮樂、百氏之書，繕寫殆遍。

文質，字學古，昆山人。學行卓然，詞章奇放，爲楊維（貞）〔禎〕所稱。與盧觀、趙天祐、衛瑄、盛得瑞、范天與六人，爲邑中耆碩，有司月給廩膳焉。

俞日强，字曰莊，昆山人。以孝聞。淹貫經史，有集行世。又有金至善，字伯明，修德樂施，老益力於學。

明

傅著，字則明，常熟人。文詞典雅，見推於時。洪武初與修《元史》。終潞州知府。

袁華，字子英，昆山人。少穎悟不群，工詩，尤長於樂府，楊維（貞）〔禎〕極稱之。洪武初，爲郡學訓導。同邑吕誠，字敬夫，與華齊名，時稱「袁吕」。

張簡，字仲簡，吴郡人。初爲黄冠師，以母老歸養，遂返巾服。博通儒家書，尤工詩。饒介嘗延諸文士賦詩，高、楊輩咸在，簡詩第一。有集若干卷。

虞堪，字克用，宋丞相允文裔孫。家長洲，隱居不仕。家藏書甚富，手自編輯。工詩，兼善寫山水。洪武中爲雲南教授，卒官。吴中世儒家，虞氏與南園俞氏爲最。

陳則，字文度，昆山人。洪武六年舉秀才，授應天府治中。歷户部侍郎，出爲大同府同知。文詞清麗。元季以工詩名於吴下，高啓「北郭十友」之一也。

高啓，字季迪，長洲人。少孤，力學工詩。年十六，或薦於張吴參軍饒介，介見啓詩驚異，以爲上客。啓不屑，去隱吴淞江之青(邱)〔丘〕。洪武初以廷臣薦，與修《元史》，授編修。擢户部侍郎，以年少未習理財辭，遂賜罷放還，復居青(邱)〔丘〕。先是，啓以史事爲魏觀所知，觀爲蘇守，爲徙居城中，接見甚密。觀得罪連坐，死時年三十九。

楊基，字孟載。其先蜀人，大父宦遊江南，遂家於吴。九歲能背誦六經，著書十萬餘言，名曰《論鑒》。明師下蘇州，基以饒介客，安置臨濠。尋起爲滎陽知縣，後爲山西按察使，被讒奪職，卒於京。基尤工詩，與高啓、張羽、徐賁齊名，號「吴中四傑」。

申屠衡，字仲權，長洲人。少從楊維(貞)〔禎〕學《春秋》，爲古文有法。洪武三年，徵至京師，草《諭蜀書》稱旨，授修撰。以病免。同時有陶琛，字彦珩，亦有文學。志尚高潔，工古篆書。以薦爲儒學官。

史謹，字公敏，昆山人。少與倪瓚、高啓遊，博學好古，工書畫。洪武間，翰林學士王景薦其才，授應天府推官。左遷湘陰縣丞，罷歸。

鄒奕，字弘道，吴江人。秀目美髯，議論英發，文詞高古。至正間進士。洪武初知贛州府，坐事謫甘肅二十年。永樂初，以蹇義薦召還。有《吴樵稿》。

謝徽，字元懿，長洲人。博學能詩，與高啓齊名，同召修《元史》，同授官辭歸。再起爲國子助教，卒。弟恭，亦能詩。

袁養福，字能伯，吴縣人。明初爲福建憲使，高啓有詩贈行。行絜才高，有詩名。精於書法，吴寬稱其書《郭有道碑》得歐陽詢筆意。

劉以禮，字德讓，蘇州人。學識該博，儀觀偉然。洪武初，以貢授沛縣教諭。時學徒久廢，以禮舉鄉人張倫爲訓導，協心教之，多所成就。

瞿莊，字敬夫，常熟人，孝子嗣興子。用薦授翰林典簿。宋濂稱其文學蔚茂，應制諸作率皆稱旨。終福建布政。

王履，字安道，昆山人。博通群籍，能詩文，工繪事，精醫藥。洪武間嘗遊華山，作圖四十幅、記四篇、詩一百五十首。嘗云：「先輩言文章，當使移易不動，慎勿與馬首之絡相似。余遊華之詩，敢謂軼昌黎而配少陵？庶免乎馬首絡之弊而已。」畫師夏圭。評者謂作家士氣皆備。醫得金華朱彦修之傳，著醫書百卷。

張適，字子宜，長洲人。七歲能賦詩、彈琴，十歲通五經，時號「聖童」。洪武初以秀才舉，擢工部都水郎，病免。得朱長文樂圃故地，觴詠自得。有《甘白先生集》。

梁時，字用行，長洲人。博學工文章，亦善書札。洪武中，用薦授岷府紀善。遷翰林典籍，修《永樂大典》，充副總裁。

盧熊，字公武，昆山人，觀子。洪武初，熊以元季教諭，迫遣赴京，以善書擢中書舍人。遷兗州知州，浚兗河，事集而民不擾。熊少從楊維（貞）〔禎〕遊，博學工文，尤精篆籀。子彭祖，孫瑛，俱能傳家學。

沈澄，字孟淵，長洲人。洪武中，以人才應薦至京，尋引疾歸。周忱巡撫吴中，嘗就澄訪時政，多所施①行。雅善詩，尤好客，人擬之顧阿瑛。翰林金問坐事繫獄十年，衣食之需，皆澄周之。子貞吉、恒吉，從陳繼遊，蔚有聞望，隱跡尚義有父風。俱能詩，又皆善繪事，妙處逼宋人。

王行，字止仲，吴縣人。髫時隨父爲人讎藥，藥千品，悉志不爽。主②異之，試授《論語》，翌日已成誦，遂以所儲書恣其披閲。三年辭去，文名大譟。授徒城北，援據古今，纚纚不窮。家徒壁立，几

① 「施」，《四庫》本作「舉」。
② 「主」，《四庫》本作「王」。

無留帙。叩其所自，曰：「向得之藥肆翁耳。」洪武初，延爲府學經師，諸生心易之，以《五經》雜進問難，行隨問辯答，無有凝滯，衆始嘆服。

葉顒，字伯卬，吴縣人。家洞庭東山。父國英倜儻好結納名士，故顒學有端緒。元季中江浙行省鄉試，署和靖書院山長。明初，故人長興侯耿炳文招顒，欲薦於朝，顒不可，放情詩酒。有許光遠，亦家洞庭，洪武初應召至京獻詩。又陳省刑薄賦之策，以老乞歸。時稱「洞庭二老」。

朱應辰，字文奎，吴縣人。少從楊維（貞）〔禎〕學爲古文詞。洪武間終江陰訓導。詩文衍暢炳蔚，尤精篆籀之學。

吴文泰，字文度，吴縣人。耽於詩，清才逸思，雖罹憂困，嘲弄不輟。同郡丁敏，字遜學，亦喜吟詠，更相推敲，故所業益精。文泰洪武間爲涿州同知，謫戍雲中卒。

宋克，字仲温，長洲人。博涉書史。少任俠，擊劍走馬，學握奇陣法。張氏據吴，度其無成，藩府欲致之，不能得。明初徵爲侍書，出爲鳳翔同知，旋歸隱南宫里。工草隸，時作詩見志。高啓有《南宫生傳》。

陶振，字子昌，吴江人。洪武末舉明經，終安化教諭。少學於楊維（貞）〔禎〕，兼治《詩》《書》《春秋》三經。詩語豪儁，有名於時。

趙友同，字彦如，長洲人。自少篤學，從宋濂遊。洪武末，任華亭訓導。大臣薦其文學，召修《永樂大典》《五經四書性理大全》。書成，以母喪歸。

滕用亨，字用衡，初名權，長洲人。問學博辨，文章爾雅。兼精六書，篆籀之妙，高出近世。永樂中被召，年幾七十矣，面試篆書，作「麟鳳龜龍」四大字。又獻《貞符詩》，稱旨，授翰林待詔。

王璲，字汝玉，以字行，長洲人。少穎異，落筆數千言。累官春坊贊善。嘗應制撰《神龜賦》，汝玉第一，解縉次之，聲名大譟。永樂中，宮僚多得罪，汝玉與焉。洪熙初，贈太子賓客，謚文靖。兄璉，字汝器，洪武中編修。文學不減汝玉而早卒。

朱吉，字季野，昆山人。有文學。用薦授給事中，後以善書改中書舍人。子定安，字士隆，工古篆，得周伯琦之傳。定安弟永安，字士常，亦善筆札。同邑葉盛曰：「邑衣冠舊族必推朱氏。士隆兄弟出處不同，清修苦節，同爲時重。」

夏昶，字仲昭，昆山人。以經術進，而書法特妙。永樂中試其書第一，特命諸宮殿榜皆昶書之。歷官太常卿，致仕。昶平易可親，而風流文雅，有高人之致。詩詞清麗。尤工畫竹石，擅名天下，朝鮮、日本諸國皆懸金購之。兄昺，亦善書，官中書舍人。

屈昉，字季恒，昆山人。讀書不事章句。詩篇傳播，爲楊士奇所知，問邑令曰：「季恒安在？」令不能答，乃心識之。會詔舉經明行修之士，即以昉薦。授南海縣丞，久之，致仕。

錢紳，字孟書，吳人。父中，字孟則，娶於陳，夫婦皆讀書善琴。紳與陳繼爲内外兄弟，游同方，學同師，各以所業更互辨難，俱爲通儒。紳質淳行端，所藏書皆手自繕寫。官鄞縣教諭。

劉珏，字廷美，長洲人。正統三年舉人，官至山西按察僉事。老而好學，工於唐律，時人稱爲「劉八句」。行草師李邕，畫師王蒙，皆得古人筆意。精於鑒賞，殘縑斷墨，靡不藏弆。

劉溥，字原博，長洲人。祖彦敬，以醫事太宗。溥遊學兩京，研覃載籍，尤精天文、律（歷）〔曆〕之學。宣德初，以文學徵。有言其善醫者，遂以爲太醫院吏目，非其志也。其詩初效西昆，久益奇肆。當時有晏鐸、王淮、鄒亮、湯印①績、蘇平、沈愚、蔣主忠、蔣主孝、徐震諸人，以詩自豪，號「十才子」，推溥爲尸盟者。

鄒亮，字克明，長洲人。才思藻麗，受知巡撫周忱。正統初用況鐘薦，官至監察御史。爲人謙謹，酷嗜書，積至千餘卷。

施槃，字宗銘，吴縣人，家東洞庭山。幼警敏，有都憲張某令屬對曰：「新月如弓，殘月如弓，上弦弓，下弦弓。」對曰：「朝霞似錦，晚霞似錦，東川錦，西川錦。」張大驚。正統己未，年二十三，廷對擢第一，入翰林。日立程限讀書，詩文逼古人，楊溥深重之。

陳鑑，字緝熙，長洲人。父謫戍蓋州，鑑依王一居爲道士，一居命索債浙東，乃從師受學，債無所問，市書數篋而歸。一居奇之，使卒儒業。正統戊辰及第，授編修，累遷祭酒。平生無聲色之好，精於鑑古，多藏法書名畫。

王穆，字仲遠，長洲人。博識古今，吴中稱爲宿學。嘗築東郭草堂，讀書其中，王璲爲之《記》。

① 「印」，疑本作「胤」，避諱改。

子肄，字敏道，從陳繼學。正統中，以賢良舉爲安吉縣丞。

劉昌，字欽謨，吴縣人。讀書過目成誦。正統甲子舉南闈第一，乙丑會試第二，累官廣東左參政。爲文典雅，詩尤温麗。有《中州文表》等書。子嘉績，字協中，風儀如玉。數歲據小几習書選古詩，儼如成人。十五喪父，盡讀其遺書。年二十四而卒。

鄭文康，字時乂，昆山人。登正統戊辰進士，以父母繼喪，遂不仕。居家枕藉經史，尚友古人，操觚頃刻千言，稿成輒爲人持去。其存者有《平橋集》十八卷，多記載時事，有益勸懲，而文尤簡質有法度。

張淮，字豫原，吴縣人。棄舉子業，好攻詩。嘗於廣坐中賦《牡丹詩》一百首，依元僧明本《梅花詩韻》，衆以爲神。嗜酒落魄，一夕醉死。同邑有陳體方者，每爲詩文，必酒酣以往，才始縱發。嘗數篇並奏，或口授人書，書者腕脱不給。子韶，字太和，亦嗜酒工詩，語妙一時。

陳頎，字永之，長洲人。景泰庚午舉人，以陽武縣訓導歸。博學工古文，清修介特，人莫敢犯。

李應貞，字貞伯，長洲人。景泰癸酉舉人，選中書舍人，歷南太僕少卿。好古博學，篆、楷俱入格。

桑瑾，字廷璋，弟瑜字廷瓚，常熟人，兄弟自爲師友。瑾景泰丙子，瑜天順己卯，先後領鄉薦。同謁選，瑾判處州，瑜判温州，同日拜命出都，在任俱有政績。初仕時，兄弟相約寻乞休，後竟同時致仕還里，一時以爲美談。瑾以禄不逮養，終身不御甘美。詩文醇質，著《讀易備忘》。瑜有《吟窗選粹》

等書。同時邑中兄弟競爽者，有錢寬字理容，錢洪字理平，博學修行，詩並載《湖海耆英集》。

沈鐘，字仲律，長洲人。天順庚辰進士，終山東提學副使。與章懋、羅倫友善，時稱「十君子」。好賦詩，多至萬餘首。

徐震，字德重，吴縣人。家世好文，與其父章日相劘切，學益進。嘗同晏鐸、蘇平倡和，在「景泰十才子」之列。

沈愚，字通理，昆山人。父方，清修好學，積書數千卷，皆親點校。愚博涉百氏，以詩名吴下，與劉溥諸人稱「十才子」。善行草，曉音律，詩餘、樂府傳播人口。弟魯字誠學，專攻古學。爲文閎博，一時稱作者。

莫旦，字景周，吴江人。成化乙酉舉人，卒業太學。作《一統》《賢關》二賦，名動京師。

謝晋，字孔昭，吴縣人。能詩，工山水。嘗自戲爲謝疊山，吴寬贈詩有「風流前輩杳難攀，謔語空傳謝疊山」之句。

趙寬，字栗夫，吴江人。成化辛丑會試第一，出吴寬之門，開榜日，頗以吴士爲嫌。主司召試詩賦，下筆數千言，葩藻奪目，論者乃服。官終廣東按察使。

文林，字宗儒，長洲人。成化壬辰進士。父洪字公大，成化乙酉舉人，官淶水教諭。林知永嘉縣，陞南太僕寺丞，出爲温州知府，居官廉平，所至見思。好交游。爲詩文明暢不蹈襲，與楊循吉、李應貞、沈周善。而其子徵明尤有名。

桑悦，字民懌，常熟人。生有異質，讀書一過輒能默記。年十九，舉成化乙酉鄉試。再試禮部，奇其文，以策論語奇肆置乙榜，選泰和訓導。考滿謁吏部，尚書王恕惜其久滯，爲遷長沙通判。改柳州，頃之移疾歸。悦拓落自負，與世齟齬。文詞瑰麗汗漫，後頗厭華繪，趨平易。《春秋》《周子禮》皆有傳解，凡六十餘卷。

黄雲，字應龍，昆山人。家貧力學，嘗就藏書家借録，卷帙甫畢，心口了然。凡刑名、錢穀、水利、算數、軍旅、儀注，無不究心。文宗蘇軾，書法黄庭堅。弘治中以歲貢授瑞州訓導，庭謁監司，耻之。外艱歸，絶意仕進。

戴冠，字章甫，長洲人。生而穎異，篤學過人。其學自經史、諸子、百家，山經、地志、陰陽、〔歷〕〔曆〕律，與夫稗官小説，莫不貫綜。議論高遠，務出人意表。詩尤清麗，文亦儁朗。以貢授紹興訓導。

陳蒙，字允德，常熟人。好攻詩，涵音揉律，務底和平。一走筆連數十篇，泉决雲湧，名動一時。沈周志其墓。

楊循吉，字君謙，吴縣人。成化甲辰進士，除禮部主事。好讀書，每當得意處，則手足踔掉不能禁，人呼爲「顛主事」。年未三十即致仕，結廬支硎山下，課讀經史以松枝爲籌，不精熟不止。武宗南巡，召見命賦《打虎曲》稱旨，每扈從輒在御前承旨。循吉耻與優伶雜處，請急歸。自定其詩文爲《松籌堂集》，會粹諸類書曰《奚囊手鏡》，最爲該博。

盧儒，字爲己，常熟人，充耜子。博學能文，善筆札，文學韓、柳，書法歐、顏，自負甚高。以薦授中書舍人。嘗被命作《雪賦》，諸臣未就，儒立成以進，詞林皆嘆服。

都穆，字元敬，吴縣人。七歲能詩，杜門篤學。弘治己未進士，仕至太僕卿。嘗奉使至秦中，訪其靈勝形勢、故宫遺壤，作《西使記》；搜金石遺文，作《金薤琳琅》。歸老之日，齋居蕭然，日事讎討。或至乏食，輒笑曰：「天壤間當不令都生餓死。」晏如也。

錢仁夫，字士弘，常熟人。少學於陳九疇，聞性理之學。舉弘治己未進士，官禮部員外郎。劉瑾方用事，即引疾歸。天性孝友，爲族人置義莊。工書畫，與沈周輩倡和，吴中稱風流文翰者必推焉。

祝允明，字希哲，長洲人，參政顥之孫。五歲作徑尺字，九歲能詩。及長，超穎過人，讀書過目成誦，鉅細精粗，咸貯腹笥，有觸斯應，吐詞命意，迥絶俗界。效齊梁月露之體，高者凌徐、庾，下亦不失皮、陸。玩世自放，書學自《急就》以逮虞、趙，罔不得其結構。弘治壬子舉於鄉，除興寧知縣，稍遷通判應天府，自免歸。子續，舉進士，官終布政使。

文徵明，初名璧，以字行，更字徵仲，長洲人。父温州守林，有名德，與吴寬、李應貞、沈周爲執友。徵明受文法於吴，受書法於李，受畫法於沈，又與徐貞卿、祝允明、唐寅切劘爲詩文。爲人孝友温恭，修長者之行。嘉靖初，以貢入京，用薦授翰林院待詔。三載謝病歸，以清名長德，主吴中風雅之盟者三十餘年，後生晚進遊其門者，皆得其造就。年九十，猶能蠅頭細書。方爲人書墓誌，欠伸閣筆而逝。

唐寅，字子畏，吴縣人。中弘治戊午鄉試第一，坐同舍舉子事發，爲吏，不就，築圃桃花塢，遊息其中。其學務研窮造化，尋究律（歷）〔曆〕，旁及風烏、壬遁、太乙，出入天人之間。其於應世詩文，不甚措意，曰：「後世知我不在此。」奇趣時發，或寄於畫，下筆直追唐宋名匠。雖遭放廢，坐客常滿，文章風采，照耀江表。寧藩以厚幣聘，甫至即佯狂以歸。同邑張靈字夢晋，善圖畫，文思便敏，佻達自恣。祝允明愛其才，令受業門下，與寅交最善。

蔡羽，字九逵，吴縣人。其學邃於《易》。以太學生赴選，尚書見其名，曰：「此吾少日所聞《易》蔡生耶？」奏授翰林院孔目。爲文法秦漢，《洞庭》諸記欲與柳宗元争長。詩沉著奇麗，人比之李賀。

朱存理，字性甫，長洲人。少從杜瓊遊，汲古不倦，聞人有異書，必欲訪求，手自鈔録。其所纂輯，有《鐵網珊瑚》等書。元季明初，中吴南園何氏、笠澤虞氏、廬山陳氏，書籍、金石之富甲於海内。繼其後者，則存理與朱凱其尤也，時稱「兩朱先生」。

王渙，字渙文，長洲人。正德己卯舉人，官嘉興府通判。博綜群書，善爲古賦，詩宗白樂天，晚效范、陸。少與文徵明齊名，吴中祀神必祝云：「生子當如陸南、王渙、文徵明。」南，亦與渙同舉於鄉。

黄魯曾，字得之，吴縣人。正德丙子舉人。爲文閎衍，好奇縱詭，詩多散佚。弟省曾，美風姿，攻古文詞，最爲博洽。嘉靖辛卯魁鄉薦，試禮部不第。學於王守仁、湛若水之門，詩宗李夢陽。省曾拙於書，命子姬水學書於祝允明，遂傳其筆法。

朱凱，字堯民，長洲人。與朱存理齊名。日挾策呻吟，求昔人理言遺事而識之，對客舉似，如引繩貫珠，纚纚不能休，吴中故實往往藉以考焉。正德中卒，遺書散軼，集亦不傳，僅有《句曲紀遊》詩一卷。

湯珍，字子重，長洲人。嘉靖間，以貢官崇德縣丞。詩文名一時，文嘉、文彭、彭年咸出其門。

陸師道，字子傳，長洲人。嘉靖戊戌進士，官儀制主事。告歸侍養，年未三十也，杜門却掃二十五年。嘉靖末用薦起，累官尚寶司卿。師道自儀部歸己負重名，慕文徵明，北面稱弟子。手鈔典籍，積數千卷，丹鉛儼然。善詩，工小楷、古隸，傍曉繪事。人謂徵明四絶不減趙孟頫，而師道亦復似徵明云。

陳道復，名淳，以字行，長洲人。少師文徵明，天才秀發。善畫，尤好寫生，一花半葉，淡墨欹斜，非畫工可及。詩取適意。子栝，畫亦放浪不俗。

周天球，字公瑕，長洲人。爲諸生。從文徵明遊，篤志古學。善大小篆、隸、行、草，徵明後豐碑大碣皆出天球手。隆慶中遊京師，讌集倡酬之作，一時詞客皆爲讓坐。

錢穀，字叔寶，吴人。少孤貧，家無典籍。遊文徵明之門，日取架上書讀之。以其餘能習繪事，得沈周法。晚葺故廬，讀書其中，日夕校勘，至老不衰，手録古文金石書數千卷。

錢同愛，字孔周，長洲人。邑諸生。爲文奇崛深奥，讀之不能句，然思(元)〔玄〕語麗，自足成家。尺牘尤佳。同邑劉鳳，字子威，嘉靖庚戌進士，累官河南僉事。著古文數十萬言，觀者驚其繁富，憚其奥僻。蓋皆振奇之士云。

彭年，字孔嘉，長洲人。長身玉立。少磊落嗜讀書，書法宗歐、顔，游文徵明之門。家徒壁立，所交多賢豪長者，不肯一言干乞。

文彭字壽承，弟嘉字休承，長洲人，待詔徵明子。彭詩宗陶、謝、李白，字法鍾、王、懷素。尤精篆隸，又善篆印，逼真漢人。以歲貢屢官教職，終國子監博士。嘉書畫皆超詣，能傳其家法。貢入太學，選吉水訓導，遷和州學正，歸。嘉孫從簡，字彦可，善書畫，端方有品。歲薦未選，卒。

皇甫沖字子浚，弟涍字子安，汸字子循，濂字子約，長洲人。弘治癸丑進士、順慶知府録之子也。沖，嘉靖戊子舉人，博綜群籍，留心世務，口好劇談。所撰《緒言》及《申法》等書，凡數十萬言，皆不傳。涍，中嘉靖壬辰進士，除工部主事，以才望改春坊。遭忌左遷，累官浙江按察僉事。其詩特工五言。汸，嘉靖己丑進士，累官雲南按察僉事。其詩追溯魏晋，含咀六朝，旁搜李唐，自成一家。濂，嘉靖甲辰進士，除工部主事，遷興化府同知。詩意（元）〔玄〕詞雅，律細調清。長於造景，務在幽絶。四甫之詩，聲調彷彿相似，吴中風雅，於斯爲盛。

王寵，字履吉，吴縣人。與兄守字履約，並從蔡羽學，棲林屋三年。既而，讀書石湖之上二十年，手寫經書，皆一再過。文徵明長寵二十四歲，折輩行與定交。尤工書，妙得晋法。自號雅宜山人。守舉嘉靖丙戌進士，官至右副都御史、總理河道，未久卒。

張鳳翼，字伯起，長洲人。與弟獻翼、燕翼並有才名，吴人語曰：「前有四皇，後有三張。」鳳翼，嘉靖甲子舉人。獻翼，字幼于，刻意爲歌詩。好易，十年中箋註凡三易，於是三張之名，獻翼尤籍甚。

燕翼，字叔貽，亦有文名。與鳳翼同舉於鄉，早卒。

鄭若庸，字中伯，昆山人。以詩名吴下。趙康王聞其名，走幣聘入鄴，與謝榛客王父子間，與交賓主之禮。爲王著書，採掇古文奇字累千卷，名曰《類雋》。

潘一桂，字無隱，吴江人。少負才名。南陽王好詞賦，厚幣聘之。居一月，謝不能，曳裾王門稱疾歸。詩多弘麗。

章美中，字道華，常熟人。九歲能屬文。嘉靖丁未進士，仕至廣西副使。子士雅，萬（歷）〔曆〕己丑進士，歷官工部郎中。父子皆能詩。曾孫在兹，字素文，有文名。以歲貢考授知縣，未仕卒。

沈啓，字子由，吴江人。嘉靖戊戌進士，官至湖廣副使，精明英斷，所至有聲。生平博學閎覽，遍窺諸經子史，尤邃於《易》。著書甚多，其《吴江水利考》言水道最爲詳核。

盧襄，字師東，吴縣人。嘉靖癸未進士，歷兵部職方郎中。善廉事，有所審畫，必中機宜。性喜學，每得異書，輒手自繕録。既仕益勤，雖簿領叢沓，不廢佔畢。爲文敷腴明暢，詩尤精詣。

袁袠，字永之，吴縣人。嘉靖丙戌進士，選庶吉士，忤張孚敬，改兵部主事。兵部火，謫戍湖州，會赦歸。薦歷廣西提學僉事。袠七歲能詩，博習典故，著《皇明獻實》等書。與兄表、褧、褒，從兄弟袞、裘，皆以文行知名，吴中稱「袁氏六俊」。

王懋明，字僅初，長洲人。讀書經目輒誦，裒集舊聞，多所撰述，人稱爲「經笥」。僑居錫山，華察贈詩有「多聞時起予」之句。

潘德元，字鄰玉，昆山人。嘉靖甲午舉人，官應天府治中。能詩，兼工書翰，爲歸有光所稱。

徐繗，字紹卿，吴縣人，居洞庭山。父早歿，其母蔡依弟羽以居，繗受學焉，詩文皆得其指授。與皇甫汸、黄省曾兄弟互相摩切，經營用思，愈老愈深。

姜（元）〔玄〕，字（元）〔玄〕仲，吴江人。少博學，嗜酒，不就博士弟子試。晚善黄魯曾、徐繗，徐詩華美，姜務雅淡，極意陶鍊，□□□①謂爲詩家逸民。

吴子孝，字純叔，長洲人，一鵬子。嘉靖己丑進士，由翰林歷官湖廣參議。議論秀發，爲文章弘衍浩博。嘗病《宋史》繁蕪，欲加删潤，稿未就而卒。

王穉登，字伯穀，吴縣人。十歲爲詩，長而駿發，雕香刻翠，名滿吴會間。嘉靖中，遊大學士袁煒之門，賦《瓶中紫牡丹》，有「色借相公袍上紫，香分太極殿中烟」之句，一時紙貴。吴門自文徵明歿後，穉登振華啓秀，擅詞翰之席者三十餘年，奬引寒素，敦篤故舊，有古人風義。

張元凱，字左虞，吴縣人。以世弁管蘇州衛事，折節讀書，寄於詩酒以自放。善王世貞兄弟，世貞序其詩，以沈慶之、曹景宗爲比。

俞安期，字羡長，吴江人。慷慨尚氣節，盱衡抵掌，意興勃如。嘗以長律一百五十韻投贈王世貞，世貞爲之傾倒。

① 原刻本、録修本俱空三字，《四庫》本作「一時人」。疑本爲「錢謙益」三字。

孫樓，字子虚，常熟人。工古文詞，乞文者滿户，對客口授，侍史令書，書者恒不給。中嘉靖丙午鄉試，選湖州推官。乞歸，杜門校訂，藏書萬卷。

邵圭潔，字伯如，常熟人。工制舉業，尤工策論、古文詞。嘉靖己酉舉於鄉，五上公車不第，選德清教諭，卒。爲人篤行，留心經濟。

錢有威，字惟重，常熟人。嘉靖庚戌進士，歷官刑部郎中。忤時相，左遷廣州判歸。肆力爲文詞，著《廣川集》①。

王執禮，字子敬，昆山人。嘉靖乙丑進士，終應天府丞。居官以仁明稱。少孤，事母極孝。篤志力學，從歸有光授經，旁通諸史、百家，有光謂可與評論古今者，獨執禮一人。

瞿景淳，字師道，常熟人。嘉靖甲辰會試第一，殿試第二，歷官禮部侍郎。有大度，能容物，而遇事確不可奪，與嚴嵩、陸炳慷慨争事，力持大體。於書無所不窺，尤好《左傳》。攻制科業。與王鏊齊名，學者宗之，稱「昆湖先生」。

吴中英，字純甫，昆山人。生而奇穎，好讀書，守父書千卷，考論質辨，多先儒所未發。性孝友，善事繼母。弟産中落，歲有常給。嘉靖辛卯舉鄉榜，年且老矣。營城東地，藝橘千株，鬻以自給。閉户不與世往還，令男女環侍誦詩而已。書法遒勁，類其爲人。歸有光方八歲，見其《葬枯骨》文，即與

---

① 「川」，《四庫》本作「州」。

定交，曰「班馬之才」也。

張鴻，字子賓，昆山人。居新洋江口，讀書無晝夜。家貧，與兄並耕隴上。兄爲里長，每催科受榜掠，鴻輒詣縣代。縣令怪其意氣，方受杖輒止，曰：「而何人者？」鴻曰：「里長實書生也。」試之文，立就，慰而免之。與田者負荷雜行。間過其友吴中英，歸有光家，便弛擔入談，往復掊擊，既畢，仍擔而去。

沈立，字道立，吴江人。嘉靖甲子鄉試第一，戊辰成進士，歷官檢討。少遊唐順之門，得其指授，所爲古文兼歐陽修、蘇軾體法。

顧夢川，字禹祥，昆山人，侍御潛之子。性磊落好讀書。父遺書萬卷，夢川取大白置兩楹間，客至則沃之，抽架上書相與揚摧古今，考訂訛謬，焚膏繼晷不少倦。晚棲心（元）〔玄〕理，寄興澹泊。子二人，終身不異財，以孝友聞。

魏學禮，字季朗，吴縣人。篤學强識，其詩有云：「萬里彤雲江雁後，千家玉笛隴梅前。」王世貞見而嘆曰：「騷壇上何可無此君！」

張文柱，字仲立，昆山人。年十二，賦《關山月》詩，一座嘆賞。萬（歷）〔曆〕戊子舉於鄉，終臨清知州。孫七政曰：「仲立高才燦發，托意幽（元）〔玄〕，如冰壺秋月，宜著烟霞之外。」

徐漢稚，字穀梁，常熟人。擅詩名，嘗在松江莫是龍座賦詩，客皆傾倒。同邑李弗字永錫，孫柚字遂初，俱積學工詩，爲名流所重。又有陸昞者，少從文徵明遊，書畫得其遺意，亦能詩。

吴默，字因之，吴江人。文學爲時所推重，尤工制舉義。萬(歷)〔曆〕壬辰會試第一，歷官太僕寺卿。立朝最淺，遷除皆不赴，時論高之。

顧天埈，字升伯，昆山人。萬(歷)〔曆〕壬辰進士，授編修，掌記注，管理制敕，從容敏辨。以左諭德致仕。天埈敏秀通理，讀書都於無味處得想。初與王肯堂爲沉博絶麗之文，力務獨詣。謝歸後，門館清寂，丹黄卷籍至萬餘，詠歌自得，味道以老。

王志堅，字淑士，昆山人。萬(歷)〔曆〕庚戌進士，歷湖廣提學僉事，部議爲天下學政第一。讀書最有條理，先經，次史，次子集，參核異同，考訂純駁，學者宗之。錢謙益①題其墓曰：「文學政事彬彬文質之君子。」

龔埏，字季弘，昆山人。所居僅蔽風雨，下帷讀書。兼工行草，其書每借之人，作行草謝之。抉奥摘微，號稱博雅，著書數萬言。性挺遂急人之難，人尤重其高義。

范允臨，字長倩，吴縣人，宋參政仲淹十七世孫。萬(歷)〔曆〕乙未舉進士，歷官福建參議。先僉事雲南時，值鳳克作亂，猝圍會城，允臨登陴，百端防禦，城藉以完。致仕後，討論泉石，流連觴詠。臨池尤得晋人法，遠近争購之。自仲淹置贍族義田三十頃，至明季僅存三之一，允臨復以腴田十頃佐其入，人稱其善繼云。

① 「錢謙益」三字，《四庫》本作「同時人」。録修本并下文凡十八字俱删。

俞允文，字仲蔚，昆山人。十五爲《馬鞍山賦》，援據該博，長老皆推遜之。年未及强，謝去諸生，讀書汲古，才名日盛。工於臨池，正書規橅歐陽，行筆出入米芾。與王世貞交最善，列諸「廣五子」之首。都穆曰：「昆山有三絶：允文詩，歸有光文，張鴻舉業也。」

沈本初，字大中，昆山人。杜門耽詩，有韋、孟風，小楷倣顔真卿，時稱「二絶」。

張廷臣，昆山人。覃精詞苑，王世貞極稱之。早卒。子士淪，孤貧困瘁，去之留都，折節讀書，每一篇出，輒爲人傳誦。

張應武，字茂仁，昆山人。從歸有光遊，上窮六經，下鈎諸史，抵掌論古今、人物、山川、四塞、兵農、戰守之事，皆若身在其間。以三吴水利不修，時乘小艇出没太湖、吴淞間，著論三篇，爲掌故家所稱。

薛學閔，字君叔，昆山人。工文，善書，與俞允文、梁辰魚切劘，晚益工。王世貞謂讀之如遊輞川，清月映郭，淪漣上下。同時夏暐字士琰，王庚字于載，俱以詩文名。有《城南倡和稿》。

孫七政，字齊之，常熟人。淹通五經。由諸生入太學，與四方名士酬和篇什，名稱日起。王世貞、汪道昆皆折輩行與交。性任俠，喜結客，尊酒論文，座中常滿，而生産日挫。延名宿顧憲成課諸子。敦重孝友，不苟取予。苦吟羸瘦卒。

宋奎光，字培岩，常熟人。萬〔歷〕〔曆〕壬子舉人。能詩古文詞，工書法。謁選龍川知縣。調浙江寧海縣，爲方孝孺立祠，以表忠節。歸田後，家益貧，賦詩不輟。年八十七卒。

俞琬綸，字君宣，長洲人。萬(歷)〔曆〕癸丑進士，任西安知縣。風流文采，掩映一時。性簡傲，不樂仕宦，嘗與友書云：「擢翼梯高之志，胸中絶無；捱過一兩年，稍免堂下侏儒，即尋故(邱)〔丘〕簑笠矣。」書法秀挺，人尤寶愛。

陳元素，字古白，長洲人。通經史，兼善臨池，出入歐、虞、顔、米間，片緘尺牘，人争寶之。間畫蘭，得趙孟頫法。修身如玉，不妄交遊，學者私謚曰貞文先生。

陳瓚，字叔祼，以字行，長洲人。熟精《離騷》《文選》，有詩名。工山水，一木①一石，俱得古人意。著有《嫗解集》。

顧雲鴻，字朗仲，常熟人。起家孤貧，讀書修行，以忠孝名節爲己任。中萬(歷)〔曆〕庚子鄉試，退而卜築虞山之藤溪，研精六籍。一句一義，少有牴牾，穿穴古今，訓故疏通，證明而後已。爲古文詞，筆力雄健，頡頏古人。

邵濂，字茂齊，常熟人。治《毛氏詩》，善談名理，學者宗之。累舉不中，小築於北城之麓，信筆爲歌詩，傲兀可喜。

顧大韶，字仲恭，常熟人。學識淹洽，尤研極《詩經》《三禮》，論説多人所未發。或勸著書，大韶曰：「春秋以前作者之事備矣，雖聖人，但述而不作；宋元以來述者之事備矣，雖志士，但當誦而不

① 「木」，《四庫》本作「水」。

述。」著有《秉燭齋隨筆》。

徐桂，字茂吴，長洲人。萬（歷）〔曆〕丁丑進士，除袁州府推官，恃才自放，坐計吏免歸。以詩名吴越間，尤工詠物豔體之作。

王叔承，字承父，吴江人。少孤，以好古謝去博士弟子業。爲詩豪宕莽蒼，爲王世貞兄弟所推。聞趙王賢而好客，乃之鄴。及知客見王必長跪稱「主臣」，弗屑也。遂北入燕，訪燕市酒人遺跡，悲歌縱酒。又之塞上。歸來，縱遊吴越閩楚名山水，所至皆編成詩卷。

張大復，字元長，昆山人。少英邁絶倫，父維翰授以經史、漢魏唐宋諸家，故學有原本，文日奇，名日起。父殁，哀毁兩目喪明，猶成《筆談》《梅花草堂》諸集。

王焕如，字仲玉，昆山人。有經世略，凡先代典故，兵、農、禮、樂，無不瞭如指掌。攻古文詞，搜覽考訂，準以體要。所著有《吴中水利》等書。

瞿純仁，字元初，常熟人，孝子嗣興後。與顧雲鴻、錢謙益①、邵濂輩讀書詠歌，爲文鮮妍妙麗，終不得志以殁。時王宇春字季和，讀書纘言，勇於爲人。嘗冒暑急顧大章之難，傷暍道卒。

何允泓，字季穆。年十四五即爲詩古文。長而自唐宋以來經世大典，如杜、鄭、馬、（邱）〔丘〕四氏書，窮極指要。好談三吴水利，訪問三江古道及夏、周疏浚遺跡，窮鄉沮洳，扁舟往返。自負甚高，

① 「錢謙益」三字，録修本作空，《四庫》本删。

人鮮當其意。

陳仁錫，字明卿，長洲人。父允堅，萬〔歷〕〔曆〕乙未進士，除諸暨知縣。邑田沃瘠迥殊，而起科均則，允堅履畝丈量，高下其額，民困以蘇。卒於官。仁錫哀毁骨立，贈賻一無所受。天啓壬戌，殿試第三人，入翰林，每進講多所規正。會魏璫給鐵券，欲仁錫作誥詞，堅不屬草，削籍歸。崇（正）〔禎〕初起原官，終南京國子祭酒。好古博洽，著書甚富。卒，謚文莊。子濟生，名最著。

孫元凱，字若士，昆山人。與太倉顧構麟、常熟楊彝，並以諸生持文柄。爲詩學昌黎，古文詞嚴峭近柳州。天性高介。史可法開禮賢館，聘主其事，具題予職，辭弗受。讀書賦詩以終。

周永年，字安期，吴江人。少負才名，製義、詩文，倚待立就。所著詩累萬首，信筆匠心，不以劇鉥爲能事。

葉紹袁，字仲韶，吴江人。天啓乙丑進士，除武學教授，遷工部主事。明亡，薙髮爲僧，感愴成疾卒。詩詞韶秀，忠君愛國，間出香奩，有韓偓之遺風焉。子燮，字星期，以嘉興籍中康熙庚戌進士，選寶應知縣。好學有文，著《已畦集》。

馮復京，字嗣宗，常熟人。强學廣記，少業詩，鈎貫箋疏，著《六家詩名物疏》。謂冠、婚、喪、祭不當抗家禮於會典之上，作《遵制家禮》。晚見《明實録》，謂：「《通紀》詳而野，吾學裁而疏，史料炫博妄而繆，憲章典則，自檜無譏。」作《明右史略》，未就而卒。

馮夢龍，字猶龍，吳縣人。才情跌蕩，詩文麗藻，尤工經學。所著《春秋指月》《衡庫》①二書，爲舉業家所宗。崇(正)〔禎〕時貢，選壽寧知縣。

葛一龍，字震父，吳縣人。以貲列選人，范景文典銓，識其名，曰：「是吳下詩人葛髯者也。」除雲南理問。無何，謝歸。爲詩刊落剪刻，法蔡羽清綺之體。

鄭敷教，字士敬，長洲人。光宙子。崇(正)〔禎〕庚午舉人。湛深經術，天啓間吳中倡爲文社，敷教與楊廷樞、張溥、陳子龍爲一時眉目。詩學杜甫，書法在蘇、米間。徜徉山水以終。

顧凝遠，字青霞，長洲人，通政使九思孫。好尚風雅，居北郭之花谿，亭館蕭閒，愛蓄商、周、秦、漢法物。畫師董、巨，間出入於荆、關，一時名士多與爲雲霞之交。

朱隗，字雲子，長洲人。治博士業，雅尚風藻。天啓中，吳中復社聚四方績學之士，分主五經。隗驅馳江表，爲一時厨顧。詩宗中晚〔唐〕②。弟陵，字望子，亦能詩畫。

許元溥，字孟宏，長洲人。父自昌，中書舍人，構梅花墅，聚書連屋。元溥日出其書遍觀之，於經義罔不淹通，尤邃於《易》。喜購書，自號千卷生。崇(正)〔禎〕庚午舉於鄉，不仕卒。從子虬，字竹隱，順治戊戌進士，授思州府推官，再遷永州知府。其製義文稿，家弦户誦。所著有《周易註解》

① 馮夢龍所著應舉類著作主要有：《春秋衡庫》《麟經指月》《四書指月》等。
② 「唐」字據道光《蘇州府志》卷九十九、民國《吳縣志》卷六十八補。

等書。

毛晉，字子晉，常熟人。遊錢謙益之門①，好古博覽，構汲古閣，藏書數萬卷。開雕經史、百家，及秘本鈔傳之書，使古今典籍，不致盡散亡銷蝕者，晉實有力焉。所著有《明詩紀事》等書。

國朝

錢謙益，字受之，常熟人。② 父世揚，字景行，著《古史談苑》行世。謙益萬（歷）〔曆〕庚戌殿試第三，歷官禮部尚書。立朝不滿五載，先忤魏忠賢，後忤温體仁，削籍者再。入國朝，授秘書院學士。謙益早掇巍科，學博才雄，名重海内，遠近乞其文志碑碣者，絡繹門外，一時咸以燕、許手筆推之。至於掃王、李之雲霧，闢鍾、譚之榛蕪，尤於斯文有障川偉績焉。

潘檉章，字檉木，吴江人。隱居力學，綜貫百家，尤精於史裁。同邑吴炎，字赤溟，才學與檉章相埒。

吴翩，字扶九，吴江人。貢生。博學工文，倡復社，一時群彦咸來會，以文行相砥礪。弟翺，字羽

① 此句録修本「錢謙益」三字作空，《四庫》本并上文「遊」，下文「之門」凡六字徑删。

② 「錢謙益字受之常熟人」九字，録修本作空。以下二處「謙益」凡四字，録修本亦作空。《四庫》本則全篇傳記凡一百二十八字俱删。

三，順治乙未進士，歷知澄邁、豐城、漢川三縣，有古循吏風。翺子祖修，字慎思，克世家學。尤長於詩，豪邁能自成家。以諸生終。

孫永祚，字子長，常熟人。貫穿經史，工詩古文。崇(正)〔禎〕乙亥拔貢，當受推官，待次歸里。闖賊變後，隱於山中。順治中，當事敦薦不起。教授生徒，每言文章事業不從五倫中出者，總爲無本之學。所著有《雪屋集》。

馮班，字定遠，常熟人，復京子。爲詩沈酣六代，出入温、李之間。其論詩自《三百篇》以下，一一尋其脉絡，區其畛域。

葉襄，字聖野，長洲人。鋭志經籍，爲名諸生。甲申後棄去，專攻詩律，一以唐人爲宗。尤工儷語，有六朝風致。同邑黄始，字静御，亦工詩、善駢體。

汪琬，字苕文，長洲人。順治乙未進士，爲户部主事。康熙己未，舉博學宏詞，授編修。峻立標望，不諧於俗。在史館兩月，撰史稿七十五篇。杜門一年，稱疾乞歸。讀書堯峰，益以文章爲己任，論者謂歸有光之後一人而已。

沈世奕，字韓倬，吴縣人。順治乙未進士，官翰林。請假歸，杜門讀書。賞識尚書韓菼於未遇時，人服其精鑒。子旭初，字寅生，康熙丙辰進士，官編修；朝初，字洪生，康熙己未進士，官侍讀。並工詩文。朝初子曾純，字天維，康熙庚辰進士，選義烏知縣，有善政。

尤侗，字展成，長洲人。博物洽聞，馳聲藝苑。以恩貢爲永平推官，鋤强扶弱，緣事罷歸。家居二十餘年，才望益著。康熙己未舉博學宏詞，授檢討，纂修《明史》。未幾乞歸，優遊林壑復二十餘年登大耋。子珍，字謹庸，康熙壬戌進士，亦官翰林，世其家學。

宋實穎，字既庭，長洲人。順治辛卯舉人，興化教諭。淹貫經史，博綜旁搜，詩文典雅，騷壇推爲名宿。侍講繆彤少而執經，其學得於實穎者爲多。

錢陸燦，字湘靈，常熟人。□□族孫①。順治丁酉以第二名舉於鄉。詩歌骨力雄厚，古文磊落自喜。晚與王日藻、秦松齡、尤侗、徐乾學輩爲耆年會，諸人皆兄事之。年幾九十，猶馳騁文筆間不少衰。

吴兆騫，字漢槎，吴江人。童時作《膽賦》，累千餘言。長繼復社主盟，名動一時。順治丁酉領鄉薦，被斥，徙尚陽堡二十餘年，作《長白山賦》，名益遠著。宋德宜捐金贖之，得歸。同榜孫暘，字赤崖，常熟人。文社名與兆騫相埒。亦同謫戍，同時放還。

孫承恩，原名曙，字扶桑，常熟人。爲諸生。負才標望，文工六朝，詩學温、李。順治戊戌，殿試第一，授修撰。數被顧問，從幸南海子，賜騎御閑名馬。適大風揚沙，中寒疾卒，賜金歸葬。弟暘②。

① 原刻本「族孫」上二字作空，録修本并「族孫」凡四字俱空，《四庫》本徑删四字。疑原刻本所空爲「謙益」二字。

② 此二字爲《四庫》本所無。

錢中諧，字宫聲，吴縣人。順治戊戌進士。康熙己未，舉博學宏詞，授編修。詩文雄贍。條議三吴水利，開浚劉河，民利賴焉。

范必英，字秀實，允臨子。順治丁酉舉人。康熙己未，舉博學宏詞，授檢討，纂修《明史》，謝病歸。儲書萬卷，日誦讀其間。凡古今經世大典，以及詩文源流高下，歷歷能指數。詩古文詞綺麗雅馴，晚喜汲後進，從遊多名雋之士。吴縣金沈劼字以時，長洲汪嗣文字山文，並拔貢生，其尤著者。

顧有孝，字茂倫，吴江人。以詩名於時。嘗甄綜百家之詩，開雕分授，盛行於時。

吴愉，字敬生，長洲人。生而端慤，言規行矩。授徒數十輩，日披閱數百牘不少倦。每當省、會試，索閱闈牘，決其雋否，不爽(豪)〔毫〕①黍。而愉獨屢蹶，僅以歲貢授溧水訓導。年八十，卒，門人私謚曰端仁先生。

計東，字甫草，吴江人。順治丁酉舉人。爲人慷慨磊落，嘗以唐馬周、宋陳亮自比。與汪琬講歐、曾之學，過中州，與湯斌講程、朱之學，故其文醇雅有矩矱。家貧，奔走四方，所至設几禮之。

葉方藹，字子吉，昆山人。父重華，字德元，明崇(正)〔禎〕戊辰進士，歷官太常少卿，有才望。方藹順治己亥殿試第三，授編修，屢被顧問。康熙癸丑，賜宴瀛臺，撰《八箴》以獻。聖祖善之，命撰《太極圖説》，賜貂裘文綺。累遷刑部侍郎。卒官，賜金營葬，謚文敏。

① 據《四庫》本改。

徐與喬，字揚貢，昆山人。順治辛丑進士。絶意仕宦，博涉多識，分經、史、子、集爲四部，採擇評注，名曰《辨體》，學者稱之。

繆彤，字歌起，吴縣人。康熙丁未殿試第一，授修撰，陞侍講，以艱歸。澹於宦情，遂專以課後學爲事。巡撫湯斌内召，奏吴中薦紳以道義自持者，彤爲首。先是，彤爲庚戌同考官，所拔如許自俊、郭琇輩，皆知名於世。

徐乾學，字原一，昆山人。八歲能文，爲顧錫疇所知。十三通五經。康熙庚戌，殿試第三人，授編修。壬子，主順天鄉試，所拔皆夙學，文體一變。累遷左都御史、刑部尚書，罷歸。乾學以文章受知，試《平蜀頌》《瀛臺賦》《經史賦》《乾清宫讀書記》《班馬異同辨》，皆第一。直南書房，凡有叩問，應答如響。及歸，詔携《一統志》、宋元《通鑑》，即家開局編輯。尋奉召復官，而乾學已卒。生平敦兄弟之好，急友朋之難，尤勤於造進人物，海内有太(邱)〔丘〕道廣之目。

韓菼，字元少，長洲人。所爲經義，力振庸靡。康熙癸丑會試第一，對策力言三藩當撤，以第一人及第。授修撰，累遷内閣學士。謝病里居，點勘六經、漢唐宋箋詁義疏，靡不採獲而裁其中，史稱班、馬、陳壽。文宗唐、宋六家，詩尚唐音。將著書以老，閱八年起原官。晉掌翰林學士、禮部尚書。遇廷議，持論侃侃不阿，在部多所建白。卒於位。長子孝嗣，字祖語，康熙庚辰進士，經義能世其家學。

徐秉義，字彦和，昆山人，乾學弟。生而嶷重，攻舉子業，務闡發經傳微旨。康熙癸丑，會試第二，殿試第三，授編修。乙卯典試浙江，一時知名士幾盡。歷陞詹事。試《萬壽無疆賦》爲第一。壬午，典順天鄉試，得士如浙闈，遷内閣學士。聖祖南巡，書「恭謹老成」四字以賜之。

翁叔元，字寶林，常熟人。康熙丙辰，殿試第三人，授編修，文望甚著。戊午，主山東鄉試，得士皆名雋。歷官祭酒，累遷刑部尚書致仕。

潘耒，字次耕，吴江人。以布衣舉博學宏詞，官檢討，纂修明史。以母憂歸，不復出。耒幼有「聖童」之目，試以（歷）〔曆〕日，首尾不遺一字。兄檉章，有史才。耒承受家學，復從顧炎武、徐枋、戴笠遊，故其學貫穿淹洽，無所不通，旁及（歷）〔曆〕術、算數、宗乘、道藏，悉有神會。

徐釚，字電發，吴江人。以布衣舉博學宏詞，授檢討，纂修《明史》。尋乞歸。所著詩文，膾炙藝苑。少刻《菊莊樂府》，朝鮮貢使仇元吉見之，以金餅購去。貽詩云：「中朝携得《菊莊》詞，讀罷煙霞照海湄。北宋風流何處是，一聲鐵笛起相思。」

黄儀，字子鴻，常熟人。精輿地之學，凡郡邑建置沿革、山川險易，畫圖著説，縷析條分。徐乾學修《一統志》，多用其説。

蔡方炳，字九霞，昆山人，懋德子。性嗜學，涉獵群書，兼工篆草。兄方熺，字涵之，痛父殉闖賊之難，絶意人事，隱居以老。雖屢空，不肯干人，卒日，貧無以殮。

彭寧求，字文洽，長洲人。祖行先，字務敏，明末拔貢生，當授知縣，隱居不出，内行完潔，雅善書法。寧求幼孤，事母孝。其祖課之，益邃於學。康熙壬戌，以第三人及第，授編修，歷中允。恬澹無競。工古文詞，書法遒媚，分纂殿閣諸書，以勞卒官。

蘇翔鳳，字苞九，常熟人。父祖蔭，順治壬辰進士，官户部主事，以廉幹稱。翔鳳積學嗜古，收名早而遇合遲。康熙壬戌登進士，知沂水縣，半月而卒。同里曾倬，字漢瞻，康熙己卯舉人，文行兼粹。

孫岳頒，字雲韶，吴縣人。康熙壬戌進士，選庶吉士，改編修。歷官禮部侍郎，管國子監祭酒。爲諸生時，母病，割股和藥。入翰林以能詩善書受知，聖祖常召入内殿，賜坐論古今書法。每有御製碑版，必命書之。居官廉謹，進位司成。故鄉尚無一椽以居，聖祖特命賜第一區，并賜賈田銀一千兩，里黨榮之。年七十，奉旨校勘《二十一史》，卒官。

陸肯堂，字邃升，長洲人。才氣磊落，康熙乙丑會試、殿試皆第一。國朝之連擢會、狀者，韓菼、彭定求、肯堂，及定求之孫啓豐，皆吴産也，咸稱科名盛事云。肯堂由修撰陞侍讀，卒官。

金居敬，字穀似，長洲人。少負才名，邃於經史、八大家，爲文取法歸有光。屢躓場屋，康熙乙丑成進士，年已暮矣。知靈（邱）〔丘〕縣，人吏浹和。未幾，卒官。吴中以文學成名進士，而仕宦不顯者，順治壬辰則有陸壽名，字處實，終寧國教授。辛丑則有蔣埴，字曠生，終樂清知縣。康熙甲辰則有周邦鼎，字璧侯，終郯城知縣。丁未則有趙炳字明遠，庚戌則有管乂才字麟功，陳二酉字（秦）〔泰〕①逸，俱未仕。丙辰則有顧丁瑮，字湘珮，終弋陽知縣。戊辰則有湯傳渠，字子方，終清流知縣。

① 據《四庫》本改。

張尚瑗，字弘蘧，吴江人。康熙戊辰進士，選庶吉士，改興國知縣。自幼英異，老益嗜學，詩文古雅。尤好獎借後進，雖才長一藝，亦津津樂道之。

惠周惕，字元龍，長洲人。少從徐枋遊，究心經學及詩古文詞。汪琬以古文名，世少許可，雅重周惕。康熙辛未成進士，入翰林，調密雲知縣，卒官。同時昆山徐昂發，字大臨，博學工詞翰，名與周惕等。庚辰進士，歷編修。

何焯，字屺瞻，長洲人。康熙乙丑選貢，癸未欽賜舉人、進士，選庶吉士，充武英殿纂修，改編修。卒，贈侍讀學士。焯性通敏，博覽淹貫，長於考訂，所論述後學奉爲指南。

汪份，字武曹，長洲人。年十四，隨祖希汲任沂州，希汲以官逋繫獄，份侍側讀書連日夜，獄吏奇之。爲文詞氣雄邁。康熙癸未進士，授編修。弟鈞字右衡，壬午舉人。士鋐字文升，工詩古文，兼書法，丁丑會試第一，官至右春坊。從弟倓字安公，弱冠文名籍甚，辛未進士，官編修。

汪繹，字玉輪，常熟人。康熙庚辰殿試第一，少年高科，才名籍甚，而謙退不矜。醖藉多風韻，臚傳日，馬上口占云：「歸計豈謀千頃竹，浮生只辦十年官。」旋予告歸。乙酉，奉命校《唐詩》於揚州，尋卒。蓋口占遂爲詩讖云。

吴廷貞，字山掄，長洲人。夙慧工文。康熙丙子，舉順天鄉試，以寄籍註誤。己卯聖祖南巡，廷貞獻《迎鑾》詩，得復還舉人，奉旨召入南薰殿。癸未成進士，選庶吉士。歷左春坊諭德，纂修《佩文韻府》《月令輯要》，兼教習進士。以勞卒官。

張大受，字日容，嘉定籍，長洲人。父慶孫，字曾餘，順治甲午舉人，廬於匠門溪上，聚徒説經，學者稱履素先生。大受弱冠即能文，韓菼極稱之。康熙庚午鄉薦，闈牘爲天下傳誦。喜汲後進，四方造門講藝者無虛日。己丑成進士，官檢討。視學貴州，上廉其清勤，特令再任。以疾卒官。同里杜定京字世求，康熙己卯舉人，郭豐貽字子升，廩貢生，文筆韶秀，皆爲菼所稱。定京遊菼門。豐貽，大受弟子也。

顧嗣立，字俠君，長洲人。考功郎予①咸子。康熙己卯順天舉人，壬辰欽賜進士。選庶吉士，改中書，以疾歸。嗣立博學有才名，尤工詩。所居秀野草堂，常集四方知名士，觴詠無虛日。輕財好義，家以日貧，而風流文雅照映一時。所選詩集，皆盛行於世。

吴士玉，字荆山。爲諸生即以文名四方。康熙丙戌進士，入翰林，陞侍講，督順天學政。癸卯主江西鄉試，累官至禮部尚書，卒。詩宗韓、蘇，所著有《吹劍集》。

劉石齡，字介于，長洲人，孝子龍光子也。七歲即能誦《三都》《兩京》諸賦，及長，篤嗜古學，以能詩名，尤工五言。韓菼、陳元龍欲薦之朝，力辭，以布衣終。

王世琛，字寶傳，長洲人，明大學士鏊八世孫。父銓，字東發，康熙庚午副榜，累官禮科給事中。敦氣誼，重然諾，善繪事、書法。世琛康熙壬辰殿試第一人，授修撰，歷侍講。督山東學政，勸實學，

① 「予」，《四庫》本作「子」。

斥浮僞，青齊文體一變。累遷少詹事，視學未竣，以勞卒官。世琛工詩古文，兼善書畫，得父筆法。

謝志發，字雲翼，長洲人。父文昌，通經術。克承家學，兼工詩，所著有《一角山樓詩稿》。

周振業，字右序，吴江人，明御史宗建曾孫。以歲貢中雍正癸卯副榜。才高行潔，邃於理學，從遊甚盛。所得脩脯，悉以散宗黨之貧者。嘗遇故人子於途，哀其衣單，即解衣予之，忍凍而歸，因感疾卒。

江南通志卷一百六十六

人物志

文苑　二

松、常、鎮、淮、揚、徐六府　太、海、通三州

松江府

晋

陸機，字士衡，吴大司馬抗子。少有異才。太康末入洛，造張華，華素重其名，如舊相識。參大將軍成都王穎軍事，表爲平原内史。穎討長沙王乂，以機爲大都督，固辭，不許。機軍敗，穎聽讒説，

怒害之。機歎曰：「華亭鶴唳可得聞乎？」機辭藻宏麗，葛洪稱其文「猶縣圃積玉，無非夜光」。

陸雲，字士龍，機弟。六歲能屬文，性清正，有才理。少與兄齊名，號曰「二陸」。宰浚儀，有惠政，民爲立祠。歷官清河内史。機遇害時，并被殺。所著文三百餘篇行世。雲弟耽，爲平東祭酒，亦有清譽。同遇害。時又稱「三陸」云。

陸喜，字恭仲，瑁子。仕吴累遷尚書，入晋爲散騎常侍。少有聲名，好學有才思，作《言道》《訪論》《審機》《娱賓》諸文近百篇。

宋

陳舜俞，字令舉，自湖州徙華亭。慶（歷）〔曆〕六年進士。嘉祐中，與蘇軾兄弟同舉制科。博學强記，軾稱其學術才能兼百人之器云。

林至，字德久，華亭人。淳熙進士，歷官秘書省。爲朱子門人。著《釋騷》。子革，世其學。

元

淩嵓，字山英，華亭人。少習舉子業，會宋亡，即棄去。一放於詩，鎔意鑄詞，駸尋大（歷）〔曆〕間，時流盛推許之。有《古木風瓢集》行世。

王泰來，字復元，華亭人。早以詩鳴當代。由鄉舉入太學，旋棄去，放浪江湖。至元中，再徵不起。後特命召見，館於集賢，禮遇優渥。尋乞歸，卒。其詩多不經人道語。

曾遇，字心傳，華亭人。博學，敏文詞，工筆札。與王昭大、詹潤、徐順孫同遊，時稱「雲間四俊」。由薦授湖州安吉丞。

明

袁凱，字景文，華亭人。少以《白燕》詩得名，人呼爲「袁白燕」。洪武中，以布衣拜御史，上言令武臣聽講，俾知禮。數月，託瘋疾乞歸。讀書峰泖間，每騎牛往來，好事者繪爲圖。自號海叟。有集。

朱芾，字孟辨，華亭人。詩思飄逸。兼善翰墨，清潤遒勁。

顧禄，字謹中，華亭人。少力學，才藻豔發，工書法。以太學生歷官王府教授。嘗過鄱陽湖賦詩，太祖覽而喜之。盡進所作，故其集名《經進》云。

邵亨貞，字復孺。祖桂子。自淳安徙華亭，遂爲邑人。博通經史，贍文詞，工篆隸。有《蛾術集》。

全思誠，字希賢，上海人。博雅弘粹，宿負文名。洪武中以耆儒徵，授文華殿大學士。尋請老致仕歸。

管訥，字時敏，華亭人。九歲能詩。長師楊維貞，友袁凱。洪武中，歷官楚王府長史，事王二十餘年，以忠謹稱。所著有《蚓竅集》。子延枝，亦工詩。

金鉉，字文鼎，華亭人。有孝行，以親老，固辭薦辟。喜吟咏，得古詩人風格。書、畫皆擅長，時稱「三絶」。

沈度，字民則，華亭人。永樂初，以善書薦入翰林，授典籍，凡金版玉册必命度書之。在内廷每承顧問，必以正對。歷遷翰林學士。度事親孝，與弟粲友愛甚篤。爲人貞静温雅。粲字民望，亦以善書與兄同官翰林，進大理寺少卿。時稱大小學士云。

李至剛，名鋼，以字行，華亭人。少穎敏，從楊維貞學，爲詩文有清思。洪武中舉明經，授祠部郎，歷官參議。永樂初，首發建都北平議。爲禮部尚書。修《太祖實録》及《永樂大典》，以至剛領之。仁宗即位，出爲興化知府，卒。

錢溥，字原溥，華亭人。正統己未進士。御試《薔薇露》詩，大見稱賞，特授檢討。歷官吏部尚書。卒，謚文通。溥文章贍蔚，至老不衰，四方求請者相屬。凡五典文衡。弟博，字原博，正統乙丑進士，仕至四川按察使。亦有文名，善書。溥子岡，博學好古。

曹泰，字時和，華亭人。景泰甲戌進士，坐事廢。以詩鳴於時，鄉之學詩者多宗之。所著有《大聲集》。居邑之富林里，時人語曰：「富林二曹，一時人豪。」謂泰及其弟時中也。

朱應祥，字岐鳳，華亭人。領成化丁酉鄉薦。少有異質，嘗從藏書家借《文獻通考》一册，經日送還，曰：「已遍覽矣。」試加摘問，應答如響。其家因盡出所藏借之，於是學益閎富。大篇長什，肆筆立成。

錢福，字與謙，華亭人。弘治庚戌試，禮部、廷對皆第一，授翰林修撰。詩文藻麗敏妙，登第後名聲烜赫，遠近以牋版乞題者無虚日。

周佩，字鳴玉，華亭人。父輿，字廷參，由進士爲編修，有學行。佩弘治庚戌進士，歷官刑部郎中。武宗時，劉瑾擅政，即引疾歸。天性孝友。晚喜讀易。詩文典雅，翰墨皆有法。

陸深，字子淵，上海人。弘治乙丑進士，選庶吉士，品望爲一時館閣冠。嘉靖中，以祭酒入侍經筵，面奏閣臣竄易講章，爲當路所忌，左遷於外。久之，召入爲太常卿，歷詹事府詹事，致仕。卒，謚文裕。著述甚多，皆博而核，詞翰並工。子楫字思豫，亦有文名。

徐獻忠，字伯臣，華亭人。嘉靖乙酉舉人，授奉化縣令，尋乞歸。博學高才，日讀書盈寸。詩、文兼工，尤長於賦，有《白蓮》《羽扇》諸篇，爲時傳誦。

何良俊，字元朗，華亭人。由歲貢謁選，當事重其名，授南京翰林院孔目。未久移疾歸。博綜群籍，千言立就。所著有《何氏語林》《四友齋叢説》。

董宜陽，字子元，華亭人。工詩文，善古人書法，與何良俊、徐獻忠、張之象才名相亞，有四賢之目。

張之象，字月麓，上海人。由國學授浙江按察司知事，以吏隱自命。歸益務著述，罕入城市。

莫如忠，字子良，華亭人。嘉靖戊戌進士，歷官浙江布政。潔修自好，以詞翰擅名。尤工近體詩，有《崇蘭館集》。子是龍，字廷韓，十歲能文，才名高盛。善書法。以貢生終。時上海顧斗英字仲韓，才名與是龍埒，人號「二韓」。

袁福徵，字履善，華亭人。嘉靖甲辰進士，授刑部主事，與王世貞、李攀龍、宗臣同官，有「小詞林」之號。後謫官歸，以著述自娱，與同里舉人張大綸輩唱和。

王圻，字元翰，青浦人。嘉靖乙丑進士。授清江令，擢御史，忤時相謫外，歷遷陝西參議。致仕歸，築室松江之濱，種梅萬樹，曰梅花源，惟以著書爲事。有《續文獻通考》《三才圖會》諸書行世，人皆服其博洽。

董其昌，字(元)〔玄〕宰，華亭人。萬(歷)〔曆〕己丑進士，選庶吉士。天啓初，以侍讀學士纂修《神宗實録》，詔褒美之。歷遷禮部尚書。崇(正)〔禎〕七年告歸，卒。其昌天才俊逸，書、畫妙天下，超越諸家，行以己意，乞文者得其手書，以爲二絶。通禪理，終日無俗言。有《容臺集》。

陳繼儒，字仲醇，華亭人。少工文，與董其昌齊名，三吴名下士争欲得爲師友。未三十棄諸生，築室東佘山，以著述爲事，短翰小詞，皆極風致。兼善畫，户外屨常滿。晚年臺垣交薦，屢奉詔徵，皆以疾辭。時青浦施紹莘字子野，以諸生隱西佘，工樂府、詞曲以才豔稱。

高承祚，字天錫，華亭人。萬(歷)〔曆〕乙未進士，選庶吉士，授檢討。文仿曾、王，詩亦高秀。有《知古堂集》。又青浦吕克孝，官工部郎中。詞、翰兼工，著有《愧翁集》。

徐方廣，字思曠，華亭人。萬(歷)〔曆〕間爲諸生，負盛名。沉深嗜學，與人言某事出某書第幾卷第幾行，無一誤者。性狷介，有門人餽遺甚厚，唯取一剪刀。爲文精微研妙，李流芳亟稱之。

唐汝詢，字仲言，華亭人。五歲而瞽，父兄授以《三百篇》及唐詩，無不成誦。旁通經史，工諸體詩。箋註唐詩，援據該博。兄汝諤，字士雅，以貢歷教授，亦博學工詩。

夏允彝，字彝仲，華亭人。才學宏贍，與同郡陳子龍等創幾社，名重海内。登崇（正）〔禎〕丁丑進士，除長樂知縣，多異政。南都失，投淵死。兄之旭，字元初，爲諸生，有聲。子完淳，〔淳〕①字存古，少有異才，年十三作《大哀賦》，文采宏逸。

陳子龍，字卧子，華亭人。崇（正）〔禎〕丁丑進士，歷紹興推官，舉天下廉卓第一，擢給事中。子龍才氣豪邁，所著詩賦、古文宗漢魏，駢體精妙，徐、庾弗能過也。門人同邑王澐，字勝時，才譽早著，有入室之目。子龍死，澐收葬之。

徐孚遠，字闇公，華亭人。崇（正）〔禎〕壬午舉北闈。博學工文，倡幾社。著有《十七史獵俎》諸編。仕福州推官。時幾社中以文名者，如周立勳字勒卣，顧開雍字偉南，彭賓字燕又，宋存標字子建，郁汝持字子衡，朱灝字宗遠，朱積字早服，章曠字于野，張彦之字洮侯，張憲字漢度，韓范字友一，陸慶曾字子元，陸慶臻字集生，盛翼進字鄰汝，徐桓鑒字朗公，蔣雯階字大鴻，袁國梓字丹叔，或終明世，或入國朝，或仕或隱，皆翹楚也。

① 據《四庫》本補。

李待問，字存我，青浦人。崇〔正〕〔禎〕癸未進士，授中書舍人。工文章，兼精書法。

國朝

李雯，字舒章，上海人。工詩古文詞，以諸生擅盛名。父逢申官部郎，死闖難，雯時從在邸舍，哀號行乞，得具棺斂。王師入燕都，諸大臣素聞其才，薦授内院撰文中書，一時詔誥咸出其手。

宋徵輿，字轅文，華亭人。順治丁亥進士，以文章風雅著稱。少與陳子龍、李雯選訂明詩，學者宗之。督學閩中，所拔皆單寒士。有《全閩詩選》。歷副都御史。

田茂遇，字髴淵，青浦人。順治戊子舉人。少受業於夏允彝，以詩文雄壇坫①。會試京師，與王崇簡、魏裔介等相倡和。授新城令，不赴。築水西草堂，觴詠以老。

張一鵠，字友鴻，婁縣人。順治戊戌進士，爲雲南推官。詩文淩厲一時。在滇與中州彭而述倡和，尤多奇警之篇。子起麟，字趾肇，康熙己丑進士，官編修。以文學世其家，詩、文俱有集。

金是瀛，字天石，華亭人。文簡净有法，尤長於詩。與王光承、吴騏倡東皋詩社，引掖後進甚廣。

盧元昌，字文子，華亭人。諸生。著述有盛名。詩學杜陵。有《杜詩闡》《唐宋八家文選》。操選政數十年。以壽終。

---

① 「玷」，疑爲「坫」之誤。

董俞，字蒼水，華亭人。順治庚子舉人。詩文與錢芳標齊名，人稱才子推錢、董云。舉博學鴻儒，至山東遇盜劫其裝，生平著作在行篋中，追索之，被刃傷而返。好遊，所至多吟咏。兄含，字閬石，順治辛丑進士，亦有文名，稱「二董」。子溶，字晴川，高才早卒。

錢芳標，字葆馚，華亭人。明刑部侍郎士貴子。康熙丙午舉北闈，授中書舍人。風神秀異，弱冠即以詩名。會舉博學鴻儒科，撫臣薦爲江南第一才人。以丁内艱，不赴。

吴懋謙，字六益，華亭人。詩文與同里吴麒齊名，時有「雲間二吴」之目。生平多貴游，所至名公鉅卿皆與結詩社，人以明七子中謝榛比之。所著有《華平》《苧庵》諸集。

吴元龍，字長仁，華亭人。康熙甲辰進士，選庶吉士，改主事，歷郎中。舉博學鴻儒科，授翰林侍讀，預修《明史》。奉親以孝聞。子廷揆，字賓門，康熙癸巳進士，歷官太常少卿，才望甚著。

彭開祐，字孝緒，華亭人。父彦昭，官御史，善詩。開祐承家學，聯諸名士爲春藻堂文社，以詩古文領袖群英。尤工儷體。登康熙丙辰進士，仕知州。歸已老，猶課文不已。

錢金甫，字越江，華亭人。父昶，有行義，鄉里推長者。金甫康熙己未進士，授庶吉士。又以博學鴻儒即日除編修，蓋異數也。典試江西，有知人鑒。歷遷侍講學士，卒官。少負才藻，工詩古文，名盛一時。尤篤師友之誼，多陰德。有《保素堂集》。

戴有祺，字丙章，金山人。康熙戊辰進士，辛未廷對第一，授修撰。文奇古似柳州，詩曠達似放翁。以左遷不赴，歸築草堂，縱意詩酒，卒。

王原，字令詒，青浦人。康熙戊辰進士，由知縣擢給事中。以詩文名。既罷歸，領袖騷壇，郡中爲古學者皆折衷焉。以壽終。

周彝，字策銘，上海人。康熙丁丑進士，選庶吉士，授編修，主雲南鄉試。初在太學，祭酒王士貞奇其才，教爲詩古文，遂有名。在翰林，凡纂修御書必與焉。敦古道，徒步葬其房師。於石首典試歸，下第者猶遠送數百里。弟鼎，亦有文名。

范纘，字武功，婁縣人。太學生。博學强識，於書無不窺，搜擇秘奥，問字至者，揮塵應之不倦。工書法，善畫，乞畫者例酬一綿衣，每歲積數十襲，以待冬月施貧者。詩文與周稚廉齊名，所至傾座。

周稚廉，字冰持，華亭人。茂源孫。幼穎異，日讀書以寸計，才名籍甚。嘗遊浙中，倡文會於西湖，合千餘人，題爲《錢塘江賦》，稚廉先成，素紙疾書，一座愕眙。明日，衆物色之，已揚帆歸矣。爲國子生，屢試被放，牢騷以死。所著詩古文詞，藻麗精妙，人謂夏完淳後身云。

常州府

漢

高彪，字義方，無錫人。除郎中，校書東觀，數奏賦頌。因事諷諫，遷内黄令。帝敕同僚祖送上東門，詔東觀畫像，以勸學者。

三國　吴

華覈，字永先，武進人。以文學自典農都尉入爲秘府郎，歷東觀令，領右國史，與韋曜、薛瑩等並撰《吴書》。孫皓時屢陳便宜，書百餘上，皆有補益。

晋

顧愷之，字長康，無錫人。尚書左丞悦子。博學有才氣，善丹青，圖寫特妙。俗傳其有三絶：才絶、畫絶、癡絶。義熙初，歷散騎常侍。著有文集及《啓蒙記》行世。

南北朝　齊

（邱）〔丘〕巨源，蘭陵人。舉孝廉。文學爲宋孝武所知，敕助徐爰撰國史，又參詔誥。後事齊終餘杭令。

梁

蕭幾，字德（元）〔玄〕，南蘭陵人。年十五，作《湘州刺史楊公則誄》，沈約奇之，謂不減謝莊之作。歷新安太守，郡中山水多爲之記。子清，亦有文才。

蕭文琰，南蘭陵人。竟陵王子良嘗夜集學士，刻燭爲詩，約一寸成四韻。文琰曰：「此自無難。」乃與（邱）〔丘〕令楷等共打銅鉢，響絶詩成，皆可觀覽。

蕭子範，字景則，南蘭陵人。爲南平王偉從事中郎。王雅愛文學士，子範偏被恩遇，使製千字文，其辭甚美。自是府中文筆，皆使具草。弟子顯，好學工文，武帝雅愛之。歷官侍中。著《齊書》六十卷。子顯子愷，才學似父，終太子家令。

蕭立，南蘭陵人。年十七，射策甲科，遷殿中侍御史。文學、政事，爲臺閣領袖，獨孤及序其文，比之賈、馬。

蕭孝儼，字希莊，南蘭陵人。懿孫。射策甲科，除秘書郎。從幸華林園，於坐獻《相風烏》《華光殿》《景陽山》等頌，武帝深賞異之。

唐

蕭德言，字文行，引之子。明《左氏春秋》。貞觀中，歷著作郎、弘文館學士，與魏徵、虞世南奉詔纂經史百氏帝王興衰事迹。帝愛其書博而要，賚賜尤渥。晚節學愈苦，每對經必祓濯束帶危坐。詔授晋王經，進秘書監。年九十七卒，謚曰博。

秦景通，晋陵人。與弟暐皆精《漢書》，號大小二秦。學者非經指授，謂無師法。景通仕至崇賢館學士。暐復踐其官，以《漢書》授沛王。

劉禕之，字希美，晉陵人。思致華敏，以文辭稱。歷弘文館學士。高宗召入禁中，論次新書凡千餘篇。又密與參決時政，時號北門學士。武后時，累擢中書門下同三品，掌詔令。

許景先，義興人。少舉進士。神龍初，詣闕獻《大像閣賦》，擢拜左拾遺。開元初，與張九齡等同知制誥，以文翰稱。張説稱其屬詞豐美，得中和之氣。

宋

單鍔，字季隱，宜興人。兄錫字君賜，嘉祐二年進士，明陰陽、圖緯、星(歷)〔曆〕諸書，嘗修周處《陽羨風土記》。鍔嘉祐五年進士。博學明經，著《吴中水利書》，蘇軾録進於朝，不果行，後言水利者必宗之。子發，政和進士，官太學録。

袁默，字思政，無錫人。嘉祐癸卯進士，官司農簿。獻《無逸傳》，累遷河北轉運判官。學問淵博，士大夫以爲師法。弟點字思與，元豐乙丑進士，累官通判杭州、知淮陽軍，致仕。點工詩，蘇軾以爲有驚心駭目之奇。時號「二袁」。

沈初，字子深，無錫人。熙寧癸丑進士。元祐中尚詞賦，朝廷以初賦頒爲天下格。傳至西夏，夏人織以爲文錦。官象山尉，入爲國子直講。

孫覿，字仲益，武進人。大觀三年進士，舉制科，歷官翰林學士、吏部尚書。以文學名世。晚歲待人益和厚，里人有求詩文者，皆忻然應之。年八十餘，屬辭命句，少壯不及。有《鴻慶集》傳世。

蔣璨，字宣卿，宜興人。之奇從子。少卓越不凡，操筆成章。以之奇蔭補將仕郎，歷知平江、臨安二府，鋤刈强梗，豪黠畏之。善爲詩，同郡孫覿稱其奇麗清婉。有《景坡堂詩卷》。

明

王逢，字原吉，江陰人。元至正中作《河清頌》，臺臣薦之，稱疾辭。避亂華亭，徙上海。張士誠欲辟之，不就。洪武中，以文學徵，旋以年老止之。有《梧溪詩集》。

包聖，字師聖，江陰人。仕至岳州府同知。號鶴洲野人，有詩名，與高啓、楊基爲詩友。

王紱，字孟端，無錫人。博學，工歌詩，能書，寫山水、竹石，妙絶一時。性高介，畫不苟作，人投金帛購片楮，輒拒不應。永樂初，以薦授中書舍人。嘗隱九龍山，自號九龍山人。

王達，字達善，無錫人。嗜學博聞。洪武中，爲國子助教。永樂初，以薦除編修，遷侍讀學士。爲文章有典則，援引證據，必本于六藝。作詩有唐人風韻。晚號耐軒，有《耐軒集》。

張籌，字惟中，無錫人。元舉省試第一。洪武中，以薦授翰林應奉，改禮部主事，歷禮部尚書。籌有文學，記誦淹博，歷代禮文沿革俱通曉。後更定社稷祀典，最當帝意。

張宣，字藻重，江陰人。洪武初以考禮徵，尋預修《元史》。召對殿廷，授翰林編修，呼爲張家小秀才。年三十，奉詔歸娶。後坐事謫。

吕敏，字志學，無錫人。與高啓、徐賁等爲十才子。洪武初，官教諭。

浦源，字長源，無錫人。工詩。洪武中舉求賢科，授晋府引禮舍人。又善畫。

錢仲益，名允益，以字行，無錫人。長於詩歌。洪武中舉明經，爲本縣訓導。擢太常博士，預修《高祖實録》。進翰林修撰，後爲王府長史。

芮畿，字惟瞻，宜興人。天資絶人，讀書過目成誦。雅好棋，待詔禁垣，成祖嘗呼爲棋仙。自號錦樹山人。嘗與友約于暗中摸碑，别録以驗資力，不錯一字。爲文豪邁俊逸。

邵珪，字文敬，宜興人。舉成化丙戌進士，官刑科給事中，多所論列。弟稷，亦舉進士，官給事。

卜同，字從大，宜興人。成化己丑進士，歷嚴州知府。性穎拔不群。爲詩文有藻思，嘗有「半江帆影落尊前」之句，人因號爲「半江先生」。兼工小楷、草書。

吴學，字遜之，無錫人。成化乙未進士，歷官湖廣僉事。才華敏妙，嘗偕諸僚宴集黄鶴樓，憲長屬同爲《黄鶴樓賦》，尊俎間摛千餘言，思如泉湧，滿座奇之。著有《毅齋集》。

杭淮，字東卿，宜興人。成化甲辰進士，擢御史，條上十事，著爲令。出按河南，剿流寇有功。歷山東按察使，請老歸。博雅能詩，尤工八法。

王問，字子裕，無錫人。弘治己未進士，歷右副都御史，總督南京糧儲。工詩，五言尤勝，有《雙溪集》。兄濟，進士，歷官通政使。亦能詩，有《澤西集》。弟諸生濂，與祝允明、文璧諸人爲詩文友。

至桐江乞養歸。父殁不復仕，築室寳界山，讀書二十年，不履城市。工詩文，善書畫。卒，年八十，門人私謚文静。子鑑字汝明，嘉靖末進士，知武定州，多善政，境内大治。累官吏部郎中。亦以父老乞養歸。父殁，歷進太僕卿。

季科，字與登，江陰人。嘉靖癸丑進士，官給事中，有清望。忤執政，外補歷江西布政使，年三十六即告歸養母。有《寄寄堂稿》《閑居》《鷗盟》《雪浪》諸集。

袁舜臣，字承華，江陰人。嘉靖甲子舉人。學問該洽，自天文、地理、〔歷〕（曆）律、兵刑無不精究。疾革，握其兄手，以古樂不復作爲嘆。又無錫張九方，以舉人授汝寧府推官。罷歸，賣文自給，才名甚盛。有《覆簣》諸集。

鄒迪光，字彦吉，無錫人。萬〔歷〕（曆）甲戌進士，累官湖廣提學副使，擅衡鑑，楚士愛之。罷官時，年甫强仕，治園亭慧山麓，日與當世名公卿文士遊宴其中。有集三百餘卷。子德基字公履，負不羈才，工詩文、書畫。

尹嘉賓，字孔昭，江陰人。萬〔歷〕（曆）庚戌進士，歷湖廣提學僉事，以勞卒官。有才名，作江上竹枝詞，深爲名流稱賞。有《焚餘集》。同榜進士武進鄒之麟，官工部主事，亦工詩文，兼善書畫。

蔣如奇，字盤初，宜興人。萬〔歷〕（曆）丙辰進士。崇（正）〔禎〕末，以浙江糧道督漕入京卒，贈光禄卿。詩篇標格清蒼，能自成家。書法尤擅名。又武進蔣紹煃，歷官漢陽守，亦以詞翰稱。

顧杲，字子方，吏部郎憲成諸孫。雅負氣節，詩文俱工，書法得李邕神髓。

註解》。

國朝

顧宸，字修遠，無錫人。明崇（正）〔禎〕己卯舉人。有文名。蓄書尤富。晚輯《宋文選》《杜律註解》。

莊冏生，字玉驄，武進人。工詩古文，兼繪事。順治丁亥進士，授檢討，超擢贊善。世祖章皇帝嘗臨幸弘文院，見壁懸冏生山水，稱善。冏生適侍直，命給筆札，更圖以進。冏生因畫駿馬以寓意，上大悦，撤御前金碗及衣二襲賜之。旋陞右庶子兼侍讀，卒。

鄒忠倚，字于度，無錫人。順治己丑進士，壬辰廷對第一，授翰林院修撰。詩古文皆沖和静細。未幾，卒。子卿森字衡湘，與從兄顯吉字黎眉，並以詩詞、繪畫名於時。

龔廷歷，字玉成，武進人。順治壬辰進士。好讀書，類編天文輿地、諸子百家書數百卷。任湖州推官，以剛正忤上官罷歸，益肆力古學。

戚藩，字价人，江陰人。順治壬辰進士。以文名于時。任陝西安定令，日與諸生講學論文，文風丕變。

唐德亮，字采臣，無錫人。順治壬辰進士。自幼沉潛唐宋八家，製義雄灝，自成一家，風氣爲之丕變。官户部郎，管通州倉。卒於官。

張星瑞，字玉符，武進人。順治壬辰進士，歷刑部員外。歸里後杜門讀書，於《十三經》《廿一史》

貫穿融洽。詩、古文詞皆擅長。弟祖鎬，字西京，康熙甲子舉人，任内閣中書。癖嗜《史》《漢》，才名兄弟相埒。

鄒祇謨，字訏士，武進人。順治戊戌進士。事母以孝聞。讀書日記萬言，工爲詩詞。

曹禾，字頌嘉，江陰人。康熙甲辰進士，官中書舍人。舉博學宏詞，歷官國子監祭酒。詩、古文皆有名，有文集行世。

周弘，字子重，無錫人。康熙甲辰進士，廷試第三人，官侍讀學士。有才學。居家敦孝友，尚廉讓，杜門讀書，不騖聲譽，人無賢愚，共推爲長者。

陳維崧，字其年，明左都御史于廷孫。由諸生舉博學宏詞，授檢討，修《明史》。最善駢體，能於徐、庾外自闢町畦。詩詞皆工麗。居官四年，時以魚鳥湖山爲念。疾革時，猶吟斷句云「山鳥山花是故人」，振手作推敲勢。

嚴繩孫，字蓀友，無錫人。明刑部侍郎一鵬幼孫。六歲即能作徑尺大字，以詩古文詞擅名。早棄諸生。舉博學宏詞，力辭不獲，試日賦一詩而退，聖祖特命授檢討，蓋異數也。在明史館，纂《隱逸傳》，容與蘊藉，蓋多自道其志行云。著《秋水集》二十卷①。子泓曾，善畫工詩。

顧貞觀，字華封，憲成曾孫。由監生考授秘書院中書。康熙丙午舉順天鄉試，擢國史院典籍，應

---

①《四庫》本作「詩文集十二卷」。

制諸作宏麗似唐音。長短句尤工，得秦、柳之意。

楊大鶴，字芝田，大鯤弟。康熙己未進士，累官左春坊左諭德，督學順天。詩文、書法俱工，選輯古今詩文集數十種行世。

儲欣，字同人，宜興人。早失怙，率兩弟讀書常至夜分。博通經史，文譽赫然，東南之士奉爲宗工。至康熙庚午始領鄉薦，年已六十矣，一試南宫不利，遂絶意仕進，杜門著書以老。其門人多達者。有《在陸草堂文集》。

劉齊，字言潔，無錫人，明光禄卿元珍曾孫。康熙乙丑拔貢。古文、時藝，皆負盛名。入太學教習三年，足不涉顯貴門，既歸汲古益勤。從弟學洙，字遜五，康熙庚辰進士，製義有名。

陸楣，字紫宸。詩詞皆清麗典雅，尤長於碑版文。隱居不仕。六經皆有著述，《古今官制考》一書尤所覃精。邑中與楣相先後者，黄漢臣、黄夏生、邵羲書，皆工古文；華商原、秦樂天、馬雲翎，皆能詩。

孫祁雍，字禮若，明吏部侍郎繼皋元孫。有名諸生間，以歲次充貢。詩、古文皆有奇氣。康熙丙申，廷臣以博雅薦徵，疾不克赴。

謝方琦，字應雲，旭子。康熙丙子舉人。博學工詩古文。性介直，邑中有大利弊事，每引爲己任，同郡趙司農申喬雅相推重。

邵長蘅，字子湘，武進人。少稱神童，十歲爲諸生長。工詩古文。性坦易。著《青門集》，商（邱）

〔丘〕宋犖序而刊行之。

趙熊詔，字侯赤，户部尚書、謚恭毅申喬長子。年十五，以五經入泮。戊寅選貢，己卯雋北闈，己丑舉進士，臚傳第一，侍直内廷。因同官訐奏記注事削職，仍留供奉。戊戌，以大臣子弟從軍肅州，熊詔自備脚力運解羨餘，毫不敢私。申喬卒於官，特旨許熊詔扶櫬南歸。歸未匝月，亦以毁卒。遺摺啓奏，奉旨復職。平生撰述，爲世所稱。

鎮江府

唐

陶翰，潤州人。進士，歷官禮部員外郎。工詩，以《冰壺賦》得名。同郡殷璠評其詩云：「既多興象，復備風骨，三百年以前方可論其體裁。」

丁仙芝，曲阿人。開元進士，官餘杭尉，居官清謹。工詩。郡人又有殷遥、張潮，皆以詩名。

蔡希周，曲阿人。開元進士，歷監察御史。弟希寂，終渭南尉。兄弟並有詩名。

儲光羲，丹陽人。開元中，登進士第，召中書試文章，歷監察御史。工於詩，所著有詩集。

包融，潤州人。能詩，與賀知章、張旭、劉昚虚皆有雋才，號「吴中四傑」。終集賢院學士。二子佶、何，皆工詩，世稱「二包」。

皇甫冉，字茂政，丹陽人。十歲能屬文，與弟曾皆善詩。天寶中，相繼舉進士。王縉表冉書記。曾字孝常，歷官殿中侍御史，當時比張氏景陽、孟陽云。

許渾，丹陽人。舉進士，授太平尉，遷監察御史，歷睦、郢二州刺史。别墅在丁卯橋，因名其詩曰《丁卯集》。

宋

吴淑，字正儀，丹陽人。從李煜歸宋，薦授大理評事，預修《太平御覽》《文苑英華》等書。嘗獻《事類賦》百篇，累遷職方員外郎。時諸路所上閏年圖皆鑾儀司掌之，淑言天下山川險要係國家急務，請以圖上職方。又令轉運使每十年一畫本路圖以進，從之。淑純静好古，工篆、隸，撰《説文五義》《江淮異人録》《秘閣閒談》等書。

蔡肇，字天啓，丹陽人。從蘇軾遊。第進士，歷仕至顯謨閣待制，坐黨籍斥不用。有《丹陽集》三十卷。弟載字天任，工詩。以薦除承事郎。建炎初，李綱辟辦公事。後屢徵，皆稱疾不就。

陳從古，字晞顔，金壇人。進士。歷知衡、饒、信州，直秘閣。力學工文，著《洮湖集》。

霍篪，字和卿，丹徒人。進士。歷揚州推官，舉廉吏，累遷（城）〔成〕①都府路運判。刻意古文，

① 據《四庫》本改。

尤長于詩，有集。

周孚，字信道，自濟北徙丹徒。讀書過目輒成誦，日過書肆，得盡閲天下書。舉乾道進士，終真州教授。有《蠹齋集》三十卷。

李拱，字應辰，金壇人。進士，再中博學宏詞科，歷官咸寧令。詞學爲後來之冠。

丁明，字子公，金壇人。以特恩對策官修職郎。生平無書不讀，編《事類》《讀史通考》等書百餘卷。卒，鄉里私謚曰博雅先生。

譚知柔，金壇人。舉進士，歷官通判邵州，終秘書少監。善爲詩，有《華陽居士集》。

艾謙，字益之，丹徒人。再舉於鄉。孝友天至。有《澹軒類藁》《易學理窟》等書數十卷。

趙時侃，字仲和，宋宗室，金壇人。慶元中登第，累官工部侍郎。博聞强記，明習典故。所著有《容齋筆録》《晬盎録》等書，共一百三十卷。

朱叔玷，字德裕，丹徒人。刻意古學，爲《京口七原略》，倣柳宗元《晋問》。其他擬古詩文甚多。

吕江，字子恒，金壇人。八歲能著文。以漕舉任迪功郎，主吴縣學。所著有《山中山外吟》。學者稱四平先生。

錢周材，溧陽人，七歲能屬文。鄉試第一，登進士第，由大理司直累官刑部侍郎，終龍圖直學士。

時敏，溧陽人。敏慧善屬文。政和年登第，擢大理寺丞，國有禮制，皆令掌之。累官敷文閣待制。

俞德璘，字宗大，家丹徒。魁鄉薦，又魁浙漕。元行省交辟，皆不就。性孝友，好施予。博學多識，有《佩韋文集》十六卷，《輯聞》四卷。

元

楊如山，字少游，居京口。爲淮海書院山長。著《讀史説》《春秋旨要》及《詩集》若干卷。

郭畀，字天錫，丹徒人。歷鄱江書院山長，浙江行省辟充掾吏。工書畫，得趙孟頫法。

俞希魯，字用中，德璘子，丹徒人。辟從仕郎，歷官松江路同知。學業淹貫，金華宋濂推爲先輩。有《竹素懸鈎》二十卷，《聽雨軒集》二十卷。子圭，長於古文，洪武末爲郡庠教授。

明

戈鎬，字仲京，鎮江人。洪武初徵至，官禮部主事。著《鳳臺集》。

張存，字性中，丹陽人。洪武中歲貢，任江西安遠縣主簿。五歲能賦詩，從劉基、宋濂遊。有《雪洞集》行世。

丁禮，字思敬，丹徒人。以耆年辟知南陽府。耽吟咏，工書札。永樂中入覲，獻《周禮補註》。所著有《郡志》《三餘集》《蘭室吟稿》。

李熹，字景豫，丹徒人。博雅能詩，兼工書畫，有遺世志。著《冰檗稿》《琴清集》。

費誾，字廷言，丹徒人。成化己丑會試第一，選庶吉士，歷官禮部右侍郎。誾儀度閎偉，善談論，恥言人過。孝宗臨太學，賜坐講經，甚加褒異。爲詩文清健有則，所著有《自考集》《貽笑集》《瀛洲奇處録》《向陽書屋稿》《補庵隨録》《臨雍録》。

楊炯，字季德，丹徒人。弘治己酉舉人。敦古博學，介然特立，與人慎許可。工爲古文詞。

唐成，字惟敬，丹徒人。詩有晚唐風，著有《天慵集》《京江遺響》《瓢稿》等書。

俞桂，字時芳，丹徒人。力學好古，潛心於《易》。與丁元吉友善，同修郡志。著《霽野漫稿》。

韋椿，字大年，丹徒人。少穎異，端静好學，詩、畫兼工。外飭而中介，不與時俯仰。所著有《考槃集》《自鳴稿》《答客言》及《史外别言》。

曹大章，字一望，金壇人。嘉靖癸丑會試第一，殿試第二，授編修。敏於文，每于市囂處構腹稿，歸而伸紙疾書之。有《文集》二十卷。

鄔佐卿，字汝翼，丹徒人，按察使紳之子。兄仁卿，嘉靖壬子舉人，工爲駢語，令湘潭、龍陽，得士民心。佐卿幼負異禀，充貢上春官，忽謝去。自稱丹徒布衣，砥礪道義，風化鄉人。嘗客錢塘，遇道士坐石上呼佐卿語，期二十年訪我石室間。自後佐卿多與人談長生，間及兵略。及期赴道士約，甫入僧舍，忽端坐逝。生平善楷書，尤長豔體詩，著《芳潤齋集》。

何文熙，字景城，丹徒人。有文才，閲書日以四五寸爲度。所著有《左國註》《讀史緒言》。

吴芊，字蔓之，丹徒人。少窮經史，爲古文詩歌專師柳子厚。以貢授休寧訓導。

陳永年，字從訓，丹徒人。讀書傲然不可一世，人以窮愁歸之者，周旋弗倦。詩在唐中晚間，字畫亦名一時。

吕高，字山甫，丹徒人。嘉靖己丑進士，授户部主事，累陞太僕少卿。肆力詩歌古文之學。嘉靖初與王慎中、唐順之、熊過、陳(東)〔束〕①、任瀚、李開先、趙時春稱八才子。有《江峰稿》行世。

鍾鳴陛，字中散，丹陽人。萬(歷)〔曆〕壬辰進士，知永城縣，陞户部主事，以争國本事謫。天啓中贈光禄寺丞。鳴陛少負才名，文章本經術。今惟傳其製義。

孫雲翼，字禹儉，丹陽人。萬(歷)〔曆〕辛卯鄉舉，知彝陵州。文工齊梁體，有《清暢齋駢語》《鰲陽漫稿》《橘山梅亭四六〔箋〕②註》行世。

眭石，字金卿，丹陽人。萬(歷)〔曆〕辛丑進士，官檢討。工古文詞，操筆數千言立就。時宫中有郭貴人者，其母眭也，以甥舅禮請通石，不可，曰：「六世而袒免。吾家去趙州越六世矣，何能序昭穆耶？」貴人尋卒，詔究所賜寶履，親屬有波累者，人皆服其先見。有《東蓀集》。

陳應昌，字克彝，丹徒人。謝去諸生業，從事天文、地理、律(歷)〔曆〕，旁及太乙、六壬、奇門之學。以占候罔不奇驗，御史張國維聘修《三吴水利全書》。餘所著書甚富，毁於火。

---

① 據《四庫》本改。

② 此書今存，據國家圖書館藏明萬(歷)〔曆〕三十三年原刻本補。

曹廷傑，字去非，丹徒人。家貧足跛，坐卧一小閣，酒後搦管，立草數千言。家人告薪水匱絶，咿唔弗顧也。天啓中，楊忠烈漣糾逆閹二十四大罪，疏草創於廷傑，而削成於繆昌期。後昌期陷獄，廷傑遂杜門不出。

張明弼，字公亮，金壇人。早負才望，古文詩賦擅名一時。崇(正)〔禎〕丁丑進士，知揭陽縣，署杭州推官，監軍平許都之亂。歷官十年，猶僦屋而居。著《螢芝集》二十卷，《兔角註》十卷。①

杜堇，丹徒人，字懼男。工詩古文，通六書，畫山水、人物、草木、禽獸，神采流動，人咸重之。著有《青霞亭集》。

國朝

張鳳儀，字君表，丹徒人。少慕李贊皇、張乖崖之爲人，熟精全史，談論古人忠孝大節及成敗利鈍之故，慷慨激烈如在其間者。子九徵登第，遺書誡曰：「入仕在自立，毋輕受人恩。我爲諸生三十年，未嘗持一門生刺。所見有王文成、高忠憲其人乎，外此無可北面者。」其高自期許類如此。

蔣超，字虎臣，金壇人。順治丁亥進士一甲第二，授編修。辛卯主浙江試。陞修撰，督北畿學政。事竣疏陳十事，如禁長吏笞辱諸生、酌復進取舊額，多見施行。超性廉静，博學强記，手録書數

① 「著」句凡十二字爲重修本所無。

百卷。所著有《綏安集》。

賀裳，字黄公，丹陽人。少以諸生入太學，與張溥、楊廷樞友。年三十始爲古文詞，發所藏書讀之，無不該洽。有《少賤齋集》《載酒園詩話》。

馬世俊，字甸臣，溧陽人。順治辛丑殿試第一，對策稱：「王者天下爲家，不宜示同異。」言論侃侃。性朴素，釋褐策蹇驢，一老蒼頭携宫袍隨後，士林傳爲佳話。敏於詞翰，著《匡庵集》。

潘高，字孟升，金壇諸生。工詩，嘗賦詩《送袁孝子駿》，極爲□□□①所激賞。有《南村集》。子玠，亦工詩，有《雙清集》《句溪集》。

吴穎，字見末，溧陽人。順治壬辰進士。授刑部主事，常疏言律無正刑，毋得刻深，以意傳法；其初詞既具，毋得株引滋蔓，深被嘉納。遷郎中，出知湖州。所著有《蓴羹堂集》《湖州志》《溧詩》《閭史》，時有瀨江文獻之目。

史鶴齡，字子修，溧陽人。康熙丁未進士，官編修，充庚戌同考，兼日講官起居注。以文學書翰稱旨，屢荷恩賜。乞假歸養，卒。階止七品，頒諭祭葬，蓋異數云。

史夔，字胄司，鶴齡子。康熙壬戌進士，授編修，累遷至正詹事。在館閣凡稽古禮文、編纂著作之事，推爲巨手。扈從北巡，著《扈蹕集》。典試兩浙，著《樟亭集》。分理河工，著《觀濤集》。祭告南

① 《四庫》本作「同時人」。考潘高受業於錢謙益，疑原文本作「錢謙益」。

海，著《扶胥集》。

王錫祉，字弓銘，金壇歲貢生。篤行績學，著《孝經集解》《史論》十二卷，多前人所未發。

王汝驤，字耘渠，金壇人。選貢，任新津知縣。詩、古文皆清微刻露，製藝苦心孤詣，爲時所推。

淮安府

漢

枚乘，字叔，淮陰人。爲吴王濞郎中，王謀爲逆，切諫不納，去之梁從孝王遊。七國既平，景帝召拜弘農都尉，以病免。復遊梁，梁客皆善辭賦，乘尤高。武帝即位，以安車蒲輪徵之，道卒。

枚皋，字少孺，乘子。武帝召見，使賦平樂館，善之，拜爲郎。以媟黷幸，比東方朔等。從巡狩遊觀，上有所感，輒使賦之，受詔立成。

唐

吉中孚，楚州人。始爲道士，後登宏詞科。授校書郎，歷翰林學士、户部侍郎。詩名列大（歷）〔曆〕十才子中。

趙嘏，字承祐，山陽人。會昌中進士。杜牧見其《早秋詩》有「長笛一聲人倚樓」之句，咨賞不已，因稱爲「趙倚樓」。官渭南尉。所著有《渭南集》。

五代

孫魴，淮人。善吟咏。楊吳據江淮，文雅之士駢集，魴與沈彬、李建勳爲詩友。官宗正郎。有詩百篇。

宋

張耒，字文潛，淮陰人。弱冠第進士。從蘇軾遊，爲蘇門四學士之一。紹聖初，以直龍圖閣知潤州，坐黨籍謫官。徽宗初，召爲太常少卿，出知汝、潁二州。在潁聞蘇軾訃，爲舉哀行服，當國者以爲罪，安置黄州。耒筆力絶健，於騷詞尤長。嘗著論言作文以理爲主，人服其名言。

元

趙篔翁，字維清，宋丞相鼎六世孫。宋末遷淮，爲山陽人。元延祐甲寅，始設科取士，篔翁首膺鄉貢第二，會試第五，賜進士，授泗州判官。後爲總管、中大夫，補著雅樂，卒於杭。著有《覆瓿集》。

金原舉，鹽城人。善吟咏，博通經史，尤工楷書篆草。弱冠爲郡學録，歷州郡守，元末歸鄉，後薦授南康令。有《雲谷集》。

明

成寧可，字仲謐，鹽城人。志行高潔，工篆隸，善吟咏。洪武初，以監生授御史，擢廣東按察使，卒。

陳擇善，字從之，安東人。能詩。洪武中授御史。有《漣隱集》。

金銑，字宗潤，山陽人。正統辛酉舉人，知蘄州。以文學稱。聘典江西試，甄拔得人。擢充翰林編纂官，遷廣信知府。乞歸，四方求文者相繼。著有《省庵集》《漫叟日録》。

王貞慶，字善用，淮安人，駙馬都尉永春侯寧子。寧在戚里中以文雅著。貞慶尤工詩，名列「景泰十才子」中。

高雲，字從龍，山陽人。成化辛丑進士，歷南禮部郎中。性沉静，言動必循禮法。尤長於詩，公暇常閉門覓句，或對客揮毫。著有《静齋集》《香奩百咏》。

張素，字元卿，山陽人。通五經大義，尤長於詩。成化己酉舉人，授河陰令，以清節稱。致仕歸，以文史自娱。著有《檜泉集》《叙姓千文》《續咏史詩》《咏物詩》行世。

蔡昂，字衡仲，山陽人。少穎異，嗜讀書，家貧不能致，每假之藏書家，一覽成誦。正德甲戌廷對第三人。在史館幾三十年，有聲於時。歷官禮部侍郎，卒。著有《頤貞堂集》。

楊于臣，郡諸生，谷裔孫。英敏好學，潛究經史百家。著有《神光兩朝淮郡實録》及《枝(元)〔玄〕集》①。

吴承恩，山陽人。性敏而慧，博極群書，爲詩文下筆立成，清雅流麗。以貢授縣佐，未久乞歸。有文集。

孫渠，字不逾，鹽城人。博綜經史。舉崇(正)〔禎〕癸未進士。授上虞令，下車三月，政聲大著。歸里後，日與高士結侶討論詩文，徜徉林壑以終。著有《亦園》諸集。

國朝

稽宗孟，字淑子，山陽人。天資穎異，善屬文，詞采壯麗。由乙榜歷守杭州郡，乞歸。未久，薦舉博學鴻儒，堅以疾辭。著有《立命堂集》《楚江蠡史》諸編。

孫一致，字惟一，鹽城人。父助，以孝友稱鄉里。一致少有異才。順治戊子，以拔貢赴廷試，當授推官，不就。甲午舉北闈，戊戌榜眼及第，授編修，歷侍讀學士。性恬澹嗜學，以母憂歸，遂不復出。糲食藜羹，展卷日哦。詩宗杜甫，兼出入王維、孟浩然間。著有《世耕堂集》。

李鎧，字公凱，山陽人。少孤力學，篤於孝友。舉順治辛丑進士榜。後益博綜群籍，歷知綏

① 同治《山陽縣志》卷十八作《枝玄堂集》。

陽、蓋平二縣，皆著循績。康熙己未，舉博學鴻儒，特授編修，分纂《明史》。累擢内閣學士，兼禮部侍郎。甲申冬，以疾告歸，卒。生平于書無不窺，至老益勤。所著有詩賦，及《史斷》《讀史雜述》諸編。

張鴻烈，字毅文，山陽人，吏部新標子。康熙己未，舉博學鴻儒，特授檢討，纂修《明史》。疏請開支河轉漕，以避河險。又時興殿工，採木遠省，復有寬期減數之請。事悉施行，部議以不應密封鐫級。除國子監助教，遷大理寺副，以憂歸。後聖祖南巡淮上，鴻烈迎獻詩賦，特復原職。鴻烈詞藻豐蔚，一時推爲大才。

（邱）〔丘〕象隨，字季（正）〔禎〕，山陽人，參政俊孫次子。年十四即工詩，才名早盛，與兄象升有「淮南二（邱）〔丘〕」之目。以拔貢生應博學鴻儒科，特授檢討，入史館纂修，歷司經局洗馬。性孝友。未仕父歿，廬墓三年。通籍後，追承先志，積俸置田，爲宗祠春、秋二祀費，族人稱之。

吴晟，字西李，山陽人。祖安邦，以行義推鄉里。晟舉康熙壬戌進士，選庶吉士，歷左中允。戊辰分校禮闈，有知人鑒。甫逾强仕，以父老告終養歸。雅善詩賦，有《清溪草》。

丁象咸，字志諧，清河人。學邃行優，推重鄉里。最熟精《通鑑》，有問古人世系姓名爵里者，皆應答如流，無一舛誤。以拔貢授蕪湖縣教諭。

汪之藻，字薦宫，清河人。博涉經史，文譽甚盛。有《止止堂集》。

揚州府

漢

陳子回、顔方，皆廣陵人，與王充同時。充《論衡·書篇》所取天下士五人，班固、楊終、傅毅，其二即回、方也。稱其「文詞斐炳，子政、子雲之亞」。

三國　魏

陳琳，字孔璋，廣陵人。爲何進主簿，進召外兵誅宦臣，琳諫不納。避難冀州，袁紹使爲檄討操。袁敗歸魏，以爲軍謀祭酒、管記室。操苦頭風病卧，讀琳作，翕然而起，曰：「此愈我病！」數加厚賜。

皇象，字休明，江都人。幼工書，人謂象章草入神，八分隸入妙，篆能。建業有吴時《天發讖》及《吴大帝碑》，在江寧府，皆象書也。官至侍中、青州刺史。

晋

閔鴻，廣陵人。與丹陽薛兼、紀瞻，吴郡顧榮，會稽賀循齊名，號爲「五俊」。有集二卷。

華譚，字令思，廣陵人。舉秀才，對策，時九州秀孝無及譚者。歷官多政績，元帝命爲軍諮祭酒。

譚博學多通，著書三十卷，名曰《辨道》。有《文集》二卷，《新論》十卷。以秘書監終。

南北朝　宋

顧紳，廣陵人。永初中，駕幸延賢堂，策試諸郡秀才，紳所對詳明稱旨，授著作郎。

唐

公孫羅，江都人。官參軍。曹憲以梁《昭明文選》授諸生，羅與魏模、李善相繼傳授。有《文選註音義》十六卷。

李善，江都人。淹貫古今。顯慶中，累擢崇賢館直學士。註《文選》六十卷，敷析淵洽。嘗居汴、鄭間，講授諸生，號「文選學」。

李邕，字太和，善長子。謁李嶠，願一見秘書，嶠乃假直秘書。未幾，辭去。嶠試問，奧篇隱帙，了辨如響。遂薦授左拾遺。宋璟劾張昌宗反狀，武后不應，邕立階下，大言曰：「璟所陳社稷大計，當聽！」后色解，爲可璟奏。明皇即位，爲御史中丞。邕早有重名，後以讒媢，出爲汲郡北海太守。李林甫忌之，傅以罪，遣羅希奭就郡按邕，杖殺之。邕文名天下，尤長碑頌，書法爲當代所宗。代宗時，贈秘書監。

王紹宗，字承烈，江都人。少貧嗜學，工草隸，學①時以比虞、褚。客居僧舍，傭書自給，凡三十年，傭足給一月即止。徐敬業起兵，聞其行，以幣劫之，不從。將殺之，唐之奇曰：「人望也，殺之沮士心。」遂免。武后召補秘書少監，使侍皇太子。後坐廢，卒於家。

李該，字彦博，廣陵人。學無不通，尤好地理、圖志，考職方同異，成一家言。又作《地志圖》，吕温爲之序。

五代

馮延巳，字正中，廣陵人。仕南唐官同平章事。工詩，有元和氣格。弟延魯，字叔文，官勤政殿學士。嘗一使於周世宗，再朝於宋太祖，占奏詳華，頗不辱命。

宋

徐鉉，字鼎臣，廣陵人。十歲能屬文。仕南唐，歷官至吏部尚書。隨後主至京師，太祖責之，鉉曰：「臣事江南，國亡，罪當死。」太祖歎曰：「忠臣也！」以爲率更令。太宗立，鉉獨直學士院。從征太原，軍中書詔，鉉援筆立成，辭理精當。以冷疾卒。有集三十卷、《新定説文》《質疑論》。弟鍇字楚

① 「學」，疑爲衍文。

金，仕南唐爲内史舍人。李穆使江南，見其兄弟文章，曰：「二陸不及也。」

孫洙，字巨源，錫子。未冠舉進士，補秀州法曹。舉應制科，進策五十篇，韓琦曰：「今之賈誼也。」治平中，應詔疏時弊要務十七事，後多施行。兼史館檢討。王安石主新法，洙力求外補，知海州，多善政。遷知制誥，明練典故，文辭典贍有西漢風。

潘閬，字逍遥，江都人。嘗居洛陽賣藥，暇日騎驢行吟，任意所適。至道初，有言其能詩者，召見，授四門國子博士。

崔公度，字伯易，高郵人。口吃而内敏，書一閲不忘。嘗作《感山賦》，歐陽修甚稱之。以示韓琦，琦上之英宗，付史館。歷知海、潁、蔡、潤、宣、通六州，終朝散大夫、直龍圖閣。

秦觀，字少游，高郵人。豪雋慷慨，爲文長於議論。登第調臨海主簿，以賢良方正除太學博士，歷國史院編修官。坐黨籍，出通判杭州。御史劉拯論其增損《實録》，貶監處州酒税，又徙雷州。徽宗立，復宣德郎，放還，至藤州卒。有《淮海文集》。弟覿、覯，子湛，俱以文名。

王昂，揚州人。徽宗策進士，置榜首。高宗即位，除秘書少監，除①徽猷閣待制、知臺州。尋奉祠。

仲并，字彌性，江都人。登紹興進士。聰敏絶人，著《浮山集》十六卷。

---

① 「除」疑爲「陞」字之誤。

陳造，字唐卿，高郵人。尉繁昌，宰定海，倅房陵，皆有政績。有詩文雜著四十卷。

明

陸闓，興化人。博學多能，詩畫書法皆精。洪武初，任楚府伴讀。所著有《續古樂章》并詩集。弟顒，見《宦績》。

董璘，字德文，高郵人。有孝行。永樂戊戌會試第一，殿試第二，授修撰，改官太常，與修《宣廟實録》。以忤王振譴歸。著《玉堂清餘集》。

蔣武生，字用文，以字行，儀（徵）〔真〕人。六歲賦《萬年松》詩，師爲避席。精醫術，薦授御醫，陞院判。事仁宗於東宫，即位後特賜謚恭靖。子主孝字務本，主忠字存恕，皆以文名，爲「景泰十才子」之二。

朱應登，字升之，寶應人。弘治己未進士。時李夢陽、何景明、康海、徐貞卿、顧璘、邊貢、王廷相等，迭倡古文辭。應登後出，才華飈發，千言立就，遂與齊名。累遷雲南左參政，罷歸。

景暘，字伯時，儀（徵）〔真〕人。正德戊辰進士。授翰林編修，遷國子司業。告歸，與邑人蔣山卿、趙鶴、朱應登爲古文詩詞有聲，稱「江北四子」。所著有《前溪集》。

陸弼，字無從，江都人。博涉多撰述。徵入史館，與纂修。

葛澗，字子東，江都人。嗜古書，江淮間稱積書者無如葛氏。嘗撰《明人物編》，始洪武，迄嘉靖，數十卷。

李柷，字季宣。以鄉舉知濟陽縣。著《青蓮館》《攝山草》《塞上擬古》諸集。

張棨，字範中。嘉靖甲午鄉舉。隱居澄江園，肆力爲文章，淵涵浩博。嘗應聘修《鹽法志》，時推爲尊宿。

朱曰藩，字子价，應登子。嘉靖甲辰進士，歷南京兵、刑二部，知九江府，有惠政。卒於官。曰藩詞翰播海内，風華掩映，輕俊自賞，不以剽割爲能。著《山帶閣集》。子爾之，世其家學，著《理學纂要》。孫克簡，爲名御史。

黄一正，字定父，江都人。博涉群書，爲文雄卓典麗，王世貞見之，曰：「博學宏辭，吾目中僅見定父！」子明昌，十歲侍父客，分韻賦金山詩，有「孤島擎飛鷺，狂瀾壓伏牛」之句。所著有《五經埤傳》《事物紺珠》等書。

鄭元勳，字超宗，江都人。崇（正）〔禎〕癸未進士。工古文詞，以及詩畫、雜伎無不精詣。與東林諸賢遊，一時推爲聲氣宿望。釋褐未仕，以知兵授職方主事，命甫下，而元勳歿矣。

國朝

徐濂，字泗若，儀（徵）〔真〕人。資性深雋，嚮往專密。所著有《緯雯堂詩》（歌）①《史遊史論》《歷代帝王世紀》若干卷。

熊敏慧，字穎生，江都人。順治乙酉舉於鄉。布袍蔬食，潛心理學。兼工古文詞，著有《汲泠堂集》。子維熊，字偉男，歲貢生。亦以文學知名，著《閱史約書》《瓜渚貞烈志》。

張標，字玉立，江都人。順治壬辰進士，授工部主事，晉郎中。爲文章鎔經鍊子。壬辰榜中與李來泰、戚藩、唐德亮相伯仲。

厲士貞，字烈士，儀（徵）〔真〕人。順治乙酉舉人。九上公車，至庚戌始成進士。爲文靈快明爽，士林傳誦焉。

鄧漢儀，字孝威，泰州人。少工詩。應博學宏辭科，授中書舍人。所著有《詩觀全集》。

吴嘉紀，字野人，泰州②人。樂道安貧，嗜古工詩，著有《陋軒集》。

吴綺，字薗次，江都人。總角能詩，尤工駢體。順治中拔貢生，授中書舍人，歷陞湖州知府，罷

① 據嘉慶《重修揚州府志》卷六十二删。
② 《四庫》本作「秦州」。

歸。有求詩文者，輒以花木爲潤筆，因名其圃曰種字林。與名士爲春江花月社。所著有《林蕙堂集》《記紅集》《宋金元詩永》等書。

郭士璟，字飲霞，江都人。順治乙未進士，歷工部屯田主事，釐剔振刷，有聲曹署。子元釪，字于宫，工詩文。以諸生取入纂修館，修《佩文韻府》等書。授中書科舍人，尋入直禁苑。

吴世杰，字萬子，高郵人。康熙乙丑進士。讀書期於致用。三逆亂後，嘗出三百金贖被掠婦女於金陵，計道里費次第送歸。庚申、乙丑兩年，邑遭大水，躬率民夫，拯生瘞死，療其病者。郵舊苦役重，有公正排年等名，世杰以書謁巡撫湯斌，悉蠲除之。著有《甓湖草堂詩文》行世。弟世燾，字幼日，康熙戊辰進士，入翰林，選直内廷，遷右中允致仕。

汪懋麟，字蛟門，江都人。康熙丁未進士，授秘書院中書舍人。楚人朱方旦以邪説傾動公卿，懋麟獨著《辨道論》，力詆其妄。與修《明史》，陞刑部主事。罷歸，杜門著經史，所著有《百尺梧桐閣集》。兄耀麟字叔定，亦以詩文名，有《抱耒堂集》。

汪楫，字舟次，其先休寧人，徙居儀(徵)〔真〕。少爲諸生知名，與吴嘉紀、孫枝蔚並稱。由贛榆學博應博學宏詞之薦，授檢討。使封琉球，陞福建按察使，尋遷布政使。所著有《中山沿革志》《琉球奉使録》《悔齋詩聞》正、續集，《觀海集》。

王巖，字築夫，揚州諸生。以古文擅名，著《白田集》《異香集》。

王式丹，字方若，寶應人。康熙癸未，會試、殿試俱第一，授修撰。淡於榮進，時移疾，尋乞歸。

詩有《樓村集》。商(邱)〔丘〕宋犖選刻江左十五子詩，式丹尤其傑然者。

李必恒，字北嶽，高郵諸生。肆力於詩，謂：「作詩必論境地，苟詣其境矣，勿以唐宋爲優劣也。唐詩含藴深遠，比興居多。宋詩據事直言，敷陳大半。要皆合乎《三百篇》之旨。」著有《三十六湖草堂集》。

史申義，字蕉飲，江都人。康熙戊辰進士，改庶吉士。授編修，歷禮科掌印給事中，以疾告歸。申義爲詩初倣西昆體，既悔其少作，風格益上。聖祖嘗遣中使至直廬，問翰林能詩者誰爲最，大學士陳廷敬首以申義對。

顧圖河，字書宣，江都人。康熙甲戌登一甲第二，授編修，充日講官，直南書房，與修《一統志》《皇輿表》。出視湖廣學政，卒於任所。著有《雄雉齋集》。

陳厚耀，字泗源，泰州人。康熙丙戌進士。除蘇州府教授，改中書舍人。自爲諸生，經史外雅好九章算法、西學(歷)〔曆〕數，大學士李光地薦試稱旨，開局監修算法，更授翰林院編修。累陞左諭德，以病乞歸。

陸舜，字元升，泰州人。康熙甲辰進士，由刑部郎中提學浙江。舉博學宏詞，以疾不赴。所著有《雙虹堂集》。

宗觀，字鶴問，江都人。以副榜爲貴池訓導，復遷常熟。好古勤學，爲詩蕭疏幽雋，有韋、柳風。

李國宋，字大村，春芳之來孫也。康熙甲子舉人。性耽吟咏。王士（真）〔禛〕①爲揚州推官，招集四方名士作詩社，國宋方弱冠，常推第一。著有《螺隱居詩集》。

徐州府

漢

劉歆，字子駿，向子也。少通《詩》《書》，治《易》。宣帝時，詔與父向同受《穀梁春秋》，尤明習。及成帝召見，爲黄門郎，領校秘書，見《春秋左氏傳》，引傳解經，義理始備。奏請同《毛詩》《逸禮》《古文尚書》皆列於學宫②。哀帝令與《五經》博士講論，有不肯置對者，歆移書責讓之，言甚切直。從騎都尉出爲太守，歷河内、五原、涿三郡，病免。起家右曹大夫，遷中壘校尉。太后使治明堂辟雍，考定律（歷）〔曆〕，著《三統（歷）〔曆〕譜》。

史岑，字子孝，沛國人。以文章顯。王莽時爲謁者。著頌、誄、《復神》《説疾》，凡四篇。

朱寓，沛人。爲廬江太守，竇武薦爲司隷校尉。黨錮事起，蔓衍皆天下善士，寓列名八俊，與李

① 據《四庫》本改。

② 「宫」，《漢書》卷三十六作「官」。

膺、范滂等並死獄中。

三國 魏

丁儀，字正禮，沛人。曹操慕其才，欲妻以女，丕曰：「正禮目眇。」尋辟爲掾，數與議論，奇之，曰：「即便兩目盲，尚當妻女，況但眇乎？兒誤我！」後爲丕所殺。弟廙，字敬禮，亦博學洽聞。

桓威，下邳人。出自孤微。年十八，著《渾輿經》，依道以見志。魏景初中，爲安成令。

桓範，字元則，沛人。延康中，爲羽林左監。以有文學，與王象等典集《皇覽》。正始中，拜大司農，以清省稱。嘗抄撮《漢書》，名曰《世要》。於時曹爽輔政，以範鄉里老宿，特敬之，然不甚親也。司馬懿起兵討爽，坐誅。時同郡丁謐，字彦靖，博〔觀〕①書傳，有才略。爲懿所恨，亦被誅。

吴

鄭禮，沛國人。才學博達。爲吴從事中郎，與張昭、孫邵共定朝儀。子胄字敬先，有文武資局，少知名。舉賢良，遷建安太守。拜宣信校尉，往遼東擊魏守將，虜得男女，遷執金吾。胄子豐，字曼季，有學行。

① 據《四庫》本補。

裴〔元〕〔玄〕，字彦黄，下邳人。有學行。吴丞相步隲薦之，官至大中大夫。與嚴畯、張承論管仲、季路，傳於世。子欽，與太子登遊處，登稱其翰采。

晋

劉訥，字令言，彭城人。有人倫識鑒。初入洛見諸名士，歎曰：「王夷甫太鮮明，樂彦輔我所敬，張茂先我所不解，周弘武巧於用拙①，杜方叔拙於用長。」訥後官至司隸校尉。其子疇，字王喬，少有美譽，善談名理。永嘉中，位至司徒左長史。

南北朝　宋

趙繹，下邳人。以文義見稱。徵士關康之，通經學，與繹友善。

梁

到沆暨弟溉、洽，彭城人，皆彦之孫。兄弟並以文才知名。仕梁，沆待詔學士省，溉官至兵部尚書，洽爲太子舍人。時任昉與彭城劉孝綽、劉苞、劉孺，吴郡陸倕、張率，沛國劉顯及溉、洽，車軌所

① 「拙」，《晋書》卷六十九作「短」。

至，號曰「蘭臺聚」。人比溉、洽兄弟於二陸。溉之子鏡，仕梁爲太子舍人。作《七悟》，文甚美。鏡之子蓋，早聰慧，歷尚書殿中郎、丹陽尹。梁武帝嘗謂任昉曰：「諸到可謂才子。」昉對曰：「臣竊以爲宋得其武，梁得其文。」洽之子仲舉，志操耿特，仕陳爲侍中，參掌選事。

劉孝綽，彭城人，勔之孫。父繪，字士章，位中書郎，掌詔誥，以文章談義爲後進領袖。卒官大司馬。

孝綽七歲能屬文，舅王融稱爲神童。起家著作郎，嘗侍宴作詩，武帝稱賞。授秘書丞，謂周捨曰：「第一官當用第一人。」劉氏群從子弟，以文名者凡七十餘人。弟潛，字孝儀，官御史中丞，彈糾無所顧望。內行純篤，奉寡嫂甚謹，家事巨細必咨而後行。孝綽嘗云：「三筆六詩」。「三」即孝儀，「六」即孝威也。孝威風儀俊，舉太子率更令。大同中上《白雀頌》甚美，遷中庶子、通事舍人。第五弟孝勝，位尚書僕射。第七弟孝先，侍中。皆名列史傳。從弟孺，字孝稚，仕梁爲中舍人。嘗侍御座爲《李賦》，受詔立成，文不加點。大同年，出爲晉陵太守，在郡和理，吏民稱之。遵字孝陵，有學行。卒官中庶子，太子深悼惜之，有「孝友淳深，立身貞固」之語。

北　魏

劉芳，字伯文，彭城人。孝文時，爲中書侍郎，授太子經，才思深敏精博。初，王肅來奔，芳與辯論，肅曰：「此非劉石經耶？」昔漢世造三字石經於太學，學者文字不正，多往質焉。芳音義明辨，故時人號爲「石經」，朝廷凶吉大事，皆就咨焉。嘗表請建學校。又以所置五命及日月之位，去城里數有違，及靈星等祀不應隸太常，集《禮記義證》十卷，《周官》《儀禮義證》各五卷，《徐州人地録》二十卷。

劉懋，芳從子。博綜書史①。宣武初入朝，位尚書外兵郎中。芳甚重之，所撰定朝廷軌儀皆與參量，尚書臺疑事咸訪決。遷步兵校尉，領考功郎中，立考課黜陟之法，甚有條貫。孝昭初，拔硤石有功，遷太尉司馬。卒，家徒壁立，贈持節、前將軍。詩文見稱於時。嘗撰諸品物造作之始十五卷，名曰《物祖》。

北齊

劉逖，彭城人。少而聰敏，專精讀書，工文藻。歷官黄門侍郎、修國史。

鄭抗，字子信，彭城人。有文學，武平末待詔文林館。

北周

劉璠，字寶義，沛人。父臧，性方正，篤志好學，居家以孝聞，仕梁爲著作郎。璠善文筆，十七爲上黄侯蕭曄所器重，隨曄在淮南。忽舉身痛楚，家信至，知其母即以是日卒。及曄終於毗陵，故吏多

---

① 「書史」，《四庫》本作「經史」。

分散，璠獨奉喪還都，墳成乃退。入周，太祖欲屠南鄭，璠泣請，城竟獲全。明帝授内史、中大夫，掌綸誥，尋封平陽縣子，在職清白簡亮。不合於時，左遷同和郡守。善於撫御，生羌降附者五百餘家，鄰郡人常越境詣璠訟理。著《梁典》三十卷。子祥，字休徵，幼以神童稱，十二通《五經》。江陵平，隨例入關中。初，璠所撰《梁典》始就，未及刊定，祥修定繕寫，以卒父業。

唐

劉伯莊，彭城人。爲弘文館學士，通《漢書》學，論撰甚多，自所著書亦百餘篇。子之宏世其學，武后時以著作郎兼修國史。睿宗時，贈秘書監。

劉知幾，彭城人，藏器子。博覽群書，善文辭。舉進士，累遷鳳閣舍人、修國史。著《史通》内外四十九篇，徐堅歎曰：「爲史氏者宜置此座右也！」開元初，遷左散騎常侍。

劉禹錫，字夢得，彭城人。登貞元進士、宏辭二科。爲監察御史，以附王叔文，坐貶斥。召還，復出爲刺史，連更數州，終於賓客分司。禹錫恃才褊心，文辭多含刺譏，以故偃蹇寡合。詩力精悍，其賦《金陵懷古》，元、白猶避其鋒。

劉軻，沛人。博學多識。登第，歷官至侍御史。所著有《春秋指要》諸書，文章與韓、柳齊名。

劉商，字子夏，彭城人。第進士，歷尚書虞部郎中，以病免。所著有《劉虞部集》十卷。兼工畫山水。

宋

晁迥，字明遠，彭城人。舉進士。以吕端、李沆薦，擢右正言，獻《咸平新書》五十篇、《理樞》一篇。使契丹還，奏《北庭記》。又獻《玉清昭應宫頌》。朝廷詔令，多出迥手。累遷禮部尚書。天聖中，迥年八十一，召對，帝訪以《洪範》雨暘之應。復進《斧扆慎刑箴》及頌。年八十四，卒。

李淑，字獻臣，豐人，若谷子。年十二，真宗幸亳，獻文行在。命賦詩，賜童子出身。後進士及第，官至龍圖閣學士。淑警慧過人，博習諸書，詳練朝廷典故，凡有沿革，帝多諮訪。製作誥命，爲時所稱。

顏太初，字醇之，彭城人，顏子四十七世孫。第進士，累官國子監説書。所著有《洙南子》《鳧繹集》。太初有雋才，慷慨好義。喜爲詩，多規切時事，以諷在位。子復字長道，元祐初爲太常博士，請令禮官薈萃古今典範爲《五禮書》。又請考正祀典，俾群記盡合聖人之經，爲後世法。仕至國子監祭酒。

陳師道，字無己，徐州人。刻苦學問，諸經中尤邃《詩》《禮》。文師曾鞏，詩學黄庭堅。元祐初以薦爲本州教授，除秘書省正字。素惡友婿趙挺之爲人，適預郊祀行禮，其妻聞郊壇高寒，借挺之綿裘衣之。問所從得，却去，竟得寒疾而卒。生平方正有守，章惇欲一見，不可得。傅堯俞知其貧，懷金以餽，不敢出口。所著有《后山集》。

元

傅汝礪，蕭人。爲御史，政事卓異。後遷朝列大夫、浙江廉訪使僉事。文章典茂，爲時所稱。

袁遵道，字叔正，豐人。性穎悟，至大間以神童薦。初爲國學四門館正字，陞伴讀，歷翰林直學士。子焕，少遊虞集之門，亦有文譽。累官太師、右丞相，贈魯國公。

明

高遜志，字士敏，蕭人。元末僑寓嘉興，受業於貢師泰、周伯琦、鄭元祐。爲文醇雅，成一家言。薦爲書院山長。洪武初，徵修《元史》，入翰林，歷官侍講學士。建文時遷太常少卿，典會試。值靖難，抗節遁跡，卒雁蕩山中，追謚文忠。

劉恭，字政亨，徐州人。領洪武丙子鄉薦，山西陵川訓導。永樂間，歷官禮部員外郎，監修《永樂大典》。

房楝，字子材，徐州人。博學明經，有文譽。由國子生知嶧縣，致仕。蓄書甚富，閉户誦讀，學益該博。

李紹芳，字芝亭，蕭人。廬父母墓六年，寢食典籍。判滇之永昌，署保山縣印，一判一牒，悉出手裁，刻以行世。晚好書如初，出跨一疲馬，手一卷，即於馬上披閲，率以爲常。

陳鐸，字大聲，下邳人，家金陵。以世襲官指揮，風流倜儻，以樂府名於世。山水仿沈周。

高飛，字子翀，宿遷人。領嘉靖戊午鄉薦。詩文清麗，尤工騷雅。弟冠，與兄齊名，人稱「二高」。

國朝

萬壽祺，字年少，徐州人。由選貢中鄉試。五上公車不第，築室袁公浦，博覽群書。明（歷）〔曆〕法，通禪理，吟咏無虚日。有《隰西》《内景》諸集。書畫俱精工絶倫。

李向陽，字孝乾，徐州人。明天啓甲子舉人。乙丑會試，却逆璫納交，幾罹禍。後渡江旅食金山，歸而躬耕，手疏《五經》，註《陰符》《莊》《騷》，批選唐宋八家，盈千卷。與萬壽祺交善。孫蟠，康熙丁丑進士，官翰林修撰。

閻爾梅①，字用卿，沛人。明末舉人。少交江左知名士，晚年歷遍四方名山大川。作爲詩歌善使事，益豪宕有奇氣。孫圻，康熙乙丑進士，官編修。

① 本傳及傳主閻爾梅之孫圻附傳，重修本均删。

太倉州

元

秦輔之，嘉定人。博學能文。時嘉邑未有志乘，輔之始撰《練川志》，典章文獻，爛然具列。又著《格物擇善録》《易經史斷》《武事要覽》《忠孝百咏》等篇。

明

王彝，字常宗，自號媯蜼子，嘉定人。少讀書天臺山中，學有端委，不從時好。洪武初，與高啓、謝徽等被詔，同修《元史》。史成，以母老乞歸，啓爲作《養老堂記》。

偶桓，字武孟，太倉人。倪雲林稱其詩有超乘挽强之力，日升川至之漸。洪武中以薦仕，終荆門州吏目。所著有《江雨軒集》《醉吟録》《鳳臺吟嘯集》。

張泰，字亨父，太倉人。天順八年進士，入翰林。詩文推重一時，與李東陽齊名，四方遊學京師者多受業焉。所著有《滄洲集》。

章輔，字道常，嘉定人。中年病足，絶意進取。以六書訛謬，乃遵《洪武正韻》，參以《三蒼》《説文》《玉篇》《韻會》諸書，考訂同異，編《韻學集成》十三卷，又《直音》七卷。

王世懋，字敬美，世貞弟。嘉靖己未進士。才學亞於其兄，人呼爲「小美」。會遭父難，縞素者十年。隆慶初，父冤白，歷官至太常少卿。世懋吏才精敏，署江西臬時，嘗訊牒一字異前讞，呼取比較，果吏舞文也。

周錫，字子純，太倉人。以貢至京，時大僚應製作青詞，屬令代草，因擬薦留閣下。錫賦《烹雪茶詩》寓意，退就常選，得潮州通判。在官伉直，爲上臺所扼，棄歸，蕭然著述者三十年。

沈承，字君烈，太倉諸生。少負雋才，工詩古文，一時聲名籍甚。年未四十，卒。所著有《即山集》。

婁堅，字子柔，嘉定人。經明行修，爲學者所宗。貢於國學。工詩文，善書法。晚與唐時升、程嘉燧稱「練川三老」。嘉燧，歙人，流寓嘉定，詳見徽州《文苑傳》。

唐時升，字叔達，嘉定人。少負異才，未三十謝去舉子業。讀書汲古，通達世務，以李文饒自期。詩古文縱橫踔厲，尤爲通人所稱。

李流芳，字長蘅，嘉定人。萬(歷)〔曆〕丙午舉人。公車北上，抵近郊，知璫焰方張，賦詩而返。遂絕意進取，築檀園讀書其中，水木清華，過者如遊。圖畫、書法類東坡，繪事出入元人，詩在斜川、香山間。

顧夢麟，字麟士，太倉人。明季文尚險僻，多與註悖，夢麟與常熟楊彝獨崇先正。著《十三經通考》行世。

嚴衍，字永思，嘉定人。博學好奇，尤專讀史。以司馬《通鑑》尚多闕略，旁搜博引，以正其失。書成，張太史溥絶愛之。衍工詩善書，所著有《四書説》《易説》。

吴繼善，字志衍，太倉人。崇（正）〔禎〕丁丑進士，知成都縣。博文辨智，風流警速。工詩歌，善尺牘，尤愛圖繪，有元人風。

國朝

吴偉業，字駿公，太倉人。明崇（正）〔禎〕辛未會試第一，殿試第二，授編修，給假歸娶，當世榮之。入國朝，薦授秘書院侍講，遷國子祭酒。會丁嗣母憂歸，益肆力於學問。家居十餘年，乃卒。偉業以文學負重名，尤好引掖後進。詩文宏麗，所著有《梅村集》《春秋地里》《氏族志》《綏寇紀略》等書。子璟，字元朗，康熙戊辰進士，官至給事中。詩文能繼其家學。

王時敏，字遜之，太倉人，衡子也。明崇（正）〔禎〕初，以廕歷太常，奉使楚、閩，餽遺一無所受。入國朝，杜門稽古，益工詩文，兼精隸書，畫法爲海内所珍。

盛敬，字聖傳，太倉諸生。家貧，廉介自守，教授生徒，脩脯外不受人寸絲粒粟。博學好古，貫穿經史百家，著述甚富。

黄與堅，字庭表，太倉人。順治己亥進士，未就選，會以博學鴻儒舉，授翰林院編修，纂修《明史》。未幾，復命分修《一統志》。生平崇尚經術，輯解甚多，詞賦蓋其餘事。所著有《易學闡》《忍庵文集》。

王原祁，字茂京，太倉人，揆之子也。康熙庚戌進士。初宰渚陽，地多水災，詳請豁免賠累。歷省垣，改翰林，累晋户部侍郎，嘗請寬豫省折徵之賦，及吴民歷歲之逋，聖祖皆嘉納之。原祁襟懷高曠，工詩善文，兼精六法，寸縑尺素，流傳禁中，時稱「藝林三絶」。性廉潔，不治生産。通籍後，家居十年，猶蕭然如寒素。

許自俊，字子位，嘉定人。康熙庚戌進士。知聞喜縣，携一子一僕，食脱粟飯，往來郡省，策蹇而行，贄上官詩扇之外無他物。用法平恕，不急催科。尋乞休。工詩古文，遇名勝地題咏殆遍，爲時所推。

王昊，字惟夏，太倉人，世懋曾孫。生有異禀，詩古文並如宿習。嘗論歷科應舉之文，海内翕然奉爲準的。後以薦舉授中書舍人，卒。

趙俞，字文饒，嘉定人。康熙戊辰進士。知定陶縣，定陶地苦積潦，俞縱横浚三渠，傍渠爲堤，自是水不爲害。以病乞休，杜門著述。有《紺寒亭集》。

唐孫華，字實君，太倉人。康熙戊辰進士，仕吏部郎。自幼天才敏贍，九試冠軍，名震江左。中年益務經史之學，孜孜不倦，年九十餘，巋然爲文章宿老。所著有《東江集》。

王吉武，字憲尹，太倉人。康熙丙辰進士，仕至紹興府知府。性恬静，工詩。官户曹時，與新城王士(貞)〔禎〕唱和，詩名相埒。年八十餘，手不輟卷。所著有《冰庵詩集》。

沈受宏，字台臣，太倉人。歲貢生。性孝友，篤於内行。博學工詩，以杜爲宗，少爲祭酒吴偉業所激賞，與相國王掞爲布衣交。嘗遊京師，名動公卿間，以介介不苟合謝歸。所著有《白溇集》十卷、《全唐詩選》八十八卷。

黄仍緒，字繼武，崇明人。康熙丁未進士。居鄉時嘗親冒矢石以禦海寇，而不自言其功。平居自奉甚約，而性好施予。讀書自經史百家，以及六壬遁甲之術，無所不通。仕至内閣中書舍人。

張雲章，字漢瞻，嘉定人。博通六經，能詩古文。幼就童子試，經義後作數千言，論制舉未盡善。學使田雯以非功令不録，自是不就試。晚入太學。張伯行撫吴，延纂禮經，成《喪服》四卷。康熙丙申，九卿奉旨薦舉文學士，直省通得十三人，雲章與焉。未引見，南歸。有志輯《南宋文鑑》，未脱藁，年七十八卒。有《樸村詩文集》三十卷行世。

海　州

唐

吴通（元）〔玄〕，海州人。與弟通微俱博學善屬文。通（元）〔玄〕舉文辭清麗科，貞元初爲翰林學士，遷起居舍人、知制誥，凡有撰述，皆愜帝旨。通微亦同職，禁署人士榮之。後以事賜死。通微白衣待罪，帝宥之。

宋

孫世臣，字國老，海州人。乾道五年進士。爲文精切，尤工詞賦。有《禮管人情賦》，爲時傳誦。

通州

宋

潘及甫，字憲臣，泰興人。博通經史。慶(歷)〔曆〕中與兄希甫同登進士，充楚王教授，律宗室以禮法，神宗嘉之。晚得目疾，每命子侄執策讀於前。未卒前一日，猶卧聽《周書》《漢史》，口占詩以遺親友。

王觀，字通叟，如皋人，惟熙從子。洽聞强記，善屬文。與從弟覿聲稱籍甚，秦觀謂其昆弟高才力學，無與比者。試開封府，相繼第一。觀中嘉祐二年第，遷大理寺丞，知江都縣。

王覿，字明叟。嘉祐四年，第進士。熙寧中爲編修三司①删定官，覿不樂居職，求潤州推官。哲宗立，進司諫，疏論蔡確、章惇、韓縝、張璪朋邪害正，章數十上，相繼斥去。又劾竄吕惠卿。時朱光

① 《四庫》本作「二司」。

庭以試館職策問訐蘇軾，吕陶辨之，遂起蜀、洛二黨之議，帝以覿言置不問。後知成都府，遷御史中丞。持正論始終，再罹譴逐不少變。無疾而卒。

崔敦詩，字大雅，通州人。紹興末進士，歷任侍讀、直學士院，上疏論風俗、任將、經筵、倖進、救災五事，及州縣掊克之弊，皆剴切識大體。奉詔删定吕祖謙所編《宋文鑑》。有《文集》《制藁》《奏議》《通鑑要覽》等書。

明

張珹，字世璉，泰興人。詩翰馳名鄉舉，召拜中書舍人。成化年奉使朝鮮，鮮人爲梓《皇華集》。有《西莊遺稿》。

顧磐，字子安，通州人。九歲選入州學，十二歲高等食廩，中鄉舉，名大譟。藏書萬卷。詩文有氣骨，尚體裁。嘗著《鹽法》《錢穀》《馬政》《水利》諸論及《訂名宦鄉賢考》。

曹大同，字子貞，通州人。穎異能文。爲吏部選人，同鄉李春芳爲大宗伯，大同上書，謂：「始而以詞求士，詞不足究士實。既以格用士，格不足竟士才。」李頷之，而未及薦，僅授光禄寺署丞以歸。涵茹古今，成《藝林華燭》百六十卷。其詩文行世者，曰《玉芝樓稿》。

石沆，字瀣仲，如臯人。有《白雲居士集》。其詩蕭疏閒放，錢謙益選《列朝詩》①，取冠近代名士之首。

彭大翼，字一鶴，通州人。以歲薦通判梧州。歸日事翻閱，積四十年，著成類書，曰《山堂肆考》。

包壯行，字穉修，通州人。爲諸生名譟一時，領鄉舉久之，始成進士，主司以得包先輩爲重。其書畫皆有高韻。

冒愈昌，字伯麐，如臯人。爲名諸生。負氣伉直，作詩敏捷，游王世（貞）〔禎〕、吴國倫之門。所著有《金陵集》《緑蕉館集》。

國朝

錢濤，字射夫，通州人。選貢生，授贛榆教諭。窮經著書，有《孝經》内外傳，《周易集傳》《詩學記》《周禮注》《山霞閣隨筆》《醉竹堂詩集》。

顧國琬，字去非，通州人。子道含，字同東。隱居不出，父子聯吟，有《慶堂父子集》。

① 此句重修本删「謙益選《列朝詩》取」七字，《四庫》本改作「爲一時名士之冠」。

江南通志卷一百六十七

人物志

文苑　三

安、徽、寧、池、太、廬、鳳、潁八府　滁、和、廣、六、泗五州

安慶府

漢

周興，廬江舒人，滎子。初除郎中，少有名譽。永寧中，尚書陳忠上疏薦興，略曰：「孝友之行著於閨門，清厲之志聞於州里。藴匵古今，博物多聞，三墳五典，無所不覽。屬文著詞，有可觀採。」詔

拜爲尚書郎。

三國　魏

何楨，字元幹，潛人。有文學。仕魏爲弘農太守，入晋爲尚書光禄大夫。

南北朝　陳

何之元，潛人。梁天監末，司空袁昂表薦之，遷信義令。宗人敬容勢位隆重，頻相顧訪，終不造焉。著《梁典》，起齊永元元年，訖於王琳遇獲七十五年行事，爲三十卷。

唐

曹松，字夢徵，舒州人。天復初登第，授秘書正字。時同榜王希禹、劉象、柯崇、鄭希顔，年皆七十餘，號「五老榜」。松詩學賈島，有集三卷。

楊顯，宿松人。工書史，善吟咏。羅隱避黄巢亂，來松僑寓其家，倡和甚多。

宋

王珪，字禹玉，成都華陽人，後徙舒。弱歲奇警，出語驚人。舉進士甲科，積遷侍讀學士。嘉祐立皇子，中書召珪作詔，珪曰：「此大事也，非受旨不可。」明日請對，曰：「海内望此舉久矣，果出自聖意乎？」仁宗曰：「朕意决矣。」珪再拜賀，退而草詔。歐陽修聞而歎曰：「真學士也！」拜尚書左僕射，封岐國公，謚曰文。珪以文學進，流輩咸共推許。其文閎侈瓌麗，自成一家，朝廷大典策多出其手，詞林稱之。

李公麟，字伯時，舒州人。第進士，歷中書門下删定官。好古博學，多識奇字，自夏、商以來鐘鼎尊彝，皆能考定世次，辨別款識，爲《考古圖》。元符三年，以御史致仕歸。肆志龍眠岩壑間，有晉、魏風格。畫入神品。黄庭堅謂其風流不減古人，爲藝所累云。弟公權、公寅，俱舉進士有名。

王日休，舒州人。善教誨。先遵小學，後及寫字、讀書、治經、閱史、作文，井井有條。著《易解》《春秋解》。

吴彙，字子寬，望江人。紹興中詔求直言，彙極論時政得失，忤時相，編管臺州。後任南康司户。龍圖學士陳賈等薦其文章典麗，可備著述。不報，棄官歸。

元

馮三奇，懷寧人。至順初進士，爲光山尹。遷國史編修，預修宋、遼、金三史。

賈良，宿松人。文藻焕發，行中矩矱，余忠宣闕延訓子弟。闕闔室殉難，良爲紀其顛末，事確詞嚴，得《春秋》遺意。

吴翱，望江人。嗜學工文，至正間三孝堂、譙樓諸記，皆其屬筆。

羅汝成，字甫成，望江人。以明經掌本學教，素行能服多士。其文詞著見者，猶存程宗傑惠政一碑。

明

丁相，懷寧人。於書無所不究。尤長於詩，著《老女吟》數十首自況，一時爭傳誦之。以明經入太學，仕至別駕。

金一梅，字元夫，潛山人。好學能文，絶意仕進，率子弟敦尚詩禮。著有《天香館集》。

金琣，潛山人。嘉靖乙酉鄉薦。博洽多才名，其從父燕文學傾一時，琣名與頡頏。家藏書五萬餘卷，沈酣其中。喜爲詩歌，與邑中徐桂倡和。晚補德興令，有惠政。

龍映，字仲光，望江人。嘉靖間明經，爲穀城令。偉貌宏辯，以詞賦雄一時。翰林朱大韶遊映門，輯其稿，題曰《兩山集》。邑志久缺，重爲纂修，咸推文獻。

阮之鏘，字南阮，懷寧人。澹然塵外，詩文卓爾不群。尤工草書。

容士賓，字寅主，懷寧人。髫年即賦《四時歌行》，古雅可誦。長益工長篇，多至百餘韻，無不奇縱幽異。

范崇仁，桐城諸生。隱居嗜古，年九十餘，猶能口誦古書數千卷。時有趙鋭者，年六十，亦好讀書，苦目盲，曰：「天其忌我博也！」崇仁曰：「我多君三十年。君第坐，我以口寫，君以耳觀，天安能忌之？」

汪萬頃，字叔度，桐城人。以明經爲教諭。博學多才，工詞賦。嘗讀書於寺，寺後有井，因僧洗垢，遂涸。時歲旱，萬頃爲文告井，水遂湧出，亦一異云。

侯珦，桐城諸生。博洽善文。嘗衍蘇氏迴文詩，周旋出入，邪正方圓，共得八百首。文章閎肆秀麗，娛志烟霞，終身不仕。

金憲，字廷紀，潛山人。自少爲詩歌古文，筆不加點。家多積書史，吟咏自得。著有《思補亭集》《天香館詩》二十餘卷行世。弟表，亦工文。

黄朝相，字六仲，潛山諸生。十歲能詩，輒琳瑯可誦。後博學，益善詞賦。

王世薦，字見思，潛山人。博極群書，自經、史、子、集外，天文、（歷）〔曆〕律、地志、稗官，靡不淹通。詩力追漢魏、盛唐，爲文落筆疾如風雨。晚年學益富，詩益工。著有《華鬘集》。

金道合，字洞觀，潛山人。嗜古博學，弱冠即馳聲藝苑。後以明經訓餘姚，與葛寅亮、倪元璐善，三年俸錢，盡市書籍。移諭楚黄，與邑令争雪諸生冤不合，即告歸。著《瑶草山房集》《史評》《集杜》，共八十餘卷。

馬士式，字月川，太湖貢生。授登封教諭，善古文詞，訓課有方，多成名士。以薦擢本縣令，大著廉聲。所著述皆有典則。

宋宜中，字正宇，太湖諸生。嗜學，家貧不能購書，向人借，信宿輒還。或訝其速，答曰：「已識之矣。」夜與友行經碑下，宜中手按一過，記誦不遺。其所著皆古博奥衍，士林宗焉。

石譽，字試庵，宿松人。幼聰穎，出語驚人。爲諸生。讀書躬行，凡日用常行，隨口陳説，皆成格言，里中化之。多著述。

吴泰，字碧溪，宿松人。嘗遊吴，雪夜吟梅花詩百首，時競傳焉。著《碧溪文集》行世。

洪雲翼，字望治，懷寧人。博洽工文詞。萬（歷）〔曆〕間以明經任浙江宣平令，解組歸。年九十三，卒。

程之魯，字禹璜，懷寧人。阮自華序其詩，以爲「奇秀蒼妍，有雲浮波騰之致」。著有《文脊山房稿》。

阮自華，字堅之，懷寧籍，桐城人。萬（歷）〔曆〕戊戌進士。力學嗜古，主盟騷雅。東海屠隆録四君子詩，馮夢貞、朱長春、虞淳熙，其一則自華也。官慶陽守。告休歸，日與海門諸子觴咏，以娱晚節。著《霧靄詩集》。尤善草書。

葉燦，字以冲，桐城人。萬（歷）〔曆〕癸丑進士。累官國子司業，士習浮夸，燦爲開示名理，進以古學。因忤魏璫落籍。崇（正）〔禎〕初，起翰林掌院，教習有方。歷遷禮部尚書歸。著書數百卷，卒謚文莊。子士璋，户部郎。士瑛，進士。俱世其家學。

姚康，原名士晋，字康伯，以字行。桐城諸生。博通經術，肆力於詩古文詞。崇（正）〔禎〕中舉賢良方正，不就。史可法鎮皖，延爲記室。所著詩文甚富，惟《太白劍》二卷行世。

田有年，字孫若，宿松人。崇(正)〔禎〕庚辰進士，累官浙江驛傳副使，署臬篆。政舉之暇，召生童課藝，刻《大觀集》，造就人才。入覲乞終養，築清貽館與弟逢年詩文倡和。著《毛詩箋疏》《十三經纂注》。

吴國琦，字公良，桐城人。幼讀《文選》，朗覆《三都》《兩京》賦，一字無舛。詩古文詞，數千言立就。年十五，刲股愈父疾，稱純孝。崇(正)〔禎〕辛未成進士，司理漳州，平反沉獄八百餘案。歸蔬食布袍，文名愈重。著《懷兹堂詩文集》《尚書音》《易占禮略》諸書。子弘安，順治壬辰進士。

國朝

方以智，字密之，桐城人。明崇(正)〔禎〕庚辰進士，官翰林檢討。晚游方外，旅病萬安，臨終猶與弟子講業論道不輟。生平博極群書。所著有《周易圖》《烹雪録》《浮山全集》等書，凡數十種①。

汪延造，字深之，潜山人。善屬文。游黄道周、譚貞默之門，貞默與之著《見聖篇》《廿一史説》。晚築博易齋，專事著述，有《周易圖説》《周易講義》《兼山堂集》《史學三筆》行世。

王振基，字爾玉，潜山人。與弟揚基並以才名著。明末寇踞邑里，衆避萬潤山，振基設計捍衛衣

① 本句《四庫》本作「所著有《周易圖》《烹雪録》等書」，删《浮山全集》及「凡數十種」凡八字。

食之，全活甚衆。所著《伊洛薪傳》《麟經指掌》等書，遠邇傳誦。

潘江，字蜀藻，桐城人。性敏慧，肆力詩古文，四方從遊甚衆。康熙己未，以博學宏詞薦，母老不赴，隱居著述。所著有《木厓詩集》《六經蠡測》《字學析疑》《記事珠》《古年譜》《龍眠風雅》前、後集。

陳東赤，字爾靖，潛山人。生而穎異，過目成誦，博覽群書。著《貞勝編》，歷代以還，賢愚治亂，鑒戒昭然。持身飭廉隅。邑令常大忠建三立書院，延請講學，學者歸之。

吴道新，字湯日，桐城人。少負文名，明天啓丁卯舉於鄉，標格雋挺。讀書白雲山，有著作數十卷。

吴廷楷，字端儀，懷寧人。爲文根極理要，出入經史。郡、邑前後交聘修志，推爲百年文獻。

陳焯，字默公，桐城人。七歲能詩文。年二十遊吴越間，名大噪，作《寶帶橋看月歌》，吴人譜入絃管。順治壬辰成進士，應補部職，以母老乞歸養。親歿，廬墓三年。所著有《滌岑詩文》前、後集。

姚孫森，字繩先，桐城人。博學有文名，尤工於詩，公卿争折節禮之。明末舉賢良方正。順治初，署龍泉教諭，課士先道德而後文藝，多所造就。移疾歸。所著有《可處堂詩》行世。

丁宗夔，字以懋，潛山諸生。鍵關讀書，究心《易》《春秋》大義，文行俱優。邑令常大忠置三立書院，延請講學，及門多成名俊。

周南，字汝爲，桐城諸生。少負經濟才，凡古今制度沿革及成敗得失，能道其所以。挾策走京師，條陳皆軍國大計。嘗客粤帥幕，飲酒高會，帥出歌者十數人，各持扇求詩，立就七言律，每人一首，舉座大驚。書法類顔魯公。詩文集多散佚，自題所居曰鶴巢。

馬教思，字臨公，桐城人。父之瑛，明崇（正）〔禎〕庚辰進士，順治初官定陶令，多惠政。教思才氣卓犖，文不起草。康熙己未，會試第一。官翰林，分考禮闈，最爲得人。以簡抗失院長意，遂拂衣歸。益事著述，有《古學類解》《左傳紀事本末》等書，詩古文别爲十卷。

錢選，字枚一，懷寧人。康熙乙丑進士，除茂名令，課士勸農，興利剔弊，歷有治聲。歸里後著作甚富，尤長於史學。

張竇，字越萬，桐城諸生。購書萬卷，批纂晝夜不輟。尤專心《易》理，著《周易九圖淺説》行世，及《步天》《經世》《返觀》《卧遊》諸集。

童鉉遠，字方平，桐城諸生。刻苦勵學，程書自課，寒暑弗輟。自六經、《左》《國》，下逮《莊》《騷》，無不淹貫。嘗講《易》於五畝園，列坐聽者數十人，咸爲推服。及門受業者，咸知名當時，擢巍科、登顯秩，而鉉遠竟困場屋以終。著有《易學管窺》，門人張廷璐鐫板行世。

周廣，桐城廩生。博極群籍，濂洛關閩之書，俱析其奥。詩古文辭甚富。性坦易，待人從無疾言遽色。卒，年八十有四。

姚士藟，字綏仲，桐城人。康熙戊辰進士。父文燮，順治己亥會魁。士藟工詩文，深醇和雅，有劉向、曾鞏遺風。官編修，入直内廷，試必稱旨，聖祖嘗稱其品行忠厚，文學甚優，錫賚優渥。所著有《瞻雲草》《南歸草》《餘齋詩集》《泳園文集》。

張佑，字吉如，桐城人。隱居好學，善爲詩，至晚益工。

劉輝祖，字北固，桐城人。嗜學工文，海内名俊皆推重之。舉庚午鄉試第一。著《藕浦詩古文集》四十卷。弟捷，亦與齊名，辛卯科解元。

張廷瑑，字黼臣，桐城人，相國英第四子。年十二爲《緑牡丹詩》，即見賞於名公卿。爲文合度。十六，補博士弟子。苦吟篤學，搆思精審，以故得羸疾，後省親京師卒。

程師恭，字蜀材，懷寧人。十歲通五經。以拔貢授永川縣令。生平喜著書，有《歷朝史斷》《韻府群書》行世。

方舟，字百川，桐城人，寄籍金陵。甫冠通諸經，博涉子史。其時文指事類情，羽翼經傳，韓菼見而歎曰：「此於三百年作者之外，自成一家者也。」序而行之。國朝以諸生之文而横被六合者，獨舟與金壇王汝驤耳。北平李塨表其墓曰：「孝友江鄉之望，文章海内之師。」

張廷珩，字瑲聞，芑仲子。博學洽聞，詩古文皆淵雅，工書法。雍正癸卯御試舉人，進士殿試二甲第一名，授翰林院檢討，内廷供奉，充講官，御製七言詩一首以褒之，皆異數也。甲辰分校北闈，所取得人。卒於官，恩賜白金二百兩護其喪歸。

張廷瓘，字璧臣，大學士英季子。自幼聰雋，長肆力於學，苦心研索，務窮奥窔。爲文落筆秀異，復極意琢磨，一字未安，未肯脱稿。性方介嚴重，言行必蹈矩矱。樂施予，急難濟困，雖傾囊橐不惜。意致恬淡高雅，於世俗徵逐之紛，避之若浼。歿年三十四，里黨惜之。

徽州府

唐

吴少微，新安人。登第歷官至御史。時天下文章宗徐、庾，氣格卑弱，獨少微與同官富嘉謨詞本經學，雄邁高雅，文體一變，稱「吴富體」。子鞏，中書舍人。

皇甫湜，字持正，新安人。以進士爲陸渾尉，仕至工部郎。數忤同省，求分司東都，留守裴度辟爲判官。修福先寺，將求碑文於白居易，湜怒，曰：「近舍湜而遠取居易，請從此辭！」度謝之，即請。斗酒飲酣，援筆立就。度贈以繒采甚厚，湜大怒，曰：「自吾爲《顧況集序》，未嘗許人。今碑字三千，字三縑，何遇我薄耶？」度笑而酬之。

王希羽，歙州人。天復元年登第，年已七十餘，與曹松、劉象、柯崇、鄭希顔年相亞，號「五老榜」。特授校正。

五代

汪台符，歙州人。博學工文，好王霸大略。徐知誥鎮金陵，台符上書陳民間九患，知誥善之。宋齊（邱）〔丘〕嫉其才，使人醉之，沉蚵蛂磯死。及昇元中，所行諸政利民者，皆台符發之。

舒雅，字子正，歙人。才辭敏贍。南唐時以狀元登第，後歸宋太宗，造閣禁中，藏四庫書，雅與校理。累遷職方員外郎，出守舒州，致仕。後直昭文館，卒。

吕文仲，字子臧，歙人。南唐進士，爲大理評事。入宋授太常太祝，與修《太平御覽》《廣記》《文苑英華》，歷官翰林侍讀學士。文仲久居禁近，富詞學，器韻淹雅。嘗使高麗，後使至必詢其出處。仕終集賢院學士。

聶冠卿，字長孺，歙人。舉進士，授建州①推官。楊億愛其文，大臣交薦，召試館閣校勘。累官侍讀學士，每進讀《春秋》，必引尊王黜霸之義以諷。嘗與修大樂，製《奉禋歌》以備三疊，是年郊祀遂用焉。有《蘄春》《河東》等集。

（邱）〔丘〕濬，字道源，黟人。天聖中進士，歷官至殿中丞。因讀《易》，悟損、益二卦，以此能通數，知未來興廢。好爲詩觀時感事。嘗語家人曰：「吾壽終九九。」一日在池州，賦春草詩而逝，年八十一。

胡仲，字彦時，婺源人。七歲賦《莊周夢蝶》詩。入太學，與汪藻齊名。登進士，仕著作佐郎，與

---

① 「建州」，《四庫》本作「建昌」。

修《神宗日(歷)〔曆〕》及《禮書》。後知無爲軍，有德政，民繪其像於學宮。

汪藻，字彦章，婺源人，寓饒州。崇寧二年進士，瓊林宴頒冰，謝表立成，一座驚歎。群臣和徽宗御製詩，唯藻作衆莫能及。歷官著作郎。與王黼不合，出判宣州。時梁師成用事，令客邀致之，藻不往。高宗時，起直學士院，詔令皆出其手，時以比陸宣公。纂修《日(歷)〔曆〕》成，除顯謨閣學士、知徽州，從官典鄉郡，時以爲榮。

王畟，字偉文，婺源人。宣和初調豐城簿，遷知吉州。平生好義自雄，讀書敏疾。著《雲峊集》《中興要務》《史評》。

羅願，字端良，歙人。父汝楫，字彦濟，由進士歷官吏部尚書。願七歲爲《青草賦》壽其父。登第判贛州，知南劍州，改鄂州，鄂人繪像於靈竹寺。願文章古雅縝密，有先秦、西漢之風，朱子亟推讓之，嘗欲附名集後。著《新安志》《爾雅翼》《鄂州小集》。兄頌字端規，爲郢州守，亦知名。

宋松年，字德操，休寧人。紹興進士。嗜史學，於《唐書》功尤勤。調信州録參，即官所結閣，網羅百氏關於唐者萃焉，名其閣曰紬書。《證疑刊誤》書成，將進上而卒。

張敦頤，字養正，婺源人。紹興登第，爲南劍州教授。與朱松友善。陞倅宣城，攝郡事。所著有《編年六朝事蹟》①《衡陽圖志》。

---

① 今通作《六朝事蹟編類》。

滕愷，字南夫，婺源人。紹興進士，調信州司户參軍。朱子稱其才智傑然，遠過流輩。遺文甚少，爲可惜。

程珌，字懷古，休寧人。紹熙四年進士，令富陽。代者以邑豪名授珌，珌置不觀曰：「吾未欲知名，使聞而改過足矣。」擢秘書省，兼編修、侍讀。帝嘗留意筆札，珌言：「太宗留心詞翰，在僭國削平之後。真宗鋭情文墨，在澶淵却敵之餘。」上爲悚然。官終端明殿學士。著《洺水集》《内外制類稿》。

祝穆，字和父，歙人。與弟癸同事朱子於雲谷。著《事文類聚》《方輿勝覽》諸書。子洙，嘗著《四書集註附録》，宰執取其書進呈，授太學博士。

吴觀萬，字亨壽，休寧人。篤尚紫陽朱子之學。著《潮説夏小正》，辨閏月定四時成歲，講義皆擴前人所未發。

元

方回，字萬里，歙人。初爲隨州教授，上書數賈似道罪有十可斬。入元授建德路總管，致仕。著《讀易釋疑》《碧流集》《桐江集》《瀛奎律髓》《名僧詩話》《宋季雜傳》諸書。

程文，字以文，婺源人。仕至禮部員外郎。爲文精深明潔，虞集嘗稱重之，與莆田陳旅相伯仲。

洪焱祖，字潛夫，歙人，椿子。除平江路學録，歷官休寧尹。爲文根極理要，而超然遊意於語言之表。著《新安續志》《爾雅翼》等書。

曹涇，字清甫，休寧人。文學與方回齊名。宋咸淳戊辰進士，授昌化簿。入元爲紫陽書院山長，研窮經學，爲文典古有法。馬端臨，其弟子也，撰《文獻通考》，其學實自涇出。

潘榮，字伯誠，婺源人。學長於史。著《通鑑總論》，反覆數千言，該括古今興亡大要。學者稱節齋先生。

汪漢卿，字景良，黟人。以薦授國史編修官，轉翰林修撰。博聞强記，在翰苑十年，凡中朝討論典故衆不能識者，叩之立應。至大中，以國子監丞致仕。

明

唐仲實，字桂芳，歙人。太祖至歙，召見，首問平天下要道，以不嗜殺人對，太祖大悦。因力陳築城之苦，即爲罷役。命攝紫陽書院山長。著《武夷小稿》《白雲集略》。

鄭潛，字彦昭，歙人。有學行，以詩名。元末由内臺掾仕至泉州路總管，入明官潞州同知。所著有《白沙稿》《樗庵集》。

汪仲魯，名叡，以字行，婺源人。元季兵起，與弟同集義旅保鄉邑。明興歸附，授安慶税令。洪武中召見，講西伯戡黎，授左春坊左司直，命續《薰風南來》詩及他應製，皆稱旨。帝以善人呼之，與朱善、劉三吾並稱「三老」。

姚璉，字叔器，歙人。從胡雲峰遊，爲太平教授。時賊侵徽、饒，璉上十策，參政薦之朝，不就。

太祖至徽，與唐仲實同召見。歸隱，自署曰「雲山一懶翁」。

詹同，字同文，婺源人。幼穎異，虞集見之，曰：「才子也。」以弟槃女妻之。至正中舉茂才異等，授彬州路學正。歸明爲國子博士。同淹貫群籍，應教爲文，才思泉湧，以文字結主知。歷官翰林學士承旨，兼吏部尚書。乞編《日（歷）〔曆〕》，更請分類輯聖政爲《皇明寶訓》。所著有《海涓集》《天衢吟嘯集》。子徽，字資善，洪武中歷官左都御史，兼吏部尚書。坐藍黨死。

方勉，字懋德，歙人。永樂乙未進士，選庶吉士，屢應制作詩賦當旨。遷御史，按獄江浙。陞湖廣參議，陳二十二事，皆準行之。子暕，登進士，授行人。修《蜀志》。

吴遜，字以恭，歙人。精研《易》理，善詩文。著有《可筠稿》。曾孫熙，講學斗山，王畿甚器重之。

程敏政，字克勤，信子。十歲以神童召試稱旨，讀書翰林。成化丙戌，廷試第二，授翰林院編修，歷遷侍講學士。孝宗即位，視學、籍田，儀注皆命銓定。進講經筵，呼先生而不名。承詔議從祀孔廟諸賢，考據詳確，出入惟允。上方向用，大臣忌之，罷歸。後召還，官終禮部侍郎。所著有《道一編》《篁墩文集》《新安文獻志》《皇明文衡》諸書。

程玠，字文玉，歙人。有異才，殫究皇極、星（歷）〔曆〕、醫卜之學。成化甲辰進士，奉使江南而卒。（邱）〔丘〕濬狀其行實，稱爲一代異人。著《大定數》《太素脉訣》《松崖醫徑》。

唐皋，字守之，歙人。正德甲戌廷對第一，授修撰。大禮議起，諸臣競攻張璁、桂萼，皋謂楊廷和曰：「張公不爲無理，但當擇其可從者以慰帝衷；斯能執其必不可從者，以安孝廟耳。」廷和然之。

臯乃上疏，請於本生備其尊稱，以伸追遠之道；繫其始封，以遠正統之嫌。帝怒，奪俸三月。後累官至侍讀學士。臯爲文下筆立就，或請改竄，則更撰不襲前文一字。著《心庵集》《史鑑會編》。

汪思敬，字養浩，祁門人。潛心文學，練達時務。侍郎楊寧薦，舉不赴召。著有《易學象數舉隅》《周易博通釋》①《學史管見》。

余光，字晦之，祁門人。嘉靖壬辰進士，授大理評事。擢御史，按河東鹽政，議補課例，切中時宜。按廣東，上征安南表、輔導太子疏，皆賜俞納。獻《兩京賦》，命付史館。

張聘夫，字時珍，婺源人。嘉靖甲子舉人，知連江縣。以方正不阿，調鄖陽教授，尋擢國子助教。所著有《三史解頤》《兩漢禁臠》《唐書管豹》諸書。

吴子玉，字瑞穀，休寧人。童年好學，過目成誦。應聘修纂有《白岳志》《郡志》《金陵人物志》《中立四子集》《更定名世文宗》《韻學大成》《碩輔寶鑑》，及郡邑各詞記、譜牒，多出其手。自著有《瑞穀》詩、文二集，《十二論》《茗州吴氏家記》②數百卷。晚應萬（歷）〔曆〕間貢，授應天訓導，薦入史館。

---

① 「博」，疑當作「傳」。黄虞稷《千頃堂書目》卷一《易類》有汪思敬《易傳通釋》。

② 「州」疑當作「洲」。茗洲位於休寧縣西南，自古爲休寧吴氏聚居地。又《茗洲吴氏家記》今存，凡十二卷，題吴子玉撰。

江應曉，字覺卿，歙人。入成均，就判涪州，耽吟咏，厭苦簿書歸，就駐驊山麓築室，博覽群籍。所著有《對問編》《囂囂集》。學者稱山城先生。

江來岷，字本初，歙人。鄉舉，知鄗縣，平藍寇，定楚藩。鵝洲之變，猺蠻嘯聚山谷，來岷單車往諭，擇其子弟置之膠庠，蠻不復擾。嘗從直指遊衡山，代作《朱陵洞天碑》，文古奥，爲時所稱。祀南嶽，倣騷製迎神送神諸曲，至今歌之。詩文與王世貞、汪道昆相頡頏。所著有《桃源集》。

潘緯，字仲文，歙縣人。仕中書舍人，工爲詩，□□□〔錢謙益〕①稱其「攻苦精思，擺落凡近，時人或未之知，當與具眼者共推之」。

吴士奇，字無奇，歙人。萬（歷）〔曆〕壬辰進士，知寧化縣，累擢湖廣布政使，覈從來奸胥盗帑至十七萬有餘。入爲太常卿，以拒魏奄招，中旨致仕。所著有《三祀志》《史裁》《考信編》《徵信編》《緑滋館稿》。

胡尚英，字超凡，歙人。萬（歷）〔曆〕己未進士，館選時，主者閲其卷，稱爲陸贄後身，取冠庶常。歷官南京祭酒，移宫詹。所著有《擊鉢吟》《超凡集》《詞林紀》諸集。

金聲，字正希，休寧人。父賈於楚，因占籍嘉魚。崇（正）〔禎〕戊辰進士，選庶吉士，慷慨面陳時

① 原刻本作缺文，《四庫》本作「著作家」，今據《列朝詩集小傳》補。錢氏評潘詩原文今作「攻苦精思，擺脱凡近」。

務，後乞歸。以御史召，擢僉事，未赴。久之，起翰林院編修。入覲，中道聞北京破，號慟歸。見寇賊蠭起，設守助法保鄉里。王師下江南，徽後服，聲單騎見帥，曰：「拒守者，某也。」遂死。聲刻苦爲文，古淡深博，學者宗之。

夏雨金，字韓雲，休寧人。崇(正)〔禎〕甲戌進士，授河間推官。時當寧以修練儲備四事黜陟郡邑，雨金膺紀録者再。歷知泉州府，撫諭南安猺獞賊，陞河南副使。所著有《夢莊詩草》《秋水堂集》。

程嘉燧，字孟陽，休寧人。少不羈，棄舉子業，學擊劍，不就。乃折節讀書，精音律，工書畫，而詩尤名世，□□□①深嗜之，築耦耕堂邀之，稱爲松圓詩老。僑居嘉定歸②，老於歙。有〔《松圓浪淘集》〕③。

① 原刻本「世」下缺文三字，重修本「世」下至「僑居」前凡十八字缺文，《四庫》本「名世」以下至「稱爲」凡十二字作「當時」二字。考程氏卒後，錢謙益誄之曰「松圓詩老」。又，耦耕堂爲錢謙益所築，係錢、程二人相約歸隱處，詳見錢氏《初學集》卷四十五《耦耕堂記》。準此，疑原刻本所缺三字當爲「錢謙益」。
② 《四庫》本無「歸」字。
③ 據《四庫》本補。

國朝

汪瑶光，字文岫，歙人，道昆孫。博學世其家，著《五臺游草》《香林草》《趨庭紀聞》等書。順治末爲提督張天禄幕客，歸老函山。

程邃，字穆倩，徽州人。爲人高古，學博思奇，詩、文、書、畫皆工，鐫篆尤稱絶藝。

許楚，字芳城，歙諸生。長年遊歷吴、越，歸而杜門著述，其《黄山》《新安江》兩賦最有名。著《青巖文集》《遺民集》《新安外紀》《藝文幸存録》。

汪汝謙，字然明，歙人。爲人任恤，分宅指困。移居武林，招集勝流爲湖山詩酒之會。錢謙益稱其鈎探風雅，編次金石，刌度律吕，雖專門肉譜不能與争云。①

姚允明，字汝服，休寧人。博極群書，嘗倣《春秋》用字法以編年兼論斷，爲《史書》十卷。

張膽，字貢赤，休寧人。隱於黟之天潛山。嘗合古今文而選其精者，曰《文統定傳》；合二十一史而删其謬者，曰《治統定傳》；合古今聖賢及諸儒先書而輯其要者，曰《道統定傳》。又有《古今十大疑辨》一書。其友汪有光字謙子，黟人，與膽講道石林，有批點《孟子》《檀弓》。

汪洪度，字于鼎，歙人。少通經，俠遊名場。所著有《新安大好山水志》《新安節烈志》及《息廬

① 「詩酒之會」以下二十七字，重修本全删。「錢謙益」，《四庫》本作「論者」。

詩》。其《黄山》《新安江》諸作，最爲名流所賞。

方式玉，字玉如，歙人。工詩善畫。順治中以貢授鹿城訓導，時鹿城雅樂盡缺，式玉修舉之，刊爲圖，悉如闕里。所著有《涉江草》《醉翁石照詩》。

吴啓元，字青霞，休寧人。太學生。少孤嗜學，專攻詩，好遊覽名勝，以助其超詣。著《秀濯堂詩集》，時謂與程嘉燧抗行。

汪灝，字紫滄，休寧人。康熙壬午以獻賦召入内庭，癸未賜進士第，授編修，總武英殿纂修事。所著有《知本堂詩文稿》。

李彭庚，字又籛，婺源人。文多奇氣，詩尤嶔崎歷落。每對酒即豪吟，酒醒輒焚去，人以畸士目之。

宋和，字介山，歙縣人。年三十始讀書深山中，爲古文。四十學大就，入都，先後爲韓菼、陳鵬年、孫勷所激賞，謂其非唐以下之文也。詩亦古茂。相國王掞八十，索撰壽序，辭不能書。掞曰：「第欲君集中有此文耳。」居隘巷中，杜門著書，几席蕭然，貧老不能歸，卒於京師。所著有《雪晴軒集》。

查士標，字二瞻，休寧人。書法精妙，人謂米、董再出。畫亦超詣，求者填門，或終歲不可得。遇困乏時，揮灑尺幅，人争購之。年八十餘，卒於江都。

寧國府

唐

劉太冲，宣州人。博洽工詩。顔真卿守平原，辟從事，畫策拒安禄山。真卿嘗爲文送之，稱才不偶命，而德無其鄰。弟太真，舉進士，善屬文。貞元間詔群臣宴曲江賦詩，帝自第之，以太真爲上。

王炎，宣城人。工詩。嘗遊蜀，李白爲《劍閣賦》贈之。及卒，哭之曰：「王公希世寶，棄世一何早！」

許棠，字文化，涇縣人。咸通中，與張喬、鄭谷等稱「十哲」。《賦洞庭詩》有云：「四顧疑無地，中流忽有山。」人稱「許洞庭」。久困名場。李頻爲京兆參軍，首薦之，始得登第。初爲本縣尉，又嘗爲江寧丞。

汪遵，幼爲吏，善絶句詩，而深自晦密。許棠應二十餘舉，遵猶在吏籍。一旦辭役就貢，會棠送客灞滻，遇之，問曰：「汪遵何以至此？」遵曰：「就貢。」棠怒，曰：「小吏無禮！」然遵竟先棠五年登第。

五代

蒯鰲，宣城人。孤貧力學。唐末文體纖麗，鰲獨能自振，有承平風。爲人廉直，嘗藏龍尾硯，客有欲色，鰲亦心許。客行，即徒步馳數舍予之。初與樊若水善，若水仕宋欲薦之，鰲謝去，隱廬山卒。

邵拙，宣城人。博通經史，有詩百篇，曰《廬嶽集》。又手鈔史傳文集三百卷。

宋

梅堯臣，字聖俞，詢從子也。工詩。錢惟演引爲幕僚，日相酬倡。歐陽修自以爲不及，遂以詩名天下。有人得蠻布弓衣，上所織堯臣詩也。初以詢蔭得官，大臣屢薦宜在館閣，召試賜進士，爲國子監直講，累遷尚書都官員外郎。預修《唐書》成，未奏而卒。

(邱)〔丘〕旭，字孟陽，宣城人。南唐後主試賦，擢第一。入宋，吕蒙正判銓，習旭名，曰：「若非能賦者乎？謂爲古人，乃並世耶？」薦授令録，遷京秩。卒於衡州。

周紫芝，字少隱，宣城人。家貧苦學。歷樞密院編修，官知興國軍，政崇簡静，終日焚香課詩，而事不廢。初，秦檜愛其詩，頗厚遇焉。後和御製詩云：「已通灌玉親祠事，更有何人敢告猷？」檜怒其諷己，出之。

元

貢奎，字仲章，宣城人。爲齊山書院山長。時方議行郊祀禮，奎討定上之，朝廷多採其説。遷應奉翰林文字，纂修《成宗實録》。終集賢直學士，謚文靖。

淩希惠，字季和，涇縣人。自號水西道人。嘗寓宣城，與諸名士爲吟社。有詩集。

張師愚，字仲愚，寧國人。好學工詩，兩領鄉薦，撰《梅堯臣年譜》，多所摭引。與弟師曾並從汪澤民遊，澤民禮下之，嘗稱平生畏友有「二張」。

汪珍，字聘之，太平人。隱居黄山。博學工詩，盧疏齋摯雅重之，汪澤民一見心服，每稱南山先生。

明

貢欽，字元禮，宣城人。成化進士，歷官文選郎。詩文豪蕩，李西涯有「秋水芙蓉」之目。

貢汝成，字玉甫，宣城人。領正德鄉薦。嘉靖初，預修《祀儀成典》及獻《郊廟賦》，並賜金帛。授翰林待詔，預校録諸經史。上復古治策十五事，時稱博雅。

梅鶚，字百一，旌德人。正德進士。博綜群籍，爲文援筆千言，滉洋浩博，譽重一時。未仕卒。弟鷟，與鶚齊名。

左鎰，字應衡，涇縣人。嘉靖進士，歷官尚寶卿，入直視草，思藻英發。會開明堂行大饗禮，景雲見，作《景雲賦》上之，肅宗稱賞。

王廷幹，字維貞，涇縣人。七歲能文，讀書日以寸計。登嘉靖壬辰進士，年未弱冠，奉詔歸娶。授行人，累遷九江知府。乞休歸，鍵户著述，一切碑版皆出其手。有集十卷行世。

孫攀，字士龍，宣城人。長於記問。嘗得《周禮》古本，遍考諸家，折衷爲一書。與貢汝成纂注《三禮》，先後相望，里中稱博洽焉。

沈懋學，字君典，宣城人。風骨奇矯。工草隸，善騎射及詩歌、古文。萬（歷）〔曆〕丁丑，廷對第一，授翰林修撰。嘗應詔賦《宣宗元兔圖》①詩稱旨，眷遇日優。會張居正奪情，趙用賢、吴中行以疏論廷杖，懋學持章往救，格不入，遂引疾歸。扁舟野服，放浪西湖、苕霅間。崇（正）〔禎〕時追謚文節。

湯賓尹，字嘉賓，宣城人。萬（歷）〔曆〕乙未冠南宫，廷對第二，授翰林編修，仕至南祭酒。以制舉業名天下。

胡國鑑，字正甫，宣城人。萬（歷）〔曆〕進士，歷官南禮部郎中。杜門家居，究心史學，李維貞序其文，謂「語無空設，體無失宜」云。

吴伯與，字福生，宣城人。萬（歷）〔曆〕進士，仕至副使。肆力典籍，博極群書，工古文詞，多所輯著。

① 「元兔圖」，《四庫》本作「元元圖」。

梅守箕，字季豹，宣城人。豪宕善屬文，援筆立就。湯賓尹贈詩云：「坐上若無梅季豹，也容他輩得猖狂。」家貧，能緩急人，人皆異之。著有《居諸集》。子元祚，從子蕃祚、台祚，皆善詩文，喜任俠。王世貞贈詩云：「從誇荆地人人玉，不及梅家樹樹花。」蓋謂諸梅競秀也。

梅鼎祚，字禹金，宣城人。生而癯甚，父憐之，欲焚其筆硯，乃匿帳中默誦。年十六，廩諸生。性不喜經生業，以古學自任。文詞雅贍，海内皆知其名。閣臣申時行欲以文徵明故事疏薦，辭不赴。歸隱書帶園，構天逸閣藏書，坐卧其中。孫朗中，亦工詩、文、書、畫。

劉振，字自我，宣城人。慷慨善持論。嘗縱遊齊、梁、燕、趙間，中原多擾，范景文巡撫河南，振以布衣上書，由是知名。尋返金陵，鍵户著撰，輯明三百年實録，旁稽野乘，裁以己意，名曰《識大録》。

國朝

茆薦馨，字楚畹，宣城人。康熙己未探花，授翰林編修，時集詞臣纂修《五代史》及《易經講義》，薦馨分輯不懈。蜀平獻詩，聖祖深加獎勵。未幾，卒。

孫卓，字予立，宣城人，襄之子。淹博經史，敦崇氣誼。康熙己未進士，對策第二人，授翰林編修。奉使册封安南，卒於粤西道中。

盛於斯，字此公，南陵人。少負異稟，詩古文詞倚席立就。爲人慷慨卓犖，雅有奇氣。後以家貧落魄而殁，少司農周亮工爲表其墓。

高詠，字阮懷，宣城人。幼有神童之目。其學無所不窺，書畫與詩世稱三絶。康熙己未，以博學鴻儒特授翰林院檢討，充《明史》纂修官，所撰史稿，皆詳慎不苟。著有《若巖堂集》。

梅庚，字耦長，宣城人。五歲而孤。稍長，苦志力學，以詩文見稱於施閏章、高詠。康熙辛酉舉於鄉。選泰順令，邑苦歲修海船，庚莅任五年，累不及民。著《聽山詩鈔》《漫與集》。

汪越，字師退，南陵人。康熙乙酉舉人。性好學，穿穴經史，後進咸資其指授。當事者多折節願與交，而越垂老舌耕，不事干謁。其著述甚富。

程元愈，字偕柳，少自歙徙居宣城。性孝友。爲文悉本《六經》，秀水朱彝尊、新城王士(貞)〔禎〕①亟稱之。所著有《儷體文鈔》《昭明詩選輯注》。

池州府

唐

胡楚賓，秋浦人。高宗時以善屬文爲右史，與諸儒同撰《樂書》《百僚新戒》《臣軌》十餘篇。爲文甚敏，必酒中下筆。高宗嘗以金銀杯斟酒飲之，文成輒賜焉。尋兼崇賢直學士。

① 據《四庫》本改。

武瓘，秋浦人。有詩名。登咸通四年進士第，爲益陽令。初以感事詩受知主司蕭倣。及在益陽，杜荀鶴寄詩，有「縣稱詩人理，無嫌日寂寥」之句。

盧嗣立，秋浦人。以詩名。登咸通十四年進士第，時咸稱主司爲得士。

顧雲，字垂象，秋浦人。初與杜荀鶴、殷文圭同讀書九華山，有文筆。受知宰相令狐綯，登咸通十五年進士第。以執政薦修國史，加虞部員外郎。高駢鎮淮南，辟爲從事。

康駢，字駕言，秋浦人。乾符中登第，有文名。著《劇談録》行世。

杜荀鶴，字彦之，石埭人。登大順二年進士第。爲宣州帥田頵從事，奉使至汴，梁太祖厚遇之，表薦於朝，除翰林學士、主客員外郎、知制誥。有《唐風集》。

張喬，秋浦人。與弟霞俱有詩名。喬咸通中京兆試《月中桂》詩，爲時傳誦。大順初登第，後避亂棲隱九華以終。時同邑韋象以能賦名。嘗遊京師，學士吴融奇其才，薦之，亦歸隱九華卒。

殷文圭，秋浦人。居九華山苦學，硯爲之穿，有才名。登乾寧間進士第。後歸江南仕於吴，歷官翰林學士。有詩五集。

五 代

殷崇義，學士文圭子。幼穎敏，嘗夢飛星墜水盤中，吞之，文思日進。仕南唐爲宰相，所撰書檄文誥皆稱典贍。及後主降宋，崇義隨入朝，因避宋諱，改姓名湯悦。嘗奉敕撰《江南録》，又同修《太平御覽》諸書。

宋

曹緯，字元象，貴池人，以文名。元祐間與劉燾、崔執柔、劉正夫號「四傑」，官翰林學士。從弟組，亦有文名。

齊天覺，字莘夫，青陽人。少好學，讀書倦，暫隱几而卧，三十年未嘗解帶就枕。由是經、史、子、集，靡不淹貫。舉於州，歷贛州僉判。

俞夢龜，銅陵人。生即有齒能言，睡寤嘗作讀書聲，六歲即通經籍。理宗時應童子科，問以諸義，無不知者。授太子正字，直秘書監。

元

楊少愚，青陽人。少好學，博通群書。著有《秋浦集》《九華外史》諸編。

明

劉正蒙，字養卿，貴池人。工文詞，其歌詩得元和體。以國子生選湯溪縣丞，遷襄府工正歸。又同邑詩人劉岐，官河間丞，有《林下集》。

佘翹，字聿雲，郎中敬中子。四歲授書，即能成誦，長遂悉究經史，詩古文皆有名，臨川湯顯祖見而奇之，呼爲「小友」。舉萬（歷）〔曆〕辛卯鄉薦，屢上春官不第，著書以老。有《翠微集》《浮齋集》諸編。

柯日東，字朝陽，建德人，知州鑑之子。少負才名，鄉先達皆就之論事。所著有《映玉齋集》。又同邑江大虬，博洽工文。

金宗範，東流人。萬（歷）〔曆〕乙酉舉人。學博而才雋，尤工詩，善草書。又青陽吴光裕，長於詩賦，兼工篆楷。有《申椒園集》。弟光錫，亦能古文，通篆書。

吴應箕，字次尾，貴池人。太學生。性倜儻，善談論，力持清議，與東林諸賢相應和。生平以經濟自負，文詞雄偉，爲一時才俊之宗，華亭陳子龍以宋陳亮比之。所著有《樓山堂集》《兩朝剥復録》《東林始末》諸書①。又同邑李甞，崇（正）〔禎〕庚午舉人，亦有才名，嘗著《天啓事實》一編。

國朝

劉廷鑾，字得輿，貴池人。父城，明季以文雄江左。廷鑾少承家學，又師事父友吴應箕，盡得其傳，日益淵博。詩文皆偉麗，聲名籍甚。康熙元年，以貢考授州同知，未仕卒。所著《梅根集》及他纂

① 此句重修本「陳子龍以宋陳亮比之所」以下十七字俱作空。

述，凡數百卷。又同縣姜可久，受業廷鑾父及應箕之門，通經史大義，作詩文濡筆立就。著有《斐園集》。

太平府

陳克祥，字季麟，銅陵諸生。父國瑞，以好義聞鄉里。克祥資敏嗜學，時人推其博洽。

南北朝　梁

周興嗣，字思纂，先世陳郡，遷姑孰。博學善屬文。天監初，奏《休平賦》，其文甚美。累擢員外散騎侍郎。光宅寺成，敕興嗣與陸倕各製碑文，帝用興嗣所製。自是《銅表銘》《栅塘碣》《檄魏文》《次韻王羲之書千字》，並使興嗣爲之，每奏帝稱善。後佐撰國史，歷給事中卒。

唐

陳商，字述聖，當塗人。有文學，舉進士。會昌中歷禮部侍郎、秘書監，撰《敬宗實録》十卷。

宋

郭祥正，字功甫，維之子，當塗人。母夢李白而生。少有詩名，時梅堯臣方擅名一時，見而嘆曰：「真太白後身也！」舉進士，歷知瑞州。棄官隱青山，自號謝公山人。有《青山集》行世。

徐溝，繁昌人。熙寧中舉進士。弟迪，紹聖初登第。兄弟相師友，詩文清麗，人比「二蘇」。

石悉，字敏若，禹勤孫。元符進士。崇寧中又舉博學宏詞，才名籍甚。時梁師成用事，方鈞致知名士，或勸悉往謁，悉拒不從。仕止州幕。著有《橘林集》。

方汝彊，字南夫，繁昌人。紹興末舉進士。不樂仕宦，以觴咏自怡，有詩名。

明

潘廷堅，字叔聞，當塗人。初，太祖渡江，以陶安薦，除太平教授，累遷翰林學士。洪武四年典會試，宋濂副之。廷堅文譽最盛，尤以謙慎爲太祖所稱。後請老歸。子黼字章甫，亦以文學嚮用。仕至江西按察使，預修律令。

李習，字伯羽，當塗人，叙之子。領延祐四年鄉薦，授書院山長。太祖至采石，習偕門人陶安迎駕，即擢知太平府，年八十餘矣，以廉辦聞。習與弟翼才名相埒，江左目爲「二李」。吴萊稱習之文簡密嚴奥，翼之文豐腴縟麗。習子汶字宗茂，以才學召入史館，預修《元史》。出爲巴東令，移南和，皆有善政。

謝九戓，字鳳儀，繁昌人。嘉靖丙戌進士，由重慶推官歷擢吏部郎中。乞歸後杜門著述，有《經史管見》《綱目前紀》諸編。

蕭雲從，字尺木，蕪湖人。崇（正）〔禎〕己卯副榜，不赴銓選，專以詩文自娱。有《梅花堂遺稿》。兼工畫，得倪、黄筆法。

盧州府

南唐

伍喬，盧江人。性嗜學，以淮人無出己右者，遂渡江，居盧山國學。一夕，見人掌自牖入，署「讀易」二字，忽不見。喬大歎，輒取《易》讀之，探索精微。越數年，有僧夢大星曰伍喬星也，訪得喬，使應進士舉。試《畫八卦》賦，喬第一。元宗大愛其文，命勒石爲永式。仕至考功員外郎。有集一卷。

宋

姚鉉，字寶之，合肥人。太平興國進士甲科。淳化中直史館，侍宴内苑，應製賦《賞花釣魚》詩，特被嘉奬。歷官舒州團練副使，卒。鉉文詞敏麗，善筆札，藏書至多。在潮課吏寫書，爲薛映所掎摭。有集二十卷。又纂唐人文章爲百卷，目曰《文粹》。

楊寘，字審賢，合肥人，察之弟。少有雋才。慶（歷）〔曆〕二年舉進士京師，試國子監、禮部皆第一，試崇政殿又擢第一。通判潁州，未至官，持母喪，病羸卒。先是，其友夢寘作龍首山人，寘自謂：

「龍首，我四冠多士； 山人，無禄之稱。 我其終是乎？」已而果然。 胥致堯，合肥人。 少力學爲文辭。官至左班殿直，歐陽修志其墓。 子流，以才能稱。

阮美成，舒城人。 元豐中進士，知巢縣，爲政愷悌。 喜吟咏，時稱阮絶句。

焦蹈，字悦道，無爲人。 文翰有名。 崇寧三年，計偕後期，適南宫火，命禮部改試，蹈爲第一。 時口號云：「不因南省火，安得狀元焦？」蹈凡四首鄉薦，又由省元登第，蓋三元云。

李臺卿，字明仲，廬州人。 性介特，博學强記。 有《史學考正同異》，多所發明。 知天文律（歷）〔曆〕，千歲之日可坐數也。

朱翌，字新仲，舒人。 政和間進士。 時人諱言詩，翌獨沉涵六藝，文思飈發。 南渡後，爲中書舍人，掌書命文章，忤時宰，謫曲江。 有《潛川集》。

元

潘純，字子素，廬江人。 少有俊才，嘗著卦辭，諷切當時。 詩極精麗，其《錢塘懷古》句最爲當時稱誦。

明

秦鳳，字子儀，舒城人。 洪武進士，知興山縣，擢給事中，以言事改衛輝府同知，卒於官。 撰《營建宫闕賦》《洪熙輔政策》《高岡遺稿》。

郭奎，字子章，巢人。少遊余闕之門，《青陽遺集》，其所藏弆也。明初參朱文正軍事，詩歌悲壯，坐文正事誅。宋濂、趙汸爲序其《望雲集》。

邢寬，字用夫，無爲人。永樂甲辰進士，廷對策祭祀兵戎，考究詳明，議論醇正，擢第一。開科以來，江北士占名第一者自寬始。授修撰，進侍講，纂修《宣廟實録》，陞學士。

祝富，字堯臣，舒城人。博學工詩文。成化會試乙榜，除伊陽教諭，三校省闈。由國子學正遷伊府長史，悉心輔導，時宗室以事忤王，力爲辯解。聞於朝，進階旌之。著有《默庵集》。

吴廷翰，字崧伯，無爲人。正德進士，官至山西參議。被命採端溪硯，己不持一枚，其廉謹多類此。著《漫録》《叢言》《櫝記》《甕記》《志略考》《湖山小稿》《蘇原》諸集。

董子策，字霞峰，合肥人。嘉靖進士。以户部郎視榷滸墅關，商舶①輻凑，乃就關傍别開支河，令曰：「凡舴艋可出此橋者聽。」商民德之。嘉靖末，進廣東按察司僉事。辭歸，一意著述，遠近丐其文或不時應，率敦請至再。里中遇難得之物，輒相詑曰：「豈求董進士文耶？」

黄道月，合肥人。萬（歷）〔曆〕進士，官中書舍人。風神俊朗，詩文清妙。弟道日，舉於鄉，書翰爲世所珍。

---

① 「船」，《四庫》本作「船」。

王寢大，字幼章，合肥人。崇（正）〔禎〕丁丑進士，再任知縣，以廉能稱，擢南吏部郎，歸。居家捍衛鄉里，規畫荒政，具有幹略。其學尤長於史，著《春秋説》《史綱鈔》數十萬言。

國朝

龔鼎孳，字孝升，合肥人。舉崇（正）〔禎〕甲戌進士，歷官兵垣。我朝以原官召用，累遷左都御史。再謫再起，復都憲，晋刑、兵、禮三部尚書。鼎孳洽聞博學，工詩古文，士林推之。弟鼎孚，字伯鼎，署仙居縣篆，山賊之願歸農者，請給牌免死，更給農具，全活甚衆。著有《稻香樓詩集》。①

孫維祺，字起山，廬江人。少而穎異，爲文風發泉湧。辛未成進士，令河間，改淶水。事母以孝聞。

鳳陽府

三國

薛瑩，字道言，綜子。初爲秘府中書郎，歷官選曹尚書、太子少傅、右國史。華覈疏薦瑩涉學既

① 「國朝」至「士林推之」共計六十四字，重修本俱删，并誤删「弟」字。

博，文章尤妙，同寮之中瑩爲冠首，請卒修《吴史》。皓遂命瑩爲左國史，著書八編，名曰《新議》。

〔晋〕①

嵇康，字叔夜。本姓奚，自會稽遷於譙之銍縣，銍有嵇山，家於其側，因氏焉。與魏宗室婚，拜中散大夫。少有儁才，博洽多聞。好老、莊之業，常修養性服食之事，著《養生論》。寓居山陽，與阮籍、山濤、向秀、阮咸、王戎、劉伶相友善，遊於竹林，號爲「七賢」。山濤爲選曹，舉康自代，康答書拒絶之。著文論六七萬言，皆爲世所玩詠。兄喜字公穆，晋揚州刺史、宗正。

嵇含，字君道，銍人。好學能文。舉秀才，除郎中。時弘農王粹以貴公子尚主，館宇甚盛，圖莊周於室，使含爲之贊。含援筆爲弔文，文不加點，粹有愧色。歷官廣州刺史、平越中郎將，謚曰憲。

南北朝　梁

劉顯，字嗣芳，沛國相人。幼聰敏，號神童。好學，博涉多通，任昉嘗得一缺簡書，人莫能識，顯云是《古文尚書》所删逸篇。昉檢《周書》，果如其説。沈約命駕造焉，策顯經史十事，顯對其九。顯

---

① 據《四庫》本補。

問其五，約對其二，名流極推賞之。歷官平西諮議參軍，加戎昭將軍。

隋

劉臻，字宣摯，顯子。年十八，舉秀才。宇文護辟爲記室，軍書羽檄，多出其手。隋高祖受禪，高頻以臻隨軍典文翰，進封饒陽縣伯。耽悦經史，終日殫思。精於《兩漢書》，時人稱爲「漢聖」。

唐

裴嚴，字子肅，壽春人。舉賢良方正策第一，拜拾遺。詞章峭麗。官京兆尹，强幹不阿貴勢。後爲翰林學士。

元

孟祺，字德卿，宿州符離人。幼敏悟，善騎射。官國史院編修，一時典册多出其手。歷官嘉興府總管，首以興學爲務。以功封魯郡公，謚文襄。子二人：遵、遹。

楊叔幹，字立之，定遠人。少有才名，博覽强記。登省元，入翰林，益著聲望。

明

胡敏，字伯成，定遠人。洪武己卯鄉薦，與修明初《大典》。歷官營繕員外郎，累謫盧龍。以薦起授鄞縣令，遷監察御史。

周常，字茂永，定遠人。中永樂壬辰進士，歷任福建、河南僉事，所至風裁凛然。性敏悟，讀書日記萬言，爲文章下筆立就，尤長於詩。

苗衷，字公彝，定遠人。永樂辛卯殿試第二，授編修，修《宣廟實録》。屢典文衡，累官大學士。卒，贈少保，謚文康。

淩耀宗，臨淮人。博學宏詞，官禮部員外。天順間，與修《一統志》。有《雪窗稿》《歸田録》。

黄淮，字中甫，定遠人。博覽群書，著有《通鑑輔義》。

顧伯謙，字有終，臨淮人。弘治壬子鄉薦。學本六經，居鄉孝友，著有《起亭集》。

任文石，字伯介，宿州人。嗜古學，工詩賦，手不釋卷。丙子廷對，司訓維揚。尋退居相山，著有《相山志》《藕花墅集》。

國朝

丁啓明，字東有，宿州人。初爲諸生時，被誣遭吏議，以詩見知監司獲解，詩名益振。

任柔節，字定子，宿州人。隱居相山之麓，博學嗜古，於書無所不讀。善著作，喜吟咏，有詩文數十卷行世。

潁州府

三國　魏

曹植，字子建，譙人，武帝子。十歲善屬文。時銅雀臺新成，帝命爲賦，援筆立就。建安十六年，封平原侯，徙封臨淄。文帝即位，貶爵安鄉侯。明帝時，封陳王。嘗上表求自試。卒，謚曰思。

曹冏，字元首，譙人。魏少帝族祖。爲弘農太守。時天子幼稚，冏作《六朝論》，欲感悟曹爽，爽不能納。

晋

夏侯湛，字孝若，譙人。幼有才名，善文章，而美容觀，與潘岳友善，京師謂之「連璧」。泰始中舉賢良對策，拜郎中。後出爲野王令，政清多暇，著《昆弟誥》。官至中書侍郎、南陽相。子承，爲南平太守。王敦亂，承露檄遠近，列敦罪狀。後爲敦所執，欲殺之，以王廙苦請得免。

曹毗，字輔佐，譙國人，魏大司馬休曾孫。好文籍，能屬詞。累遷太學博士、尚書郎、光禄勳。

唐

李敬(元)〔玄〕，亳州譙人。博覽群書，尤善於禮。高宗在東宫，馬周薦其才，召入崇賢館侍讀。假内府書讀之，撰次《禮論》及他書數十百篇。累官中書令，封趙國公。卒，謚文憲。曾孫紳，見《宦績》。

王建，字仲初，潁州人。大(歷)〔曆〕十年舉進士，太和中歷陝州司馬，與韓愈、張籍同時相友善。工爲樂府，歌行、宫詞百首，傳播天下。

宋

傅瑾，字公賨，汝陰人。任蔡州助教。力學强記，尤邃字韻，有《字林補遺》十二卷、《音韻管見》三卷、《聞見録》十卷。

周子雍，汝陰人。嘗受學於陳無己，爲詩清麗有法。大觀初，再復湟、鄯，京師以元夕張燈開宴，徽宗賦詩賜群臣，其頷聯云：「午夜笙歌連海嶠，春風燈火過湟中。」席上和者皆莫及。時子雍客開封尹宋喬年所，喬年密走價求援，得句云：「風生閶闔春來早，月到蓬萊夜未中。」大爲時所稱。

王銍，字性之，潁州人。高宗南渡，時爲浙西幕僚，作《守備策》千言，上之時帥，後悉驗焉。著有《默記》《七朝國史》《雪溪集略》《續清夜録》《國老談苑》等書。

王廉清，字仲信，潁州人，銍長子。秦熺倚父勢，移書郡將，欲取其先世藏書，且餌以官，廉清拒之曰：「願守此書以死，不願官也。」熺不能奪而止。著有《廣古今同姓名録》《新乾曜真形圖》《補定水陸章句》。

王明清，字仲言，亦銍子。積學修德，不慕榮進，克紹前業。所著有《揮麈録》《投轄録》《玉照新志》行於世。

金

劉瞻，字岩老，亳州人。天德三年南榜登科，爲史館編修。自號攖寧居士，作詩工於野逸，有集行世。

明

邢嵩，字維嶽，潁州人。博雅邃經學。以貢入太學，祭酒湛若水器之，潁後進多從學焉。授黄州府通判。

薛蕙，字君采，亳州人。年十二能詩。正德甲戌登進士，授刑部主事，諫南巡，予杖。後起官，陞考功司郎中。嘉靖中，大禮議起，蕙援據經傳，撰《爲人後解》《爲人後辯》，凡數萬言。入奏，下詔獄，尋得貫復職。會亳守顔木得罪，忌者誣蕙與木同年，疑有奸利，詔解任聽勘。既而事白，遂堅卧不出，屏居西原，著書樂道，泊如也。所著有《約言》《西原集解》《大寧齋目録》《五經雜録》《老子集解》。

張熑，字汝明，潁州人。於書一覽不忘，詩風骨清俊。登嘉靖戊子賢書，爲太湖令，旬日而返。

嘗曰：「武功如衛、霍，文章若李、杜，花間露耳。」故著述成，輒棄去。其《感懷》云：「汗漫多情淹客住，尋常有酒對花開。」雅有淡致。

王尚循，字淡父，潁州人，給諫謨子。爲詩常廢寢食，人皆笑之。乃裒其詩千餘首，自名之曰《由粲集》。傳其少年時跅弛不羈，父患之，忽奮筆題其楹曰：「過也如日月之食，復其見天地之心。」自是折節讀書，人比之周孝侯云。

國朝

劉體仁，字公勇，潁州人，廷傅子。順治乙未進士，歷吏、刑二部郎，請假歸里，卒。體仁生而英異，目重瞳子。五歲，父於膝上授《大學》《中庸》。及就傅，經史一覽成誦。居郎署三年，輦下諸名賢争欲識體仁，體仁亦樂爲之盡，尤好獎借寒畯。藏書二萬餘卷，告歸後，日手一編，不問户外事。詩筆一出，人士競傳誦之。居家孝友婣睦，恂恂可稱。

滁州

唐

邢文偉，全椒人。少以博學知名江淮間。咸亨中，歷太子典膳丞，太子罕接宫臣，文偉上書切諫。後右史缺，高宗曰：「文偉切諫吾兒，此直臣也。」遂授之。累遷鳳閣侍郎，兼弘文館學士。

宋

張洎，字偕仁，全椒人。舉進士，仕南唐爲清輝殿學士。後歸宋，太祖以其有文，選直舍人院。太宗時，歷翰林學士、參知政事。洎文采清麗，博覽道釋書。有文集五十卷行世。

徐徽，全椒人，運判象賢子。嘉祐間進士，歷提舉利州常平，致仕歸里。詩深沉典麗，文亦淵雅。紹聖中曾肇守滁，與爲文字交。

王彦成，全椒人。大觀初舉進士，調泰州法曹。以左丞薛昂薦召對，徽宗曰：「近觀《榮遇集》，見卿文理優長。」特授秘書省校書郎。累官太僕卿。

范西新，字孟申，滁州人。所著《孝順詩》一卷。

元

葛涵，字敏問，滁州人。博涉經史，工文辭。至正間，有司舉爲清流校官，學者皆服其指授。

明

范常，字子權，滁州人。學甚淹貫，太祖召典文牘。洪武初，歷遷翰林學士。及致政，賜詩四章，人以爲榮。子組，官至雲南參政，有修潔稱。

樂韶鳳，字舜儀，全椒人。博學能文章，多智略，從太祖渡江，參贊軍事。洪武中，拜尚書，改侍講學士，修《大明日(歷)〔曆〕》，重定《洪武正韻》，更製釋奠先師樂章。尋移疾免。復起國子司業，遷祭酒。弟暉，以人材知開封府；禮，太常卿；毅，諸暨州同知。並知名。

李傑，字懷英，滁州人。景泰癸酉舉人，官翰林待詔。有詩名。又來安郝孔昭，字起潛，由進士令常山，博學多著述。

任扃，字啓敬，滁州人。通經術，能詩，有《玉山樵唱集》。

國朝

吴國對，字玉隨，全椒人，中書國鼎季弟。順治戊戌廷試第三人，授編修，累遷侍讀，督順天學政。國對才學優贍，工詩賦，善書法，對客運翰如飛。言論風采，館閣推重。子旦、勖、昇，俱有文譽。昇，康熙戊午舉人。

潘運皥，字熙仲，滁州人。順治己丑進士，授中書舍人。以博洽稱，詩筆敏妙，著有《西沆紀遊》諸編。

和州

宋

錢藻，字純老，和州人。幼孤篤學，文詞雋偉。舉進士、賢良方正、直言極諫諸科，名動一時。歷翰林侍讀學士。元豐中卒官，曾鞏誌其墓。

明

蔣禮，和州人。永樂壬辰進士，歷官中允。文譽甚盛，後學宗爲矩度。

戴重，字敬夫，和州人。崇（正）〔禎〕時以貢授湖州推官，調廉州。詩古文皆醇潔，有《河村集》。

廣德州

宋

查揆，深之孫。熙寧中上舍生。神宗問近臣舍選，有以江南查揆、張汝舟對。後第進士，爲太學博士。卧疾不起，陳紆以詩悼之，曰：「舍法得才傳黼扆，古人馳譽重賢關。」

何大圭，字晋之，廣德人。年十八，試禮部第一。詩文有聲。

沈虚中，廣德人。舉進士，歷官吏部尚書。所著有《通鑑事類》《左傳國語要略考異》《國史要綱》《桐川集》。

明

戴初，字復之，建平人。成化丁未進士。性剛介，甘貧力學，有詩名。歷宰三邑，皆以廉稱。

戈維屏，字元衛，廣德人。萬(歷)〔曆〕辛卯舉人。攻苦積學，一郡英雋皆出其門。

孫振宗，字簡伯，廣德人。萬(歷)〔曆〕壬子鄉薦。家貧力學，善古文詞。

夏儀，字長卿，廣德人，良心之孫。頎然玉立，咳吐成文，一時名動公卿。崇(正)〔禎〕辛未進士，授中書科舍人。

國　朝

雲中官，字軒臣，廣德人。高才生選貢，文譽籍甚。癸未登進士，授中書舍人。爲人狷潔抗直，不樂仕宦。嘗授經他省，辭而歸，主人强納四十金於行笥，要之明年復往。不果，欲還其金無便，臨殁，猶出金屬其子必寄之，封識如初，閲六年矣。

六安州

明

何慶元，字長人。嘉靖戊戌進士，文名籍甚。授工部主事，分司高郵，築堤以便蓄泄，公私便之。陞雲南兵備，乞終養不赴。工古文詞，著《長人集》。

吳蘭，字卿佩，六安人。嘉靖戊戌進士。爲邑令，不喜簿書，改教授，講道自得。選直内閣，母憂歸，遂不復出。著書數百卷，爲文冲淡流暢。翰墨尤遒勁有法。

泗州

宋

李犍，招信人。官國子博士。著《易説》。

國朝

施端教，字匪莪。以貢訓宣城，令范縣，陞東城兵馬指揮。風雅知名。又精六書，工草隸。所著有《嘯閣集》《古詩韵匯》《唐詩韵匯》等書。

錢世熹，字紹文，五河人。明崇（正）〔禎〕時選貢，考授推官，不就選，益自刻勵讀書。康熙己酉、庚戌聯捷，製義紙貴一時。爲人秉義執禮，不苟合於俗。未仕而卒。卒之日，僅存茅屋三間。

陳天篤，字因其，天長人。生無啼聲，家人疑其瘖。周歲見杜少陵《宣政退朝》詩，似欲吟哦狀。父戲之，曰：「識之乎？」則頷而笑。因指首二字問之，忽應聲曰：「天門。」父駭然，知其有夙慧。後讀書目五行下，成通儒。

韓竹，字一韓，天長人。少穎異好學，工文章。康熙癸丑成進士，選庶吉士，授編修。丙辰分校禮闈，所得皆知名士。給假歸娶，念父母春秋高，即移疾里居，幾二十年，服食不異寒素。尤好行善事於鄉。

江南通志卷一百六十八

人物志

隱逸 一

江、蘇、松、常、鎮、淮、揚、徐八府　太、通二州

江寧府

晋

葛洪，字稚川，句容人。性寡欲，好異書，尤耽神仙導養之法。屢避功賞，授官皆不就。以句漏産丹砂，求爲其令。至廣州，刺史鄧嶽留之，止羅浮山。著書名《抱朴子》。

南北朝　梁

陶弘景，字通明，秣陵人。神儀明秀，讀書萬卷。永平中上表辭禄，止句曲山，自號華陽隱居。築三層樓，弘景處上，弟子居中，賓客至其下。梁武帝早與之遊，即位後，恩禮逾篤。謚爲貞白先生。

阮孝緒，字士宗，陳留人。出繼從伯(印)〔胤〕之，居建鄴。祖母遺財百萬，不納，悉歸其姑。性至孝，於鍾山聽講，母王氏忽有疾，兄弟欲召之，母曰：「孝緒至性冥通，必當自到。」果心驚而反。天監二年徵，不至。南平王偉以書要之，不赴，曰：「非志驕富貴，但性畏廟堂。若使麏麚可驂，何以異夫驥騄？」鄱陽王妃，孝緒姊也，王嘗命駕就之，鑿垣而逃。著《高隱傳》。

唐

余延壽，開元中處士，以詩名。

韋牟，上元人。號遺名子，隱居鍾山，飄然有物外之趣，顏真卿書其室曰「三教會宗堂」。

陳融，六合人。幼有至性，言若不出諸口，游止皆有常處。好學不仕，卒謚貞晦先生。

元

王德昇，句容人。讀書有儒者氣象，至正間累辟不起。

朱南强，句容人。多學善屬文，隱居不仕，德化鄉里。所著有《甈䃣稿》。同時侯蕃、丁復，皆有高名。

明

居仁，句容人。洪武初，以儒碩徵入朝，與對奕，賜以内醞。辭職不就，歸隱於家，人稱瞻箓先生。

王顯，江寧人。號溪漁子，雄才尚俠。後忽悔所爲，買書數千卷，閉門誦讀，不問世事。方孝孺稱爲奇士。

賀確，字存誠，居金陵。少事博士業，一不利即棄去，肆力經史、百家、天文、地理、醫卜之書。論古今事，如倒囊出物，聞者聳聽。曾薦修宋、遼、金三史，辭不就。

龍瑄，字克温。才名籍甚，與（邱）〔丘〕濬、陳獻章爲布衣交。自號半閑居士，顧璘作《半閑居士傳》。

史忠，字廷直。性任俠不羈，薄權貴，有不合輒引去，遇所善則留連忘懷。自號癡翁，作卧癡樓於冶城之麓，意到便行，不告家人以所往。沈石田贊其像曰：「玩世滑稽，風顛月癡。灑筆淋漓，水走山飛。」

金琮，字元玉，自號赤松山農，遐嘯清視，人莫能窺。書法精工，文徵明裝潢成帙，題曰《積玉》。

孫自修，字無修，江寧人。天啓甲子舉人，授陽江令，遷貳大同。感時亂，忽盡遣愛妾，棄家祝髮，縛茅於人迹罕至處，擔柴負重以自給。其子間關往省，敕斷家事，以學道讀書誨勉而已。

李克愛，字虛雲。天性沈篤。卜居長干里，與李義人、張興公論學，稱「南郊三老」。

孫石，字介臣，上元人。宿學有聲。歲貢不仕，抱道静居，足不逾户，論者謂之真隱。

周維藩，字覺庵，上元人。讀書不仕，著《史鑑闡微》《易學宗旨》等書。晚年精於内典。

張怡，字瑶星，爲諸生。父可大，以總兵官盡節登萊，蔭怡錦衣千户。甲申流寇陷京師，逼怡降，怡不屈。械置複壁中，乘間逸歸，築室攝山白雲峰以終老。

國朝

謝璣，字在之，上元人。明季歲飢，區畫育嬰、賑粥諸事。都憲張瑋以璣有濟世才，薦於朝，堅辭不就。隱居龍溪。

王應憲，字德卿，上元人。少負奇氣，文行聞於鄉，隱居著述，有《河漕》《水利》《鹽鐵》諸考。壽登大耋。

程京萼，字韡老，上元人。能詩文，尤工書法，頗自矜重。然故交待以舉火者，應之無吝色。

蘇州府

周

披裘公，吴人。延陵季子見路有遺金，呼薪者取之，薪者瞋目曰：「何子居之高，視之下，儀貌之壯，言語之野也？五月披裘而薪，豈取金者哉！」季子謝之，請問姓字，曰：「子皮相之士也，何足語姓名。」竟去。

漢

甪里先生，姓周，名術，泰伯之後。漢高帝時，與東園公、綺里季、夏黄公俱出定太子，號「四皓」。今太湖洞庭山有甪里村。

龍（邱）〔丘〕萇，王莽時隱居於吴。更始立，任延爲東部都尉，折節下士。主簿鍾離意請萇爲門下祭酒，延曰：「龍（邱）〔丘〕先生躬德履義，都尉灑掃其門，猶懼辱之，何言召？」因修書致藥，吏使相望於道。積一歲，萇乃詣府署議曹祭酒。

晋

張翰，字季鷹，吴人。性任達，時號「江東步兵」。齊王同辟爲東曹掾，因秋風起，思吴中菰菜、蓴羹、鱸魚膾，遂命駕歸，棲隱不出。俄同敗，人謂見幾。性至孝，遭母憂，哀毁過禮。

唐

陶峴，晋徵士淵明後。開元中居昆山，文學可以經濟，自謂疏脱，不謀宦達。製三舟，一以自載，一置賓客，一貯飲饌。有女樂一部，奏清商曲。逢佳山水，必窮其勝。經過郡邑，靡不招延，獨不肯詣王公貴人。山水浪迹三十餘年，吴越之士號爲「水仙」。

陸龜蒙，字魯望，吴人，元方七世孫。居甫里，多所論撰。得書熟讀，讎比勤勤，丹黄不去手。有田數十畝，屋二十楹，田苦下，雨潦則與江通，故嘗苦饑，身親畚鍤。所居前後植杞菊，與皮日休輩往來。時乘小舟，齎書一束，筆牀茶竈自隨，時謂江湖散人。累召不出。光化中，韋莊表贈右補闕。

徐修矩，吴人。持身介潔，守遺書萬卷，草屋十餘椽，優游自適。皮日休嘗就借書讀之。時有涇縣尉任晦，亦同縣人，高放寡合，退處里中顧辟疆園，有深林曲沼，皮日休、陸龜蒙嘗過從焉。皮、陸竝有《二游詩》。

宋

吴江漁翁，不知何許人。嘗櫂舟往來波上，嘯傲自得，扣舷而歌。閩中潘裕自京回，道吴江，遇而異之。與語，知其高尚，因勸之仕。翁曰：「出處由人。吾不能追園綺之高，竊慕老子曲全之義。」裕嗟歎，問所處，曰：「吾姓名尚畏人知，況居室邪？」鼓枻而去。

侍其沔，字國紀，吴人。博通經傳，五舉禮部，退爲鄉先生。與人交殊淡泊，遇急難奮義以往，不避艱險。治平三年卒，門人私謚曰夷晦先生。

閭（邱）〔丘〕孝終，字公顯，長洲人。嘗知黄州，未幾挂冠歸。與崇大年輩以耆德稱。蘇軾謫黄時，與孝終友善，過吴，嘗飲酒賦詩其家。有云：「蘇州有二（邱）〔丘〕，不到虎（邱）〔丘〕，即謁閭（邱）〔丘〕。」

胡稷言，字正思，吴人。少學文於宋祁，受經於胡瑗，以特奏補官山陰丞。不能究其所施，遂乞致仕，即臨頓里陸龜蒙故址，築圃鑿池。追陶靖節之遺風，作五柳堂，終隱以老。子嶧，姿禀淳慤，恬於榮利，步趨言動，皆有尺度，人目爲隱君子。詩文簡古。嶧子百能，紹興進士，知江山縣，有惠愛。以年至請錙銖軒冕，有祖、父風。

楊懿儒，字彝甫，長洲人。少孤力學，言行相顧，任真自信，不知世間有傾巧事。崇寧間爲南昌簿。一歲，忽載妻、子歸吴高隱，不入州縣。與方惟深稱「吴中二老」。

鍾璇，字振遠，常熟人。於書無所不窺。嘗游台州巖谷間，遇異人持《列禦寇》書，揖而與坐磐石，指一泓定水曰：「此水滔滔，乃皇極大中之道。」語久別去，自是有悟。築室梅里，二十年不出户。范成大薦於朝，不報。有《續白孔六帖》。

顧禧，字景繁，吴人。隱居光福山中，閉户誦讀。所著書甚富，注蘇軾詩尤詳。紹興間，郡以遺逸薦，不出。

章康，字季思，吴人。嘗問學於朱子，默有所契。隱居吴城西，安貧樂道，足迹未嘗越州境，而四方之人無不知有章季思者。

盛明遠，吴江人。咸淳六年鄉薦，爲廣州録事判官。宋亡，隱居不仕。元世祖聞其名，召判惠州，自以世受宋恩，辭不就。詔書迫責，乃變姓名，從老氏以終。同邑孫鋭，字穎叔，咸淳七年舉於鄉。宋亡，遂不復出，隱居平望之桑檗村，林泉頗勝，賦詩寓意。又沈姓，字自得，吴人，宋上舍生。江南内附，乃構山房，著道士服，隱迹終身。皆宋之遺民也。

元

黄公望，字子久，號大癡道人。本常熟陸氏，少喪父母，依永嘉黄氏，遂因其姓。補浙西憲掾，以忤權豪棄去，黄冠野服，往來三吴。博洽群書，於技能無不通曉。尤精山水，師董源、巨然，後稍變其法，自成一家。所著《山水訣》，世多宗之。

袁易，字通甫，長洲人。爲石洞書院山長。歸隱吴淞之濱，趙孟頫最重之，作《卧雪圖》以贈。所著有《静春堂稿》。

張介福，字子祺，自懷慶徙吴中。少受學於許衡，二親早終，遂無仕進意。張士誠入吴，介福恐亂兵發先塋，往廬焉。士誠聞其名，欲招致之，不可。饋之，力辭。病且死，謂其友曰：「吾志慕古人，未能萬一，惟無污於時，庶幾哉。」遂卒。

湯公雨，字均澤。性淳篤，有學行，工詩。至正末，由江陰徙居於虎（邱）〔丘〕之山塘，隱居不仕，以吟咏自娱。詩載《四朝詩》中。

明

謝常，字彦銘，吴江人。洪武時舉秀才，召見，試《丹鳳朝陽賦》稱旨。帝欲官之，以母年百有六歲，辭歸終養，隱居震澤東溪。

陳汝秩，字惟寅，吴縣人。少失怙。安貧樂道，力學工詩，書得二王筆意。高亢不苟交與，唯授徒自給。洪武初以人才徵，辭養母歸，卒。

韓奕，字公望，吴縣人。少目眚，筮得蒙卦，知眵難療，遂以「蒙齋」扁室，絶意仕進。博學，尤工於詩。洪武中與王賓皆隱於醫，賓爲郡守姚善所禮，乃因賓造訪之，奕於布簾内答云：「不在。」一日，伺賓入室，亦掩入之，則走楞伽山。善隨至，又泛小舟入太湖。善歎曰：「韓先生所謂名可聞，身不可得而見也！」

錢芹，字繼忠，吴縣人。勵志操，以奇節著吴中。郡守姚善欲見之，芹曰：「我民也，無所置身。」乃請會於學宫，就質經義。芹曰：「此經生業耳，豈無今日之急務乎？」善拜問，出袖中一簡授之而去。啓視之，皆戰守方略也。後善死於靖難，芹亦與焉。

范能，字仲能，昆山人。少從毗陵謝應芳遊，稱入室弟子。精醫喜吟，尤工書法。永樂初被徵，賦詩上郡守，願養母全其天年，守憐而許之。日以著述爲事。同里孫俊，字叔英，能高弟也。工詩，不慕聲利。有《南溪草堂集》，葉盛爲之序。

邢量，字用理，長洲人。隱居葑門，以卜自給，陋室三間，讀書不輟。尤工詩，吴寬極重之。郡守或請其詩，量曰：「古有採詩無獻詩，吾豈以爲羔雁哉？」因削其稿。後有吴人袁景休，字孟逸，善爲歌詩。芒鞋竹笠，遍遊吴越山水。歸而受一廛於吴市，以賣卜終老。詩多不屬草，林若撫口授其遺詩，存二百餘首。

邢參，字麗文，長洲人。終日杜門誦讀，一室立士行，講授里中，以醇和稱。貧無以朝夕，泊如也。徐貞卿諸君皆與遊，嘗遇大雪，訪之，則屋三角滲雪，參坐一角不滲雪處，怡然讀書，苦吟自若。

沈周，字啓南，長洲人。祖孟淵、父恒吉皆高隱。周學於陳五經之子孟賢，得前輩經學指授。嘗以賢良薦，筮得遯之九五，遂耕讀於相城里。所居曰有竹莊。畫法董源，書法黄庭堅，詩出入於杜甫、白居易之間。興至對客揮灑，烟雲滿紙。畫成，自題其上，頃刻數百言。風流文翰，照映一時，百年來東南之盛，莫有過之者。

史鑑，字明古，吴江人。博洽好學，執古信禮。尤熟於史，論千載事歷歷如見。網羅舊聞，筆之成編，有洪邁之博。詩力追魏、晋。家居水竹幽茂，客至，陳三代、秦漢器物及唐宋以來書畫，相與鑒賞。好著古衣冠，曳履揮麈，望之者以爲列仙之癯也。少受知於徐有貞，與吴寬、沈周爲友。及殁，寬表其墓。

陸治，字叔平，吴縣人。善繪事，倣宋人而時出己意。築室支硎山下，藝名花數百種，翛然自怡。詩律秀潤。

王綸，字理之，昆山人。以儒臣薦，預修《武宗實録》。善詩工畫，爲沈周入室弟子。尤工篆、隸，楷法得歐陽詢筆意。

朱鷺，字白民，吴縣人。家貧，授徒養親，牀頭恒貯數十文，曰「買笑錢」。善畫竹，寸楮尺素，人争寶之。每談及靖難諸君子，輒泣下。網羅遺事，作《建文書法》。

居節，字士貞，吴縣人。少從文徵明遊，詩律、書畫徵明之門未之或先也。家故隸織局，織監孫隆聞其名，召見，不肯往。拘繫破家，僦居半塘，落落寡合。每過晨未舉火，吟嘯自若也。詩名《牧豕集》，爲□□□所稱①。

岳岱，字東伯，長洲人。闢草堂於陽山白龍塢，花木翳然，修竹萬竿。自稱秦餘山人。性狷介，不妄與人交。能詩善畫，嘗輯其一時友朋之詩，倣《篋中》《中州集》之例，序而傳之，曰《今雨瑶華》。

顧元慶，字大有，長洲人。家近滸墅，所居曰顧家青山，藏書萬卷，擇其善本刻之。自經史以至叢説，多所纂述。年七十餘，猶吟誦不輟。岳岱曰：「陶潛田家之言，浩然江湖之句，時代雖殊，旨趣相符。」時稱爲大石山人。

趙宧光，字凡夫，吴縣人。讀書稽古，精於篆書。與婦陸卿子隱於寒山，足不入城市。當事慕其名，多造門求見者，宧光亦不下山報謁。子均，字靈均，傳其父六書之法，日與賓客搜金石，論篆籀，問奇字，訪逸典，爲□□□②所稱。

周詩，字以言，昆山人。喜讀書，倜儻重然諾。兼精醫，作《内經解》。游京師，詩文播公卿間。少試方藥，輒效。欲以尚醫官之，拂衣去。游武林，匿影僧寺。適督學孔天(印)〔胤〕閲岳王題壁，得詩作，大驚，命駕往謁，與定交。武林人争延致之，不懌，辭歸隱，不復出。

---

① 「爲」與「所稱」間，原刻本空三字，《四庫》本作「藝林」，鋟修本并「與」「所稱」俱删。疑原刻本所缺三字爲「錢謙益」。

② 「爲」與「所稱」間，原刻本空三字，鋟修本作「士大夫」，《四庫》本作「藝林」。疑爲「錢謙益」。

包捷，字警幾，吴江人。崇（正）〔禎〕壬午舉人。流賊陷京師，削髮入穹窿山，足迹不入城市。

國　朝

楊補，字無補，長洲人。少貧，工詩畫。爲人孝謹，重然諾。隱居鄧尉山，以操行高潔稱。

徐枋，字昭法，長洲人。明季舉人。自少擩染家學，湛深經術。痛父汧殉甲申之難，隱居靈岩山之上沙五十餘年，雖窮餓，餽遺不受，間作書畫以自給。巡撫湯斌知其賢，屏騎從，兩詣山中訪之，不得見。年七十三，卒。

戴笠，字耘野，吴江諸生。入秀峰山爲僧，旋返初服，隱居朱家港，教授生徒。土屋三間，炊烟時絶，編纂不輟。笠同縣諸生徐白，字介白，隱靈岩山之上沙，種蔬藝果，捃拾自給。詩畫蕭疏無俗韻。故舊至，掃葉煮泉，三十年不出。

史兆斗，字辰伯，長洲人。少棄諸生，好古力學，博通前明典故，下至故家遺老、流風軼事，無不備熟。尤喜蓄異書，所購率皆秘本。或手自繕録，積至數千百卷。齋居校讎，輒爲疏注其旁。年八十餘，卒，汪琬爲之傳。

金俊明，字孝章，吴縣人。棄諸生，混迹詩人詞客間。工書，善畫墨梅，論者擬之鄭思肖之蘭云。子侃，字亦陶，亦工書畫，能詩。杜門鈔書，校讎精審。宋元人名集秘本，插架甚富。

文點，字與也，長洲人，震孟孫。幼能詩。叔乘殉甲申之難，家盡破，依墓田以居。肆力詩古文詞，間寫山水、人物。巡撫湯斌嘗屏車騎訪之，問及饘粥計，對曰：「菜羹疏食，足以安人性情，堅人操行；少或有餘，將移所守。」斌稱善。從弟掞，字賓日，和州教授，嘉之曾孫。清修古行，閉門不輕與世接。哦詩染翰，自娱以老。

顧苓，字云美，長洲人。少篤學，尤潛心篆隸，凡碑版及鼎彝、刀尺、款識、魚蟲、科斗之書，皆能誦之。臨摹秦漢銅章、玉印，見者以爲不減吾衍云。

褚篆，字蒼書，長洲諸生。邃於經學，能作擘窠書。己卯，聖祖南巡，召見吴中耆碩於行在，篆書、行草各一幅，蒙嘉獎賜「海鶴風姿」四大字，時年九十三矣。

王武，字勤中，吴縣人，鏊六世孫。工詩，尤長於畫。先世所遺及購獲宋元名蹟，心摹手追，悉能冥會。高潔藴藉，嘉遁(邱)〔丘〕園。汪琬爲之傳，以爲吴中老成典型，其風尚標格，與前明杜瓊、沈周、陸治相伯仲云。

司馬菿，字磐莊，長洲人。受《易》於休寧程智，傳極數辨物之學。年九十餘，卒。有《語録》若干卷。

俞瑒，字犀月，長洲人。通經史，上下千百年，徵引考據，原原本本，如燭照數計。顧嗣立選元詩，注韓愈、温庭筠集，商搉爲多。

陳逢午，字方中，常熟人。篤行好學，不苟言笑，及語道義，輒極論終日不倦。教子讀書以立行爲重，曰：「當知文藝外，大有事在。」所著詩文甚富，兼工楷、隸。

松江府

宋

王奎，華亭人。風韻高邁，慕神仙遐舉之道，自號蟾谷真士。嘉定、寶慶間，再徵不起。

謝國光，字觀夫，華亭人。宋亡不仕。元治書侍御史程鉅夫奉詔使江南，搜訪遺賢，以國光薦，杜門稱疾，堅辭不赴。棲隱終身。

衛富益，華亭人。宋亡，設壇祭文、陸死事諸人，詞極悲愴。隱居教授，不應有司之薦。後携子避地霅上。卒，年九十六。

元

曹知白，字又(元)〔玄〕，華亭人。大德中薦授昆山教諭，不就。嘗遊京師，諸公欲奏辟之，謝曰：「吾豈齪齪求官者邪？」即日南歸，隱居讀《易》，足不逾户，人稱貞素先生。畫亦列能品。

楊謙，字竹西，華亭人。讀書尚志，不樂仕進，多高人勝士之交。嘗築小樓，登眺海中大小金山，題曰「不礙雲山樓」，楊維(貞)〔禎〕、貝瓊俱爲歌咏。

陸厚，華亭人。宅東有圃，自號東園散人。博洽經史。元季避亂浙中，兵息返故廬，日放浪峰泖間。善按摩法療人疾。有詩，號《古漁唱》。

孫稷，字長慶，華亭人。言行謹飭。嘗舉爲文學官，兵興，遂不仕。築室横雲山之支隴，名曰「小山招隱」，讀書、賣藥以終老。

儲泳，字文卿，華亭人。與弟游隱居周浦，竝以詩名。

唐時，字中甫，華亭人。幼遭親喪，哀毁盡禮。及長，以先世受宋恩，誓不出仕。至正末，張士誠陷郡，杜門自守。以壽終。

陸居仁，字宅之，青浦人。泰定中舉於鄉。工詩古文，隱居教授。自號雲松野衲，與楊維（貞）〔禎〕、錢惟善稱「三高士」。

楊德懋，華亭人。明《左氏春秋》，尤究心《太極圖》諸書。買田澱山西，躬耕不仕。洪武初詔徵天下賢才，有司薦聞，德懋既遜言辭召，竝自眇左目，以示廢疾不可用。優遊湖上卒。里人稱爲自廢公。

明

錢全衮，字慶餘，華亭人。通涉經史。元季張氏據吴，全衮隱居盤龍岡，不爲其用。洪武中卒。所著有《續松江府志》諸書。

焦伯誠，華亭人。潔身修行，事母孝，通《五經》。鄉、會試聘典衡文，皆辭疾不赴。教授於鄉，門人多顯者。

黃鑑，字明夫，華亭人。博學而貧，三十未娶。進士李萱慕其賢，以女妻之，鑑悉却奩具，夫婦織紝自給。晚年結茆干[1]山，曰「八峰小隱」。所著有《山樵傳説》。門人錢福爲立傳。

張初，字大初，華亭人。少游文徵明門。長於詩，兼工書畫。晚居沙岡，墓廬四十年不入城市。家日益貧，意泊如也。同邑陸尚書樹聲，以雲間伯夷目之。人皆稱貞白先生。

王嗣響，字霆叔，華亭人。以淹邃爲時所稱。性耿介。侍郎唐文獻、通政許樂善皆少與同學，及貴顯後，過從輒不見，有所贈亦不受。取古人「窮堅」、「老壯」二語，自號兩益居士。

俞寰，字允寧，華亭人。喜讀書，工詞賦，醫卜、篆刻無所不能。而不求人知，居青村，終歲不一入城府。

李世邁，字懷古，華亭人。少慕高隱。明末棄經生業，構室高槐古梅中，竹爐泉茗，興至鼓琴一再行。聞雨滴芭蕉聲，則喜而不寐。授徒自給，硯田有羸，則以助葬贍嫠。

國朝

張若義，字昊東，華亭人。明季進士，仕泉州推官，擢主事。歸而棲隱郊墅四十年，自號味閒漫

① 「干」，《四庫》本作「于」。

樵。郡守、直指欲薦舉隱逸，堅辭不就，閉户著書以終。子豫章，探花及第；翮，進士，俱有文譽。

王光承，字玠右，華亭人。歲貢生。博學工詩文，才名籍甚。淡於榮利，明季屢辭徵辟不就。後偕弟烈字名世，隱居上海之新場鎮，躬耕養父，足迹不入城市者三十餘年。無子，依婿楊幨以没。所著《鎌山堂集》，外孫日徵收輯之。

莫秉清，字子先，華亭人，明布政如忠曾孫。蚤歲爲諸生，有聲。明季避兵浦東，遂隱焉。性耿介，不妄交人，造廬者亦罕得見。博覽載籍，所著詩文甚多。

吴騏，字日千，華亭人。明季爲諸生，有盛名，與王光承兄弟結深契。明亡以後，屏迹荒山。光承稱：「騏堅苦自守，三旬九食，五月披裘，侮之不怒，周之不受。」爲得其實云。著有《頜顣集》。

沈浩然，華亭人，明兩廣總督猶龍子。府學生，有雋才。閉户讀書，不樂仕進，雖饔飧不繼，處之晏如。工八法，爲時所重。稱雪峰處士。

蕭中素，名詩，以字行，華亭人。隱於匠，高致絶俗。詩最有名，曰《釋柯集》。

諸嗣郢，字乾一，青浦人。順治辛丑進士。居細林山，自號九峰主人。遍搜諸勝，作《九峰志》。康熙九年、十九年，郡大祲，設粥廠以拯飢者。

常州府

漢

陸瑲，字仲芳，毗陵人。明《京氏易》《尚書》，尤精風角星算。辟主簿，謝病去，隱會稽山。

南北朝　梁

蕭眎素，惠開子。性静退。仕梁累官中書侍郎，求爲諸暨令，到縣十餘日，挂冠縣門而去。獨居屏事，非親戚不得至其籬門。武帝嘗賜錢八萬，一朝散之親友。

唐

魏璞，字不琢，毗陵人。才高志放，隱居三十年。與皮日休、陸龜蒙善，每秋風時，乘舸載酒相往來，當世高之。

宋

王克嶷，宜興人。隱居不仕。王安石高其節，贈之詩，有「先生醉卧松花裏，春去人間總不知」

之句。

張塈，字子厚，常州人。登進士，養親不仕，窮經著書四十年。元豐、元祐間，廷臣歷薦不起。卒，賜謚正素先生。

孔元虔，至聖五十二世孫。建炎時，五世祖若罕與子端志俱高抗不仕。元虔淳祐間避居沙上，號馬洲書院，教授生徒。

包天麟，字仁甫，江陰人。咸淳間，舉博學宏詞科，不就。嘗註《詩》《書》《易》《春秋》傳義。元旌其門，贈江浙儒學提舉。

元

蔣捷，字勝欲，宜興人。德祐中進士，元初晦迹不仕。大德中，憲使臧夢解、陸垕俱薦其才，不就。博學工詞，學者稱竹山先生。

許恕，字如心，江陰人。家北郭，號北郭先生。部使者薦授澄江書院山長，不就。兼工醫術。有《北郭集》。

李時可，元末居馬䭾沙。楊維(貞)〔禎〕客其家，供饌華美，歌舞極一時之盛。明祖下江南，助軍餉萬石。後以巨筏浮海去，不知所終。

倪瓚，字元鎮，無錫人。工詩，善書畫。所居有閣曰清閟，藏書數千卷，古鼎、法書、名琴、奇畫陳列左右，高木修篁，縈繞其外。四方名士，日踵其門。自號雲林居士。家故雄於貲，至正初悉散給親故。兵興後，扁舟箬笠，往來震澤、三泖間。張士誠兄弟屢欲致之，不可得。及吴平，黄冠野服以終，年七十四。

焦先生，不知其名。家江陰之虞門里，太祖故人。洪武初，詔有司徵求甚急。恐爲有司累，乃持雞酒馳甬道入見太祖，班坐對飲如微時。賜以金、玉、角三帶，取角者，陰於户後挂之去。人比之嚴光。

華晞顔，字以愚，無錫人。元末不仕。洪武初辟爲本府訓導，不就，以老病辭，隱居東湖。

李大椿，字茂卿，無錫人。博學工文，隱居梁鴻溪。洪武初，詔爲御史，力辭，附使者上太平十二策。

杏林叟，不知其名，或云姓董。隱居暨陽山，遇異人授以鍼術，能立起人危疾。謝以貲不受，但令人種杏一株，久而成林。高啓爲作《杏林叟傳》。

張機，字子樞，郡人。託漁自隱，多行陰德。高啓有《澄江嬾漁記》。

華宗韡，字公愷，無錫人。博綜經史。元季兵興，奉親往來蘇、松間。事平還錫，修身教家。集古人嘉言懿行爲一書，曰《慮得集》。洪武中，屢徵不起。

王文晏，字文静，宜興人。元季兵亂，隱居不仕，以吟咏自娱。舍旁皆植梅，自號梅西。詩詞清麗，書畫師宋克、王蒙，皆造其妙。洪武中以賢良徵，辭疾不就。

吴綸，字大本，宜興人。風神散朗，操履修潔，非公事未嘗一入城府。創别墅二於溪山間，南曰樵隱，西曰漁樂。以陶潛自擬，因自號心遠居士。

秦旭，字景暘，無錫人。詩格類陸游。晚集諸高隱觴詠慧山之麓，名曰碧山吟社，凡十人，年皆七十、八十，衣冠甚偉，望若神仙。好事者繪圖傳之。

尤文，字務樸，無錫人，居東郭回溪里。學以宋儒爲宗。領鄉薦，即隱居不出。孝宗遣行人齎書徵之，以母老力辭。胡濙、周忱交薦之，終不就。又邑人許世卿，有孝行。亦以孝廉隱居不仕，守令不得睹其面。有《中解編》諸集。

薛章憲，字堯卿，江陰諸生。工詩古文，吴人都穆擬之商彝周鼎。性喜佳山水，意到輒輕數千里赴焉。居賓坐中斂肱默坐，貌古神清。

謝遴，字彙先，宜興人。父三錫，家貧力學，以樸誠率後進。遴崇（正）〔禎〕癸酉鄉舉。内行修飭，鄉評稱爲真孝廉。中年杜門，與沛縣閻爾梅、長洲徐枋竝持高節。雅好施與，知交匱乏，多待以舉火。著述甚富，尤邃於《易》《詩》。

徐弘祖，字霞客，江陰人。性好奇，遍遊天下名山水，遊屐所紀，不加點綴，曲盡勝趣。嘗上華山，心動馳歸，母正屬疾。服闋入閩，出徼外，欲窮探河源。歸，竟不食卒。

許肇篪，字壎友，宜興人。弱冠知名，博學工文章，意氣豪逸。明季棄諸生，放浪吳、越間，爲詩自娱。

蔣偉，字韋人，宜興人。工詩，嗜酒，乞詩者必載酒詣之，酒盡詩立成，各滿其意。其不以時請者，輒漫駡之。聲若巨雷，身長七尺。學使者奇其貌，令作《蟋蟀賦》，立成。閲之，稱善，曰：「子誠材，然令後世惜之者，必子也。」後棄諸生，自溷於酒，詩亦日益奇。晚有故人子入滇，送之江上，吟咏連日，歸而卒。

國朝

吴璇，字叔度，宜興人。幼立品行，耻儕流俗。爲諸生時，巡按御史以端方薦，後舉崇（正）〔禎〕癸未進士。差理江北餉，驅遊兵，立保甲，銀不入庫，解不越宿，史可法特薦之。入國朝，足迹不入城市。閣部交薦，不就。同里吴永祺，字文剛，爲人孝友，能周恤宗黨。立品與璇相似。

孫夢簡，宜興諸生。篤孝友，隱居教授生徒，以紫陽山學爲式。邑令欲識其面，謝不可。雅慕倪瓚爲人，卒時命以瓚畫幅殉。

陳貞慧，字定生，于廷子。少在復社有名。阮大鋮以逆案久錮，謀復用，貞慧與池州吴應箕、無錫顧杲等，草檄攻之。後大鋮起南都侍郎，乃以他事屬鎮撫司逮治。尋得脱，屏居故里，坐卧一小樓，不入城市十二年而卒。

李介立，江陰人。明季詣闕獻策，不報，遂遍歷天下山川而歸。老居僧舍，貧困不支。邑令聞名訪之，匿不見。終身不婚。卒，友人陳其忠葬之。

惲格，一名壽平，字正叔，武進人。生而敏慧，八歲咏蓮花，驚其長老。尤工繪畫，花卉、蟲鳥，意態飛動。而題語、書法兼工，故世稱「南田三絶」。爲人孝友敦篤，不謁當事，有古君子風。晚與同里五君子聯吟，稱「六逸」。五人者：高士胡香昊字芋莊，經師陳鍊字道氣，諸生楊宗發字起文、董大倫字敷五、唐惲宸字仲元也。

朱應鼎，字凝和，靖江人。爲人端重方嚴。教授鄉里，從遊者多。以文行著聞。

鎮江府

漢

焦先，字孝然。本河東人，隱居京口之譙山。世傳焦山以先得名，然無可徵。

南北朝　宋

關康之，字伯愉，河東揚人，居京口。屢辭徵辟。顔延之等十人入山候之，見其散髮，席松葉枕石而卧，了不相盼，延之等咨嗟而退。爲《毛詩義》，疑滯多所釋。尤善《左氏春秋》。又造《禮論》十卷，齊高帝絶賞愛之。

齊

臧榮緒，幼孤貧，灌園自給。純篤好學，括東西晋爲紀、録、志、傳百一十卷。隱居京口，不受朝命。與關康之號「京口二隱」。

梁

諸葛璩，字幼玫，琅邪陽都人，世居京口。幼事關康之，博涉經史。復師臧榮緒，榮緒著《晋書》，稱璩有發擿之功，方之壺遂。建武初，徐州行事江祀薦璩爲議曹從事，不就。

馬樞，字要理。博洽群書，尤善《周易》《老子》。邵陵王綸爲南徐州刺史，引爲學士，曰：「吾聞貴爵禄者，以巢、由爲桎梏；愛山林者，以伊、吕爲管庫。束名實，則芻芥柱下之言；玩清虚，則糠粃席上之説。稽之篤論，亦各從其好也。」乃隱於茅山。親故竝居京口，秋冬之際，時往游焉。

宋

邵餗，丹陽人。范仲淹、王淇相繼守潤，以餗守道（邱）〔丘〕園，素有節行，屢薦之，不就。賜號冲素處士。

陳輔，丹陽人。少負儁才，不事科舉，自號南郭子。與王安石交善，安石用事，絶不與通。孤介寡合，古之獨行者也。

蘇炤，字元晦，丹徒人。隱居藏修，自號東山樵隱。趙磻老以遺逸薦於朝，時相以隱逸之人，宜遂其高，書「滄浪」二字遺之。

李迥，字叔友，丹徒人。高尚不仕，士林宗之。董弅白太守虞奕曰：「治下有隱君子，盍訪之？」虞曰：「願之久矣。」乃携具偕董詣迥，迥野服見之。明日以詩謝，不至其門。

周方叔，字矩道，高郵人。隱居潤之五州山，讀書自娱。或終日不食，鄰僧乞米送之。一日，農卿龔集、常州孫吴會同造其廬，無以爲具，乃以藜羹食客，二公欣然盡歡而去。

孟逢大，丹徒人，弟逢原，竝以道德名世。講業者百餘人，王龍澤、陸秀夫皆其弟子，人稱大小孟先生。皆不仕。

陳膺，字登父，居京口。剛毅寡合。入元隱居教授，自號薌林子。

明

丁熙拱，字伯輝，丹徒人。樸茂有古風。太祖駐蹕北固山，召見多擢用者，熙拱獨以老疾辭。

茅溱，字平仲，丹徒人。幼好學，不求聞達，閉户著書。有《韻譜本義》行世。與鄔佐卿輩倡和稱詩，以布衣老於家。

王壄，金壇人。讓産庶弟，屏居一室，潛心理學。中丞周孔教薦之朝，辭不起。

芮城，字巖尹，溧陽諸生。少負異才，志在立行。明末謝弟子員，學耕山中。故人有顯者訪之，避不見；貽書候問，亦不發。曰：「吾山澤之癯，一與貴人接，便喪所守。」時人目爲真隱。所著有《易象傳解》《四詩正言》《禮記通識》《綱目分注拾遺》。與白盤山湯泰亨相析疑問義。泰亨亦隱士，歲遇君、親子卯日，則屏食堅卧不起。年八十五，自知逝期，别親友，手題墓志，沐浴而逝。

王鐕，字叔聞，金壇人，樵諸孫。歲貢生，以詩名。明末晦迹酒人，牢愁悲憤，不求人知，人亦無知者。□□□〔錢謙益〕選《列朝詩》①，稱爲王遺民。

王元鋕，字闇然，鐕從弟。明末棄舉子業，以醫濟人，貧者亦與上藥，不取償。終身野服，有隱操。

① 原刻本「者」「選」間空三字，録修本并「選列朝詩」凡七字俱空，《四庫》本則改七字爲「後之選家或」。按《列朝詩集》由錢謙益選編，此據補。

淮安府

宋

龔開，字聖予，淮陰人。宋亡不仕。家貧甚，客至無几席。子浚，每俯伏榻上，就背按紙作唐馬圖，人輒以多金購之。嘗爲文天祥、陸秀夫作傳，甚稱於時。

明

田潤，字德潤，安東人。隱居教授，雖結廬陋巷，而門多長者車轍。以琴、詩自娱，人皆高之。

國朝

宋曹，字邠臣，鹽城人。長於論事，工詩，兼善書法。栖隱射陽之濱，自號耕海潛夫。初，詔舉山林隱逸，郡縣敦趣上道，曹辭疾不就徵。後大臣復舉應博學(鴻)〔弘〕儒選，曹堅謝益力。人高其行，稱射陵先生。子恭貽，康熙庚午舉北闈，授鄢陵令。

揚州府

秦

邵平，廣陵人。嘗封東陵侯。秦末種瓜長安城東，瓜有五色，世稱東陵瓜。

晋

韓績，字興齊，廣陵人。好文學，潛退爲操，東土竝宗敬焉。司徒王導辟爲掾，會稽内史孔愉上疏薦之，皆不就。

宋

徐湘，興化人。有隱德，不樂仕進。

王伯起，字興公，泰州人。父綸爲太常博士，伯起當以恩得官，讓其弟。父令舉進士，曰：「士不自重，而與千百人旅進坐軒廡下，規合有司，殊可耻也。」閉門深處逾三十年。仁宗、英宗皆賜粟帛，不强以仕。

征集，真州人。事母孝，居鄉恭謹，與人未嘗校短長。好蓄書，能詩。有子五人，長復、次賁，相繼登進士第。王安石表其墓，稱爲淮南善士。

元

高明，興化人，穀曾祖。懷德抱道，晦迹不仕。子椿，元季避地姑蘇，却張士誠之聘。士誠敗，污僞命者悉爲俘囚，椿獨超然。

明

高稷，字世良，興化人。賦性清介。兄穀秩臺鼎，稷布衣蔬食，晏如也。錢溥題其宅曰「明時巢許」。

王醇，字先民，揚州人。早慧，讀書如夙識。弱冠工辭賦，陸弼、李維貞交相引重，意不屑也。善騎射擊劍，曾一試京師演武場，將士皆愕眙，醇笑而退。父母命之室，以羸病辭。遍遊吳、越佳山水。參内典，終於廣陵之慈雲庵。

朱瓘，字楚琦，寶應人。通《尚書》《周禮》，爲詩體韻遒逸。性嗜琴，畜雙鶴，人稱琴鶴先生。景泰中，詔舉賢良，都御史王竑薦之，竟遁去。

吳禮，字中節，寶應人。事母以孝稱，應貢入太學，母老不忍離，人以何蕃擬之。母歿，遂不復仕，隱居蓼花莊。有《蓼莊吟》。

吳敏道，字曰南，寶應人。有異才，篤内行。隱居湖上，鄉人稱舫齋先生。

王錫命，字蒼敕，儀（徵）〔真〕貢生。遭亂，隱居寶應之蘆村，刻勵堅苦，督子力耕。與北平劉文炤、梁以樟，中洲崔干城，長水吴鉏相友善。

國朝

雷士俊，字伯籲，其先世涇陽人，居江都艾陵湖。幼爲諸生，後棄去，專力於經史百家，熟悉古今治亂。所著有《艾陵集》。貧老負氣以殁。

史以甲，字子仁，江都人。幼補諸生，長乃絶意場屋，耕讀自怡。所輯有《文獻通考抄》《學圃隨筆》《勾股籌算捷法》《傷寒正宗》《廣吴淑事類賦》。子炤，能述父業，著《方輿概》十五卷。

宗元豫，字子發，江都人。父殁，貧不能葬，疏食不除服者十餘年。性廉介，不與流俗款曲，惟肆力經史。著史論數十篇。别有《識小録》，紀廿一史中瑣事。

徐州府

晋

劉伶，字伯倫，沛人。性放達，與阮籍、嵇康善。時乘鹿車携酒，使人荷鍤隨之，曰：「死，便埋我。」土木形骸，傲然一世。著《酒德頌》。

南北朝

劉遺民，彭城人。爲柴桑令，遁跡廬山。時陶淵明、周續之亦在廬山，謂之「潯陽三隱」。

劉慧斐，字宣文，彭城人。少博學能文。起家梁安成王法曹參軍，嘗遊匡山，遇處士張孝秀甚歡，因居東林寺，構園名離垢。明釋典，工篆隸，手寫佛經二千卷，遠近欽慕。簡文臨江州，遺以几杖。

明

秦英，字子美，豐人。通經術。洪武間，屢薦賢良方正，辭疾不赴。

徐明，徐州人。足不履城市，逍遥閒遠，屢空晏如。壽一百七歲。

劉應元，徐州人。淡泊無外慕，負郭有隙地，種柿樹千章，築土室以居。縣令聞而召之，不出。

國　朝

閻樸，豐縣人。性儉素，甘淡泊，好讀書，日坐卧小園中，雖家無儋石，而心有餘閒。壽一百二歲。

太倉州

元

朱文德，今太倉界人。任太尉府長史，丁父艱，遂不仕。扁其西齋曰「可閒」，隱居自樂。

明

劉顒，字昂夫，崇明人。洪武初以賢良方正薦，尋乞歸，隱居不出。構小樓棲其上，教導鄉里後學，多所引進。

張名由，字公路，嘉定人。博涉經史，喜談兵。歷燕、趙、齊、魏之郊，遇古人營陣戰壘，輒指陳勝敗。時當神廟，天下尚無事，人皆迂之，名由獨忼慷自喜。居安亭有田數頃，盡棄去爲貧人。迨後徭役繁重，有田者率逃死，名由蕭然環堵中，讀書放歌，人始服其先見。年九十一終。錢謙益序其集①。

沈璵，字孟温，太倉人。授經里中，長於辨説，後即其受徒處建學宫。著有《稽古録》《昆圃文

① 錢修本「錢謙益」三字一作空，一并「序其集」凡六字俱删，《四庫》本亦六字俱删。

集》。

沈弘正，字公路，嘉定諸生。負才不偶，遂絶意仕進。喜聚書，所藏累萬卷。雖病，必手一編，曰：「以療吾疾也。」天啓初，命舉岩穴之才，大臣疏薦，謝弗起。有園十畝，備水石竹林之勝，詞人酒客常滿座焉。

盛萬紀，字無紀，嘉定人。好讀書，立名節。甲申聞變，遂棄儒服，躬耕東郊。茅屋三楹，植梅其前，署曰「友梅」，時人比之劉遺民。

國　朝

顧其康，字錫之，崇明人。明末，棄去諸生。時督學以賢良薦徵，授浙江松陽學博，不赴。隱居讀書，教子瀛秀成進士。

陸坦，字履常，嘉定人。崇（正）〔禎〕庚午舉人。明末，嘗著《鄉兵議》，條畫甚悉。會逢甲申之變，與父嘉穎偕隱，賣卜金閶，以窮死。

趙世鼎，字以調，嘉定歲貢。明末知世將亂，同高士許大達、陳拱辰放飲墟墓間，日出而出，日入而入，時稱「北里三逸」。

侯涵，本名泓，字研德，嘉定人，岐曾子。少與三兄二弟稱江左六龍，涵尤以經濟自任。及退隱吴市，惟研精詩文，究心性命之學。□□□稱其筆力老蒼，近代罕匹①。

通州

國朝

吴世式，如皋人。明諸生。隱居白蒲鎮之竹莊，性孤傲不與人通。善爲樂府歌行。臨殁，命焚其稿，友人掇拾數十章，名曰《竹莊殘書》。

① 末句原刻本「稱」上三字作空，《四庫》本三字作「論者皆」，鋟修本則全句作空。原文當作「錢謙益」。

江南通志卷一百六十九

人物志

隱逸 二

安、徽、寧、池、太、廬、鳳、潁八府　滁、和、廣、六、泗五州

安慶府

晋

何準，字幼道，灊人。弱冠知名，不就徵辟。兄充位居宰輔，而準散帶衡門，不交人事。徵拜散騎郎，不起。

南北朝　宋

何求，字子有，廬江灊人。清退無嗜，欲除中書郎，不拜。住吴居般若寺，足不逾户，人莫見其面。又寄住南澗寺，隱虎（邱）〔丘〕山。

梁

何點，求弟。少不仕。宋世徵爲太子洗馬，不就，隱居東離門卞望之墓側。永明元年徵中書郎，豫章王命駕造門，點從後門逃去。竟陵王子良聞之，曰：「豫章王尚不屈，非吾所能致。」點弟（印）〔胤〕，亦隱會稽，世號點爲大山，（印）〔胤〕爲小山。

宋

張漢卿，桐城人。監興國軍管庫，與太守論事不合，即和陶潛《歸去來詞》歸隱。三十年後，宰相趙汝愚特薦，不起。

元

黄信一，太湖人。仁宗殿試第一。工詩文，不樂仕進，終老巖壑間。

明

吴宗洙，字惟孔，懷寧人。隱居讀書，不問户外，有詣門求見者，堅匿不出。年已逾耋，猶手一編。八十四，卒。著《迎暉閣》《消夏》《塵談》諸集。

吴偆，字仕富，桐城人。少即高隱。晚年植槐於庭，自號緑窗主人，有詩云：「懶向花黄占事業，三公留與後人封。」迨四傳而孫果列卿貳。

方授，字子留。嗜學工詩。晚年入四明山中，結茆而棲，採橡栗而食。著書百篇。

袁平，字石録，宿松人。性豪爽，工詩文，高隱西源。

錢可久，字思畏，桐城人。詩才俊逸，字畫遒勁，自言與西湖結物外交，駕舟千里訪之，扣舷高歌，旁若無人。

方見，字惟素，桐城人。才名冠一時，隱於湖山之間，與詩人徐宣相倡和，有古人風。

國朝

劉若宜，字宜之，懷寧人。明崇(正)〔禎〕丁丑進士，歷官職方司。甲申，闖賊陷京城，兩次投繯，皆爲家人救不死。遁居甑山三十餘年，未嘗入城市。

張載，字子容，桐城諸生。博學，能詩文，負氣節，善弩射。明季避流寇，與父相失，縋城出，遍求得之，力護以歸。年四十即隱松山，所居臨湖，環峰松篁交蔭，釣艇蠟屐，隨意所之。

周岐，字農父，桐城人。博雅好古。明季貢入京，屢上書言時政。大司馬馮元飈疏薦參宣督，軍功授監紀推官。尋謝歸，隱居不出。著《孝經外傳》行世。子瑄，次璧師，俱力學敦行。

左國材，字子厚，桐城人，光斗季子。隱龍眠山。所著有《易學》《詩學》《杜詩解頤》，並雜著若干卷。

徽州府

唐

張友正，歙人。結廬城陽山下。貞元末，魏弘簡來爲宣徽副使，重其才，請爲《披雲亭記》，立成。酬以金帛，不顧去。

宋

潘洋發，字肖岩，歙人。淳祐中爲太學生，上書論史嵩之起復之非，不報。退隱潛虬山，累徵不就。嘗葺龍溪、紫陽諸文，撰《文海天琛》。

曹汝弼，字夢得，休寧人。高蹈不仕。與林逋、魏野齊名，號松蘿山人。

程先，字傳之，休寧人。痛父死節於金，守墓不仕。學於朱子。

邵悦，字貞父，休寧人。隱蘿山精舍，玩易象，集方書，施藥活人。兩膺辟舉，皆不就。

汪大發，字敷之，休寧人。淳祐間，魏了翁築室白鶴山下，大發負笈從之，得其傳。歸建平山書院，教授於鄉。學者稱爲騰波先生。

程鼎，字復亨，婺源人。從朱松學於閩。家貧甚，奉母徙居窮山。卒，朱子表其墓。

汪漢，字翰美，休寧人。居山中，時邑遭寇難，親知奔匿。賊至，漢諭以善道，賊感服而去，咸賴以免。

李繒，字參仲，婺源人。絶意科舉，築室鍾山以老。朱子嘗與程珣過繒，講論終日，盛稱其文。卒，表其墓。

江愷，字伯成，婺源人。潛隱耽著述。時婺貢楮絲，民甚病之，愷以書白部使者，貢得蠲。程旬軒嘗稱之曰：「欲知隱不爲徒隱，須看當時免貢書。」

范啓，字彌發，休寧人。理宗三徵不起，賜號風月處士。著有《雞肋録》《管錐志》《井觀記》。

徐驤，字伯驥，婺源人。學於胡宏。著《羲易圖》《皇極經世發微》。

李偉，字敬叔，祁門人。師同郡胡方平。咸淳中，任郡學賓師。入元不仕，嘗作經、史《訓註》二圖。

劉光，字元輝，歙人。開門授徒五十餘年。元行省差充寧國路學正，不赴。

羅榮祖，字仁甫，歙人。與處士蕭𣂏等同被徵，鄭左參力爲勸駕，榮祖書《招隱詩》謝之。

趙彌忠，字資敬，休寧人。力學窮理。廉使薦以官，不就。

許宗堯，字子仁，績溪人。博通經史。隱大鄣山，累徵不就。

金若洙，字子方，休寧人。受書程若庸之門。弱冠領寶祐鄉薦，令黔江。宋亡不仕，隱居東園，著述以老。

元

汪萊甫，字芳卿，歙人。好讀《易》，自號草窗先生。虞集薦之，詔有司辟舉，不赴。

孫嵩，字元京，休寧人。宋時薦入太學，元初歸隱山中，自號艮山以示意。杜門賦咏，淒斷淪絶。方回讀其詩，歎曰：「持此見朱文公，亦無愧矣。」

明

胡安，字伯康，歙人。郡守陳彦回以懷才抱德舉，不就。

羅誠輔，字誠一，歙人。太祖駐師玉屏山，以耆老召見，對稱旨。欲官之，不受。

吴買，字漢臣，休寧人。通《五經》，尤精《易》。洪武初屢徵不就。

王寅，字仲房①，歙人。少爲高才生，棄去遠游，俶儻自負。喜談兵，工詩習禪，自號十岳山人。

舒遜，績溪人。工詩。洪武中辟舉不就。

王善慶，歙人。力學善書。居環溪結室，僅容膝。屢召不出。

鮑寧，字廷謐，歙人。正統間，御史、郡守交薦，辭不出。著有《天源發微辨》。

謝陛，字少連，歙人。嘗宗朱子帝蜀之意，作《季漢書》，以蜀承漢統，而列魏、吴爲世家。新城王貽上論正史外更有史，如《兩漢書》外有荀悦、袁宏《漢紀》，陳壽《三國志》外又有謝陛《季漢書》。陛雖少攻舉子業，而性尚恬退。

金顯德，字世榮，休寧人。博極群書，不求聞達。出粟賑饑，郡邑聞於朝，欲官之，不就。門人私謚爲節孝先生。

余紹祉，字子疇，婺源人。師事黄龍光，盡得其學。托跡蕭寺，不應有司禮召。

湯守敬，字彦肅，婺源人。明初詔舉名儒，辭不就。

唐世靖，字介甫，歙人。一日讀書，見先正云：「四股八比之外，原有學問；公卿大夫之外，原有人物。」遂罷諸生爲山人，吟詩染翰，逌然自適。著《三(邱)〔丘〕山人什一草》。

方問孝，字胥成，歙人，别號癯丈人。亢直不肯阿世，隱居不仕。著《蒼耳齋詩》三十卷。

① 「房」，《四庫》本作「芳」。

吴拭，字去塵，休寧人。性豪縱，有潔癖，爲詩清古澹雋。工書畫，又精琴理，有《訂正秋鴻》諸譜。嘗自入山擇琴材，故相傳有去塵琴云。

國朝

黄生，字扶孟，歙縣庠生。與同學洪舫棄去舉子業，一意著述。黄有詩文集若干卷，洪有《離騷辨》《杜詩評律》。

查潛，字淵若，婺源人。爲文高古。性狷潔，足跡不履都聚，遁跡高湖山，造其廬者不得見，輒歎息而去。好周恤鄉人，至破産。

寧國府

吴大先，字維則，歙人。家貧，以著述爲事。時携琴、書山水間，翻繹之暇，輒彈一闋自娱。

晋

瞿硎先生，不知姓氏，太和末隱宣城文脊山，山有瞿硎石，因以爲稱。大司馬桓温往造焉，先生披鹿裘，坐石室，神色無忤。温與僚佐皆莫測，乃令伏滔爲作銘贊焉。

唐

元逸士，宣城人，居北郭。杜牧、許渾並有詩贈之。累召不起，皮日休貽書云：「足下行奇操峻，退卧陵陽，錫①命屢頒，高風轉固。」

宋

程炎子，涇人。隱琴高臺，襟負清曠。文丞相天祥過之，名其樓曰「森翠」。

吴晦之，字元用，寧國人。少謝舉業，工爲詩，客遊江淮，周覽名勝。晚乃隱道山下，築生香亭，一室幽棲，爲世推重。

元

貢性之，字友初，師泰從子。由國子生補閩省理官。明初有以性之薦者，性之改名悦，避居會稽，耕漁自給。邑人芮麟嘗遇之，邀與俱歸，辭以詩云：「遊絲落絮都成恨，社燕秋鴻各自飛。」每有所感，則泫然泣下。既卒，門人私謚曰貞晦先生。

① 「錫」，《四庫》本作「賜」。

梅致和，字彦遠，宣城人。從汪澤民授《春秋》，隱於城南。部使者重之，屢辟不起。宋濂誌其墓。

明

林景初，太平人。賦性恬退。洪武初求遺賢，知縣梁德遠勸之仕，以疾辭。隱香城山，號獨隱居士。

貢鏞，字元聲，宣城人。博洽工詩。家人夜執盜，鏞不欲識其人，命勿燭。盜曰：「苦多逋負。」更給布粟遺之。居嘗力耕，足不至城府。

洪載，字維熙，涇縣人。隱居嗜古。遇歉歲，周恤鄉黨。有鬻兒女者，還其直。獲盜，縱之。爲詩有陶、孟之風。有《水雲集》。

國朝

汪作霖，字雨公，寧國人。明經嗜古，教授生徒，人鮮知者。嘗獲遺金不取，見人急，每傾囊予之，邑人稱其古道云。

池州府

唐

高霽，字暄之，秋浦人。隱居石門山桃花塢，李白嘗遊其地，與同眺九華聯句。

李昭象，字化文，池州刺史方元子。方元罷池州，卒於宣城，其家遂留秋浦。懿宗末，昭象至長安，以文干執政路巖，深器重之。後避黄巢亂，入九華，築室碧雲峰下，與張喬、顧雲、杜荀鶴爲方外交。楊行密聘之，不起。

五代

陶守立，池陽人。通經史，善屬文。南唐保大中，棲隱齊山，琴、棋、詩、酒外，以丹青自娱。

夏鴻，貴池人。嘗與兄鵬輯《十三代史略》。隱居不出，鄉人罕見其面。子乾錫，樊師古嘗師事之，及守池，薦於朝，宋祖爲製冠服召之，竟不起。自號清溪布衣。時推一門高尚。

宋

劉放，字世疎，青陽人。隱居九華雙峰下，自題石壁曰「清隱岩」。著《九華拾遺》一卷。

陳翥，銅陵人。好閑静，却掃著書，即家人亦非其時不見。時方徵求隱逸，乃汗漫江湖以避之。

陳巖，字清德，青陽人。博極群書，負用世之志。宋末舉進士不第，入元遂深自晦匿。及老始歸，築室高陽河以居，出則遍歷九華之勝。有《九華詩集》。

明

洪仲遵，名道，以字行，建德人。通《易》《春秋》。屢受辟命，皆不就。後舉文行，授本縣訓導，以老辭。與江容等遊，號「五老」。

劉城，字伯宗，貴池人。歲貢生。才氣豪邁，與同邑吴應箕齊名，一時名公卿多推重之。好談經濟大略，著《邊塞》《屯鹽》《河渠》《市馬》諸議。明季屢辭徵辟，岩棲谷隱，以終其身。有《嶧桐集》二十卷。

江杏，字君培，建德人。歲貢生。爲人莊重，博涉文史，深於天文、兵法，揣事多奇中。明亡後，晦迹不出。同里尚書鄭三俊爲作傳。

鮑光義，貴池人。工詩文。明季避兵棄諸生，棲隱七松里。所輯有《周易講義》。又建德貢生金學重，少有才名，晚歲匿跡山中，潛心著述。

太平府

唐

王翀霄，繁昌人。雅志林壑，不樂仕進。貞元間，築室馬仁山講學，從遊甚盛。後尚以所隱未深，更徙龍首峰之西。

王居巖，當塗人。避廣明之亂，棄官隱青山。楊行密據淮南，以兵迫起之。一日，行密大會，失居巖，急使人掩其家，無一在者。

宋

韋許，字深道，蕪湖人。從李之儀學，不事科舉，築室榜曰「獨樂」，陳瓘爲作記。黄庭堅至邑，與之游。紹興初，高宗特命以官，不受。自號蕪陰居士。

魚潛，字德昭，當塗人。工詩，有名。後隱居不出，養鵝鴨以自給。

元

蔣子誠，當塗人。文宗西幸江陵，憩慈湖民舍，駕旋後，子誠族人多攀援左右，以干爵禄。獨子誠徜徉溪谷，採藥吟詩，以逸民終。

明

祖雋，字遠志，當塗人。少有詩名。永樂中徵修《大典》，例當得官，雋辭歸。放懷詩酒，翛然自適。著有《丹湖集》。

戴綬，字民信，當塗人。有孝行，工古文。御史及郡守交薦之，授和州學正，辭疾不就。葺采石書院，授徒以終。

廬州府

元

葛聞孫，合肥人，字景元。早喪父，事母篤孝。嘗出爲州文學，既而曰：「此非養志之道。吾有薄田，勤力耕稼，亦足供養。」遂歸。於舍傍結環翠山房，以延來學。每侍母食下，始出與諸生誦說。間入城，識與不識，皆曰葛先生。執政薦其學行於朝，召爲翰林，辭不赴。及卒，余闕表其墓。

朱可與，舒城人。好學博覽，絶意仕進，家居教授，文行著當時。

明

方自勉，字聖修。性方嚴，不苟然諾，里人比之王彦方。隱湖濱，以古學教授。

宛杲，字彦昭，廬江人。讀書通世務，尤樂施予。高蹈山林，不樂仕進，而行誼爲衆所推。

楊首春，字元之。編茅成屋，匿影空山。每與人講論，聽者忘倦。有司往物色之，已挂瓢逝矣。

楊大濂，字潔甫，無爲人。高雅恬退，以布衣爲督學耿定向薦，不就。衣敝履穿，灑然自適。所著有《詠史》諸詩。

鍾濟，字海源。守義端嚴，平生未嘗一接長吏。舉鄉飲，不就。舍後築一園，臨江面山，以詩酒終其身。

國朝

季友賢，字輔皇，合肥人。淹貫經史，兼精六甲。明末，大司馬史可法羅致幕下。父艱歸里，隱於黄山。

曹大復，字賓魯，巢縣人。明諸生。端方純樸，究心理學。得脩脯輒周貧困。年七十，慨然去鄉邑，或遇之白石山禪林中，不交一言而去。計其壽，已百三歲矣。後莫知所之。

鳳陽府

漢

梅福，字子真，壽春人。明《尚書》《穀梁春秋》。爲郡文學，補南昌尉，後歸壽春。時王鳳專政，福上書極諫。至王莽亂政，一朝棄妻子去。後人有見福於會稽者，變姓名爲吴（門市）〔市門〕①卒云。

桓曄，字文林，一名嚴龍，亢人，鸞子。姑爲司空楊賜夫人。初，鸞卒，姑歸寧赴哀，整飾從者而入，曄心非之。每至京師，未嘗舍宿楊氏，其貞介若此。賓客從者皆祇其志行，一餐不受於人。後舉孝廉、有道、方正、茂才，三公並辟，皆不應。初平中，天下亂，避地會稽，遂浮海客交阯。

元

王宗岳，字良佐，臨淮人。厭俗學，隱居講求性道，人稱養高先生。

楊省，字治卿，定遠人。不樂仕進，以書史自娱。嘗遊三峰、青韭諸山，遇佳處輒爲題咏。晚年

---

① 據《漢書》卷六十七本傳改。

造詣益高。

明

盛世鳴，字太古，鳳陽人。俶儻有蘊藉，嗜古文奇字。嘗寓泗州，隱於卜，郡守物色之，奇其人。無錫少宰孫繼皋聞其詩，薦之葉相國向高，遊輦下，名動公卿。世鳴意不懌，退而隱居，號空谷居士。

陳琰，字廷玉，臨淮人。性恬淡，博學能詩文，動循禮度。隱居濠濱，有司累薦，皆不出。

許鵬，字廷舉，定遠人。少負氣節。以賢良方正薦至京師，陳時務，詞多過直。乃於策尾作詩，自陳己志，不願入選。歸隱城南，種竹萬竿，因號竹莊，以耕讀自娛。著有《竹莊集》。

姚医，字舜用，定遠人。性敏，過目成誦。家貧授徒，不慕榮利。大學士謝遷與其父有舊，使人召之，医固辭不赴。

趙萃一，字魁北，壽州人。養親盡孝。資敏而好學，隱居山中，講明《易》理，終身不出。

國朝

周廷楝，號豫章，宿州人。博學多聞，性理子史諸書，無不精研。隱居不仕。工詞賦，書法宗二王。

潁州府

晋

戴逵，字安道，譙國人。太宰武陵王晞聞其善鼓琴，使人召之，逵對使者破琴，曰：「安道不爲王門伶人！」遂徙居會稽剡縣，王徽之嘗雪夜訪之。孝武帝時，累徵不至。

南北朝　宋

戴顒，字仲若，逵子。有高名，嘗註《莊子》。元嘉中徵不就，愛剡多名山，隱居其下。文帝每欲見之，曰：「吾東巡日，當宴戴公山下。」

宋

陳摶，字圖南，亳州真源人。始四五歲戲渦水，岸側有青衣媪乳之，自是聰悟日益。後唐長興中，舉進士不第，隱居華山雲臺觀。周世宗好黄白術，召見之。摶曰：「陛下當以致治爲念，奈何留意黄白之事乎？」宋太祖代周，摶曰：「天下自此定矣。」太平興國中來朝，至中書省，宋琪等問曰：「先生得（元）〔玄〕默修養之道，可以教人乎？」摶曰：「養生非方術可傳。假令白日沖天，亦何益於世？今聖上有道，仁聖之主也，正君臣協心同德，興化勤行，修煉無出於此。」上益重之，賜號希夷先生。後還山，端拱中卒。

明

王清臣，潁州人。天啓初，潁州張遠度買田潁南，地多桃花林。一日獨遊，見耕而歌者，聽之，皆杜詩也，遂就與語，知爲清臣也。有田，畏徭役，盡委之族，爲人傭耕。過其廬，見舊（歷）〔曆〕紙背書所作其《述懷》一篇，云：「人生如泛梗，飄飄殊無根。飲啄得幾許，營營晨與昏。對此春日好，荷鋤出南原。近觀草色敷，静聽鳥語繇。有身貴適志，窮達安足論。」亂後不知所終。

滁州

宋

雍存，全椒人。隱居求志，以文史自娱，號南郭先生。以縣有獨山，晚又號獨山翁。州守錢公輔、曾肇皆與之遊。

元

范思敬，全椒人。有志操，能文章。至正初，嘗獻治平十二策，不報。遂歸，隱石子岡之梁莊，號棲谷子。

明

駱俊，滁州人。平居耽味經史，不求聞達，行義修潔，人多重之。著有《静中自樂詩集》。

和州

宋

何宗英，和州人。紹興間，以布衣上書，言敵必渝盟，宜先事爲備，請幸建康，以張國勢。不報，遂隱居以終。士論高之。

明

杜浩，字守彝，和州人。洪武初居南莠村，力學篤行，安貧不仕。

廣德州

宋

張介，紹聖時人，隱居城北。郡守慕其名，每訪以政，欲疏其行學於朝，介固辭不就。

趙平叔，咸平時人。隱居城西琴山側，起一樓於翠微之間，曰萬山樓，吟詠自適。

元

盧志賢，至元時人。清修高節，當時重之。

六安州

宋

白樸，字仁甫，六安人。少隨父樞判真定，遭元兵，父子相失。自是不茹葷酒，人問其故，曰：「俟見吾親，乃下咽耳！」宋亡不仕。所著有《朝野新聲》《太和正韻》《天籟集》。

泗州

隋

趙徵君，泗州人，失其名。讀書甓山，隱居不仕。鄉人於其遺址建甓山書院祀之。

明

李公度，字思貞，泗州人。弱冠領鄉薦，勸之仕，不應。部使者以國子博士薦，不就。

石應瑞，字兆生，天長人。少貧困，授經以養父母。居家孝友。中明季己卯副榜，例得仕，不願就選。置一廛雲水間，讀書課子，逍遥樂志，時比之仲長統云。

國朝

陳歌泰，字古彈，天長人。順治戊子拔貢，恬退不仕。講學修行，一方之中皆化爲善。

江南通志卷一百七十

人物志

藝術 一

江、蘇、松、常、鎮、淮、揚、徐八府　太、海、通三州

江寧府

後　漢

李南，字孝山，句容人。少篤學，明於風角。永元中，太守馬稜坐盜賊事被徵，南特通賀。稜訝之，南曰：「旦有善風。明日中時，應有吉問。」旦日，望景至晡，乃有驛使，賫詔書原停稜事。南問其

停留之狀，使者曰：「度浦馬踠足，是以不得速。」乃服焉。南女亦曉家術。爲由拳人妻，晨詣爨室，卒有暴風。婦便上堂辭姑，言己將亡，因著其亡日。如期，果卒。

南唐

吴廷紹，爲太醫令。烈祖食飴，喉中噎，國醫莫能治，廷紹以楮實湯進而愈。馮延巳苦腦中痛，廷紹密詰厨人，知平日嗜山雞、鷓鴣，投以甘豆湯，亦愈。群醫叩之，曰：「噎因甘起，故以楮實湯治之。山雞、鷓鴣皆食烏頭半夏，故以甘豆湯解其毒耳。」

周文矩，句容人。仕南唐爲翰林待詔。工繪事，精仕女，後主令畫《南莊圖》，後進圖於宋。

徐熙，江寧人。高雅閒放，善畫花木、蟬蝶、禽魚、蔬藥。南唐後主嘗以熙畫爲宫中供設，謂之鋪殿花。

宋

朱杰，生而異相，有隱德。治人目如神，針甫下而翳旋徹。

王生，金陵人，瞽而善聽聲。丁謂守金陵，王生潛聽其馬蹄聲，曰：「參政日中必召拜相。」果如其言。後真宗晏駕，謂充山陵使，王生來京師，俾聽馬蹄聲，曰：「有西行之兆。」諸子責曰：「爾知相公充山陵使，有是説耳。」生出，語人曰：「蹄西去而無回聲，恐有他命。」後果罷相，分司西京，繼貶崖州。

劉虛白，金陵人。善相。陳執中爲撫州通判，使者將劾之，虛白曰：「無患。」使者果被召，半道而去。王益知韶州，幾大拜，還金陵，召虛白問狀。虛白曰：「當得一都官止耳。」益不懌，以他事繫之。已而，益果終都官郎中。

元

陳梅湖，善皇極。數受知於世祖，凡遇推卜，多以《易》數諷諫。至江西宣慰副使。或問何不爲諸子計，曰：「吾數非其所當傳，且命貧賤，令其粗知農事足矣。」

明

貝琳，字宗器。幼習儒，精天官學，被薦入欽天監。正統、景泰間，從征，占候有功。成化戊子，因災異條陳彌變、圖治六事，言多可採。

陳遠，字中復，遇弟。永樂初爲翰林待詔，繪事精雅。子孟顒，善書。

周文銓，字汝衡，家金陵。取《内經》《本草》《難經》等書，務窮精奥，診病立方，多與衆殊。嘗語其先輩顧璘曰：「醫非盛德莫能操其慮，非明哲莫能通其説。知物者巧，知證者工，知生者聖，知化者神。」其持論精微如此。

丁毅，字德剛，江浦人。路逢殯者棺下流血，毅熟視之，曰：「此生人血也。」止舁者，欲啓之，喪家不之信。毅隨至墓所，强使啓，乃孕婦也。診之，以鐵刺其胸，産一兒，婦亦旋甦。蓋兒手執母心，氣踣身僵耳。針貫兒手，兒驚痛開拳，始娩。通邑稱神。著有《醫方集宜》《玉函集》《蘭閣秘方》。

國朝

胡正言，字曰從，家居金陵。嘗師法李氏登，精研六書。著有《印藪》《篆草》諸書。

龔賢，字半千，江寧人。有隱操。能詩章，尤工畫。

僧大振、劉琳，俱上元人，工畫。

談志學，字習公，江寧人。工醫術，尤精幼科，全活嬰兒甚衆。貧者不取值，人皆德之。

鄭之彦，字蘭巖，江寧人。少爲諸生，多病，遇異人授以刀圭，遂精於醫，名振江左。

尹懷聖，字安臣，上元人。有僧仲理菴者，受學於異人，凡分劑不膠古法。懷聖從之遊，得其秘要。療治多奇驗，貧者予藥餌不責報云。

蘇州府

漢

吴泰，能筮。會稽盧氏失博山爐，使筮之。泰曰：「此物質雖爲金，其象實山，有樹非林，有孔非泉。闔閭晨興，見發青烟，是香爐也。」語其處，求得之。

三國

葛衡，字思真，吴人。明達天官，能爲機巧。作渾天儀，使地居於中，以機動之，天轉而地止，以上應晷度。

晋

張弘，字敬禮，吴人。光禄大夫。善正書。子彭祖，龍驤將軍。善隸書，王羲之每見其縑素尺牘，輒取藏之。

南北朝　宋

陸探微，吴人。善畫，得六法之妙。生平愛寫古聖賢像。

顧寶先，吴郡人，琛之子。大明中爲尚書水部郎。善畫，法陸探微。尤工行書，卓越多姿。

褚允，吴人。年七歲，善棋。及長，冠絶當代。

齊

褚思莊，吴人。以善奕名，琅琊王抗第一品，思莊與會稽夏赤松第二品。思莊嘗與抗對奕，自食時至暮，一局未竟，至五更方決。抗睡於局後，思莊達旦不寐。

梁

張僧繇，吴人。丹青絶代。嘗於金陵安樂寺畫四龍，不點睛，言點即飛去，人以爲誕，固請點之。乃點二龍，須臾雷電破壁，二龍忽失所在。潤州興國寺苦鳩鴿棲梁，污穢尊像，僧繇於東壁畫鷹，西壁畫鷂，側首向檐外，鳩鴿不敢入。其神妙如此。

顔協，字子和，吴人。學書於范懷約，藝過其師，荆楚碑碣，多其所書。官至湘東王記室。

唐

周廣，吴人。嘗師紀朋授秘訣，觀人顔色即知疾病淺深，不待胗候。開元中，有黄門自交廣回拜殿下，廣曰：「此人腹中將産蛟龍，即不能活。」上問黄門有疾否，曰：「臣在大庾嶺，渴飲路旁水，今腹中堅如石。」廣以雄黄丸下之，吐出物長數寸，鱗甲備具。

陸柬之，吴郡人。官著作郎。少依舅氏虞世南，隸、行皆入妙品。李嗣真云：「柬之學虞，草體用筆則青於藍。」子彦遠，傳父業，授其甥張旭。

史維則，字天問，吴人。工八分、飛白、二篆。在唐以八分名家者四人，韓擇木、蔡有鄰、李潮與維則也。歷翰林學士，卒。

張璪，一作藻，字文通，吴人。開元間官至祠部員外郎。善畫。撰《繪鏡》一篇，言畫之要訣，畢容見而驚異之。嘗手操雙管，一爲生枝，一爲枯枿，而四時之行，遂驅筆得之，一時號爲神品。

楊惠之，吴人。與吴道子同師學畫，見道子藝成，耻焉，更爲塑工，遂稱天下第一手。

石荆山，吴人。善琴，爲獨孤及所重。每操琴，以十合小豆爲準，盡一升而移品。

姚兼濟，吴人。善琴，得石荆山傳。在揚州逢異人，授以清風景雲等五調，世傳爲《廣陵散》之遺音。

顧生，吴人。大（歷）〔曆〕中以畫游諸侯之門。每畫先貼絹數幅於地，乃持墨汁及諸彩色各貯一器，生飲酒半酣，繞絹走十餘匝，取墨汁攤寫絹上，次寫諸色。乃以一長巾，一頭覆於所寫之處，使人坐壓，生執巾角而拽之。迴環既遍，然後以筆隨勢開决，爲峰巒島嶼之狀。

滕昌祐，字勝華，吴人。工寫生，尤長於畫鵝。志尚高潔，脱略時態。

朱景環，吴人。算術精妙，設肆盤門驛。貞明中，廣陵王錢元鐐鎮吴，景環上書云：「到任後，當三十年安寧。」至天福辛丑，記其事，召問，則曰：「算數定矣。」及期，薨。

宋

朱象先，字景初，吴江人。善畫，馳名元符間。蘇軾嘗題其畫云：「景初能文而不求舉，能畫而不求售。」自言文以達心、畫以適意而已，故妙入自然。

趙伯驌，字希遠，千里之弟。嘗畫姑蘇天慶觀，進呈孝宗，仕至觀察。卒，葬支硎山，周必大爲神道碑。

李珣，吴人。善律(歷)〔曆〕。紹聖二年，曾肇在滁，命珣爲漏壺，以順晝夜，一郡則之。

何充，吴郡人。工寫貌，擅藝東南。

毛松，昆山人。善畫花鳥。子益，乾道間畫院待詔。益子允升，景定中畫院待詔。皆工寫生，能世家學。

胡舜申，其先由績溪徙吴。舜申通風土陰陽之術，世所傳江西地理新法，出於舜申。嘗行郡四郭而相之，以爲蛇門不當塞，作《吴門忠告》一篇。

葛應雷，字震父，吴人。精於醫。嘗著《醫學會同》二十卷，推五運六氣之標本，察陰陽升降之左右，其説爲詳核。時按察判官李某，中州名醫也，因診父疾，複咨於應雷。聞其論，父子相顧，駭愕曰：「南方亦有此人耶？」乃盡出所藏劉完素、張從正書，與之討論，無不脗合。張之學盛行於江南者，從此始。由平江醫學教授，遷江浙官醫提舉。

元

朱珪，字伯盛，昆山人。善書法，凡三代金石刻，靡不極意規倣。久悟於《石鼓》《嶧山碑》之法，纂《舊書印》，并自製附焉。讀書十年不下樓，楊維(貞)〔禎〕作《方寸鐵志》。

唐杲，字德明，平江人。伯父樸，嘗過張秋，值大疫，爲藥貯大盎，飲之，所活數千人。杲未冠，名聞四方。有衛指揮妻，立則如常，卧則氣絶欲死。杲言是爲懸飲，飲在喉間，坐之則墜，卧則壅塞諸竅，不得出入而欲死也。投以十棗湯而平。

王某，吴人。業髹漆。至正間，嘗以牛皮製一舟，外飾以漆。解卸作數節，載至上都，游漾灤河中，觀者異之。又嘗奉旨造渾天儀，可以折疊，便於收藏，其巧出人意表。爲營匠提舉。

明

趙原，字善長，吴人。畫師董源，甚得其骨格。明初召天下畫士圖歷代功臣，以應對不稱旨，坐死。

范暹，字啓東，昆山人。有孝行，善畫花鳥。永樂中入畫院供奉三十餘年，博識雅淡，爲館閣名公所重。

沈宗學，字起宗，長洲人。博學善書，能作徑尺大字。詹同評其書兼歐、虞、顔、柳，有冠裳珮玉氣象。精醫，所著有《本草發揮》等書。子貴成，字志道，亦博學能書。

劉觀，字士賓，長洲人。世以醫名。永樂初擢御醫，賜居第，凡中外大臣有疾，多命往治。孫倫，成化中爲御醫。又沈以潛、吴誠、施宗、文盛繼者，俱以醫著名於時。又有錢瑛、陳公賢，俱世傳顱顖術，吴下小兒醫推錢氏、陳氏云。

沈遇，字公濟，吴縣人。善山水，水墨、淺絳、深色，種種能之。晚喜寫雪景，世尤珍重。

盛啓東，吴人，名寅，以字行。少從王賓學，兼授醫術。某太監患腹鼓，啓東設劑而愈。太宗狩西苑，太監病新起，往觀焉，上驚其得生，乃以啓東對。即命入見，授御醫。東宫妃病，衆醫以爲胎，而久不産。命啓東診視，疏方皆破血劑。東宫怒，不用。數日，病益急。復召診之，曰：「必用臣，當如前藥。」服之而愈。

蒯祥，吴縣人。爲木工，能主大營繕。永樂十五年建北京宫殿，正統中重作三殿及文武諸司，天順末作裕陵，皆其營度。能以兩手畫龍，合之如一。每宫中有修繕，中使導以入，詳略用尺準度，若不經意。既成，以置原所，不差毫厘。初爲營繕所丞，累官至工部左侍郎，食從一品俸。憲宗時，年八十一，猶執技供奉，上每以蒯魯班呼之。

倪維德，字仲賢，吴人。世以醫名。維德少取《内經》，研其奥旨，曰：「醫之道盡是矣！」病大觀以來多遵裴成《和劑局方》，故方新病多不相值，後得金季劉完素、張從正、李杲三家書讀之，知與《内經》合，自以所見不謬，出而用藥如神。每言：「劉、張二氏治多攻李氏，惟調補中氣，隨世推移，不得不爾也。」

朱鶴，字松齡，吴縣人。工行草、圖繪，尤深於篆學，印章之文，刻畫精工，旁及雕鏤小玩，罔不稱絶。今簪有「朱松齡」者，蓋即以其字稱之。子稚征，字三松，雕鏤益奇巧。興至始爲之，一器嘗歷歲月乃成，觀者如市。性嗜酒。酒酣興發，輒作《灞陵風雪圖》，以寄蕭颯之致。

盧志，字宗尹，昆山人。精《素》《難》諸家之書，官太醫院判。武宗南巡，召志，志趣告諸大臣言：「冬得夏脉，於法不治。願定皇儲，以安國本。」侃侃關宗社大計。尋致仕。嘗與修《本草》。著有《醫學百問》等書。子梗，嘉靖間進士。

王綸，字理之，昆山人。以薦預修《武宗實録》。詩畫爲沈周入室弟子，尤工篆隸、楷法。會修闕里文廟，撫臣以禮聘往，穹碑大額，皆出其手。

許初，字復初，吴縣人。以貢授教職。書法師二王，尤工篆籀。累官漢陽通判。

陳天定，字定之，長洲人。儒雅善畫，喜(元)〔玄〕理。家多名幅，故花草、翎毛、人物絶勝。山水宗沈周。

陳暹，字季昭，吴縣人。善設色山水、人物，以畫名者六十年。

周臣，字舜卿，吴縣人。學畫於陳暹，而益工六法。其圖像大小、古面奇妝、綿密蕭散，皆有意態，纖穠麗冶，爲世所賞。

卞文瑜，字潤甫，長洲人。工畫山水，不名一家。生平無定居，爐香茗椀，到處自隨。吴偉業《九友歌》有「晚年筆力淩滄洲，幅巾鶴髮輕王侯」之句。婿俞綵，字言如，亦以畫名。

邵彌，字僧彌，長洲人。畫山水極古秀之致，書法歐、虞，殁後人争購之。所著詩名《頤堂集》。吴偉業《畫中九友歌》云：「風流已矣吾瓜疇，一生迂癖爲人尤。童僕竊嘆妻孥愁，瘦如黄鶴閑如鷗，烟驅墨染何時休。」

尤求，字鳳(邱)〔丘〕，長洲人，仇英婿也。以寫人物擅一時。嘗畫《揭鉢圖》，天人、帝釋、群鬼、阿難，各極變態，見者或起栗。

支鑑，字汝同，昆山人。工書法，蠅頭蟬翼，具有尋丈之勢。至豐碑巨碣，莊嚴卓偉，無異小楷。女適周牧，夫婦皆工繪事。

沈貞，字士怡，昆山人。精醫學。以傷寒難治，取仲景論爲本，而採李浩《或問》、郭雍《補亡》，由戲作叢篠澗蒲，蒼翠欲滴，寫生家寶之。

漢而下，凡論傷寒者集爲傳，名《傷寒會通》，能補仲景之未備。

繆希雍，字仲淳，常熟人。好談古今成敗事，如指掌。不以醫名，而醫輒奇效。又喜形家言。著《本草經疏》《葬經翼》。時周維墀，昆山人，字仲肅，幼嗜學，得咯血疾，棄儒業醫。從希雍遊，盡得其傳。授太醫官。

顧聽，字元方，吴縣人。精於字學。趙宧光纂《説文長箋》，聽相與訂考。其摹鎸刻印章爲海内冠。又造漏壺，算刻度數不爽毫髮。

馬士鯉，字雲逵，吴縣人。精石刻，四方名公所書碑碣，必屬士鯉刻之。天啓中，爲魏璫建祠立碑，敕士鯉鎸刻，士鯉聞而宵遁。繼而魏大中被逮，過吴門，周順昌欲以女字其孫，倉卒無媒，士鯉遂通兩姓之好。大中榜掠坐贜，士鯉四方奔募，歸其子輸官。

王綦，字履若，吴縣人。工繪事，寫山水、花鳥，俱蕭閒静遠。性狷介，杜門以畫自娱，兼供晨夕，不窺户外一步。

國朝

王簡，字維文，吴縣人。精於吴道子寫生術，下筆鬚眉逼肖。康熙初，召入供奉，恩賞甚渥。

張宏，字君度，吴縣人。畫山水蒼勁有致。

沈顥，字朗倩，吴縣人。畫清遠可愛，亦能書、善詩。

王翬，字石谷，常熟人。工畫。幼摹一二名迹，王時敏見而奇之，邀至西田别墅，盡發所藏，相與探尋，業大進而名起。嘗奉詔繪《南巡圖》。年逾八十，猶磅礴不衰。同里楊晉，字子鶴，嘗受筆法於翬。烟林清曠，尤工村莊景物。亦與翬同繪《南巡圖》。

吴歷，字漁山，常熟人。性簡淡自遠，彈琴、詠詩、寫山水，皆有高韻，□□□①、王時敏極相傾慕。晚年絶人泛海，莫知所終。

顧聖之，字德鄰，吴縣人。父顧道人，工於製硯。人稱之爲小道人，所製硯皆倣古式，樸雅可玩。子死，媳獨擅其藝者二十餘年。

欽楫，字遠猶，吴縣人。洞徹經史，放志自適，寓居僧舍，終身不娶。寫山水饒秀韻。

顧樵，字樵水，吴江人。畫入能品。每橐筆遊山水，圖而咏之，流連忘返。

高簡，字澹游，吴縣人。畫清曠得倪瓚法，亦能詩。

黄鼎，字尊古，常熟人。寫山水蒼古秀潤，自稱獨往客。

何萬年，字永錫，長洲人。善推星命，決人休咎得失，多奇中。韓菼爲作傳。

陸謬，字其清，吴縣人。博聞汲古，家多藏書，手抄幾及千卷，有朱存理、錢穀之風。精賞鑑，三代、秦漢器物，及唐、宋而下書畫名蹟，四方士大夫之好古者，莫不就謬是正焉。

---

① 原刻録修本俱空三字，《四庫》本作「與婁東」。按吴歷早年學詩於錢謙益，疑脱文即「錢謙益」三字。

松江府

宋

李甲，字景元，華亭人。善作翎毛，有意外之趣。蘇軾題其畫，謂郭忠恕後一人。米芾《畫史》皆稱之。

元

曹永，字世長，知白子，華亭人。工八法，正書學鍾繇，行草學二王。又同邑章弼，字拱辰，未十歲能作榜署大字。長益有名。

沈光明，華亭人。先世受術於龍樹師，目疾内外障七十二種，悉能療之。光明世其學，名益盛。

陸怡，華亭人。善醫。鄰人一夕溘死，怡取馬櫪去底，置大釜上，舁死者内之，蒸以葱藥。及旦，皮腐而氣復。大德間召至京師，賜號悦道處士。

徐復，字可豫，華亭人。精《靈樞》《素問》諸書。其治病嘗審南北，察强弱，而緩急投之，故百不失一。嘗療楊維（貞）〔禎〕危症，有歌紀其事。

吴鍾山，不詳其名，家於華亭鍾賈山，遂以自號。善《太乙》《九宫》諸算術，有奇驗。楊維（貞）

〔禎〕有《數説》，皆稱述之。

沈瑞，華亭人。得畫法於黄公望。嘗爲楊維（貞）〔禎〕作《君山吹笛圖》，木石幽潤，山水清遠，人物、器具，點綴絶工。又同邑曹焕章，善寫生，往往逼真。常①寫席帽山人王逢像、陶宗儀騎牛及濯足圖。

明

陳璧，字文東，華亭人。得書法於長洲宋克，篆、隸、真、草，流暢快健。洪武中以秀才徵，官州判。郡人學書者皆宗之。

相禮，字子先，華亭人。能詩善畫，尤精於奕。洪武中召至京師，厚賜遣歸。劉基嘗以文贈之。

徐樞，字叔拱，華亭人，復子。洪武末召爲太醫院御醫，屢奏奇績，歷遷院使。宣德初，告歸展墓，宣宗親賦詩送之。子彪，亦以醫名。

朱孔陽，華亭人。永樂初，求四方能書士寫制詞，孔陽被選。又書大善殿榜，稱旨，授中書舍人。北京宫殿成，皆命孔陽題榜。兼善山水。寫《楊士奇歸田圖》，人稱絶筆。累官至順天府丞。子奎，亦工書能詩。

① 「常」，《四庫》本作「嘗」。

楊青，金山衛人。永樂初，以瓦工役京師。内府屏墻著堊有蝸牛跡，色若異彩。成祖顧視問之，以實對，成祖嘉之。後營北都宫闕，使爲都工。青善心計，凡制度崇狹、材用多寡，悉稱旨。事竣，由營繕所官，特遷工部侍郎。

沈景暘，華亭人。善卜。永樂中召至京師，命布卦，問英國公張輔征南事。曰：「此大勝之兆。時正午，當得捷音。」至時飛檄至，報安南平，上大悦，賜鈔幣。

章瑾，字公瑾，華亭人。能詩，善草書。尤長於畫，有寒山、拾得像及《春江送别圖》，皆不愧古人。

何全，字廷用，華亭人。自宋、元來，世以醫名。全領正統丁卯鄉薦，不徙故業，益精其術。每以匕劑起沉疴，無責報意。

姚蒙，字以正，華亭人。善醫術，得祖、父之傳。尤精太素脉，定人休咎若符契。巡撫鄒來學召視脉，蒙曰：「公根器别有一竅出污水。」來學大驚，曰：「此隱疾，何由知？」蒙曰：「以脉得之。左關滑而緩，肝第四葉有漏，通下故也。」

張誼，字履道，青浦人。好譚①《易》，善占氣候。倭寇入境，適至袁氏山莊，出望雲氣，拉主人疾走。亡何，賊突入，見空廬乃去。時有友留啖檳榔，力辭曰：「著逆，不敢泊也。」解維不十里，友果

① 「譚」，《四庫》本作「談」。

被創。

孫克弘，字允執，華亭人，尚書承恩子。少敏慧，博涉群籍。書倣宋克，尤工八分。畫善寫生，花鳥、竹石，無不臻妙。歷官漢陽知府。

浦澤，字時濟，上海人。少從詹事陸深受書法，能窮古人波磔之妙。嗜酒好眠，或一二日不起，人呼小癡。時華亭張德讓，同邑張電，亦受書法於深，與澤同名。

宋懋晋，字明之，華亭人。少學畫，窮日夜臨摹古蹟。已從嘉興宋旭受學，參以宋、元遺法，自成一家。其弟子同邑沈士充，字子居，名最盛。

顧從義，字汝和，上海人。嘉靖中，詔選善書者入殿直，應試稱旨，授中書舍人，直文華殿，擢大理評事。楷書、行草宗鍾、王，徑尺大字仿顏、趙。著《法帖釋文考異》。

趙左，字文度，華亭人。畫宗董源，兼有黄公望、倪瓚之意。同時丹青家以氣韻爲士林所珍賞者，左與同邑吴振稱雙璧焉。又有上海方叔毅，善畫人物，神氣生動。

國　朝

葉有年，字君山，上海縣人。善畫山水。明末，肅藩聞名，禮聘至秦，繪圖築園，名勝甲於八郡。歸隱石笥里，購畫者無虚日。卒，年八十。

朱軒，字韶九，婁縣人。少學書於董其昌，學畫於趙左。嘗謂古以畫爲寫，必以書入畫始佳。郡中士大夫得其片縑，咸寶之。

李中梓，字士材，上海人。有文名。善醫，屢療危症，皆奏奇效。所著有《頤生微論》《内經知要》諸書。

劉道源，字公原，上海人。與李中梓爲中表，因習醫，盡得其妙。所著有《醫案心印》《症脉合參》等書。子貞吉，舉人，爲教諭。亦精醫術。

陳履熙，字穆如，華亭人。善醫。嘗遇異人，授藥草一篋，技益神。有病已絶及死二日者，履熙決其可活，灌藥入口，遂得再生。

何汝闓，字宗台，華亭人。世精醫學。汝闓尤多秘方，活病者萬計。子嗣宗，繼其學有名。

潘光宗，字耀先，華亭人。世瘍醫，光宗尤療治若神。貧者不受酬，或資以參藥，無不立愈。提督張雲翼病，衆醫咸集，禮聘光宗，一診而出不復往，果不起。

沈璠，字魯珍，上海人。上海名醫故有李、劉、徐、沈四家，璠最後出，名特著。

顧昉，字若周，上海人。初至京，宋駿業集名手繪《南巡圖》，令王翬總其事，昉得其秘，遂以擅稱。

黄楷，字端又，南匯人。畫筆清拔，尤工傳神，時有虎頭之目。

常州府

南北朝　齊

蕭子雲，字景喬，蘭陵人，子範弟。有文藻，善草隸。歷遷侍中。尺牘之美，遠流海外，百濟國嘗使人至建業求之。

梁

蕭賁，字文焕，南蘭陵人。有才學，能書善畫，於扇上圖山水，咫尺之内，覺萬里爲遥。終湘東王法曹參軍。

唐

許（印）〔胤〕宗，義興人。初事陳，爲新蔡王參軍。柳太后病不能言，諸醫莫能療，（印）〔胤〕宗請以湯薰之，如言果愈。仕隋及唐，累遷散騎侍郎。時關中多骨蒸病，得之必死，（印）〔胤〕宗每療無不痊。

丁謙，宜興人。工畫竹及花草，品格清遠，見重於世。

五代

董羽，常州人。善繪龍水、海魚。事李後主爲翰林待詔。清凉寺壁有羽畫，及元宗八分題名、李蕭遠草書，稱寺中「三絶」。

宋

僧居寧，毗陵人。工畫草蟲，名稱籍甚。嘗醉畫水墨草蟲，長四五寸者，筆力尤勁俊，梅堯臣贈以詩，甚稱之。

曹仁希，字企之，毗陵人。善畫水，爲驚濤怒浪，以至輕波細縠，一筆之間，自分深淺，爲古人所未及。

吴炳，毗陵人。工畫折枝花鳥。紹興間爲畫院待詔，賞賚特厚。

許迪，毗陵人。工草蟲，師僧居寧。作黄花、紫菜，妙臻神品。

於清言，晋陵人。工畫荷花。寧宗朝，進所圖荷花障，特授承節郎。孫務道，世其學，有名元世。

明

徐孟曾，武進人。善詩，以醫世其家。永樂間召至京，賜襲衣。弟孟恂，工砭法。時稱「二仙」。

蔣子成，宜興人。善畫山水、人物，其水墨大士像尤爲世所珍。永樂間徵入京師，與同時趙廉畫虎、邊文進翎毛，並推絶技。

王玉，字汝瑛，宜興人。成化末舉名醫，隸太醫院。弘治初，每用藥有奇效，寵賚甚渥。累官通政使。有《醫案》傳世。

吴傑，字士奇，武進人。弘治間以名醫徵至京師。都御史王鉞方鎮大同，聞傑名，以調治邊軍請。臺省争言：「醫如傑，當在供奉，不宜出之邊地。」下禮部試之，果無逾傑者。薦入御藥房。後療武宗疾，屢奏奇效。擢御醫，至太醫院使。子希周，由進士官給事中。

惲本初，字道生，武進人。少爲諸生，工畫山水。以貢授中書舍人。

國朝

唐宇肩，字若營，武進縣人。性孝，善書法。家貧，賣字以供甘旨。與郡中惲格畫，並珍於時。

屠遠，字帆輕，武進人。博學能詩，尤工畫山水、蘭竹。同邑陳儀，字象彩，詩詞筆墨，與遠伯仲。

周榮起，字硯農，江陰諸生。能詩文，工篆書，尤精繪事，論者以爲得米家精意。

女禧，亦工詩畫，片紙殘縑，爲人寶貴。同邑有高方者，字義立，亦工書。

邵曾復，無錫人。畫花鳥師惲格，人耿介亦似之。

鎮江府

宋

孫守榮，一名高榮，世居富春，因自號富春子。後居京口。病瞽，遇異人授術，以音律推五數播五行，萬物終始盛衰，一於音決之。周坦未第時，坐市肆厲聲詬僕，守榮揖曰：「狀元何怒也？」周不答，後果廷試第一。或持金玉請，辨其色摩挲之，美惡立判。其神奇類此。

明

徐景暘，善吟詩，通繪事，一時賢公卿皆與之遊。有薦於朝者，以母老不仕，宋學士濂作《畫原》以贈焉。

何淵，字彦澄，丹徒人。精於醫，徵録太醫院，仁宗禮遇極隆。欲官之，不受，給太常寺正卿俸。

錢原濬，字彦深，丹徒人。通醫術。著《集善方》三十六卷。

錢寶，字文善，原濬曾孫。工行楷，精醫術。著《醫案》《運氣説》《復齋集》。

蔣曉，字東明，丹陽人。世業醫。偶從黄冠賣卜者遊，得其《保幼》一編，治疾奇驗。有王氏子方週歲，忽不乳食，肌肉盡削。醫疑爲疳，曉曰：「此相思症也。」衆嗤笑之，曉命取兒平時玩弄之物，悉陳於前。有小木魚，兒一見喜笑，疾遂已。

蔣守成，字繼之，丹陽人。畫法吳仲圭、趙千里，游文徵明父子間，烟雲竹石盡其妙。

何應璧，字繼充，丹徒人。性穎悟，貫穿醫書數千卷。貧者病，濟之藥，更助以資。鎮江良醫稱何氏，又有何爌，字仁源，亦不計後酬報，能起危疾。

國朝

祁嗣籙，字肖虛，鎮江崇福觀道士。精鍼砭，多秘方，治諸異毒無不立效。

毛一駒，字子千。少習經史，尤精數學。名公鉅卿，屢物色之，托疾弗起。卒茅山中。子翥，字際生，傳其術。

淮安府

南北朝

徐秋夫，鹽城人。仕至射陽令。工醫，善鍼炙。嘗夜聞鬼聲呻吟甚苦，叱問之，曰：「身是斛律斯，雖死，患腰痛。聞君善醫，求拯拔。」秋夫曰：「汝鬼，術何從施？」曰：「以草束形，呼我名治之。」如其言下二鍼，設祭埋之。夜聞鬼來，謝云：「疾已愈。」時謂其術能通神。

宋

衛樸，楚州人。病瞽，精於律，凡古(歷)〔曆〕筭數，令人過耳一讀，即能暗誦。熙寧中，撰《奉元(歷)〔曆〕》。

元

廉布，字宣仲，山陽人，自號射澤老農。畫山水，尤工枯木蘩竹，師蘇軾而得其神。官至武學博士。

趙清澗，淮人，工畫人物、仕女。

揚州府

宋

桑景舒，高郵人。善聽百物蟲鳥之音，以占災福。又精音律。嘗製《虞美人曲》，對花奏之，花動搖不止。

杜嬰，字太和，真州人。好讀書，精醫術。無貧富貴賤，請之輒往，與之財，非義輒不受。時時窮空，而曠然無累於物。善言性命之理，王安石嘗云：「每與杜君語，久而不厭。」卒後，作詩傷之，稱其「接物能齊物，勞身恥爲身」云。

陸仲仁，高郵人。精繪事，嘗畫《三高圖》獻黿以道。

徐仲堅，真州人。隱於筮，遇人至謹，雖疾病，召之筮，不正衣巾不見。能爲詩，亦好屬文，多爲賢士大夫所知。有集若干卷。

元

王仲明，江都人。善醫。平章廉希憲疾，世祖召仲明治之，未即行，人强之曰：「君能起廉相國，是惠及天下也。」仲明遄往，投以一匕，立愈。欲官之，辭不就。

明

陳君佐，江都人。善方脉。洪武初爲御醫。永樂間，棄官著黄冠服，市藥武當山中。以《易》卜人吉凶多奇中。

滑壽，字伯仁，家儀（徵）〔真〕。性警敏，醫名籍甚江淮間。在淮南曰滑壽，在吴曰伯仁氏，在鄞越曰攖寧生。著《素問鈔》《難經本義》《十四經發揮》，皆行於世。

殷榘，字度卿，儀（徵）〔真〕人。家世名醫，至榘尤精。萬（歷）〔曆〕癸未，歲大疫，至比閭闔門不起。築晝夜鱗次奔問，所活數千百人。皆不受餽遺，時號爲殷仙。

劉松泉，儀（徵）〔真〕人。善醫術。視疾無貧富，悉奔其急。每夜歸，則舉所得藥金，不篝燈視而雜聚之。家人詰其故，曰：「恐有豐嗇美惡作區別心，不如渾也。」一日夜歸，有偷兒穴壁而入，即以所得金悉與之，誡曰：「此足汝爲活，無復爲也。」其人慚謝去。晚年失子，妻爲買婢以進，嚬蹙曰：「吾老矣，奈何誤人少女？」製妝嫁之。壽至七十餘。一日，沐浴冠服，端坐而終。

李瞻，字小塘，儀（徵）〔真〕人。以眼科名。大學士王錫爵兩瞳反背，瞻令端坐，置書於几，用金針從腦頰刺之。初撥，曰：「見黑影矣。」再撥，曰：「見行道矣。」三撥，則筆畫朗然，曰：「君其神授耶？」以千金謝，瞻却不受。某舍有茶僮，火爆眯目，瞻爲縛僮於柱，手探取其睛寸許，洗之，炭屑出而目愈。著有《育神夜光丸方》《蓮子金針鼠尾金針説》，今其書盛傳。

方新，江都人。父選，字以賢，精醫學，有贏餘，輒以給宗黨之困者。新精奕，有神解。六七歲時觀選與客奕，語選曰：「客某道瑕，可攻。」不信。比收局，客戲謂新曰：「童子知我瑕乎？吾不畏攻也。」新再爲布子如前，不差一道。指選攻之，客大敗。比丱角，郡中人皆無敵手。與海内稱第一品李時養奕，初遜李一子，翌日已雁行矣。

國朝

唐志契，揚州諸生。精於繪事，有元人風。弟志尹，精花鳥，時稱「二唐」。

羅慕庵，徽籍，移家泰州。精於醫，著有《醫宗粹言》四十卷。

徐州府

漢

樊阿，彭城人。學鍼術於華佗。凡醫咸言背及胸臟之間不可妄鍼，鍼之不過四分，而阿鍼嘗入一二寸，至胸臟乃六七寸，而病者皆瘳。壽百餘歲。

三國

朱建平，沛人。善相術。鍾繇曰：「唐舉、許負無以加也。」

南北朝　宋

劉瑱，字士温，勔孫。少有行業，文藻、篆隸、丹青，並爲當世所稱。時有滎陽毛惠遠善畫馬，瑱善畫婦人，並爲當世第一。

齊

垣榮祖，字華先，下邳人，護之從子。善彈。登西樓，見翔鵠雲中，謂左右當生取之，於是彈其兩翅，毛脱，盡墜地無傷。其妙如此。終兖州刺史。

明

李冠，字公冕，徐州人。博學能詩文，善隸書，以醫名。

裴仕傑，徐州人。通儒書，習陰陽之術。永樂初徵，與纂修古今《大典》，仕傑以陰陽家預焉。

孟思賢，沛人，工繪事，尤精泥金人物。萬(歷)〔曆〕間召見，命寫容稱旨，授錦衣衛千户。

姜居安，沛之沙河鎮人。以醫名。時有貴官携家過沙河，稚子病，居安令以沙一斗布舟中，卧兒其上。久之，疾良已。問其故，曰：「小兒純陽，當春月，而衣被皆湖綿過熱，故得凉氣而解。」

宗文魁，徐州人。爲瘍醫，多奇效，而性好施。事母以孝聞。

袁貫，徐州人。精醫術。有老狐貌爲人，詣貫治疾。貫診之，識其爲獸。狐告實，與藥愈之。有貧家婦以難産死，舁棺往瘞，血出於隙。貫見之，以爲血鮮未死，啓而治之，復蘇。

國朝

路可泰，蕭縣人。五歲目盲，爲陰陽、星候、術數之學，歷有神驗。晚年學修煉於果老洞中。

崔嶽，銅人。精幼科，著《痘疹詳辨》行世。

太倉州

元

宋尹文，字文璧，崇明人。官應奉翰林文字。嘗學琴於秋山徐氏，指法精妙。大德間，魯國公主聞其名，召至，奏《胡笳十八拍》，公主嘉歎，賜金歸。老精六壬、遁甲之術，推測亦多奇中。

明

張觀，字可觀，嘉定人。畫山水師夏圭、馬遠。又與盛懋、吴仲圭遊，故筆力古勁無俗氣。

陳光遠，僑居安亭。醫術神異。所善客子以痘死，携櫝將之野，道遇光遠，視之曰：「而兒不死，吾當活之。」取沙遍壅其體，命衆群擊鉦鐃之屬，觀者以爲誕也。有頃，兒忽動，尋活。客問其故，對曰：「兒苦水痘，無力自達，得土氣乃疏。金爲水母，鳴則水應而出矣。」

馬軾，字敬瞻，嘉定人。精於占驗。正統間，以天文生從征粤中。時賊勢猖獗，督師董興猶豫，欲請益兵。軾見大星夜隕，言：「賊平不過四旬之内，宜速戰。」卒如其言。

陳嘉言，字可彰，崇明人。由歲貢爲壽州學正。工作花鳥，神致如生，人咸珍之。

朱禮，字用和，崇明人。善籀篆，楷書得顔、柳法。以能書薦，授户科給事，累擢尚寶卿。

仇英，字實甫，太倉人。工臨摹，能亂真。繪寫人物以及翎毛、花竹，無不精妙。女號杜陵内史，繪畫亦有父風。

吴震先，字長卿，太倉人。以舉人爲德安府通判。精於讖緯，知明季數丁陽九，喟然曰：「從今便高卧，已負十年閒。」因作負半庵，杜門著述。周延儒强之出，不應。

施文會，字志學，崇明人。少爲諸生，尋以病廢學。旁通潛虚術，善聆人聲音以定吉凶，歷歷不爽。

國朝

傅璪，字汝文，嘉定縣人。精於醫。鄉人黄氏家疫，延璪且至，聞鬼相與語曰：「傅公來，奈何？」一曰：「吾覆其藥耳。」已而，藥輒覆。黄語璪，璪親持與飲，遂起。有沈太學妻死，未殮，璪曰：「此尸厥耳，不死也。」治藥灌之，應手而甦。

海　州

宋

徐易，海州人。善畫魚，兼工雜畫。弟白，及族人皋，皆以畫魚名。

通　州

明

張榮，字伯仁，家如皋。精醫好義。嘉靖乙未，邑駐兵禦倭，軍中大疫，賴榮治，得起者無算。隆慶末，下邳治河，皋人往役者疫死過半，榮自請往治。夫役俱架茅蓬卧地上，榮匍匐入，一一療之。

馮鸞，通州歲貢生。精岐黄術。爲鄖西知縣，民有疾，具呈求方輒效，上官及同寮遠近延之。後歸，解所得藥金遺諸子，曰：「此從一部《本草》中來，非官資也。」著《醫學大成》《傷寒統會》《醫説補遺》。

國　朝

陳若虛，通州人也。爲瘍醫，有秘授，能起死。著《外科正宗》。

袁璜、張經，俱通州人。丹青集衆家之長，爲時所珍。

江南通志卷一百七十一

人物志

藝術 二

安、徽、寧、池、廬、鳳、潁七府　滁、和、六、泗四州

安慶府

明

何公冕，潛山人。遇異人授符籙，習之能呼風雨，役鬼神。會歲旱，郡守呼令祈雨，公冕對役笑曰：「吾非汝可呼者，但汝往來烈日良苦，吾書符汝手，令握固馳府，即有片雲覆頭。」役至，守怒獨

來，役告以故，令開掌，則雷電交作，莫不驚懼。守躬往迎之，公冕曰：「上帝封雨部，當暫取揚子江水解熱，澤及五十里耳。」移時，大雨如注，雜魚蝦齊下。

史仲宏，桐城人。少習形家言，遇異人以《青烏》秘訣授之，遂臻其妙。曾卜投子山陡嶺一穴，法當大貴，於除夜行衢巷暗聽之，有機杼聲、讀書聲、嬰兒聲者，即授之。具者惟方德益家，即以相畀，後科第蟬聯不絶。

張達泉，懷寧人。精醫，得異授。顔銓部渾爲兒時，中痘已死，達泉視之，曰：「未死也。」急掘地作坑，置兒其中，取新水數桶，用紙蘸之，重貼身上。少頃，有細烟起，兒手微動。達泉喜曰：「生矣。」復水沃之，氣蓬蓬上蒸，大啼數聲。乃取起，進以藥，旋愈。

周公穆，桐城人。幼見其父與人圍棋，劣不勝，心怏怏。乃畫紙爲局，張於卧榻上，仰視彌月。忽請於父，曰：「幸呼前奕者來，兒當勝之。」父以爲謾也，姑試之，連勝三局。其人斂手退曰：「是兒他日當爲國手。」年三十，遂以絶技名。

國　朝

陳延，字遐伯，潛山人。幼而多慧，凡技之善者，見即摹仿，酷肖。尤精篆刻。延折右手，一切書畫皆用左腕。遷鳩兹，與蕭雲從稱畫苑二妙。著《孤竹詩集》行世。

嚴宫方，字則菴，桐城人。業醫，方書靡不窺覽。榮衛虚實，辨晰微茫。尤善治奇病，多人所不解者。

楊磊，字嘉玉，桐城人。兄森，博極群書，名公鉅卿交辟之。磊學行精通，尤邃醫理，活人無算。與嚴宫方齊名。

徽州府

宋

吴源，字德信，休寧人。神於醫，授翰林醫官。

程惟象，婺源人。善占算，英宗在潛邸，豫言其兆。既登極，賜以御書。

江嘉，婺源人。精醫術。病疫家夢一神曰：「吾避江君。」病者遂愈。

張擴，字子充，歙人。稱良醫。有傷寒昏憒，擴曰：「此嗜卧證，三日必蘇，蘇則必飲，飲以此藥必睡，睡覺當得汗而愈。」果然。又有患嗽，人以爲勞。擴飲以藥，忽大吐，視涎中得魚骨，宿疾頓愈。

元

范天錫①，字壽朋，休寧人。診脉决死生，爲郡醫最。

① 《四庫》本此人列入宋。

徐存誠，祁門人。善醫，蓄藥救人。

明

劉然，字秀然，歙人，善行、楷書。

楊明時，字不棄，歙人，工詩、辭、書、畫。

吴羽，字左千，歙人。善寫佛像、山水、花鳥，氣韻生動。

江副護，休寧人。精醫。著有《試效集成》暨諸醫書行世。以賣藥金建亭通衢。

游朝宗，婺源人。精地理。永樂時，卜建天壽山，朝宗尤見褒賞。

余有道，婺源人。善丹青，懸鷹於堂，能驚雞雀。

汪機，祁門人，著《醫案》《本草會編》《素問抄》《脉訣》。

胡田，祁門人。善鍼灸，爲太醫院御醫。

陳嘉謨，祁門人。善醫，著《本草蒙荃》。

國　朝

許寧，字裕卿。以醫往來歙、休間，有奇效。能以手代鍼用推拏法，世罕其傳。著《遁氣符》《醫紀黄遊》諸集行於世。

徐起，字仙客，歙人。精六書，工摹印。

寧國府

唐

夏榮，有相術。蕭嵩、陸象先爲僚婿時，蕭尚未仕，陸已任洛陽尉。榮謂象先曰：「陸郎十年位極人臣，然不及蕭一門貴而且壽。」人未之信。天寶中，嵩兼中書令，年八十餘。子華，歷中書侍郎、同平章事。乃服其冰鑑云。

紀叟，善釀，嘗飲李白以酒。既卒，白哭之曰：「紀叟黃泉裏，還應釀老春。夜臺無李白，沽酒與何人？」

陳氏，能作筆。家傳右軍與其祖求筆帖。子孫世精其法。

包貴，善畫虎。其子繼之，皆傳於世。

宋

諸葛高，世工製筆。梅堯臣《次歐陽修試諸葛筆詩》云：「筆工諸葛高，海内稱第一。」林逋云：「頃得宛陵葛生筆，如麾百勝之師，横行紙墨，所向如意。」

元

徐文中，字用和。善鍼術。鎮南王妃患風，文中診脉，按曲池而鍼潛入焉，妃殊不覺。移晷，手足並舉，次日起坐。

明

方希叔，字元甫，宣城人。善八分書，精繪事。其畫草蟲用淡墨，而飛動如生。得服氣養生之術，年九十餘。

查萬合，字了吾，涇縣人。鍼術最精，人稱半仙。

劉貴炳，字斗南，旌德人。醫術得異人之傳，臨症自出新意，不膠古方。明季大疫，施藥賑饑，人皆德之。

周子幹，字慎齋，太平人。知道術。嘗經柏葉山，見石塞路，幹祝而去之，一夕震雷石裂，行旅坦然。

李治，字赤山，太平人。工書，筆勢遒勁，欲透紙背。

蔡子仁，字梅坡，太平人。善寫真，嘗作《三樓一閣圖》，得李昭道父子遺法。

國朝

畫僧半山，徐姓，名在柯。善畫，得倪瓚、吴鎮、沈周筆意。

王猷，字肇宗，宣城人。少業儒。後遇異人，授以導引術，遂隱於卜占，決無不奇中。嘗以日者之言多謬，著《九十四家年月考》，及《算數三式》《切韻》等書傳於世。

池州府

劉光揚，宣城人。善鎸碑碣，近《快雪堂》《琅華館》諸帖，皆其所鏤刻。宋犖嘗作歌以贈之。

宋

張賁，字元明，青陽人，爲宣州司理。工畫。

元

陸仲遠，青陽人。精醫術，能察腧輪經脉，審榮衛順逆。著《千金聖惠方》。

太平府

宋

祝次仲，字孝友，太平人。工山水，尤善草書。

明

彭正，字思直，當塗人，永樂間以良醫再使西洋。子賓，世其業。天順壬午，乘傳診療諸王，所至奏效。

楊瑗，字師蘧，當塗人。官王府教授。善繪園圃菜茹，其支莖細嫩、葉蝕蝸篆處，生趣盎然。

從任，字子重，繁昌人。官黄州府經歷。負奇氣，兼嗜異書。於天官、律（歷）〔曆〕、戰陣、醫藥、太乙、奇門、遁甲、六壬，皆探得其要，占驗如神。太史焦竑稱爲絶技。

國朝

濮澄，字仲謙，當塗人。有巧思，以鏤刻名世。

陳醇儒，字蔚宗，當塗庠生。工漢隸八分書，尤長於山水。

俞文，字武先，繁昌人。善行、草書，畫亦入能品。

芮養仁，字六吉，當塗人。精於醫，著有《醫經原始》諸書。

沈大望，字震甫，蕪湖人。精岐黄之學，窮乏人病者輒出葠芪療之。懷宗時，太、池時疫大作，奔馳救治無算。

廬州府

晋

韓友，字景先，廬江舒人。善占卜，圖宅相冢，行京費厭勝之術，消殃轉禍，無不奇驗。干寶問其故，友曰：「筮卦用五行相生殺，如按方投藥治病，以冷熱相救。其差與不差，不可必也。」元康六年，舉賢良。元帝渡江，以爲廣武將軍。

杜不愆，廬江人。少就外祖郭璞學《易》，卜有奇驗。郗超常①試之，歎曰：「雖管、郭，何以尚此！」後爲建威參軍。

---

① 「常」，《四庫》本作「嘗」。

宋

趙廣，合肥人。李伯時家小史，久侍伯時，畫亦工其藝。建炎中陷賊，賊聞其善畫，使圖所掠婦人。廣不肯，斷其右手拇指，遣去。而廣平生實用左手。亂定，惟畫觀音大士而已。

明

李恒，字伯常，合肥人。洪武初，擢周府良醫，嘗奉旨集《袖珍方》諸書。年老致仕，王親賦詩以餞，命長史瞿祐序其事。

林時，合肥人。善太素脉。有一娠婦求治，時語其家人曰：「夏得秋脉，定死，當在庚申、辛酉間。」果驗。

郭民安，巢縣庠生。攻醫術，遇病者如痌瘝之在己。乙亥被圍，民安登埤協守。城陷後，令以下皆被執不屈，賊次第殺之。將及民安，忽一賊奔救曰：「八十老翁，降之何用？殺之何爲？」因得放歸。後追記其人，乃昔年窮途病夫，施藥愈之者也。

趙修祿，巢人。工畫馬，寫大士千幅。

徐體乾，巢人。其占用左、邵法，與《焦氏易林》相符契。其天文得之劉誠意。皆著有成書。

國朝

許學文，合肥縣人。精醫，尤善幼科。著有《痘科約言》《保赤正脉》二書。

鳳陽府

漢

董奉，居鍾離。爲人治病輒愈，重者種杏五株，輕者一株，遂有萬株。今鳳陽縣南有杏山。

唐

崔白，濠人。工畫，尤精花卉、翎毛。

宋

惠崇，壽陽人。工詩、畫，有名於世。

金

武正，宿州臨涣鎮人。祖某官太史，靖康後棄官歸農。正精《易》數，貞祐間，行樞密院以上客禮之，軍士所諮，其應如神。

王博、韓榮，皆醫道通神。宿州衛百户李彔，少時弱疾不起，延二人視之，韓決其速愈，壽八十餘。王再視，謂八十四。後皆如其言。

元

朱肯堂，荆山醫士。慕董仙、壺公之爲人，五世知名。

明

趙道震，字處仁。精醫術。洪武間，自金華徙籍定遠，活人甚多。永樂時，召修《大典》運氣書。年八十四，卒。著《傷寒類証》傳於世。

郝志才，鳳陽人。深通醫理。高帝病甚，志才以鍼調氣，以藥理中，未幾霍然。授爲太醫院判。

何欽，字大敬，懷遠人。精醫。學者請究其術，欽曰：「先讀《易》，以察時變；讀《禹貢》，識九州山川風土；博極方書，歸約於《内經》，始可與言耳。」王鴻儒奉使鳳陽，疾作，延欽一劑而愈，鴻儒爲文紀之。

國朝

陳應鶴，鳳陽縣人。善作草書，豐骨遒勁，人争寶之。

薛嘉猷，字若采，定遠學生。工詩文，尤善草書，人呼爲薛字。

潁州府

後漢

華陀①，字元化，沛國譙人。游學徐土，曉養性之術，年百歲有壯容。史所載醫術精奇，世稱爲神。曹操苦頭風眩，陀鍼隨手而差。其絶技皆此類。後操以召之不至怒，爲所害。

晋

隗炤，汝陰人。善於《易》。臨終書版授其妻曰：「吾亡後，當大荒窮，慎勿賣宅。後五年，有詔

① 「陀」，《後漢書》卷八十二、《三國志》卷二十九均作「佗」。

使龔姓來頓此亭，此人負吾金，即以版往責之。」炤亡，其家大困。至期，果有龔使者止亭中。妻賫版責金，使者惘然，沉吟良久，曰：「汝夫何善？」曰：「善《易》。」使曰：「噫！我知之矣。」乃取蓍筮之，卦成，撫掌曰：「妙哉！隗生所謂含明隱迹者也。」因告其妻曰：「吾不負若金，汝夫自有金五百，在堂屋東頭，去壁一丈，入地九尺。知吾善《易》，故書以俟耳。」妻還掘之，如其言。

明

張玠，字秀甫，潁州人。善醫。有監司病塊，投大黄數兩，弗動。玠曰：「脉細而附，骨氣口虚，是積在中央，氣轉無力，大黄反消胃耳。法當獨蕧兩餘可下。」如其言，果下痰，若敗卵數升。陸吏目心痛，玠曰：「水溢唇正黑，此蟲也。」投苦楝，下蟲滿匜。他神驗皆類此。

張葵，潁州人。正德己卯舉人。能作飛白書徑數丈，頗有奇氣。畫法直逼馬遠，世多寶愛之。

滁　州

明

魯文質，字子良，全椒人。善醫。從太祖渡江，進藥屢效，授太醫院判。

和州

晋

陳訓，字道元，歷陽人。少好秘學，天文、(歷)〔曆〕算、陰陽、占候無不畢綜。尤善風角，言未來事悉驗。

宋

徐兢，字叔明，歷陽人。舉宣和中進士，歷書學博士。篆籀得李斯法，畫亦入神品，山水、人物俱冠絶。

六安州

明

李玉，字成章，六安本衛千户。善騎射，尤精鍼灸，人號曰「神鍼李玉」。

吴鵬，習堪輿家言。萬(歷)〔曆〕二十七年，礦税忽開，奸人乘隙規利，欲遍發霍蓼、金斗諸山，人心皇皇。鵬爲危論，以動中官，全廬得免發掘之禍。所著有《五寶經》。

朱雲成，徽人。居於六，形貌狂易。酒後吐言，雜以啼笑，皆寓人生死禍福，已輒奇中。郝進士某謁選，問何任，爲誦「臨帝子之長洲，得仙人之舊館」。及令豐城，調新建，亭有額曰「仙人舊館」。諸生郝慕孩少穎異，雲成每見，必哭曰「水仙子」，後覆舟彭蠡死。壬午五月，賊至，令卜之，哭曰：「我在數中。」已而，賊夜襲城，屠戮殆盡，雲成亦遇害。

泗州

聶寵，六安人。習醫，善診脉。父卒，侍叔父疾，刺股血和藥進之，遂愈。鄉人遺孤女，寵收養之，治奩以嫁。貧者輒往治之，不責報。

宋

楊介，字吉老，盱眙人。善醫，著《傷寒論脉訣》行世。徽宗嘗苦脾疾，國醫進藥不效。介言飲水太過，以米煎大理中丸服之，遂愈。

明

徐安，字古瀛，盱眙人。正德時年七十餘，博學多能，尤長算數。所著有《算法》三卷。

江南通志卷一百七十二

人物志

流寓 一

江、蘇、松、常、鎮、淮、揚、徐八府　太、通二州

江寧府

三 國

諸葛瑾，字子瑜，琅琊人。避亂江東，孫權用爲司馬，遣使蜀通好，與其弟亮俱公會相見，退無私面。或言瑾別遣親人與備相聞，權曰：「子瑜之不負孤，猶孤之不負子瑜也。」子恪，最知名。

張悌，字巨先，襄陽人。孫休時爲丞相。晋伐吴，悌督沈瑩、諸葛靚逆之牛渚，軍敗，靚牽悌去，悌垂涕謂靚曰：「仲思，今日是吾死日也。我兒時爲卿家丞相所拔，常恐不得死所，負名賢知顧。今以身殉社稷，復何遁耶？」悌宅在板橋浦，死葬其地。

是儀，字子羽，北海營陵人。避亂江東，吴主徵典機密，使輔太子，又領魯王傅，規諫盡忠。生平不治産業，家無儲畜，權對之歎息。即增俸賜，益田宅，儀累辭讓，以恩爲戚。事國數十年，未嘗有過，權歎曰：「使人盡如儀，安用科法爲？」

晋

王導，字茂弘，琅琊臨沂人，覽之孫也。隨元帝鎮建康，勸録用吴士顧榮、賀循輩，以收人心。晋室既建，導相之，草創經營，百務具舉，時稱江左管夷吾焉。王敦之叛，導以骨肉包荒。蘇峻舉兵，導以宿望獲免。歷事元、明、成三朝。

王承，字安期，司徒渾之從子，太原人。仕爲東海太守，尋去官至建鄴，爲鎮東府從事中郎。渡江名臣王導、衛玠、周顗、庾亮之徒，皆出其下。子孫蟬聯，與琅琊諸王竝盛。

謝安，字安石。謝氏自陽夏徙江左，安爲鯤從子、尚從弟。少有高名，累辟不就。年四十餘始赴召，仕簡文、孝武之朝。桓温志慮叵測，苻堅重兵壓境，安能内輯外攘，銷禍變於從容淡定之中。相業與王導齊名，而風韻過之。遊賞東山，輒隨聲妓，固其所以自托也。

周顒，字彦倫，其先汝南人也。居鍾山下，清貧寡欲。王儉問山中何所食，顒曰：「赤米、白鹽、綠葵、紫蓼。」後應詔出仕，累官國子博士。著《四聲切韻》。

范甯，字武子，南陽人。篤學通覽，嫉時俗虚浮相扇，著論言王弼、何晏之罪。孝武時，爲豫章守，大設庠序，取郡四姓子弟皆充學生，課讀五經。免官，家於丹陽，猶勤經學，終年不輟。著《穀梁集解》。

顔含，字弘都，琅琊莘人，渡江後居建康。含少有操行，以孝聞，善事兄嫂，由是著名。歷官西平縣侯，拜侍中，除吴郡太守。郭璞過含，嘗欲爲之筮，含曰：「自有性命，無勞筮龜。」桓温求婚於含，以其盛滿不許。或問江左群士優劣，答曰：「周伯仁之正，鄧伯道之清，卞望之之節，餘則吾不知也。」其雅重實行、抑絶浮僞如此。

南北朝　宋

雷次宗，字仲論，豫章人。少慕栖逸，文帝徵至建康，爲築室鍾山西嵓下，名招隱館，使爲太子、諸王講《喪服》禮經。

齊

明僧紹，字休烈，平原人。先隱長廣郡嶗山，後渡江住攝山白雲庵。偶過定林寺，齊高帝欲就寺，見之即遁去。

梁

庾沙彌，鄢陵人，居金陵。父坐事誅，五歲製采衣輒不肯服，母問其故，曰：「家門禍酷，用是何爲？」及長，終身布衣蔬食。嫡母劉氏亡，哀號動鄰里。葬在新林，自生旅松百許株。梁武帝召見，嘉之，補歙令。復丁生母憂。喪還都，濟浙江，中流遇風，船將覆，沙彌抱柩號哭，俄而風静，咸以爲孝感所致。

陳

馬樞，字要理，扶風郿人。梁邵陵王引爲學士。侯景之亂，隱於茅山。陳文帝徵之，不應。樞行義素著，所居處盜賊不入，依托者常百餘家。

五代

韓熙載，字叔言，北海人。才氣逸發，多藝能，善談笑，爲風流之冠。爲南唐秘書郎、知制誥，詞命典雅，與徐鉉齊名，時號「韓徐」。契丹入汴，晋帝北遷，熙載勸元宗經營天下，不能從。周太祖有天下，有議北伐者，熙載以爲不可。嘗使周，歸論周之將相曰：「趙點檢顧視非常，殆難測也。」後咸服其識。卒，謚文靖，葬梅岡謝安墓側。

宋

王安石，字介甫，臨川人。罷相居金陵，自號半山居士。後捨宅爲寺，居白下門。卒，葬鍾山。

鄭俠，字介父，福清人。治平初，隨父官江寧監税，讀書清凉寺。

胡銓，字邦衡，廬陵人。南渡初上封事，力詆和議，遭貶斥，志操愈烈。官至資政殿學士。卜居建康。

阮思聰，字仲謀，固始人。累官吉州團練使。來居建康，曾請賈似道以重兵守鹿門山，由海道搗青、齊，則襄圍自解，不聽。有知人鑒，薦李玨於朝，識張世傑於初歸時，後著忠節。

元

張𩓐[1]，字達善，導江人。蜀亡，僑寓江寧。學於金華王柏之門。至元中，行臺中丞延至江寧學宫，遠近翕然師尊之。著有《經説》及文集，人稱導江先生。

張雨，字伯雨，錢塘人。爲句曲道士。有詩，名《句曲外史集》。

① 《四庫》本作「張頴」。

明

童軒，字士昂，鄱陽人，隸南京欽天監籍。景泰辛未進士，授南吏科給事。時貢翠毛、魚魷諸物以萬計，上疏諫止。蜀寇起，命軒往撫，遍歷賊巢，宣布恩德，賊悉解散。官至南禮部尚書。

周瑄，字德孚，陽曲人。由鄉貢累官至刑部尚書。以洗冤澤物爲己任，戒諸司事非會勘者不得出五日，以是獄無滯囚。致仕後家金陵，卒謚莊懿。子經，亦仕至尚書。

唐時，字宜之，烏城人。仕楚府長史，棄官歸，築室烏龍潭上。資稟高潔，飄舉世味之外。嘗作《蓮花世界》，書以寄懷。

張國臣，字允忠，遼衛官籍。崇（正）〔禎〕戊辰進士，知長垣，盜息訟稀。擢兵部郎，監軍山東。罷官後，僦居白下。子登明，中書舍人。

國朝

黄國琦，字石公，新昌人。明崇（正）〔禎〕丁丑進士，仕至兵科給事。奉母南歸，家金陵。雖爲寓公，於地方利弊知無不言，故當道咸禮重焉。

黄文焕，字坤五，福清人。由山陽令入翰林，歸寓金陵。著《杜詩挈碧》、《史記》《莊子》注。

周亮工，字櫟園。先世自金陵徙居撫州之櫟下，其大父復自櫟下徙江寧，又徙大梁。江寧，其遊止處也。亮工明季進士，敭歷中外二十年。能文章，尤好士，士咸向往之。

王弘祚，字玉銘，雲南人。官至兵部尚書。致仕歸，道過金陵，愛栖霞、天闕之勝，遂家焉。卒，葬茅山。

張自烈，字爾公，袁州人，僑居白門。著《四書五經辨》及《古今文辨》。

王澤弘，字涓來，黄岡人。順治乙未進士，入翰林，官至禮部尚書。其任總憲，請移湖口關，復置九江，奏免江西水脚銀，沮官民流徙烏喇。致仕後，僑居江寧，相羊山水，有香山洛社之致。

杜濬，字于皇，黄岡人。明諸生，僑居白下，以詩名。自景陵鍾氏、譚氏矯王、李，規摹漢、魏之習，流而入於淺薄，獨濬不染楚風。著《變雅堂集》。時有莆田余懷字淡心，子賓碩字鴻客，居金陵，皆以詞翰知名。

熊賜履，字敬修，孝感人。順治戊戌進士，累官兵部尚書、文淵閣大學士。著《道統》《學統》等集，立體致用，朝野交孚。致仕後，卜居清凉山側，寒素自持，與儒生等。卒，謚文端。

陶窳，字甄夫，巴陵人。父泓，殁于滇之教化長官司地。窳携幼弟徒步六千里歸楚，經營塋域，復隻身奉母，扶父柩歸。工詩文，又精書畫，能篆刻。晚居金陵。

蘇州府

周

澹臺滅明，字子羽，武城人。孔子弟子，少孔子三十九歲。狀貌甚惡，欲事孔子，以爲材薄。既已受業，退而修行，行不由徑，非公事不見卿大夫。南遊至江，從弟子三百人，設取予去就，名施乎諸侯。《史記索隱》注：「吴國東南有澹臺湖，是其遺跡。」

范蠡，字少伯。事越王勾踐，滅吴成霸功，遂泛舟遊五湖，莫知其所終。今吴之蠡口、越來溪等處，皆其遺跡。

漢

梁鴻，字伯鸞，扶風人。少孤貧，尚節介。過京作《五噫歌》，肅宗聞而非之，求鴻不得。乃變姓名，挈妻、子適吴，依大家臯伯通，居廡下，爲人賃舂。妻孟光，每具食不敢仰視，舉案齊眉。伯通察而異之，乃舍之於家。鴻閉門著書十餘篇，迨卒，伯通爲葬於要離冢傍，曰：「要離烈士，伯鸞清高，可相鄰近。」妻、子歸扶風。

蔡邕，字伯喈，陳留人。仕左中郎。五原太守王智密告邕謗訕朝廷，邕乃亡命江海，遠跡吴會。

吴有燒桐以爨者，邕聞火烈聲，知良材，因請而爲琴，果有美音，而其尾猶焦，故時人名曰「焦尾琴」。

南北朝　梁

顧越，吴郡鹽官人。仕梁爲博士。侯景亂，避難東歸，栖〔武邱〕〔虎丘〕山。入陳，爲黄門侍郎。

唐

皮日休，字襲美，襄陽人。咸通中進士。崔璞守蘇，辟爲軍事判官。居吴會，與陸龜蒙倡酬詩甚夥。奉守命禱晴於洞庭，探洞庭諸勝。有《太湖詩》一卷。又借書於徐修矩，偃息於任晦林池，自云遊二君宅無浹旬之間焉。

楊收，字藏之，世居馮翊。父爲濠州録事參軍，客死姑蘇。收七歲而孤，母親授經，十三通大義，善屬文，吴人號「神童」。及壯，博學强記，及他藝無不通。擢進士，杜悰表署淮南推官，累官至同中書門下平章事。

宋

蘇舜欽，字子美，開封人。歷官大理評事。以范仲淹薦，爲右集賢校理，監進奏院。在朝數論事，爲王拱辰所搆，去官。居吴門，得吴越錢氏池館，置水石作滄浪亭，益務讀書爲歌詩，以寫憤懣。

善行、草書，每酒酣落筆，争爲人所傳寶。後爲湖州長史，卒。

李中行，字無晦，湖州人，徙居吴江。高尚不仕，以詩酒自娱。治園亭於松江之濱，晚好醉眠。蘇軾諸人皆有詩題詠。

尹焞，字彦明，洛陽人。師事程頤。應舉發策，有議誅元祐黨人，焞不答，遂棄去。紹興中，歷官禮部侍郎，請奉外祠，寓平江虎（邱）〔丘〕西庵。今讀書堂尚在。

方惟深，字子通，泉州人，寓居於吴。負詩名，王安石重之，謂元、白、皮、陸有未及處。安石柄政，略無迎合意。杜門陋巷，孝友耿介，與朱長文同爲一時所宗。

鄭準，字器先，開封人，寓昆山。歷知袁州。輕財好義，買田贍族，有范仲淹風。

劉過，字改之，廬陵人。宋南渡後，以詩俠名湖海間。詞氣横放，英特無前，陳亮、陸游、辛棄疾皆折節與交。嘗抗疏光宗請過宫，屢與時宰陳恢復方略，力請用兵，謂中原可一戰而取，詞極剴切。故人潘文友宰昆山，延致之。過雅志欲航海，因抵昆，卒葬馬鞍山。

周南，字南仲，岳州平江人。游學吴中，與孔元忠、滕宬皆從葉適遊。紹熙元年對策，言甚切直，大要謂：「小人之倡爲異説以蒙蔽陛下者，一曰道學，二曰朋黨，三曰皇極。夫箕子謂有猷、有爲、有守，乃有才、有道、有操執之人也。今所指爲道學、朋黨者，正斯人耳，奈何反棄之，而謂之建皇極哉！」考官得其文驚歎，光宗疑之，格置乙科。官終秘書省正字。

魏了翁，字華父，蒲江人。慶元中進士。韓侂胄謀開邊，了翁力言其不可，策出，衆大驚。紹定中，累遷至同簽書樞密，督視京湖軍馬，併領江淮，開府江州，御書「鶴山書院」四字賜之。已而以浙東安撫使就醫平江，仍賜第焉。

高定子，字瞻叔，蒲江人。嘉泰中進士，累官參知政事，賜第平江仰家橋，日以著述自娱。爲文法度謹嚴，高出時輩，學者稱著齋先生。

鄭思肖，字所南。其先連江人。父震以道學名，景定間葬於長洲。元兵南下，思肖叩閽上疏，忤當路不報。宋亡，寄居吴中，念念不忘君，形於詩文，歲時伏臘輒野哭南向拜。精墨蘭，更祚後，爲蘭不畫土根。素不娶。得錢則周人，田亦捨之僧刹，惟餘數畝爲衣食資。謂佃丁曰：「我死則汝主。」嘗著《大無工十空經》一卷，寓「大宋」二字也。造語奇澀，自題其後云：「臣思肖嘔三斗血方能書此，當有巨眼能識之。」又著《心史》一編，函以鐵匣鎔錫汁封錮，沉井中。明季有淘井者得之，傳於世。

元

鄭元祐，字明德，遂昌人。生而右臂脱骱，動必以左，號尚左。生平十五能詩賦，爲文有古作者風。父卒，來寓於吴。省臺交薦，不就。素不喜著書，嘗曰：「經則經也，史則緯也，義禮淵藪在焉，學者能盡得古人之意者鮮，況敢私有論述乎？」

陳徵，字明善，江西人。嘗從吴澄遊。其學務明理，不求榮進。寓居吴中，讀書鼓琴，虞集、揭傒斯咸推重之。

陳桱，寧波人，僑居長洲。著《通鑑續編》。

鄭東，字季明，平陽人，元末避地常熟。肆力古文，多不留稿，僅存百篇。與弟采所作三十篇，名《聯璧集》，宋濂序之。

明

王禕，字子充，義烏人。洪武間官翰林待制，奉使雲南死節。未仕時寓居吴淞甚久，集中有《吴江客中冬至》及《吴江別運上人》詩。

張羽，字來儀，潯陽人。元季寓吴中，與高啓、楊載、徐賁稱「吴中四傑」。洪武初，徵爲太常丞，兼翰林院同掌文淵閣事，時大著作多以推羽。坐事謫嶺南，半道召還，自沉死。

徐賁，字幼文。其先蜀人，由毗陵徙居蘇之齊門。工詩，善寫山水。張士誠辟爲屬，與張羽俱避去之吴興。洪武中，用薦起家，歷官河南布政。因大軍出洮、岷，道經河南，缺犒勞，下獄死。

陳基，字敬初，臨海人。至正時經筵檢討，爲人草諫章陳並后之失，幾得罪，引避入吴，教授自給。南州用兵，起江浙行省郎中，參張士信軍事。士誠稱王，基獨諫止，士誠欲殺之，不果。吴平召入，預修《元史》。書成歸，卒於常熟。詩文高邁，有《夷白齋集》。

吴福，字好德，鄞縣人。禮科給事中。預修《永樂大典》《五經四書性理大全》。歷陞福建布政。

愛吴中山水之秀，遂占蘇籍。卒，葬烏龍山。子憲，性至孝，母喪過哀，事庶母孝。嘗以居室讓諸弟。郡人杜瓊贈以詩，有「今日重逢薛侍中」之句。

國朝

姜埰，字如農，萊陽人也。前明爲禮科給事中，疏論周延儒，廷杖，謫戍宣州衛。會國變，未赴，寓吴城西二十年。顔其室曰「敬亭山房」，不忘戍所也。易簀時，誡其子必舁葬宣城，其子奉遺命往葬焉。

姜垓，字如須。前明爲行人。兄埰，以言事繫獄，垓上章請代，不許。國變後，隨兄寓吴。先埰卒，子孫遂家於吴。

李實，字如石，遂寧人。明季癸未進士，官長洲知縣，有聲績。明亡，僦居錦帆涇側，著書以老。子仙根，字子静。順治辛丑殿試第二人，累官户部侍郎。文采書翰，照映一時。

喻昌，字嘉言，江西人。前明貢士，順治初僑居常熟。少遇異人，授内養法，終身不卧，倦則依蒲團小憩。精於醫，著《醫門法律》。

吴彦芳，字友聖，長樂人。順治壬辰進士，任中牟知縣。丁繼母憂，不能歸故里，寓山陰，既而遷於蘇。服既闋，無意仕宦，徜徉山水，以觴詠自娱。閩撫范承謨將迎之以歸，未幾，范殉耿逆之難，彦芳遂終於吴。

朱彝尊，字錫鬯，秀水人。博極群書，文筆妙天下。以布衣舉博學宏詞，授檢討。罷歸。往來吴中最久，嘗寓慧慶寺，選《明詩綜》百卷。

松江府

宋

吴惟信，字仲孚，湖州人。記問該博，以詩名，有《菊潭稿》。寓華亭白鶴村。

邵桂子，字德芳，淳安人。咸淳進士，又舉博學宏詞，授處州教授。國亡不仕，娶華亭曹氏女，因家於小蒸。文名甚盛，所著有《脞談》《脞稿》。

元

林景曦，字德陽，平陽人。仕宋官從政郎。國亡遁跡，寓雲間甚久。有《訪二陸故居》諸作。

趙孟頫，字子昂，湖州人。歷官翰林學士承旨，書法獨步一代。嘗留止上海鶴沙鎮，凡近鎮寺院碑記、鐘銘，皆其真蹟。《前赤壁》石刻，向在永寧寺，明季郡守方岳貢移置府之和衷堂。

柯九思，字敬仲，仙居人。以蔭補華亭尉，後爲奎章閣鑒書博士。罷官，因寓松江。善畫竹石，嘗自謂寫幹用篆法，枝用草法，葉用八分法。

楊乘，字文載，濱州人。至正中除浙江行省員外郎，免官後寓居松江。後張士誠欲授以僞官，遂自縊死。

楊維（貞）〔楨〕，字廉夫，會稽人。泰定丁卯進士，歷提舉江西儒學，未赴。兵興後，携家寓華亭，築元圃蓬臺於松江之上，東南才俊之士，造門無虛日。其詩號「鐵崖體」。卒，葬於山麓。

張昱，字光弼，廬陵人。仕爲江浙行省員外郎、行樞密院判，已而棄官。號一笑居士，往來松江。張士誠辟之，不就。洪武初召見，以老乞歸。太祖曰：「可閒矣。」遂更號可閒老人。

錢惟善，字思復，錢塘人。元鄉貢，進士試《羅刹江賦》著名。寓居華亭，與陸居仁、楊維（貞）〔楨〕爲詩友。洪武初卒，葬干山。

明

陶宗儀，字九成，黄巖人。少舉進士，一不中即棄去。務古學，無所不窺。遭亂，寓松江，躬親稼穡。畊作之暇，休於樹陰，有所得，摘葉書之，貯盎累十數，綴輯成編，曰《輟耕録》。又有《説郛》《書史會要》行世。洪武末爲教官，賜鈔。

秦裕伯，字景容，大名人。仕元，遭世亂，棄官避地上海。張士誠招之，不納。明太祖檄起之，固辭。諭以手書，曰：「海濱民好鬬，而子居之，恐有後悔。」乃强起，甚見寵待。

錢鼒，字得鉉，吴興人。從楊維（貞）〔楨〕讀書松江，一室如破舟，力學不怠。以古文辭名。洪武癸丑，徵授國子學録。

楊仁壽，字漁隱，天臺人。明初，寓居松江之陶宅。能詩文，精草書，得鮮于樞筆法。時冀北李暲字叔如，無錫華文瑾字雲林，與邑人姚汝嘉字愚默，稱「陶宅四隱」云。

麴祥，字景福，永平人。永樂初，侍父百户亮任金山衛，祥年十四，海寇入犯被掠，後受日本官職。宣德中，隨使入貢，上疏陳情，乞賜歸侍。時方柔遠，不欲遽留之，但許暫往省親。及至金山，父亮已卒，惟母尚在，抱持慟哭，悲動鄰里。既還日本，其國主哀之，仍遣入貢，復申前請，詔許襲職歸侍。事母以孝聞。

宋旭，字初暘，崇德人。以畫名。萬(歷)〔曆〕初居雲間，與陸樹聲、莫如忠、周思兼結社賦詩。年八十，無疾而逝。

國朝

趙炎，字雙白，漳浦人也，居松江。工詩，選《詩藏》若干卷。嘗爲僧開堂説法，後還初服。

常州府

漢

蔣默，字秀芳，杜陵人。兖州刺史詡孫。父横，從光武征赤眉有功，封侯，坐譖死。九子皆南徙，七寓廣陵，二棲陽羡。後帝悟其誣，就其居封之。默居滆湖東，封雲陽亭侯。弟澄居西，封函亭侯。

晋

郭璞，字景純，聞喜人。博學好古，精陰陽（歷）〔曆〕數。避地東南，居曁陽。歷官著作郎。

唐

陸羽，字鴻漸，竟陵人。天寶中隱火門山，上元初更隱苕溪，自稱桑苧翁。性嗜茶，著《經》三篇，品天下水，惠泉爲第二，惠泉自此得名。

薛戎，字元夫，河中人，客毗陵陽羡山。年四十餘，不仕。江西觀察使李衡辟署幕府，三迎乃肯應。故宰相齊映代衡，奏留之，府罷，復歸陽羡。累遷浙東觀察使。

竇群，字丹列，京兆人。父叔向，以詩名。群兄弟皆擢進士，獨群以處士客毗陵。蘇州刺史韋夏卿薦之朝，後擢左拾遺，歷御史中丞。

杜牧，字牧之，咸寧人。歷官中書舍人。剛直有奇節，不爲齷齪小謹，敢論列大事，指陳利病尤切至。殖産陽羨，因卜居焉。元張雨《題水榭詩序》云：水榭在義興東郭。

李戡，字定臣，渤海王奉慈七世孫。舉進士，就禮部試，吏唱名乃入。戡耻之，返江東，隱陽羨里。陽羨民有鬬争不决，不之官而詣戡以辨。太和中，平盧帥王彦威表爲巡官。後還洛陽，卒。

宋

蘇軾，字子瞻，眉山人。元豐七年，自黄州貶所量移汝州，上書自言有田在宜興，乞居其地，詔從所請。未久召用。晚年謫海南。北歸後，復居宜興，卒。

賀鑄，字方回，開封人。好學，藏書萬卷。工文詞，尤長於樂府。元祐中，倅太平州。以仕不得志，退居吴下，寓毗陵宜興，著《荆溪集》《陽羨歌》。卒，葬宜邑篠嶺。

楊時，字中立，將樂人。時在東郡，所交皆天下士，先達陳瓘、鄒浩皆以師禮事之。暨渡江，東南學者推爲程氏正宗。居諫省僅九十日，凡所論列，皆切於世道。而其大者，則闢王氏經學、排靖康和議。政和初，令蕭山。秩滿，奉祠客居毗陵，講學城東書堂，從遊者雲集。

洪适，字景伯，鄱陽人。母沈氏，毗陵人。父皓使金被留，适與二弟遵、邁依舅氏讀書，後俱中博學宏詞科。适官至宰相，遵樞密使，邁翰林學士。

周必大，字子充，吉水人，嘗寓宜興。淳熙間，歷官左丞相，封益國公。紹定初，邑令趙與悊建先賢祠，合鄉寓賢祀之，必大與焉。

吕祖泰，字泰然，婺州人，夷簡五世孫，寓居宜興。性疏達，尚氣誼。嘉泰元年，上書乞斬韓侂胄，流欽州。侂胄誅，授迪功郎，監南嶽廟。

元

陳祖仁，字子山，汴人。少時侍父安國令武進，因家焉。至正中，累官參知政事。順帝北竄，或勸祖仁南還，不從，城陷被殺。

國朝

李顒，字中孚，盩厔人也。潛修不仕，遠近皆重其學行，稱二曲先生。浙西駱鍾麟爲西安府同知，執弟子禮事之。康熙八年，鍾麟遷常州知府，建延陵書院，延顒主席，率郡之士大夫會講其中。

廖大受，字君可，福建人。寫照精絶，識者謂曾鯨之後當推第一，海内莫比。久客宜興，卒於旅次。

鎮江府

漢

史崇，字伯勤，杜陵人。建武中，官青、冀二州刺史，以功封溧陽侯。天下既平，詔公侯皆就封，因家焉。卒，謚壯侯。孫茅，累官雍州牧。裔孫高，仕吴爲蒼梧守。

許劭，字子將，平輿人。有高名，與兄靖共覈論鄉黨人物，每月輒更其品題，故汝南俗有月旦評。或勸劭仕，對曰：「方今王室將亂，吾欲避地淮海，以全老幼。」乃南到廣陵。徐州刺史陶謙禮之甚厚，劭謂其徒曰：「陶恭祖外慕聲名，内非真正，不如去之。」遂復投揚州刺史劉繇於曲阿。其後，謙果捕諸寓士。

晋

祖逖，字士雅，范陽人。避亂居京口，慷慨有節尚。與劉琨共卧，聞雞鳴，蹴琨曰：「此非惡聲也。」因共起舞。元帝時，拜奮威將軍、豫州刺史。

徐邈，東莞人。永嘉之亂渡江，家京口。博學多聞，謝安薦補中書舍人。撰正五經音訓，學者宗之。在西省，每被顧問，多所匡益。遭父喪，哀毁卒。弟廣字野民，學尤精博，官祠部郎，撰集國史。

子豁，爲西陽太守，爲盧循所害。

何無忌，東海郯人，居京口。同劉裕起兵，斬桓修，侍衛安帝。以興復功，封安城郡開國公，遷鎮南將軍。舟師拒盧循，敗績死之，謚忠肅。

檀憑之，字慶子，高平人，居京口。累官寧遠將軍。義旗之建，與劉毅俱以私艱，墨衰從事。至羅落橋，戰敗被害。贈曲阿縣公。

南北朝　宋

劉穆之，字道和，東莞莒人，居京口。宋武帝克京城，署主簿。從平建業，諸大處分皆倉猝立辦。累遷尚書僕射。帝北伐，留穆之内總朝政，外供軍旅，決斷如流，五官並用，不相參涉，能一日作百函書。

向靖，字奉仁，河内山陽人，寓居京口。討盧循著績，封安南縣男。宋高祖受命，加散騎常侍，卒。立身儉約，不營屋宇，無田園商貨之業，時人稱之。

檀道濟，高平人，世居京口。從武帝平京城。武帝北伐，爲前鋒，所至望風降附。進位司空，鎮尋陽。以威名甚盛，爲彭城王義康所害。

劉勰，字彦和，東莞莒人，寓居京口。博通經論，撰《文心雕龍》五十篇。沈約重之，辟記室，累官步兵校尉。

孟懷玉，平昌安（邱）〔丘〕人，世居京口。宋武帝伐孫恩，以爲建武司馬，預義旗。從平京口，定建鄴，以功封鄱陽縣五等侯。

何承天，東海郯人，居京口。宋祠部郎，與傅亮共撰朝儀，歷著作佐郎、御史中丞。嘗删定《禮論》三百卷，改定元嘉（歷）〔曆〕。帝每有疑義，必先訪之。

鮑照，字明遠，東海郯人。文詞俊逸，尤善樂府。累官中書舍人，後終臨海王參軍。

梁

徐勉，字修仁，東海郯人，居京口。入梁，遷尚書吏部郎，參掌大選。嘗與門人夜集，客有求詹事五官，勉正色曰：「今夕止可談風月，不宜及公事。」

徐陵，東海郯人，居京口。歷官御史中丞，奏彈勢要，朝廷肅然。其文新麗，時號「宫體」。

王僧孺，字僧孺，東海郯人，居京口。傭書以養母。仕齊終安成王諮議參軍。聚書萬餘卷，爲文麗逸，多用新事，時重其富博。

唐

權皋，字士繇，略陽人，徙潤州丹徒。舉進士第，安禄山表爲薊尉，署幕府。度安禄山將叛，使獻俘京師，佯死脱去，潛奉母南奔。天下聞其名，争請爲屬。永王璘舉兵，又詭姓名以免。顔真卿、李季卿皆表薦，不就。卒，謚貞孝。子德輿。

權德輿，字載之。德宗時，召爲左補闕，疏斥裴延齡奸。元和初，拜同中書門下平章事。德輿善辯論，開陳古今本末，以覺悟人主。爲輔相寬和，不爲察察名。文章雅正贍縟，動止無外飾，而自然可慕，爲縉紳羽儀云。卒，謚文。

張祐，字承吉，南陽人。愛曲阿地古淡，遂家焉。作宮體小詩，辭曲豔發，後稍變建安風格。

宋

石延年，字曼卿，宋城人，寓居丹陽。慷慨喜談兵，不遇而隱於酒，與歐陽修善。三喪未葬，范純仁舉麥舟助之。

張慤，字誠伯，樂壽人，家金壇。建炎改元，爲户部尚書、同知樞密院事。請募三河丁壯，聯以什伍，爲巡社法。在朝諤諤有大臣節。卒，謚忠穆。

陳汝奭，字公武，晋江人，徙居丹徒。登進士，知海州，歲饑，不俟報發廩賑。爲監司所奏，奭請以身坐，毋及僚屬。朝廷嘉之，置不問。母殁，遂不復仕。

沈括，字存中，杭人，徙居丹徒。官至内翰。其學無所不通，皆有論著。子孫家於京口。

元

偰列篪，畏吾人，居溧陽。中至順庚午進士，爲潮陽令。罷歸，過南昌值紅巾亂，協守東門。城陷，闔門盡節。

王昌，字榮之，益都人。爲鎮江路總管府提控，因注籍焉。歷官餘杭縣尹，經理田土，前官增賦十之二，昌力言於行省復其舊。民立石頌德。

莊麟，字文昭，江東人，元末移居京口。書、畫、詩、文，與郭天錫齊名。

明

秦從龍，字元之，洛陽人。仕元，會兵亂，避居鎮江。太祖克集慶，謂徐達曰：「鎮江有秦元之者，才器老成，吾欲見之。」達訪得之，帝喜甚，朝夕同處，每以筆書漆簡，甚密，稱爲先生。後告還鎮江，病卒，帝親臨哭之。

湯允績，字公讓，東甌王和之孫，居丹徒。尚書周忱巡撫南畿，薦其才，累官都指揮僉事，充參將，守延綏。寇入，往禦之，被害。允績才性敏捷，爲詩豪邁奇崛。所著有《五雲漫稿》《東谷遺稿》。

國朝

王源，大興人也。博學多著述，負經世略，人稱北方學者。晚寓居金壇。子兆符，康熙辛丑進士。

淮安府

唐

李珏，字待價，趙郡人，客居淮陰。舉進士，開成中歷官同平章事，武宗時坐貶。宣宗立，遷河陽節度使，罷橫賦宿逋百餘萬。請立太子維天下心。卒，謚貞穆。

宋

趙槩，字叔平，虞城人。始爲進士，時漣水守鄧某館之於官舍，未久謝去。後槩守漣水，將至，或榜其所館曰「豹隱堂」，賦者三十餘人。累官參知政事，以德量稱。

陳瓘，字瑩中，劍州人。徽宗時爲諫官，劾蔡京，謫居合浦。著《尊堯集》，言者以爲詆誣，益加貶竄。最後楚州居住。

馬存，字子才，鄱陽人，寓居楚州。慕節孝先生徐積道德，從之遊，卒業於其門。

明

黄諫，蘭州人，寓山陽。正統間，以尚寶卿兼侍讀，出使安南，詰迂路，定禮儀，辨坐席，辭餽贐，諭請正朔，安南奉命。成化初，左遷廣州通判。卒，葬山陽。

揚州府

唐

竇常，字中行，京兆人。大（歷）〔曆〕及第進士，客廣陵，多所論著。杜佑鎮淮南，署爲參謀，歷朗、夔、江、撫四州刺史，國子祭酒。致仕，卒。弟牟、群、庠、鞏，皆工詞章，時號「五竇」。著《聯珠集》。

辛讜，蘭州人，太原尹雲京孫，居揚州。慨然常有匡時意。龐勛反，攻杜慆於泗州，讜趨貫賊柵以入，與妻、子訣，同慆生死。乞兵淮南，復詣浙西。時傳泗州已陷，疑讜爲賊計，囚之。李嶧稱其忠可信，乃許救。讜引兵決戰，斬賊六百級，泗圍凡十月，至是乃解，卒完一州。以功授亳州刺史，終嶺南節度使。

南唐

嚴續，字興宗，馮翊人。祖實爲江淮轉運判官，徙家廣陵。續性恭謹，仕南唐歷官門下侍郎。宋齊(邱)〔丘〕專國，公卿多附之，惟續持正不爲屈。

宋

張方平，字安道。其先宋人，徙揚州。舉賢良方正，首乞合樞密之職於中書，以通謀議，帝然之。以侍講學士知滑州，徙益州。或扇言儂智高在南詔將入寇，調兵築城，民大驚擾。方平出鎮，言南詔去蜀二千餘里，安能爲寇，當以静鎮之，妄言者斬。蜀遂安。神宗時，力諫用兵。卒，謚文定。

陳次升，字當時，仙游人，僑居真州。舉進士。爲御史，謫監税。徽宗立，召爲侍御史，極論惇卞、曾布、蔡京之惡，群奸側目。崇寧初，落職除名，徙建昌，編管循州，終於真州。

宋應龍，儒生。通兵，爲諮議官，寓泰州。元兵至泰州，官吏迎降，應龍與其妻自縊於圃中。

元

珊竹介①，字仲清。中統間爲江東宣慰使，去官家真州。嘗延張𤪨、吴澄爲諸子師，講論有得。疾篤，麾妻妾環侍者出，曰：「男子不死於婦人之手。」遂卒。

吴澄，字幼清，崇仁人，寓居真州。薦有道，歷官至翰林學士。所著有《五經纂言》。卒，謚文正。

郝經，字伯常，陵川人。爲翰林學士。世祖即位，使宋定和議，時賈似道方以却敵爲功，館經真州，經上書極陳戰和利害，請入見及歸國，皆不報。驛吏棘垣鑰户，欲以動經，經不屈。後伯顔南伐，問執行人之罪，以禮送經歸。

李茂，大名人，徙家揚州。父先卒，母嘗病目失明，茂禱於泰安山三年，復明。每夕祝天，乞損己年益母壽。母没，居喪哀慟，聞者傷之。大德九年，揚州火災，燒千餘家，火及茂廬，皆風返而滅。事聞，旌之。

明

羅汝芳，字惟德，江右人，客居海陵。窮理樂道，教人以體驗方寸。學者稱近溪先生，陪祀王

① 「珊竹介」，《四庫》本作「沙卜珠介」。

艮祠。

鄒元標，字南皋，豫章人。立朝以直諫著。僑寓儀（徵）〔真〕之五壩，與邑舉人林之翰立講壇於信國公祠，闡説治心養性之學。

高宗本，字茂卿，雄縣人。仕至河南副使，歸寓江都，自號江淮逸叟。究習郡邑掌故，著《維揚新志》。

鄒應龍，字雲卿，蘭州人，父賈揚州，遂家焉。爲御史，劾相嚴嵩及其子世蕃欺罔不法事，嵩父子以是謫誅。擢通政司參議，仕至雲南巡撫。

何城，字叔防，榆林人。父炫賈揚，因家江都。嘉靖壬辰進士，由庶吉士改刑部主事，知武昌府。楚世子英燿與所幸甘玉海謀爲叛，城飛書白巡按，乘其未發，先擒玉海杖殺之，散其護衛，楚中晏然，世子伏法。陞冀南道，罷歸。倭寇作亂，議築外城，時多迂之。未幾，倭犯揚州，城外蕩然煨燼，城中安堵，城之力也。

高邦佐，字以道，襄陵人，居江都。萬（歷）〔曆〕乙未進士。天啓初，官參政，分守廣寧。值熊廷弼、王化貞搆隙，邦佐知事必敗，乞歸。方報允，而化貞棄廣寧走。衆謂邦佐可入關，邦佐叱曰：「吾一日未去，則一日封疆臣也，將安之？」策騎謁廷弼，請授兵赴難，不納。乃令從者歸報母，解印綬自經。僕高永亦自經於側。事聞，贈太僕寺卿，謚忠節。

朱世賢，字用賓。先居臨清州。累官至少卿，剛直不事權貴。致仕，移家廣陵。捐千金築新城，復出千金建義倉。孫玨，以畫名。

費經虞，字仲若，新繁人。崇（正）〔禎〕己卯舉於鄉，授昆明知縣。罷官歸蜀，遇亂，流寓江都。以不得養親爲恨，忌辰哭泣終日，至七十猶然。門人私謚孝貞先生。所著有《毛詩廣義》《四書字義》《古今方書》《周易參同契》。

國朝

梁以樟，字公狄，清苑人。明崇（正）〔禎〕己卯，舉鄉試第一，庚辰成進士。與兄以枏寓居寶應，纘言著書以老。有《忍冬軒集》。

趙開心，字洞門，長沙人，寄籍江都。三爲御史，清直見稱。仕至工部尚書。

張恂，字穉恭，涇陽人，先世以業鹺家江都。崇（正）〔禎〕癸未成進士。天才雋邁，肆力於詩古文詞，兼工畫筆。

孫枝蔚，字豹人，三原人。幼爲諸生。遭流寇，與其鄉少年奮戈逐賊，落深塹得不死。乃走江都，從賈人遊，三致千金，皆散去。既而閉户攻詩古文辭，名噪海内。康熙己未，以博學（鴻）〔宏〕辭徵，授中書舍人。著《溉堂》前、後、續集。

費密，字此度，經虞子。文行肖其父。所輯有《弘道書》《正紀聖門舊章》及自著詩古文辭若干卷。子錫璜，字滋衡，能世其家學，著有《雅倫》《貫道堂文集》《掣鯨詩集》。

魏禧，字凝叔，寧都人。性孤介，賣文自給，人士重其文行，争延致之。寓真州，卒。妻某氏，聞訃不食死。

黄逵，字儀逋，山陰人。棄諸生遊晋，所主者資之南歸，客泰州。負才嗜酒，落魄依查士標以居。查死，遊上海，病卒。其詩淩厲悲壯，有其鄉徐渭風。

徐州府

漢

張良，字子房，韓人。五世相韓。秦滅韓，求客報仇，得力士爲鐵椎，狙①擊始皇於博浪沙中。始皇怒，大索天下，乃逃匿下邳。遇圯上老人，授書佐沛公定天下，封留侯。

閔貢，字仲叔，太原人。建武中，應司徒侯霸之辟。尋投劾去，客居安邑。家貧，不能得肉，日買猪肝一片。安邑令聞之，敕吏常給焉。仲叔歎曰：「閔仲叔豈以口腹累安邑耶？」遂去客沛。

李爕，字德公，太尉固幼子。梁冀害固，並收其二子。固女文姬知父將及難，以爕托門生王成，成乃將爕東下。入徐州界，變姓名爲酒家傭。成賣卜於市，陰相往來，爕從受學。酒家異之，以女妻

① 《四庫》本無「狙」字。

燮。燮專精經學。十餘年，梁冀誅，求固後嗣，遂還鄉里。姊弟相見，悲感旁人。徵拜議郎，遷河南尹。

江革，字次翁，臨淄人。負母逃難，轉客下邳。踝跣行傭，以供其母，便身之物，莫不畢給。建武中，與母歸鄉里，人稱之曰江巨孝。

申屠蟠，字子龍，外黄人。初，范滂等臧否人物，非訐朝政，太學生争慕其風。屠蟠獨歎曰：「戰國之世，處士横議，卒有坑焚之禍，今之謂矣。」迺絶跡梁、碭之間，因樹爲屋，自同傭人。滂等果罹黨禍，蟠確然免於疑論。年七十四，終於家。

范丹，外黄人。桓帝時爲萊蕪長。朝議欲以爲侍御史，因遁去，布衣草履，賣卜梁、碭間。

丁蘭，河内人。少喪母，乃刻木爲像祀之。居豐縣東十二里，後人名其鎮曰丁蘭鎮，里曰丁蘭里。

三國

張範，字公儀，河内修武人。性恬静樂道，不就徵命。董卓作亂，與弟承避地彭城。範子陵及承子戩爲山東賊所得，範直詣賊請二子。賊以陵還範，範願以陵易戩，賊義而并還之。後爲議郎，參丞相軍事。太祖征伐，常令範與世子居守，謂文帝舉動必諮焉。

宋

孔恩，宣聖五十代孫，南渡徙居蕭。

元

羅曾，魯橋人。登進士，授儲司院山長，教授孔、顔、孟三氏子孫。元末避兵宿遷，因家焉。

國朝

沙傑，字仲渠，真定人。從其父遊豐。國初，群盗竊發，縣令閻知傑魁奇，延與共守禦，所殲除者頗多。一日，策蹇自徐還，或識之，怨家嗾黨圍之，傑挺身力戰，被害。其子弟家於豐，能讀書。

太倉州

宋

林英發，永嘉人，贅居嘉定。知建昌縣，戡定洞寇。擢知壽昌軍，趙與䉉嘗師事之。卒，葬蘇州穹窿山。

元

吳野人，名輸，字中行，臺州人。元末遁跡泖濱，懸壺陳溪之上，顔其室曰「野人居」。倪雲林爲之繪圖。

張天永，字長年，淮南人。元季奉母避地嘉定，時人稱其孝，比之江革。

明

文質，字學古，温州人，徙太倉。有學行，工詩古文。嘗與楊廉夫玩梅花燈賦詩，有「歸來踏遍横斜影，吹落東風不見痕」之句，人傳誦之。

孔弘幹，字克勤，孔子六十一世孫也。後唐時四十二世孫名檜，由闕里徙温州。至五十一世孫名垕，宋紹興間以武功大夫統制江陰軍，十傳至幹。天順中，娶於太倉，遂家焉。幹醇謹誠樸，端方不苟。太倉有孔氏始此。

通州

宋

任伯雨，字德翁，眉山人。爲右正言，蒞官半歲，所上一百八疏。大臣畏其多言，伯雨抗論愈力。且將劾曾布，布覺之，徙爲度支員外郎，尋知虢州。崇寧黨事作，削籍，編管通州。

江南通志卷一百七十三

人物志

流寓 二

安、徽、寧、池、太、廬、鳳、潁八府　和、廣、六三州

安慶府

漢

橋(元)〔玄〕，字公祖，梁國睢陽人。舉孝廉，補洛陽左尉。桓帝末，鮮卑及高句驪叛，四府舉(元)〔玄〕爲度遼將軍。(元)〔玄〕至鎮，休兵養士，督諸將討擊，皆破散。在職三年，邊境安静。靈帝

初，徵入爲河南尹。建寧三年，遷司空，轉司徒。光和元年，遷太尉，以疾罷。〔元〕〔玄〕謙儉下士，子弟親宗無在大官者，家無居業，當時稱之。後避地於潛，卒，葬彰法山。

晋

王祥，字休徵，臨沂人。祥性至孝，早喪親，繼母朱不慈，祥愈恭謹。漢末避亂，扶母攜弟隱居大雷三十餘年，時傳其孝行。屢辟固辭，弟覽勸之，乃應召。拜司空，轉太尉，加侍中。舉朝見司馬昭皆拜，祥獨長揖。武帝踐祚，拜太尉，進爵爲公。

王覽，字〔元〕〔玄〕通，祥繼母弟。方數歲，見祥被楚撻，輒涕泣抱持祥，漸有時譽。母酖之，覽覺，徑取酒飲，母遽覆之。自後朱賜祥食，覽必先嘗。母虐使祥妻，覽妻亦必趨共。覽孝友名亞於祥。應召，累遷光禄大夫。

唐

畢諴，字存中，河南偃師人。累官禮部尚書、同中書門下平章事。早歲讀書舒州主簿山，擇地葬親，掘地得石，作《潛山賦》鐫於上。

羅隱，字昭諫，餘杭人。善詩賦。避黄巢亂，遊宿松，與楊顯友善，寓其家。又愛望江小茗山蓮花峰，築廬遁跡焉。後官至諫議大夫。朱温篡位，以前官召，不往。往謁錢鏐，勸舉兵討温，鏐雖不用其言，甚重之。

宋

馮京，字當世，江夏人。少讀書於皖之萬松山，自鄉舉至廷試皆第一。時尚未娶，張堯佐負宮掖勢，欲妻以女，力辭。

楊萬里，字廷秀，吉水人。中進士，爲零陵丞。時張浚謫永，杜門謝客。萬里請見之，浚勉以正心誠意之學，因榜其堂曰「誠齋」。累官秘閣修撰，提舉萬壽宮，遂不復出。愛潛山水，常遊寓於舒。

龍仁夫，字觀復，江西永新人。博學好古，潛心理道。官湖廣儒學提舉，晚居黄岡。宋將吕文煥降元，與仁夫有舊，文煥下江州，仁夫過之，招飲琵琶亭，仁夫即席賦云：「老大蛾眉負所天，忍將離恨寄哀絃。江心正好看明月，又抱琵琶過别船。」坐客皆掩泣罷酒。避亂卜居望江，隱居著述。所著《周易集傳》，其言多先儒所未發。

金

王庭筠，字子端，河東人。泰定間進士。詞翰文彩，照耀一時。晚愛皖之司空山，嘗居其下，自號司空行窩寄者。

元

薩天錫，泰定進士，爲燕南道廉訪司照磨。登司空山太白臺，歎曰：「此老真山水精也！」遂結廬其下，避世終焉。

朱公遷，樂平人，文公裔也。至正間任金華學正，以道德文章名於世。後同長子僉遷潛山。

明

李新之，字湯銘，順天人。景泰丙午鄉薦，任饒州訓導，左遷桐城竹子湖河泊所。訪李公麟遺跡，歎曰：「山情水色，正爲我輩。」遂隱居龍眠。

鄧宗經，會稽人。淹博，工詩文。成化間爲潛學官，纂修郡志。晚年高尚，遂家於潛，築頤老莊以自娱。

國朝

葉筠，字竹君，湖廣公安人也。工詩文，尤深性理諸書。明季屢辟不就，擔簦遊四方。至皖，愛江山之勝，因寓居焉。

施德裕，字惟一，雲南鶴慶府人。明季爲黄州府同知，城陷被執，檢空囊知其廉，釋之。鼎革後寓望江，學圃蒔花木自娱，足不履户外。

徽州府

漢

管輅，字公明，平原人。精易學，爲人筮卜，言輒奇中。嘗學道祁門山中，有管公壇廟。

晋

孔瑜，字敬康，山陰人。以軍功封餘不亭侯，惠帝末歸鄉里。後入新安山中，改姓孫氏，以稼穡、讀書爲務。忽捨去。皆謂爲神人，立祠祀之。

唐

張志和，字子同，金華人。肅宗時待詔翰林，歸隱，自號烟波釣徒，浮家泛宅，往來苕霅間。後寓居祁門縣十都以終老。子孫世居其地，名張村。

范傳正，字西老，鄧州人。元和初刺歙州，擢宣歙觀察使，改光禄，未赴。卜居休寧，名其里曰博村，誌孟博後也。

宋

呂廣問，字仁甫，開封人，丞相夷簡後。爲婺源簿。靖康南渡，寓新安。擢禮部侍郎，密奏建儲之議。孝宗即位，首疏十二事。以病知徽州，歲餘召對，極論時事，朝論韙之。

孔端木，字子與，道輔曾孫。徽宗幸學，訪先聖後，以行藝俱優，特賜上舍出身。建炎南渡，注黟令，因卜築焉。

馬廷鸞，字翔仲，饒州人。贅婺源張氏，遂居焉。官至觀文殿大學士。

寧國府

晋

劉遺民，嘗居涇縣之水西，有釣臺遺蹟。

唐

韓愈，南陽人。按朱子《韓文考異》，文公有別業在宣城。《復志賦》及《歐陽詹哀辭》《祭十二郎文》，皆云「就食江南」，蓋指宣也。其《示侄爽》詩云：「宣城去京國，里數逾三千。念汝欲別我，解裝具盤筵。」又云：「汝來江南近，里閭故依然。」則公之家居宣州有明徵矣。今敬亭山有昌黎别業祠祀之。

白居易，太原人。元和中嘗寓宣城，爲宣城守所貢。兄没，葬城西五里，今稱白府君墓。居易《祭烏江十五兄》文所云「宣城之西，道傍荒草」者也。

吕從慶，字世膺，河南人。避黄巢亂，與弟從善隱歙之堨田，後從善留堨，從慶入旌德萬山中。所作詩有「吾亦陶彭澤」之語。卒葬珠婆塢。

五代

刁彦能，字德明，上蔡人。父禮，遇亂徙家宣州。彦能少孤，事母篤孝。初在節度使王茂章帳下，茂章叛吴，歸吴越，彦能不從而撫定其衆。繼事徐知訓。知訓忌烈祖，屢欲加害，彦能嘗陰護之。烈祖代吴，入爲環衛。後仕至撫州節度使。

宋

王邦憲，周紫芝《竹坡詩話》云：「建炎南渡，邦憲客宛陵，與鄉人相遇，作集句一篇。」

鄧道先，南陽人。乾道間，官至尚書。慕南陵山水，卜宅居焉。

明

石金，字南仲，黄梅人。任御史。嘉靖中諫止醮祠，謫戍宣州衛，後赦還。

湛若水，字元明，增城人。嘗講學於宛陵。

鄒守益，字謙之，安福人。嘉靖初，以編修議大禮，謫判廣德，往來宛陵。時貢安國、戚衮、梅守德等從之遊，講學之風遂冠江左。

陳履祥，字光庭，祁門人。得盱江之傳，萬（歷）〔曆〕間倡教宛陵。嘗聚講於同仁會館，及門八百餘人。

國朝

陳文燭，字玉叔，沔人。罷官後慕敬亭柏梘之勝，僑寓二載。

姜埰，字如農，萊陽人。明季仕給諫，以抗疏劾周延儒，予杖，謫戍宣州。遺命葬此，以志死不違君之義。

池州府

漢

高獲，字敬公，汝南人。少遊學京師，與光武有素。師事歐陽歙，歙下獄，獲詣闕請歙。帝雖不赦，而引見之，欲用爲吏，獲辭去。三公争辟，不應。後遠遁江南，卒於石城。石城人思之，共爲立祠。

宋

穆修，字伯長，汶陽人。官海州理掾，恃才忤監郡者，坐削籍，隸池州。後遇赦，除潁州文學參軍。修傳陳摶易學，又首倡爲古文。

滕宗諒，字子京，河南人。范仲淹薦其才，擢左司諫，謫監池州酒税。樂九華之勝，於雲外峰下築書堂以居。

曹清，字立甫，寧晋人。歷起居舍人。天聖中謫知彭澤縣，過貴池，愛東源山水，遂棄官築室以居。

沈遼，字叡達，錢塘人。初受知王安石，及新法行，遼與論事多不合。久之，攝華亭令。使者以夙憾劾之，奪官，流永州，更赦徙池州。歷九華秋浦，玩其林泉，喜曰：「使我自擇，不過爾耳。」即築室齊山上，名曰「雲巢」。有《雲巢集》。

孔武仲，字常父，新淦人。元祐中官著作郎，論科舉之弊，詆王氏學，請復詩賦取士。歷寶文閣待制，知宣州。後坐元祐黨奪職，居池州，卒。

太平府

唐

李白，字太白，隴西人。天寶中以才名供奉翰林院，明皇愛其才，數宴見。常侍帝醉，使高力士脱靴，力士耻之，摘其詩以激楊貴妃。白自知不爲所容，懇求還山，帝賜金放還。常乘舟與崔宗之自采石至金陵，著宫錦袍坐舟中，旁若無人。安禄山反，轉側宿松、匡廬間。坐永王璘事，流夜郎，會赦還。李陽冰爲當塗令，白往依之。白晚好黄老，渡牛渚至姑孰，悦謝家青山，欲終焉。卒，葬東麓。

宋

石待問，字則善，眉山人。七歲通四聲。嘗賦石上松曰：「何當爲柱石，同立太平基。」時以公輔期之。舉進士及制科，進《諫史》百卷，真宗大悦。仁宗時判太平州，上書言邊事，召對稱旨，授太常丞，知階州。尋引年致仕，卜居蕪湖。戒子孫當以儒學忠義自立。嘗曰：「吾生平仕宦，十步九蹶，命也。顧身無玷缺耳。」皇祐三年卒，知州黄庭堅表其墓。子禹勤。

李之儀，字端叔，滄州人。舉進士。元祐中爲樞密院編修官。能詩，善屬文。蘇軾帥定武，辟置幕下。范純仁卒，之儀代草遺表。蔡京構以罪，編管太平州。自號姑溪居士，有《姑溪集》。

杜俣，字碩甫，成都人。崇寧間侍父宦江寧，遂家蕪湖。嘗從蘇軾遊，有詩名。

韓元傑，字漢臣，億五世孫。靖康間，以蔭選知臨潁。大帥劉光世奇之，拔授監軍。時戚方、李俸各擁兵懷反側，朝廷遣使撫諭，莫敢前。傑匹馬扣寨，酣飲連日，遂受降。後知濠州，破劉麟兵，進秩移楚州。後與弟元象同居蕪湖。

王淇，字德機，豫章人。紹興初避李成亂，徙家蕪湖。資敏而學博，尤精《毛詩》《春秋》。所交皆知名士。

陳規，字元則，安(邱)〔丘〕人。以新科明法出身任法曹，調邑令。靖康初，勤(正)〔王〕①有功，以疾請祠，居當塗。後知順昌，堅城積粟以助劉錡，大破金兵。歷淮西安撫使，卒。

楊宏中，字充甫，福州人。弱冠補國子生。韓侂胄竊弄國柄，竄趙汝愚於永州，李祥、楊簡連疏救者俱被斥，宏中與同舍林仲麟等五人伏闕上書。侂胄大怒，將竄之嶺南，余端禮丐免。上惻然，乃

① 據《四庫》本改。

送太平州編管，時號「六君子」。

明

張慎言，字金銘，陽城人。自曹縣令入爲御史，忤逆璫，謫戍甘肅。崇（正）〔禎〕時初起太僕少卿，歷南京吏部尚書。甲申後，僑居蕪湖，寄食蕭寺，翻經禮佛，瓢衲蕭然。尋病卒。

廬州府

漢

施延，沛國人。避地廬江，種瓜爲業。明於五經、星官、風角。家貧母老，周流傭賃。順帝時，徵拜太尉。

宋

楊繪，字元素，綿竹人。皇祐間擢進士第一，仕至天章閣待制。嘗寓無爲州山中，自號無爲子。

劉筠，字子儀，大名人。真宗朝守廬州，愛廬山水，因築室城中，構閣藏所賜詔誥。仁宗飛白書「真宗聖文秘奉之閣」八字以賜之。

謝枋得，字君直，江西弋陽人。宋亡，隱無爲之南鄉。州人知之，相與建樓城隍廟左，迎居之，事以師禮。後潛往江南，遂爲薦者所逼，不屈而死。

元

蔡章，洛陽人。任閩省員外郎。至正丁未，越海北歸，遇大魚摧舟，漂流七日，從臺州登岸。至舒城，遂家焉。

明

陳壽，字本仁，新淦人。成化進士，官南兵部侍郎，廉聲素著。徙居合肥，作詩曰：「買田陽羡原無計，問族舒盧舊有因。癡兒能識癡翁意，但道歸來不道貧。」

鳳陽府

唐

尉遲恭，字敬德。歸唐爲開國元勳，封鄂國公。後居定遠縣東鄉，子孫世爲定遠人。墓在石羊岡。

王質，字華卿，河汾人，文中子四世孫。寓居淝水上。

宋

吕龜祥，太平興國二年進士及第，爲殿中丞，知壽州，有惠政。民愛留之，不忍捨去，遂家焉。

明

唐肅，山陰人。元至正壬寅鄉薦，授嘉興路學正。明初，以例徙濠州，應薦召修禮樂書，擢國史編修官。以疾失朝，謫佃於濠之瞿相山，卒。著有《丹崖集》。

國朝

李彬，明季仕定遠知縣，歷官河南巡撫。先是，定人爲彬立有生祠，國變，遂移居焉。出入一蹇一僕，混跡稠人中，莫知其爲前代開府也。

潁州府

唐

段珂，汧陽人，秀實孫。僖宗時寓居潁州。黄巢圍潁州，刺史欲以城降，珂募少年拒戰，賊遂潰。拜州司馬。

宋

王回，字深父，侯官人。父平言宦潁州，卒葬汝陰，遂家焉。舉進士，爲衛真簿，自免歸。以學行見知歐陽修，薦授將作監主簿。爲人敦行孝友，質直平恕，取捨進退必度於仁義。與處士常秩友善。熙寧中，秩上其文集，補回子汾爲郊社齋郎。

歐陽發，字伯和，歐陽棐字叔弼，歐陽辯字季默，俱廬陵人。父修，知潁州，愛其風土，遂卜居焉。發少師事胡瑗，得古樂鐘律之説，不治科舉文字，自書契以來君臣世系制度文物、天文地理，莫不究悉。以父恩，補將作監主簿，賜進士出身，累遷殿中丞。棐廣覽强記，能文辭，蔭爲秘書省正字，登進士。修卒，代草遺表。神宗讀而愛之，意修自作也。後坐元祐黨廢。發早卒。辯與棐屢見於蘇軾在潁唱和之詩。

劉攽，字貢父，臨江人。官屯田員外郎。喪父時，歐陽修守潁，攽往依之，相與賡詠，有詩云：「羈鳥能擇木，遊魚知赴淵。卜居幸樂國，負郭依良田。」

和州

宋

彭思永，字季長，廬陵人。治平中爲御史中丞，力論濮議稱親之非，英宗感動。後以户部侍郎致仕，寓和州，卒。子衛，居父喪哀毁，以孝聞。通判趙州，有清節。

吕希哲，字原明，河南人，申國公公著子。爲人端重有至行。歷崇政殿説書，開導哲宗皆理學要言。紹聖間，坐元祐黨，謫居和州。静坐一室，怡然自得。嘗賦詩，有「除却借書沽酒外，更無一事擾公私」之句。

龔原，字深父，處州人。歷官寶文閣待制。經術粹深，每朝有大議，輒援古禮以對。崇寧中，陳瓘彈蔡京得罪，原坐與瓘友善落職，謫居和州。起知亳州，命下而卒。

明

危素，字太璞，金谿人。仕元歷翰林學士承旨。博學善文辭，朝廷大制作多出其手。入明爲侍講學士，謫居和州。卒含山旅舍。

廣德州

宋

王機，字仲達，宛陵人。建炎兵訌，徙家建平。仗義好施，贍恤宗族。歷官修武郎，尚濮王嗣永康縣主。嘉定八年，歲饑，部使者真德秀貽帖易粟，機慨然應之，溪南饑民全活甚衆。

盛瑞，字晋祥。宋①宣和進士。紹興中，愛不老泉之勝，卜居焉。

趙時晦，寓居廣德州，死元兵之難。

明

王叔英，字原采，黄巖人。以翰林修撰旅出廣德，聞靖難師入，沐浴具衣冠自經，賦《絶命詞》云：「人生霄壤間，忠孝貴克全。嗟余事君父，自省多過愆。周粟豈不佳，所見良獨偏。高蹤遠難繼，偶爾無足傳。千秋史臣筆，慎勿稱希賢。」道士盛希年依其遺筆，葬之祠山之陽。正統間，楊士奇

---

① 「宋」，《四庫》本作「中」。

題其墓而祭之。

六安州

宋

汪澈，浮梁人，立信從祖。進士，累官至樞密院。與立信曾大父智宣諭湖北，道六安，愛其山水，因居焉。

明

史洪謨，字經三，原籍廣寧，僑家於六。辛未登進士，知宜陽縣，罷歸。乙亥春，流寇突至，州守以公事出，人心惶迫。洪謨慷慨登陴，奮勇禦敵，城賴以完。

江南通志卷一百七十四

人物志

方外 一

江、蘇、松、常、鎮、淮、揚、徐八府　太、海二州

江寧府

漢

茅盈，元帝時隱句曲山學道，遇至人授以仙術。盈弟衷爲西河太守，固爲執金吾，各棄官來就兄，皆得道。世稱三茅君，山爲茅山。

三國

康僧會，西域康居國人。赤烏四年至建康，時中國未有像教，（曾）〔會〕①始誅茅設像，即秦淮西南建初塔寺，藏所謂舍利。江左之有僧刹自會始。

葛仙翁，句容人，姓諸葛，名（元）〔玄〕。嘗從吴主至溧州，遇大風，百官舟俱沉，翁獨立水上，衣履不濕。

晋

許邁，句容人。少恬静，不慕仕進，學升遐之術於鮑靚，常服氣，一氣千餘息。登巖茹芝，渺爾自得。獨與王羲之友善，羲之述其靈異之迹甚多。後更名（元）〔玄〕，莫測所終。

吉友，西域沙門。晋元帝永昌中至東土，常行頭陀行。卒於梅岡，詔於冢邊立寺，號高座道人。

竺法汰，止瓦官寺，講《放光般若經》，帝臨幸，公卿畢至。

① 據上文及《四庫》本改。

南北朝　宋

求那跋摩，中印度人。元嘉中，居金陵祇園寺。文帝嘗問曰：「朕嘗願持齋不殺生命。」對曰：「帝王所修，與凡庶不同，出一嘉言則士庶咸悦，布一善政則神人以和；刑不夭命，役不勞力，則風①雨時若，百穀滋繁。以此持齋，齋亦大矣。以此不殺，利亦多矣。安在輟半日之餐，全一禽之命，然後爲弘濟耶？」帝撫几稱善。

梁

寶誌，金陵東陽民朱氏婦上巳日聞兒啼鷹巢中，舉以爲子。七歲依鍾山僧儉出家，專修禪院。梁武帝嘗詔張僧繇寫其像，誌以指剺面門，分披出十二相，或慈或威，僧繇竟不能寫。葬鍾山獨龍岡。

初祖達摩，南天竺國香至王第三子。梁普通七年至南海，武帝遣賚詔迎至金陵。後折蘆渡江，止嵩山少林寺。

---

①「風」，《四庫》本作「暘」。

陳

天台智者，華容陳氏子。謁慧思禪師，悟《法華》三昧。陳宣帝大建七年抵建康，詔居光宅寺。後憩廬山。

桓闓，執役陶弘景，十年不懈。有白鶴集庭，乘鶴沖舉。

唐

張果老，六合園叟也，後携妻至王屋天壇山仙去。

法融，延陵韋氏子。入牛頭山幽棲寺石室修道，入頓宗。爲牛頭第一世祖。

慧忠，牛頭宗第六世。終身一衲一鐺。嘗有供僧穀二廩，虎爲之守。移居莊嚴寺，學衆雲集。

南唐

女冠耿先生，玉貌鳥爪，常著碧霞帔，因宋齊（邱）〔丘〕進。嘗見宫婢持糞埽，謂元宗曰：「此物勿棄。」置鐺中烹鍊，良久，成白金。冬天令宫人握雪成錠投火中，亦成白金，指痕猶在。又能�麥粒成珠。以縑囊貯白龍腦懸之，滴液香沫逾於大食國所進龍腦油。遂得幸於元帝。有娠，將產之夕，雷雨震電。及霽，娠已失矣。久之，宫中忽失其所在，或云猶見之江淮間。

明

周顛仙、冷謙、張三丰三人，高帝時先後至金陵，其事蹟屢有靈異，世俗所喜道，不具書。

焦姑，家中和橋南。有仙術，永樂初封妙惠仙姑。

道成，雲州人，弘洞宗於靈巖。洪武中命住天界寺。

宗泐，臨海周氏子。元末隱徑山。洪武元年，應召主天界寺。

碧峰，乾州石氏子。聞法要於如海真公，遊憩峨嵋，趺坐樹下，溪水暴溢，七日水退，趺坐如故。高帝召至京師，設普濟會。

永慈，蜀余氏子。至牛首領衆三載，傳東明和尚衣法。

洪恩，字雪浪，金陵黄氏子。出家長干寺，以無師智得大辯才，盡掃訓詁單題本文，拈示言外之旨，南北法席之盛，近代未有。

大巘，龍舒沙氏子。崇（正）〔禎〕時，於天界寺高提祖印，廣度群品。

古心，溧水人，從素庵於金陵棲霞寺得法。時三懷師重修報恩塔，頂不能上，夢神云待波離尊者。至次早師至，三拜而頂即上。

本咸，蜀人。重興金陵東山翼善寺，緇素皈心。

蘇州府

周

赤鬚子，酆人。秦穆公時主魚吏，每言灾異悉驗。後往吴中，不知所之。《抱樸子》云：以其鬚髮皆赤，故名。

漢

魏伯陽，吴人。好學不仕，入山煉丹，相傳以爲得仙。作《參同契》《五行相類》等書。

蔡經，吴人，家胥門。王方平既得道，欲東入栝蒼，過吴憩經家，以其骨相當仙，授以《要言經》，得尸解去。至今蔡仙鄉有丹竈。

晋

支遁，字道林，居吴支硎南峰院。好鶴，又好名馬。今放鶴澗、馬跡石，皆遁遺跡。

竺道生，嘗遊長安，從什公受業。後居虎（邱）〔丘〕，人無識者。乃聚石爲徒，坐而説法，石皆點頭。今虎（邱）〔丘〕有點頭石。

南北朝 宋

陸修静，字元德，吴人。學仙棲廬山白雲寺，與陶潛、慧遠結白蓮社。嘗握手過虎溪，大笑而别，世傳《三笑圖》。宋文帝召見之，不得。元徽中，偃月而化。

梁

蜆子和尚，京兆人。天監中住洞庭山，沿江採掇螺蜆以充腹。静禪師往勘之，捉其衣曰：「如何是西來意？」答曰：「神前酒臺盤。」静曰：「不虚與我同根生。」

䨻䨻尊者，天監中往虎（邱）〔丘〕，泉隨湧出，名䨻䨻泉。

唐

周隱遥，字息元，西洞庭道士。自言角里孫。學煉形術死，戒弟子護其尸，凡死而復生者三，至八十餘，猶似少壯。貞觀中，召至問道，對曰：「所習皆匹夫事，功不及物，非萬乘所宜問也。」放歸。

文暢，吴人。與韓愈、柳宗元善，愈爲作《送行序》。

明覺顯，號雪竇，居莫釐演法，有龍出井而聽。時集千僧，有天衣願汲水供衆。示寂後，白蓮湧出。今有天衣禪院、龍潛井，皆其遺跡。

宋

遇賢，東禪寺僧，姓林氏。嗜酒，人呼爲林酒仙。能前知，言人禍福悉驗。郡有虎，賢騎出城，害遂息。明祝允明書其所詠詩刻石寺中，今尚存。

文瑩，吴僧。多聞博識，著《湘山野録》。

惠詮，吴詩僧。語清絶，嘗書西湖寺壁云：「落日寒蟬鳴，獨歸林下寺。柴扉應未掩，片月隨行履。惟聞犬吠聲，又入青蘿去。」蘇軾愛而和之。

道(元)〔原〕①，住永安禪院。祥符中，嘗進纂《傳燈録》三十卷，詔學士楊億等删定，刻板宣布。

申元道，師事徐神翁，得修煉術。將出遊，師示曰：「逢虞則止，無雪則開。」渡江至虞山，即築菴居之。山苦無水，一日大雪，菴前覆簣不積，浚之得泉，因名雪井。

元

了通，栖智林寺。嗜酒。一日，通州狼山寺火，衆見烈焰中有僧噀酒滅之，自稱了通和尚，其火燼皆帶酒氣。明日，衆渡江詣謝，了通力辭無之。未幾，沐浴而逝。

---

① 下文所云傳主所纂「傳燈録」，書名全稱「景德傳燈録」。此書今存，書前原署「宋沙門道原纂」。因據正。

宗衍，字道原，吳人。至正初住石湖楞伽寺。善爲詩，一時名士多與遊。所著《碧山堂集》，危素序而傳之。

明

時蔚，號萬峰。年十一誦《法華》有省，後得法於千岩。洪武間詔徵，使至，示寂已七日。

席應真，常熟人。奉母至孝。學《老氏》，善《易》，兼通兵法。僧道衍師之，盡得其傳。

萬金，字西白，吳郡人，姚氏子。依寶積院宗衍爲弟子，後住瑞光寺。洪武初起住持大天界寺，召入禁廷，奏對稱旨。兩建法會於鍾山，命總持齋事，大駕臨幸。六年冬示寂。宋濂謂寂照之子孫各主名山，大暢宗旨，萬金亦其一也。

良琦，字完璞，吳郡人。自幼讀書，性操温雅。學禪白雲山中，後住天平山之龍門。楊維（貞）〔禎〕云：「良琦既究禪理，兼通儒學。能詩，特其餘技耳。」

胡道安，吳江人。性狂戇，人呼胡風子。爲（元）〔玄〕妙觀道士，遇異人授五雷法。洪武末吳中旱，延之禱雨。登壇怒駡，陰雲四合，雷雨大作。

道衍，字斯道，長洲人，相城姚氏子。出家妙智菴。從高啓輩爲詩，在「北郭十子」之列。所著有《逃虚子集》。洪武間以高僧召，命侍燕邸。靖難時，贊助秘密。太宗即位，授資善大夫、太子少師，復姚姓，賜名廣孝，輔太子南京。命蓄髮再三，終不肯。賜兩宮人，亦不近。永樂六年，朝北京，居慶壽寺，病篤，車駕臨視。明日端坐而逝，僧夏八十四。追封榮國公，謚恭靖。

張皮雀，長洲人。師胡道安，盡得其術，禱雨驅祟立應。常束雙髽，手持皮雀，日引群兒爲戲，故名。

福懋，字大林，竹堂寺僧。少有戒行。畫學倪瓚，書宗智永。嘗遊文徵明之門，聲名籍甚。詩有《弘秀集》風致。

法藏，號三峰，嗣法天童。初住鄧尉，繼王開元。度僧百餘，受戒萬衆，得法者十二，弟子具德繼起最著。

通門，字牧雲，嗣法天童，後住破山。能詩文，善書，有《懶齋集》。

明河，字汰如，通州人。耽詞翰，窮内外典。後住中峰二十餘年，手不停披，口不撤講。所著有《楞伽解》。

真可，字達觀，又號紫柏尊者，吴江沈氏子。薙髪虎(邱)〔丘〕寺。後入都，賜紫伽黎。「妖書」事起，逮下詔獄。曰：「世事如此，久住何爲？」索浴説偈，堅坐而逝。

國　朝

弘儲，字繼起，通州李氏子也。受法於三峰，稱爲臨濟荷擔真子，遍歷諸刹。順治辛丑，始居靈巖。錢謙益①、吴偉業輩，多皈依門下。徐枋謂其與聖賢道合，注念君親，自來善知，識中無有也。

正志，姓熊，名開元，湖廣嘉魚人。前明進士，官給事中，以建言廷杖，鼎革後披薙隱匡廬、南嶽間，自號蘗庵。後遇弘儲，從至靈巖，受印記居華山。有《蘗庵語録》十二卷。時有趙庾，吴江人，前明進士，官知縣。明亡後，披薙爲僧，參弘儲爲其高座。

道源，字石林，婁江許氏子。住虞山。嘗注李商隱詩，錢謙益賞之，以授朱鶴齡，鶴齡作箋多採其説②。

施道淵，字亮生，吴縣人。年十七禮龍虎山學五雷法，後築室吴山修煉。復住持穹窿，凡興建名勝一百七十餘所，塑像八千二百有奇。復修蘇之(元)〔玄〕妙觀，臺殿樓閣，傑立雄峙，所費鉅萬，分文無私蓄。康熙丙辰，入都設醮，大著靈異。還山卒。

大涵，字雁黄，吴江潘氏子。九歲爲僧，長參靈巖弘儲，從遊南嶽歸，愛台歙山水之勝，遂卓錫焉。在黄山躬耕，聞嶺半伐木聲，忽有悟，口占一絶，語透宗旨，自是作詩有名。後主海寧安國寺席。復出遊羅浮歸，至肇慶示微疾，説偈而逝。

---

① 「錢謙益」三字，《四庫》本删。

② 此句《四庫》本删改作「嘗注李商隱詩，朱鶴齡作箋……」。

松江府

唐

王可交，華亭人。業耕釣。三月三日，掉舟入江，忽見中流有綵舫載道士，呼可交上舫。與二栗，食之，甘如飴。命黄衣送上岸，覔所乘舟不見，乃在天台瀑布寺前。問寺僧：「今何時？」答言：「九月九日矣。」自是絶穀，往四明山。

德誠，嘗乘小舟往來松江、朱涇，人以船子和尚呼之。夾山善會禪師至華亭，參船子，大契宗旨。辭行，回顧再四，誠竪橈曰：「汝將謂别有處耶？」覆船入水而逝。

宋

德聰，姓仰氏。太平興國中，結廬佘山之東峰，二虎爲衛，名大青、小青。有禪者造之，見挂佛經梁間，問嘗讀否？答曰：「如人看家書，既知之矣，何再讀爲？」天禧元年，趺坐而逝，閲月貌如生。

慧辯，字訥翁，華亭傅氏子。生有異，父母令入普照寺出家，得法於天竺明智。久之，遂領寺事。熙寧中，蘇軾作杭倅，與辯爲方外交。及示寂，作詩哭之。

惟正，字焕然，華亭黄氏子。五歲見佛書，能識其字。長入杭之北山，跨黄犢出入。内翰葉清臣牧金陵，迎往優禮之，作偈辭去。皇祐元年四月佛誕日，忽語衆曰：「夫動以對静，吾一動六十有四年，今静矣。」語既而瞑。

智儼，居上海静安寺。見漁人捕鰕，買一斗啖之。及索錢，儼徐云：「還汝鰕。」隨吐活鰕盈斗，人皆駭異，號「鰕子和尚」。將示寂，斂蒲草爲萬餘繩，懸諸廊廡，曰：「吾將大作緣事。」繼即坐脱。人競施以錢，懸繩皆滿，遂以建佛閣。

明顛，姓薛氏。猖狂若顛，衣不蔽體，或遺之衣，則轉施人，大雪中亦然。不學能詩。倭奴見之，羅拜，云曾在海中失風，得此僧幸免於死。

可觀，字宜翁，華亭戚氏子。祝髮邑之寶雲寺。紹興間，主當湖德藏。徑山大慧來訪，對語終日，嘆曰：「教海老龍也。」

元

净真，字如庵，華亭沈氏子。童齓授以《法華》，歷耳成誦。出家受具，博究諸乘，參訪尊宿，盡得宗旨。因嗣法席，已遷華亭超果寺。至順辛未，舉爲上天竺座主，賜號佛心弘辯。

明

彭宏大，號素雲，生元時，得棲神鍊氣之旨。洪武中，至細林山結茆居之。一日，沐浴更衣，趺坐，問左右：「何時？」曰：「正中。」遂翛然而逝。太祖來召，知已羽化，啓其龕視之，正身不倚，長爪繞身。

德然，號惟庵，華亭張氏子。生具異相，七歲誦《法華經》。於杭之天龍寺參洪石屋，洪屬以緣在吴松，爲書「松隱」二字。遂歸，郡南結庵以居，題曰「松隱」。洪武初以高行僧薦，尋還松隱。有《船居詩》，學士宋濂爲序。

紹宗，字一原，上海陳氏子。戒行精嚴，緇素嚮化。洪武中應召，奏對稱旨，賜金縷僧伽黎等服，自右講經遷右善世。

朱蒲包，上海沈氏僕。十八爲寶山募兵，遇異人授藥一丸，服之，遂不覺寒暑、飢渴。身衣破衲，冒以蒲包，人呼「蒲包仙」。行必挾四竿，夜宿植竹四隅，而卧其中。市人釀酒敗，挾竹攪甕，輒變爲甘。生平不談禍福，或無意吐一語，必奇中。

張癡六，華亭人。行六，以不修繩檢，人呼爲癡六。日遊行市中，夜或僵卧橋上，雖大雨不濡。霜晨雪夕，氣蒸蒸起也。黄面碧眼，齒平如礪。常蓬首不盥櫛。與人言多不可解，然卒有奇驗。

常州府

南北朝

王八百，隱横山修道。歲久，白日飛昇。人爲立登仙觀，後改爲沖虚，南唐徐鍇有碑記其事。

唐

毛萇，不知何許人。遊宜興張公洞，自洞底東至太湖中洞庭山，得石穴而出。萇言在洞中東行，聞頂上有風波聲及舟人語。今山上有毛公洞。

湛然，姓戚氏，宜興人。初往越州，晚歸天台山，傳天台教。天寶、大（歷）〔曆〕間，累詔徵不起。一日説法，隱几而化。吴越時，追謚圓通尊者。

宋

歸真，大中間棄官學道，隱横山。茹芝絶粒三十年，朝夕諷誦，蛇兔馴伏。

劉混康，少遇異人，授以咒術，治疾輒驗。宣和中，賜號静一先生，棲真於宜興華陽道院。建炎二年，於邑西門外插蘆於地，枯蘆成葦，遂創建會真庵。

元

永寧，號一源，俗姓朱。初棲毗陵焦子山，精修禪定。後復至淮西，印正於無用禪師，忽有省悟。至治癸亥，至宜興龍池山，建禹門禪院居焉。有白虎馴伏於前，故又名伏虎巖。

明

正傳，號幻有，溧陽吕氏子。得法笑巖禪師，棲五臺山，静修十三年。後住宜興龍池説法，爲臨濟正傳，宗風大振。

圓悟，號密雲，宜興蔣氏子。侍正傳於龍池，付受衣拂。後凡六坐道場，於金粟、天童最久，大闡宗旨，緇素欽仰。崇（正）〔禎〕中，詔賜紫衣，修南京報恩寺，命爲住持，以老疾辭。

任昫年，宜興人，溧陽太清觀道士。崇（正）〔禎〕甲申之變，昫年備法衣，加衰詣縣治舉哀。禮成，遍别所知，言分當死，設三日醮。入玉華山，端坐而逝。

國朝

覺譽，號天隱，宜興閔氏子也。年二十四薙染，與圓悟同師正傳，因閲《楞嚴》，頓成觸悟。先開堂磬山禪院，後住武康報恩寺，宗風之振亞於圓悟。順治中示寂，有塑像在磬山。

通琇，字玉林，江陰楊氏子。年十九薙染，久侍覺譽，嗣其法席。凡六坐道場，七會説法。順治中嘗再召至禁廷，禮遇優渥，賜號大覺普濟能仁國師。

鎮江府

晋

沈建，丹陽人。學却老法。嘗遊行，寄奴侍、驢羊於主人，各與藥一粒，語主人曰：「不須飲食也。」去後，主人飲食之，皆不受。三年還，又各與藥，飲食如故。後不知所在。

唐

羅睺，丹陽人。生無雙目，而能鑒物。於太和中鑄鐘，咸通中建塔，雖屢經兵火不毁，人多異之。

裴頭陀，相國裴休子也。生而胎素，穎異不群。休作文送其出家，行頭陀行，來潤之金山。北巖有蟒，頭陀入洞禪觀，蟒遂去。後莫知所之。

魏隆，字道真。居京口之仁静觀，修正一法，卒葬馬跡山。逾數月，人有遇之者。啓其棺，一鶴飛入雲中，獨冠、劍存焉。

殷七七，擅異術。周寶鎮浙西，時鶴林寺有杜鵑花，寶謂七七曰：「鶴林之花，天下奇絶，嘗聞能開頃刻花，可副重九宴會乎？」七七曰：「諾。」及九日，果爛漫如春。遊賞既罷，花忽不見。

惟良，丹徒人。劉禹錫《送惟良上人》詩序有曰：「唐繼天德，有外臣一行，刊(歷)〔曆〕考元，書成化去。繼是丹徒惟良，生而能之，以乾坤之策，當十期之數，凝神運指。數起於復之初九，音生於黄鐘之宫，積微本〔隱〕①，與元化合。」李端、盧綸俱有《送惟良南歸》詩，見《潤州類集》。

宋

張紹英，丹陽人。自爲道士，不入城府。仁宗思接方外之論，屢召，俱稱疾不起。賜號明真先生，敕所居庵爲天聖觀。一日，沐浴更衣，扃户而化。

湯志道，丹陽人。讀書負奇氣，髽髻跣足，坐大茅頂三十年。淳祐五年秋，大旱，召赴闕禱雨，賜號靈寳先生。臨化，説偈有云：「笑入寥天一。」乃一笑辭世。

翟志穎，字叔同，丹陽人。年十三，入華陽洞之西便門，遇道士指石壁題名謂曰：「汝姓名在宗師之列。」因顧石壁，失其人。後果傳印劍，號觀妙先生。

智覺本，丹陽人。少誦《法華》。初爲縣衙校，多折官錢，買放生命，罪當死。引赴西曹，顔色不變。乃貸命，爲剃髮受具，持頭陀行，號永明壽禪師。集諸經論爲書一百卷，名《宗鏡録》。

曇穎，住金山，號達觀。嘉祐四年除夕，命侍者持書别刁景純學士，曰：「明旦當行，不及相見。」景純復書將及岸，穎欣然命撾鼓升座，叙出世本末，長謝衆僧，上方丈跏趺而化。

① 據《劉賓客文集》卷二十四補。

了元，饒之浮梁人，號佛印，住金山。與蘇軾善，嘗贈軾衲裙，軾酬以玉帶。李伯時爲元寫照，元曰：「必作笑狀。」一日，聽客語有「會心軒渠」，一笑而化。

克勤，嗣五祖演，號佛果。初與演語，演皆不應，因忿然去。演曰：「待爾熱病時方思我。」克勤至金山，有寒疾，困極，追繹演言，復歸五祖，尋於言下有省。建炎初住金山，賜號圓悟大師。時堂上僧一十八人，皆大徹，因名大徹堂云。

元

優曇，丹陽蔣氏子。住丹陽妙果寺。至大初詔罷蓮宗，優曇著《蓮宗寶鑑》十卷，上書仁宗，乞復其教。允之，仍命爲教主，賜號虎溪尊者。揭傒斯銘其塔。

明

常欽，字惟心，金壇王氏子。生不食肉，穎異過人。爲僧，住儀（徵）〔真〕天寧寺。洪武初住甘露，聽法者千餘人。一日，忽斂經衲諸物遺其徒，書偈而逝。

慧昷，字東明，丹陽王氏子。永樂間，入錢塘古道山住持，爲開山第一祖。

淮安府

宋

孫賣魚，不知其名，賣魚楚州市。極暑中遇一道士，語曰：「汝魚餒矣，能飲我，可使魚活。」遂飲以斗酒，因與談論，自是言人禍福輒應。宣和中召至京師，賜號塵隱處士。復還楚。靖康初，忽於亳州太清宮號咷大哭，人莫之喻，有記其時日者，乃汴京陷之日也。後不知所在。

婁守堅，漣水人。修佛行，人以道者目之。生有異相，掌中有一目，中指七節。爲承天寺僧，佯狂不事誦習，能逆知禍福。召入禁中，仁宗初生，晝夜號哭不止，僧摩其頂曰：「莫叫、莫叫，何似當初莫笑。」啼遂止。郡有白龍潭於澳河，僧恐久而蕩溺居民，以錫挑之曰：「逢柴而止。」龍去東南四十里，至柴溝潭而居焉。

水（邱）〔丘〕，秀才，本州人。自郡庠歸，遇一異人，忽有所悟。張商英招致之，而莫知其夜所宿處。密伺之，見於紫極宫倚壁酣睡。一日，遍辭里巷，卒於（儀）〔真〕徵。後有州兵見於蜀，始知其尸解云。

揚州府

漢

朱璜，廣陵人。遇睢山道士阮(邱)〔丘〕曰：「卿除腹中三尸，可授真人之業。」與藥七合，授《黄庭經》，隨(邱)〔丘〕入浮陽山。後八十年，復見，白髮轉黑。至武帝末猶存。

南北朝　梁

王冶，泰州人。隱天目，修《靈寶法》，煉丹存神。歷宋、齊、梁百餘年，白日飛昇。

唐

王遠知，揚州人。少事陶弘景，傳其術爲道士。陳後主召見，辨論超詣。隋煬帝執弟子禮見之。唐武德中，見秦王曰：「方爲太平天子，願自愛。」貞觀九年，詔潤州即茅山爲觀，俾居之。卒，年一百二十六歲。子紹業。

李玨，廣陵人。販米爲業，每斗求利二文，資父母養。有糴者，輒授以升斗自量。丞相李玨節制淮南，夢入洞府，見石壁金書姓名，有「李玨」字，心竊喜。傍有二仙童云：「此非君，乃江都部民耳。」

卒，年百有餘歲。

劉白雲，江都人。好濟人。遇道士欒子長，與書兩卷，能役致風雨，變化萬物，乘馬走水上如履平地。乾符中，猶賣藥長安市。

宋

顏筆仙，高郵人。建炎初，鬻筆遇仙，凡得其筆者，剖視管中必有詩，紀其破毀歲月及人姓名禍福，皆驗。年九十二，積葦自焚。人見其乘火雲飛昇去。

徐守信，泰州人。白日上昇。有丹井遺蹟，在徐州蕭縣。宋寧宗封虛静沖和先生。

戒禪師，住揚州石塔，與蘇軾有問答機緣。

明

文銘，正德間祝髮泰州東寺。每入定，能言未來事。年六十六，預告涅槃日。至期，吐三昧火焚化。

行修，泰州人，陳姓。壯年出家，操苦行，見人與物輒拜。一日入寺，謂住僧曰：「我某日當寂。」至期坐龕中，擊魚念佛。須臾，輕烟一縷起鼻端，兩耳火出自爇。

徐州府

周

琴高，居香城泗水中。善鼓琴。行彭、涓之術，浮遊梁、碭間二百餘年。後入碭水娶龍子，乘赤鯉出入。

漢

張陵，字輔漢，豐人。七歲通《道德經》，舉賢良方正，不就。入蜀，得《九鼎丹經》，通變化驅除之術，受上真秘籙。桓帝永壽元年，與妻雍氏白日昇舉。

晋

彭宗，彭城人。嘗從師採藥，忽墮深谷，蹈群蛇曾無懼色。師乃授《丹經》五千文，宗寶而修之，洞暢幽漠。能三晝夜爲一息，或一年不動，人以爲死，及起，顔色愈鮮好。

王（元）〔玄〕甫，學道於赤城霍山，服青精石飯，得吞日精丹①景之法，内見五臟。穆帝永和年，白日昇舉。爲中嶽真人。

宋

曹國舅，紹聖四年蟬蜕於縣東南五十里玉虚觀，更名騰雲寺。

元

洞真子，涿州人，姓（邱）〔丘〕。年壯學道，遊鄒嶧山，師丹陽真人，道侣號爲洞真子。來遊碭山，遇趙志堅建聚仙宫，爲本宫提點。延祐乙卯，人見其西去，弟子志堅闢户視之，羽化矣。

明

劉淵然，蕭人。遇異人授以秘書，呼召風雲，劾治鬼物。太祖建西山道院居之，昭帝賜以御書，號曰長春真人。後趺坐而化，朝廷遣官致祭，翰林胡儼爲作傳。

李旺，沛人。少過城隍廟，見衲子坐神像下，與旺語合，遂得異術。嘗遊金陵，過逆旅求宿，主人

① 「丹」，疑爲「月」字之誤。

不納，旺即趺坐門外。會夜大雪，主人以爲不耐寒死矣。早啓門視之，旺所坐處三尺内無片雪，始異而留之，旺竟謝去。後死，翌日，有人見之豐縣某處，殆尸解云。

太倉州

宋

如茂，號柏巖，住嘉定南翔寺。德祐中，示寂前三日，貽書邑令朱象祖與訣。如期坐逝，作偈云：「鐵船到岸，苦海波息，快哉時兮，風清月白。」

歐法師，嘉定人。紹興中，有雲遊道士授以符訣，自此醮祀伏壇，屢著神應。

莫起炎，字月鼎，苕溪人。生宋寶慶間。精五雷法，酒醉輒佯狂詬詈，呼役雷霆。至元中，宋濂爲碑文，楊維（貞）〔禎〕爲立傳。久居嘉定，正統間猶在，後莫知所終。

元

柏子庭，能詩，浪迹雲遊，乞食嘉定村落，語雜諧調。一日，偶觸某官，騶從縛至，知爲子庭，命賦所張蓋，應聲云：「百骨攢來一綫收，葫蘆金頂蓋諸侯。一朝撑出馬前去，真個有天無日頭。」某官笑而釋之。

太倉丐者，延祐初道服操瓢，往來水軍寨及張涇馬頭。飲醉輒呼「牛來」，又於寨門上連書「火」字，人皆詈而抶之。是冬，海賊牛大眼劫太倉，水軍寨、張涇馬頭俱火灾，始知丐者非常人。

明

覺曇，住崇明慈濟寺，言未來事奇驗。或卧榻中，有見其行於市者，人皆稱「覺菩薩」。坐化月餘，面色如生。

國朝

吕毖，字貞九，嘉定人也。築樓居妙高峰，得辟穀法。已遊終南，樓居爲僧所占，歸不與校，别構方丈於小桃源。兼修隱形煉虚之道。康熙甲辰，先期築石穴，至期捻訣坐化。

海州

漢

王遠，字方平，東海人。舉孝廉，歷官中散大夫，後棄官入山修道。桓帝時，連徵不出。令郡國逼載至京，閉口不語，題四百餘字於門，皆方來事，削去復見。還鄉，居太守陳耽家四十餘年。一日，忽語曰：「吾期運當去。」爲具棺衾斂之。一日，忽失其尸，衣冠不動，若蟬蜕云。

晋

鮑靚，字太〔元〕〔玄〕，東海人。學兼内外，明天文、河洛書。爲南海太守。嘗煮白石以食。見仙人陰君，授以道訣。年百餘歲。

宋

莎衣道人，朐山人，姓何。避亂渡江，舉進士，不中。紹興末至平江，身衣白襴。久之，衣益敝，緝以莎，臨池見影，豁然大悟，言休咎奇中。有瘵者求醫，命持一草去，旬日愈。求而不得者不起，遠近異之。孝宗連召不至，賜號通神先生。

進公，不知何代人。築庵朐山麓，夜則行於市，抵暮則隨五犬陟山巔而返，囊置果餅，沿路飼之。因歲旱，語人曰：「我能致雨。」人戲請之，果獲大雨，而犬不復見。山巔有潭，當時謂犬即潭之五龍云。

江南通志卷一百七十五

人物志

方外 二

安、徽、寧、池、太、廬、鳳、潁八府　滁、和、廣、六、泗五州

安慶府

周

匡續，字子孝。嘗乘雲入關，師事老子。棲隱潛山，至今有遺蹟。

秦

華子期，九江人。隱潛山，從角里先生受《仙隱靈寶方》，返老還少。日行五百里，能舉千斤，一歲十易皮如蟬蜕。後昇仙去。

漢

樂長子，齊人。少好道，遇仙授方，告曰：「蛇服爲龍，人服爲童。」年一百八十，色如少女。修煉潛山，號潛山真君，遺跡猶存。唐明皇有《贊》。

南北朝　梁

白鶴道人，武帝時方士。愛舒州潛山奇絶，時浮屠寶誌亦愛之，武帝命二人各以物識其地，得者居之。道人以鶴止處爲記，寶誌以卓錫處爲記。已而鶴先去，忽聞空中錫飛聲，遂卓於山麓，而鶴止他處，各因所識築室焉。

隋

二祖，初名神光，初祖與改名爲慧可。求法於達摩，受衣鉢爲二祖。其後付法於璨爲三祖。嘗來司空山，建刹其上，至今有傳衣石、葫蘆石秘記靈跡存焉。

三祖，名璨，得法於神光。遂隱舒州皖公山，十餘載無知者。至隋開皇間，有沙彌道信謁曰：「願和尚慈悲，乞與解脱法門。」璨曰：「誰縛汝？」曰：「無人縛。」曰：「既無人縛，何更求解脱？」道信言下大悟，後亦傳衣鉢爲四祖。

唐

吕喦，號洞賓。嘗在桐城吕亭驛，遇一孝婦取水事姑，至此息肩。指示之曰：「此間自有甘泉，不須遠取。」遂拔劍劃之，泉湧出，至今方池數武，大旱不竭，名洞賓泉。又嘗遊浮山雪浪巖，題云：「褰裳懶步尋真宿，好景一時觀不足。月在碧空風在松，何必洞天三十六。」

何仙姑，初桐城投子山大同禪師每溺，有鹿來飲。久之，鹿産肉毬，裂開，乃一女。師育至十二歲，牧童戲以山花插其髻，師乃令下山，囑曰：「遇柴則止，遇何則歸。」至柴巷口何道人家，遂棲之，以何爲姓。慎守師戒，修持覺悟。師使趙州召之，女方淅，即持笊籬往。先至見師，坐左。趙州至，坐右。三人一時化解。今投子山有趙州橋，柴巷口有仙姑井。

間(邱)〔丘〕方遠，宿松人。修(貞)〔真〕匡廬，唐昭宗屢召不起，賜號妙有大師。景福中，居餘姚天滁洞，錢鏐奏請賜號(元)〔玄〕洞先生。天福中尸解，後有見於天都山者。

幽大師，出入跨虎。坐化，真身在值雪山。

大同，懷寧劉氏子。謁翠微頓悟，結茅投子山，住三十餘載。中和間，巢寇起，有狂徒持刃問師曰：「住此何爲？」師乃隨宜説法，渠魁拜伏。乾化四年示寂，賜謚慈濟大師。

宋

遠録公，住浮山華嚴寺。歐陽修造其室，與客圍棋，師旁觀之。歐遽收局，請因棋説法。師即撾鼓陞座，衝口而成。歐謂僚友曰：「初以禪語爲虚誕，今見此老機緣，亦是悟明心地。」年七十餘歸寂。

義青，懷寧李氏子。七歲出家，習《百法論》。長入洛，聽《華嚴》，義若貫珠。至浮山三年，遠録公時出洞下宗旨示之，悉皆妙契。

李斯立，居東山靈仙觀。善丹爐，年八十，常從蘇軾、黄庭堅遊。能詩，如「嵓溜連雲凍，溪梅帶雪香」等句，人多傳之。觀至今名仙人洞。

全舉，得法汾陽，徧歷諸方。後示衆云：「釋迦不出世，達摩不西來。佛法徧天下，談宗口不開。」《傳燈録》載舒州法華院，今在宿松治東五十里。

守端，衡陽葛氏子。幼事翰墨，依茶陵鬱披剃。參楊岐，言下大悟。尋遊懷寧，結茅唐山之西。守令慕道，請師主潛山太平寺及宿松法華寺法席。嘗作《蜂子透窗》偈云：「爲愛尋光紙上鑽，不能透處幾多年。忽然撞著來時路，始覺從前被眼瞞。」

法眼，遍參名宿。最後依白雲端師，一見即問南泉摩尼珠話，端叱之。師大悟，獻《投機偈》曰：「山前一片閒田地，(乂)〔叉〕①手叮嚀問祖翁。幾度賣來還自買，爲憐松竹引清風。」端時印可。師主司空山、四面山海會寺、潛山太平寺諸法席，有《語録》行世。

佛鑑，舒州汪氏子。久事演禪師，付衣法，道大播。

清遠，初謁演禪師，師赴海會寺，請命，師典謁。寒夜孤坐，撥爐見火一豆許，輾然自喜，曰：「深深撥，有些子。平生事，只如此。」閱《傳燈語録》，至破竈墮因緣，大悟。自是隱居四面山大中庵，次開法龍門，道望尤振。

元

崔之道，舒人，爲真源宫道士。嘗見二仙人對奕，與一棋子令吞，自此言休咎輒應。後尸解。

宗善，姓鍾，元末指揮使。從余闕守安慶，及城陷，披緇潛之永隆山，題句云：「目擊神州已陸沉，心隨野鶴與孤雲。茫茫宦海羞容膝，隱隱禪林可托身。坐假蒲團忘世慮，卧投方丈掩忠精。埋名拋棄人間事，懶問山河屬大明。」後得道，爲永隆開山祖。

① 據《四庫》本改。

明

朱橘，望江人。母夢吞星，有娠十五月，嘗憂焉。遇道人持物如橘，謂其母曰：「食此，子生矣。」問名氏，示以扇，其上有「麴君子」三字，旋不見。即誕，因名橘。讀書聰慧，尤精於《易》數。後臨池顧影有悟，遂薄名利修道。忽遇道人持橘歌曰：「橘橘橘，無人識。惟有姓朱人，方知是端的。」橘聞便隨至郊外，問其人：「非麴君子乎？」不答。泣請，乃授以符訣，令往皖山築室修煉。橘拜謝去，修於皖公山。後至惠州之博羅，立化。

明雪，桐城楊氏子。年二十，薙髮九華山。參雲門湛然澄，澄問之，無對，住七日有省。忽一日聞鐘聲，豁然大悟，乃入皖山，住静三載。澄以衣鉢傳之。

無心，潛嶽永水庵僧。年七十，好笑，如兒童狀。逢人募薪一束，積至百擔，自理之如陶穴然。一日，寄語辭山下人曰：「無心以某日去。」人怪之，及期，乃入柴穴中，木魚聲不絕。後自取火，手自荼毗，火光撲面。將木魚擲外，口稱「去了」，須臾而化，其骨不僵。至今塔在小岑，肖像如生。

三貞姑，宣德時人。長姊嫁數年而孀，遂結茅大凹山中，棲心禪寂。二妹慕姊貞義，相從清修，後皆得証道。因於其地建三聖庵，庵旁有石穴圓如鏡，三姑藏骸處也。丁丑遭流寇，婦女悉竄庵中。寇至山下，見緋衣三婦往來林莽間。追至庵門，見緋衣三姑像，寇投刀相拜，戒勿犯，婦女得免。至今春、秋祀之。

國朝

性源，結剎於大龍山之巔，終日趺坐。忽烈風雷電，雨傾如注，庵後數蛟騰起，水深三尺，沙彌皆驚怖莫措。源入定自如，蛟從屋角委折而下，若不敢犯者。人咸異之。

元白，姓鄧，武岡州人。謁顓愚爲首座，復往參憨山、博山、天童，諸老皆深器之。順治丁亥至桐城，入慧山清泉寺，兵燹之後，煥成叢林，法席大振。後退居舒之華蓋山。

徽州府

漢

方儲，字聖公，歙人。講《孟氏易》，精圖讖，善天文。舉賢良，爲洛陽令。永元中郊祭，問以陰晴，勸帝毋往。是日晴，詔責其欺，儲曰：「昝時且至，願乘輿亟還。」比駕還，雨雹大作。後傳其仙去，廟祀之。

晉

羅文佑，南昌人。父塘，與許遜學道。晉太康中，佑奉母湛之歙，採藥黄山，結廬長春里。丹成，乘白狼去。人祠之，稱呈坎天尊。

唐

許宣平，歙人。隱城陽山，絶粒不食，顔如四十許人，行及奔馬。或題其詩於洛陽傳舍，云：「隱居三十載，築室南山巔。静夜玩明月，閑朝隱碧泉。樵夫歌隴上，谷鳥戲岩前。樂矣不知老，都忘甲子年。」李白見之，曰：「仙人詩也。」乃游新安，訪之不遇，題詩其庵，宣平歸見之。是冬，野火燒庵，不復知所在。

慧明，字元照，歙人。幼愚陋，長乃神異。民間疾疫，醫卜不起，明與交臂即獲痊。禱雨輒驗。能使眇者視，跛者履。人稱爲聖僧。

珠溪謙，歙人。得法於雲居道膺，載《傳燈録》。

瀾大德，歙人，興唐寺僧。性孤高。杜荀鶴贈以詩。

清素，祁門人。揚州刺史陶雅祈雨汪王廟，夢汪王曰：「師爲水晶宫菩薩，五龍行雨，不由天降。」陶請之，師曰：「吾已遣雨揚州三晝夜矣。」果然。

五代

聶師道，字宗微，歙人。少修道，得服松脂法。登績溪百丈山採芝，明月中聞天樂。往南嶽訪蔡真人，遇一丈夫，自稱謝修道，與彭、蔡偕隱已三百餘年，授以《素書》一卷。歲餘還山，號問政先生，蟬蛻而逝。後人見之衡陽，云從孫紹元世勤修煉。後有四鶴集屋，光自空下如火，而紹元化去。

何令通，休寧人，賜號紫霞，南唐國師。精堪輿。以言牛頭山不利，謫休寧。一坐四十年，大悟。宋天禧，正席趺坐，火從心出，自燒而化。

李玉琳，婺源人。遇真人授以《玉皇經》教真文。雷雨壞民居，玉琳鐵誥，所鎮獨無恙。子孫皆世其術。

胡得勝，婺源人。生而神異。嘗曰某處覆舟，某處失火，皆驗。後有禱必應。遺劍猶存。

宋

鄭仙姑，歙人。居烏聊山東嶽廟前，數十年不出門，或有見之里外者。蘇轍令績溪訪之，問其年，八十矣，猶處女也。歸，志其問答之語。門有甘泉，今名仙姑井。

元

胡月潭，婺源人。事月蟾，得天心五雷之秘，飛步璿璣之書，治雷禱雨，先知死期。又黟有胡月澗，術亦如潭，而殲邪治疫不用符咒。忽夢登九天，與徒言訖而逝。

明

朝宗忍，天童密雲悟法嗣，住歙石耳山。與都人酬唱，機緣甚多，載在《語録》。

邋遢仙，休寧人。溽暑衣裘曝日中，沍寒時裸體跣足而蹈冰雪。不事浣濯，近之無纖穢氣，人稱邋遢仙。年百餘歲，坐化於齊雲山。

慧融，黟人。隱石門洞，時數日不食。人夜經山中戴月而行，訝朔晦何以得月，尋之，光從洞出。叩其工夫，蓋月觀云。

寧國府

晉

竇子明，名伯玉，銍鄉人。釣於旋溪，得白魚腹中書，教以服食之法，遂入黄山，採五石脂服之。三年，龍來迎去，止陵陽山。弟子安死，葬石山下，有黄鶴來棲冢樹，呼子安云。唐人詩：「白龍已謝陵陽去，黄鶴還來唤子安。」

唐

仲濬，靈源寺僧。有文名，李白贈之以詩。

清越，敬亭僧。工文，張喬有贈詩。

希運，初住高安黄檗山，曹溪六祖嫡孫。大中三年，裴休知宣州，迎居開元寺受法。創廣教寺於敬亭南麓。

麻衣禪師，中和間煉藥翠微峰下。嘗衣麻衣，有得其麻縷者，輒能療病。

通公，吴人。結廬敬亭山北，苦修敏悟，叢林所推。嚴綬署宣州幕，師事之。

宋

可勳，有禪行，作庵城山寺側，曰卧雲。太平興國，召對，問曰：「卧雲深處不朝天，因何至此？」勳曰：「天曉不干鐘鼓事，月明豈爲夜人行。」因賜還山。

宗杲，少爲惠雲寺苾芻。宣和間參圓悟，聞「薰風自南來，殿閣生微凉」語，豁然悟。主徑山法席，緇流雲聚，稱臨濟重興。孝宗聞其名，召對稱旨，賜號大慧禪師。

元

賀士迪，宣城人，(元)〔玄〕妙觀道士。善祈禱禦災。成宗召入京，給車服，從幸兩都，賜號真人。

張松谷，隱芙蓉峰下。嘗採藥療人病。歲旱，禱輒雨。大德庚子，索筆書偈而逝。

汪天驥，涇人，(元)〔玄〕妙觀道士。能詩，有《暮春絶句》云：「爲愛雲根緑錦苔，柴門花落晝慵開。竹窗讀罷南華卷，蝶夢蘧蘧枕上來。」

明

法通，字從石，兩開堂於廣教。註《逍遥遊》，兼精於《詩》。

如圭，景德寺僧。通大、小《乘》，止静黄檗茆庵。

大慧，寧信寺僧。掩關七年，使寺衆以鍼刺體，液出皆乳。未幾往峨眉，至黄池勝果寺，説偈而逝。口中火出自焚，獨頂骨不壞。

金碧峰，有道行，善天文，棲敬亭石巖。太祖幸其地，趺坐不起。露刃臨之，曰：「汝知有殺人將軍乎！」答曰：「汝知有不懼死和尚乎？」異而謝之。問以向導决勝，皆如其言。

尹蓬頭，寓宣陽觀。嘗從道士索守犬作食，道士囑徒烹之，徒竊食其兩耳。尹食訖，讓曰：「犬非全者。」因吐出宛然，惟缺兩耳。歲餘辭去。

國朝

沈鼎彦，字禹鉉，南陵承天觀道士。工詩，善書，尤精修煉。著《黄庭直解》。了然，住千頃山振修黄檗道場，能馴鹿狎虎，冬、夏一衲。康熙戊午卒，年一百二十六歲。今肉身不化。

池州府

唐

義安，開元中居石埭杉山鎮國禪院，有道行。累詔不起，（元）〔玄〕宗爲割縣之三鄉租税以贍衆僧。

金地藏，新羅國王子，姓金氏，名喬覺。削髮爲沙門。至德初渡海，行脚至九華，棲東巖石室。土人服其苦行，築寺迎居之。建中初，刺史張巖奏請，賜額化城，道場日盛。貞元十年，召衆告别，俄山鳴石隕，趺坐而逝。越三年，啓龕入塔，顔狀如生。塔建寺右，嘗發光如火，故謂之神光嶺。後冪以殿，四方頂禮不絶。

普願，姓王氏，新鄭人。初，六祖授南嶽讓，讓授馬祖，而願則馬祖門下三大士之一。貞元中，憩錫秋浦之南泉，不下山三十餘年，宗風大振。太和八年示寂。初，偕願來秋浦者，又有竇雲，亦馬祖法嗣，居魯祖山。

趙知微，九華山道士。結廬鳳凰嶺前，諷誦道書，鍊志幽寂。乾寧中，屢詔不出，賜碧雲星冠、青霞羽衣以寵異之。

五代

西峰聖者，楊吳時人。陽狂不羈，好吹笛，能役鬼神、蛟龍。嘗寓池州乾明寺，及去，留笛。後人寶之，共相傳玩。

宋

義懷，本永嘉陳氏子。天聖中，嗣法雪竇，七坐道場，化行海内。晚年示寂於池之杉山。

張先生，舊志皆不詳其名。政和間結廬齊山，日惟默坐，人過問之，直視不答。在山三十年，顔色轉少。後尸解。

太平府

漢

丁令威，遼東人。學道當塗靈墟山，後化鶴歸遼。

杯渡師，西笠僧，所至乘木杯渡水，人因以稱之。初以架裟裹錫杖，擲空，隨所往卜勝地，至繁昌隱静山止焉。宋元嘉初卒。

螺浮尊者，與杯渡同至姑孰。卓錫山中，泉自湧出，今龍泉山福源寺中井是也。汲以竹則清，以綆則濁。時又有方公禪師，居青山，日抱甕下汲供飲。忽有虎，跑擲院旁，甘泉驟湧。

宋

趙自然，繁昌人，青華觀道士。夜夢人啖以柏枝，及覺，神氣清爽，遂絶烟火食。又夢前人教以篆書，寤悉能記。寫以示人，皆不識。嘗作《原道歌》，言修煉之要。太宗召至闕，親問之，懇求還山。卒，及葬，棺重不可舉。發之，止存劍、履。

石風，不知何許人。紹興間，寓當塗光孝寺。披髮垢面，（佯）〔佯〕①狂叵測，人皆以石風呼之。信口作詞，初不可曉，後悉驗。

婁僧，失其名。紹興中居當塗永寧庵。一日留偈趺逝，有「風在松梢月在天」之句。

① 據《四庫》本改。

廬州府

三國　魏

左慈，字元放，廬江人，居天柱山。能使鬼神，坐致行厨，變化萬端。曹操召見，閉一室斷穀食，期年出之，顔色如故。欲殺之，卒不可得。

唐

慧滿，貞觀間結庵合肥大蜀山。嘗誦《法華經》，有白衣來聽法，自稱東海龍王少子也。是時苦旱，師令降雨，答曰：「盜布天澤，當殛死。」師曰：「汝舍此身以救民，我誦此經以度汝。」言畢不見，須臾膏澤滂沱。越三日，有龍死山陽，師收葬之。民爲立祠，遇水、旱，祈必驗。

三刀禪師，唐末居廬江顯寧院。黄巢之亂，賊執而斫之，三刀無血，故名。

崔自然，巢縣人。少學道，得服松脂法，隱城南洞中。冬雪，常於溪中澡浴。入山，虎豹皆馴伏。一日告逝。後有人見之豫章道上。其石牀、藥臼見存。

元

妙果，饒之樂平人。嘗遊四明、天童、浮梁諸山，歸息於巢，豫建一塔。是夜，有光如匹練，自天際散於五峰之頂，彌三夕乃止。

明

吴崇信，無爲道士。嘗遊長沙，傳毛真人雷法。能驅役鬼神，祈禱甚驗。

國朝

星郎，龍溪林氏子也。舉天啓丁卯鄉試，仕屯田郎，出守肇慶。棄官薙髮，遍歷名山。後至廬江，住治父山祖庭寺。江畔有古樸一株，枯而復榮者數矣，師至樹復茂。康熙癸丑，樹忽萎，師曰：「樹倒，老僧行矣。」沐浴更衣而逝。

鳳陽府

隋

方唐，虎窟寺僧。持律甚嚴。每行有虎隨之，郡守因以名寺。今定遠縣禪窟寺是也。

唐

藍采和，唐末居濠，衣襴衫緑袴，黑木腰帶，一足靴，一足跣，夏服絮，冬卧雪，出氣如蒸。自號藍采和。嘗歌《踏踏歌》。時曳長繩，拖錢以行，錢散不收。至今濠州有撒錢街。

道樹，卜壽州三峰山，結茅而居。言笑詭異，常化佛羅漢形，學徒睹之莫能測。寶〔歷〕〔曆〕元年九十歲，無疾而終。

道雄，真如寺僧。冬、夏惟一破衲，蓬頭跣足。每施藥濟人，即獲奇效，不受謝。廣修橋路，人多便之。又旁通韻學，反切精致。年七十八，趺坐而化。

宋

志言，壽州人，許姓。落髮東京景德寺，貌奇古，能前知。仁宗嗣未立，默遣内侍詢之，乃書「十三郎」字，上不解。後英宗以濮王第十三子入繼。

明

木牌王，自言王姓。能治療，手持木牌，人因以稱之。嘗在懷遠，冬月宿〔元〕〔玄〕真寺赤地，門外雪深尺餘，其卧處如燎火。有問病者，命持酒來，一飲而盡，吐其半飲病人即愈。後不知所之。

國朝

海華，號藏林，宿州泗水人。嘗參古德於花山，戒律精嚴，人推爲當代慧遠。後住古林庵，一時陳旻昭、周蓮池、黄石公諸名流，悉向往焉。

潁州府

漢

周義山，字季道，汝陰人，丞相勃之後也。父秘，陳留刺史。義山年十六，常於平旦日出時，東向服氣，嗽咽百數。父問之，對曰：「愛此朝日之暉，是以服之。」後遇中嶽仙人蘇子元，授以長生之道，白日昇舉。

隋

張路斯，潁上百社人。隋初，明經登第，爲宣城令。夫人關州石氏，生九子。罷令歸，每夕出還，則體常冷且濕。石氏異而詢之，曰：「吾龍也。蓼人鄭祥遠，亦龍也，騎白牛據吾池，吾屢與戰，未勝。明日取决，可令吾子挾弓矢射之。繫鬣以青綃者，鄭也。絳綃者，吾也。」子遂射中青綃。鄭怒，東北去，投合肥西山死。由是張與九子俱復爲龍。事見歐陽修《集古録目跋》。後蘇軾迎祀潁之西湖，有《昭靈張龍公祠記》。

宋

丁少微，亳州人。爲道士，持齋戒，奉科儀尤爲精至。嘗隱華山潼谷，密邇陳摶所居，與摶齊名。志尚清潔，善服氣，多餌藥，年百餘歲。太平興國三年，召赴闕，以金丹、巨勝、南芝、（元）〔玄〕芝爲獻。還山，七年冬卒。

明

張古山，潁州人。生而端重。父母欲爲娶妻，不從，入迎祥觀爲道士。久之，召爲武當山提點。能言未形事。後入山採藥，不知所終。相傳張三丰遊潁古山師事之，遂得其術。今迎祥觀有混元衣，體製特異，或云三丰所留也。

滁州

唐

覺禪師，西洛人。受業藥山院，得法於汾州。嘗住滁州瑯琊山開化寺，有五百梵僧寓席下休夏，同日而來，同日而去。

宋

王中勤，來安人。淳熙中爲道正，戒行峻潔。遇異人授秘法，每歲旱及疾疫，有禱立應。

明

德清，字澄印，全椒人，族姓蔡氏。年十二，入南京報恩寺，事無極法師。内江趙貞吉摩其頂曰：「兒他日人天師也。」後駐錫曹溪，宗風大振，海内稱憨山大師。天啓三年示寂。

和州

唐

商棲霞，歷陽人。大（歷）〔曆〕中棲白石山彭仙洞。善吐納之術，絶粒三十餘年。

惠褒，結茅含山縣北山麓，時人重其道行，因名其山曰褒禪。宋淳化中，禱雨有應，賜號護法大師。

宋

紹隆，歷陽人。得法於圓悟，悟目之爲瞌睡虎。由和州開聖寺至平江虎（邱）〔丘〕説法，大闡臨濟宗旨，法嗣最盛。

白玉蟾，福州人。本姓葛，名長庚。遇異人傳秘術，世以爲仙。嘉定末詔徵赴闕，奏對稱旨。嘗憩含山白石洞，愛其泉石清幽，特再過之。有《重游》詩，見集中。

元

圓寂，號懶牛和尚。至正中寓和州，既説偈已，即沿麓至磯，舉步大江，如履平地。徐至中流，乃跏趺而坐浮水上，久之方没。後半月出沙洲上，衣履不脱，趺坐儼然如生。衆人聚觀，乃輿歸荼毗焉。廉訪斡克莊有記。

廣德州

宋

契嵩，多智慧，能徹禪家宗旨。崇寧中，賜名曰明教嵩禪師，并賜寺額曰明教禪寺。明太祖《題橫山》詩有曰：「上有禪師悟透關。」

元

王當陽，初遇異人，能幻化之術。後遊武當山歸，於郡南平頂山建昇平道院，修煉其中，撰《精語》。後端坐而化。

明

孔師居，白鶴觀道士。嘗遇異人，授以秘籙，能呼吸風雲，驅役鬼神，禁蛟召鶴，斬魅禳星。年八十，尸解仙去。

六安州

宋

明本，錢塘人。皇慶壬子，自天目山遊至六安齊頭山，居水晶庵。所著有《中峰語録》《青山白雲吟》《山居十詠》，爲世所稱。

明

金印，英山人。世宗病癰，陶仲文薦印治之。印書符傅患處，中官見有白蛇擁，上躬遂愈。授博士，賜名中剛，賜坊曰「盡職供事」。後承命治江西疫，陞太常寺卿，賜一品服。

泗州

唐

僧伽，本西域人。唐龍朔中南游江淮，欲於泗州建寺，賀元濟請捨所居爲之，僧伽曰：「此舊佛寺也。」掘地得古碑，乃齊香積寺銘。并獲金像一軀，伽曰：「普照王佛也。」視石刻，果然。景龍二年，中宗遣使召見，賜號國師，賜寺名普光王寺。四年三月，坐化於長安大薦福寺，壽八十有三。宋大中祥符六年，加號普照明覺大師。

江南通志卷一百七十六

人物志

列女　賢淑　才媛附

周

孫叔敖母，楚人。叔敖兒時出遊，見兩頭蛇，殺而埋之。歸而泣，母問其故，對曰：「聞見兩頭蛇者死，今見之，恐去母而死也。」母曰：「蛇今安在？」曰：「恐他人又見，殺而埋之矣。」母曰：「吾聞有陰德者，必報以福，汝不死也。」後果爲楚相。

秦

陳嬰母，東陽人。嬰故東陽令史，居縣中素信謹，稱爲長者。秦末大亂，東陽少年殺其令，相聚得二萬人，欲立嬰爲王。母謂嬰曰：「自我爲汝家婦，未嘗聞汝先世有貴者。今暴得大名，不祥，不如有所屬，事成猶得封侯，事敗易以亡，非世所指名也。」嬰乃不敢爲王，以兵屬項梁。

漢

王陵母，沛人。陵始爲縣豪，高祖微時兄事陵。高祖起沛，入咸陽，陵亦聚黨數千人居南陽。及高祖還擊項羽，陵乃以兵屬漢。羽取陵母，置軍中。陵使至，則東嚮坐陵母，欲以招陵。陵母既私送使者，泣曰：「願爲老妾語陵，善事漢王。漢王長者，毋以老妾故持二心，妾以死送使者。」遂伏劍而死。

漂母，淮陰人。韓信垂釣城下，母哀憐而飯之，竟漂數十日。信謂母曰：「吾必重報母。」母怒曰：「大丈夫不能自食，吾哀王孫而進食，豈望報乎？」後信徙爲楚王，至國召母，賜以千金。

嚴延年母，東海下邳人。延年爲河南太守，用刑刻忍，冬月論囚，流血數里，河南號曰「屠伯」。母從家來，欲從延年臘。到雒陽，適見報囚，大驚，便止都亭，不肯入府。延年出至都亭謁母，母閉閤不見。延年免冠頓首閤下，良久，母乃見之。因數責延年，延年服罪，因自爲母御，歸府舍。母畢正臘，謂延年：「天道神明，人不可獨殺。我不意當老見壯子被刑戮也！行矣，去汝東歸，掃除墓地耳。」歲餘，果敗。東海莫不賢知其母。

後漢

沛孝王廣祖母周夫人，王有疾，安帝詔領王家事，周明正有法禮。漢安中薨，順帝下詔曰：「沛王祖母太夫人周，秉心淑慎，導王以仁，使光禄大夫贈以妃印綬。」

范滂母，汝南細陽人。建寧二年，大誅黨人，督郵吳導至縣，抱詔書閉傳舍，伏牀而泣。滂聞之，曰：「必爲我也。」即自詣獄。其母就與之訣，滂白母曰：「仲博孝敬，足以供養。滂從龍舒君歸黄泉，存亡各得其所。惟大人割不可忍之恩，勿增感戚。」母曰：「汝今得與李、杜齊名，死亦何恨？既有令名，復求壽考，可兼得乎？」滂跪受教，再拜而辭。行路聞之，莫不流涕。

陸續母，吳人。太守尹興辟續爲别駕從事，以病去，還爲郡門下掾。興坐事徵詣廷尉獄，續、主簿等詣洛陽詔獄就考，母遠至京師，覘候消息。獄事持急，無緣與續相聞，但作饋食，付門卒以進之。續對食，悲泣不勝。使者怪問其故，續曰：「母來，不得相見，故泣耳。」使者疑獄門吏卒通傳意氣，召將案之。續曰：「因食餉羮，識母所自調和，故知來耳，非人告也。」問：「何以知母所作？」續曰：「母截肉未嘗不方，斷葱以寸爲度，是以知之。」使者嘉之，上書説續行狀。帝即赦興等事，還鄉里。

晋

何無忌母劉氏，彭城人，征虜將軍建之女也。弟牢之，爲桓（元）〔玄〕所害，劉氏每銜之，常思報復。及無忌與劉裕謀，而劉察其舉措有異，喜而不言。會無忌夜於屏風内制檄文，劉氏潛以器覆燭，徐登梯窺之。既知，泣而撫之，曰：「我不如東海吕母明矣，汝能如此，吾讎恥雪矣。」因問其同謀，知事在裕，彌①喜。乃説（元）〔玄〕必敗，義師必成之理，以勸勉之。後果如其言。

劉惔母任氏，蘄人。有高識，家貧，與惔寓居京口。惔稍知名，論者比之袁羊。惔喜，還告其母，母曰：「此非汝比，勿受之。」又有方之范汪者，惔復喜，母又不聽。及惔年德轉升，論者比之荀粲。

唐

王義方母，泗州漣水人。義方爲侍御史，將劾李義府，意必得罪，即問計於母，母曰：「昔王母伏劍，成陵之誼。汝能盡忠，吾死何恨？」義方遂以諫顯。

桓彦範母，丹陽人。武后末年，彦範爲右羽林將軍，掌禁兵。既與宰相張柬之籌定匡復之計，以事白母，母曰：「忠孝不並立，義先國家可也。」彦範遂同柬之等引兵入宫，廢太后，奉中宗復位。

① 「彌」，《四庫》本作「尤」。

陸贄母韋氏。贄父侃爲溧陽令，卒於官。氏訓贄成大儒，爲唐賢相。德宗時迎至京，卒。皇后賻遺，因葬洛陽。

宋

錢公輔母蔣氏，常州宜興人。公輔父、兵部員外郎治既歿，母益進諸子於學。衣食菲惡，不以爲愠，均親嫡庶，有鳲鳩之德。自嫁至老，中饋事皆身親之。紉縫之勞，終身不廢。子婦化服，皆循其法。公輔後以文學、吏事顯，爲時名臣。

沈括母許氏，吳郡人，太子洗馬許仲容女，烏江主簿洞妹。適錢塘沈周，相其夫歷官有聲。及春秋高，於内外戚屬爲高曾行，而慈幼字微，愈久彌篤。二子：括、扶。括以文學貴顯，名重當世。扶入仕亦有吏材。其幼皆母自教之。

吕希哲母張氏，全椒人，（侍）〔待〕①制昷之女。以夫公著貴，封申國夫人。嚴於訓子。公著居相位，擢用盡一時之選，希哲有才行，獨淹滯莞庫。公著嘗嘆曰：「當時善士，吾收拾無遺，希哲獨以我故置不試，命也夫！」希哲母賢明有法度，聞公著言，笑曰：「是亦未知其子矣。」

周虎母何氏，臨淮人。開禧中，虎守和州，金兵犯境，虎母傾家貲以犒軍士，破敵全城。事聞，特

---

① 據《宋史》卷三〇三張昷之傳改。

封感義郡夫人，誥詞略云：「使天下爲母者皆知以是教子，爲子者皆知以是顯親。」

王埜母鄭氏，吴郡人。埜以父介嬱歷官浙漕，忤權貴丁大全，嘗被論。埜以母年老，託言改除，母曰：「我已知之，昔汝父以忤時相去國，汝又如此，我方喜耳，何憂？」

陳質妻丁氏。兄丁謂欲官二甥，氏固辭，俾自學以德進。謂竦然稱嘆，鄉里稱爲賢母。

孫廷臣妻施氏，晋陵人。嘗書「守身」二字勉其夫。廷臣第進士，姑年九十餘，氏奉養備至。内外數百指，鳴鼓會食，五從同炊。郡以事聞，詔封仁壽縣君。

元

李習母姚氏，太平人，李叙妻。幼通經史，明大義，教子習、翼，不令與鄰童相聚嬉戲，就傅少息，即不語不食。夜分必持敝衣在旁補綴、課讀，故二子皆成名儒。

明

陳繼母吴氏，吴縣人。繼生十月，父汝言坐法死，母矢志撫孤。繼稍長，令盡讀父遺書。復命從父友王行、俞貞木游，得其指授，貫穿經學，蔚爲名儒。以大臣薦，擢置館閣。

包節母楊氏，華亭人。夫亡，子節、孝俱幼，氏督訓甚嚴。二子繼成進士，爲南、北御史，並負直聲。

吴适母徐氏，長洲人。勖子力學登第。适爲給事中，屢進讜言。以忤權奸下獄，家人駭懼，母獨安之，曰：「吾有子矣。」及鼎革後，适力辭薦舉，愛惜名節，遵母教也。

國朝

宗裔昌母陳氏，吴縣人。早寡守志。子裔昌拾遺簪歸，命至其所候還之。一日，風吹墜二絹於庭，陳曰：「無妄之獲，非我所願，且失者必多冤誣。」訪之，則染肆方意其傭盜去。其志操如此。康熙二十三年旌表。

白夢鼎母陳氏，江寧人。明季，子夢鼎與弟夢鼐以公論忤貴人陷獄，陳怡然曰：「子爲范滂，吾獨不爲滂母乎？」會國變得釋。夢鼐成進士，年八十四終。

田士龍母王氏，泰州人。守節六十年，教子以義方，舉動不苟。士龍祇遵氏教，立身砥行，舉鄉飲賓。氏年九十有六，士龍年亦八十。

大學士張英妻姚氏，桐城人。英位致台輔，姚膺封一品夫人，謙謹樸儉如寒門，素風居第京師二十餘年，比鄰孺婦稱爲老佛。教子廷瓚、廷玉、廷璐、廷瑑繼登華顯，廷瑑、廷瓘文學早卒，諸孫亦掇科第爲大官，並以名檢自持一門，稟承慈訓，家風莫尚焉。卒，年六十有九。

大學士蔣廷錫母曹氏，常熟人。歸侍御史伊，伊以忠直顯，卒官中州。子廷錫年甫十九，曹天性寬仁，而教子特嚴，不少假借。自廷錫少時，每以忠孝大義勖之。平居不苟嚬笑，清齋奉佛。廷錫由翰林，歷官户部尚書二十餘年，奉母京邸。聖祖仁皇帝賜扁曰「般若相」，曰「壽萱錫祉」。世宗憲皇帝賜扁曰「恩榮壽母，福壽康寧」，時加存問，賚予甚厚。特恩封一品太夫人。卒，年八十有一。欽命大臣奠茶酒，賜祭，並賜銀治喪。

贈吏部尚書嵇永仁妻楊氏，無錫人。永仁以諸生客閩，殉耿逆難。楊辛勤守志，孝養尊嫜，撫七歲孤曾筠，親爲督課。詔旌其門。曾筠由翰林歷大學士。特恩封一品太夫人，賚予珍羞藥物，便蕃絡繹。卒，年八十有四。特諭賜祭，給帑治喪。

汪九漪妻程氏，休寧人。九漪爲諸生，勤苦著述，氏佐甘旨奉堂上歡，姑黄氏特所鍾愛。年逾九十，語次及姑，無不流涕。教子孫有儀法。康熙戊戌，孫應銓以第一人及第。明年，氏百歲，旌表貞壽之門，御書「期頤衍慶」四大字，内府製扁以賜。又明年卒。

方舟母吴氏，莆田人，桐城方仲舒繼室。家貧，撫前二女及所生子女凡八人，黽勉中饋，動循禮法。教二子舟、苞學成行立，名滿天下。苞舉進士，直南書房。氏老病，奉特旨御醫視疾，頒賜内府藥物酒醴，人以爲榮。

胡宗緒母潘氏，桐城人。年二十八嫠居，三子宗緒、臺、喆皆幼，貧不能延師，氏自督課，非孔、孟、程、朱之書禁勿閲。嘗命僕治宅，掘地得金，匿之，以數十金獻，氏正色曰：「人貴義，命自安，藏金豈祥物哉？」弗納，慮僕因是得禍，立戒遣之。年八十三卒。雍正五年旌表。

才媛

周

管仲妾，名婧。桓公出遊，甯戚叩牛角而商歌，公使管仲迎之，戚曰：「浩浩乎白水。」管仲不知所謂，婧曰：「古有《白水》之詩，曰：浩浩乎白水，鯈鯈之魚；君來召我，吾將安歸？此甯戚之欲仕也。」管仲以報桓公，遂相齊而霸。

晋

許邁妻孫氏，吴郡孫宏女。邁好道，往來茅嶺，遺書謝絶孫氏。孫爲書答之，文詞悱惻，以孟光、秦女爲比，欲與同行。邁以永和三年入臨安西山，後不知所終。

南北朝　齊

韓蘭英，吴人。宋孝武時獻《中興賦》，被賞入宫。明帝世，用爲宫中職僚，齊武帝以爲博士，教六宫書學。以其年老多識，呼爲韓公。

隋

劉臻妻陳氏，蘄郡人。有集十卷，其《元日獻椒花頌》云：「旋穹周回，三朔肇建。青陽散輝，澄景載渙。美哉靈花，爰採爰獻。聖容映之，永壽千萬。」

唐

李氏女，吴人。能詩，有《詠破錢》云：「半輪殘月掩微塵，依稀猶有開元字。想得清光未破時，買盡人間不平事。」

南楚材妻薛氏，臨淮人。精書畫，善屬文。楚材嘗遊陳、潁間，潁守慕其儀範，欲以女妻之，楚材許諾，遣僕歸取琴書，似無歸意。薛無計沮，乃對鏡自圖其形，裁詩寄之，曰：「欲下丹青筆，先拈寶鏡端。已驚顔索寞，漸覺鬢凋殘。淚眼描來易，愁腸寫出難。恐君渾忘却，時展畫圖看。」楚材得詩及真，大慚，遂托詞拒守。

李處道妻龔氏，宗元女。讀書通大義，詩歌、書法皆過人。晚年喜誦佛書，自名曰守安。處道年高而官不達，龔能安之。

宋

朱億女，吳人。淑行婉質，工琴、書。至道初，裴愈奉使兩浙，聞其才，奏召入宫掖，賜號「白蓮花夫人」。後出俗，刺血書《蓮花經》一部，改賜慈濟廣惠大師。億孫女二十娘子，嫁朝請郎李防，亦聰慧，作《混元圖》。

祝磯妻徐氏，吳人。敏慧能詩，其筆墨畦徑多本杜甫，而清平冲淡，蕭然出塵。尤工賦。有《閨秀集》二卷行世。

黄由妻胡氏，平江尚書元功之女。善筆札，時作詩文，並可觀，尤工寫竹。自號惠齋居士。

沈清友，吳人。能詩，《咏漁父》云：「起家紅蓼岸，傳世綠簑衣。」又有「爲甚鱸魚低價賣，年來朝市怕秋風」之句。

唐氏女子能書者，蘇子瞻有《觀唐氏書》詩曰：「唐氏能書十載聞，誰知精絶向紅裙。百金競買蒲葵扇，不必更求王右軍。」

元

鄭允端，字正淑，宋左丞相魏國清之後。居吳中，號花橋鄭家。嫁同郡施伯仁，嫻内則，能詩文。至正間，家爲賊破，年三十而殁。宗族私謚曰貞懿，有集曰《肅雝》，自爲序。

明

馬閑卿，字芷居，江寧陳太僕沂繼室。年近八旬，不廢吟咏。書法蘇軾，頗與沂相類。善山水白描。有《芷居集》。

周潔，字玉如，江寧人。歸臨桂張鳴鳳，數年後貽書省父，寄詩一册，名《雲巢集》，金陵士人競傳寫之。

薛蘭英、蕙英，吴人。皆能詩，建一樓，二女日吟咏其中。有詩數百首，曰《聯芳集》。楊鐵崖製《西湖竹枝曲》，和者百餘家，二女曰：「西湖有竹枝曲，東吴獨無竹枝曲乎？」乃效其體作《蘇臺竹枝》十章。楊見其稿，手題二詩，極爲嗟賞。

孟淑卿，吴人。工詩詞，自號荆山居士。嘗論朱淑貞詩云：「作詩須脱胎化質，僧詩貴無香火氣，鉛粉亦然。朱生故有俗病，李易安可與語耳。」徐昌穀稱其詩直欲與文姬、羽仙輩争長。

孫某妻顧氏，昆山顧茂儉之妹。才思甚富，嘗賦《春日》詩，何元朗謂可置《玉臺新咏》中。

趙宧光妻陸卿子，吴人，尚寶卿師道女。宧光廬墓寒山，卿子與偕。卿子工詞章、翰墨，流布一時。賦誄之作，典雅可誦，□□□□①其學殖優於宧光。有《雲卧閣》及《考槃》《(元)〔玄〕芝》等集。子婦文淑。

趙均妻文淑，字端容。待詔徵明(元)〔玄〕孫女。性明惠，敦《詩》習《禮》。均家日落，而好賓客，晨夕百需，皆出淑十指。善寫生，圖得千種，名曰《寒山草木昆蟲狀》，題署皆工。貴姬季文②，爭來師事。無子，有女曰昭，嫁平湖馬氏，有才藻而孝。淑夫婦殁，手撰其《事狀》，使嗣子錕請銘於當代巨公。

范允臨妻徐媛，字小淑。允臨以臨池負時名，而小淑多讀書，好吟咏，與寒山陸卿子唱和。所著有《絡緯吟》。

葉紹袁妻沈宜修，字宛君，吴江人。紹袁官工部郎中，風流韶令。宜修年十六來歸，生三女，長曰紈紈，次曰蕙綢，幼曰小鸞，蘭心蕙質，皆女秀也。宜修與三女題花賦草，中庭之咏不減謝家。紈紈、小鸞皆不永年，宜修神傷心死，未幾卒。紹袁合妻女所著詩曰《午夢堂集》行於世。

葉紈紈，字昭齊。生三歲能朗誦《長恨歌》，十三能詩，書法遒勁有晋風。歸趙田袁氏。幼妹小

---

① 此處原刻本空四字，《四庫》本作「論者皆稱」，録修本一空四字，一同《四庫》本。考錢謙益《列朝詩集》云：「卿子賦誄之作，步趨六朝」，極稱之。疑原刻本所空四字爲「錢謙益稱」。

② 「季文」，《四庫》本作「委女」。

鸞殤，哭妹過哀，發病卒，年二十有三。

葉小鸞，字瓊章。四歲能誦《楚詞》，十歲與母宜修初寒夜坐，母云「桂寒清露濕」，即應云「楓冷亂紅凋」。善琴，能橅山水，寫落花飛蝶皆有致。將婚而歿，年十七。

沈自徵妻張倩倩。自徵爲沈宜修弟，而倩倩即宜修之姑之女也。美而惠，無子女，乃女宜修之季女小鸞。年三十四卒。工詩詞，作即棄去。小鸞記憶其數首，宜修爲作傳，並録小鸞所記詩附傳中。自徵繼室李玉照，亦能詩。又宜修妹智瑶，宜修弟君晦二女憲英、華鬘，又同里周某妻沈媛媛女蘭英，一時倡酬哀輓之作，流布人間，稱爲閨房勝事。

顧懋宏妻朱柔英，昆山人。懋宏官知州，有才名。而柔英與之揚榷今古，倡和爲聲詩。所著《雙鳥》《擣衣》二賦，及三體諸詩，音節逼唐人。刻有《雙星館集》。

沈蕙端，字幽馨，吴江人。精曲律，作小令，爲時人所傳。

王嶔妻顧氏，昆山人。幼秉家訓，嫻書史。所爲詩文，動中格律。已而嶔早世，屏去筆研，焚其稿，唯闗節孝慈懿事，間援筆爲之。督遺孤棨爲名孝廉。

周泰妻婁氏，長洲人。博通五經。子弟就學者日衆，即家立講堂，隔幔分課。泰令欒會，卒於官，婁奉骸骨歸葬，節操彌著。

文良卿，長洲人，都憲森女。森疏劾劉瑾，家人群沮之，良卿獨否。人問故，答曰：「大人忠鯁，居言路，如是分也。」字孝廉毛錫朋。姑韓喜讀書，嘗撰《北齊史演義》以娱之。性友愛，有妹早寡，良卿爲造小閣居之，晨夕需皆饋焉。

張本嘉妻王鳳嫻，華亭人。工詩。二女引元字文姝，引慶字媚姝，皆精翰藻，母子相唱和。有《焚餘草》《雙燕遺音》傳於世。

陸娟，松江人，陸德蘊女。德蘊有高行，爲沈周之師。娟能詩，後歸馬龍。

斗娘，松江女子，吴人沈津《吏隱録》載其《送夫姚生》詩，語意清雅，膾炙一時。

錢氏女，揚州人。正統間有詩名，詩見高播《明詩粹選》。

沈承妻薄少君，太倉人。承有雋才而夭，薄爲詩百首弔之。逾年值承忌，酹酒一慟而絶。

方孔炤①妻吴令儀，字棣倩，桐城人，諭德應賓女。應賓翰苑鉅儒，令儀積習夙教，相夫課子，具有儀法。早卒，其姑方維儀搜其遺稿傳世。

姚孫棨妻方維儀，桐城人。歸姚再期而夫亡，乃請大歸守志。與弟婦吴令儀以文史代織紝，删《古今宫閨詩史》，主於刊落淫哇，區明風烈。有《清芬閣集》七卷。

屠金樞妻沈天孫，字七襄，寧國人，歸鄞縣屠長卿子金樞。長卿女瑶琴，字湘靈，與天孫徽事紬書，分題授簡。長卿妻亦諳篇章，每有諷咏，就商訂焉。長卿詩云：「姑婦歡相得，西園結伴行。分題花共笑，奪錦句先成。」一時士夫豔稱之。天孫、瑶琴皆早世，兩家兄弟彙刻其詩曰《留香草》。

---

① 「炤」，《四庫》本作「昭」。

濮琰妻鄒氏，名賽真，當塗人。博學工詩，時以爲女士。有《未齋詩》三卷，女夫費少師宏爲序，稱其詩篇什嚴整，儼然笄幃中道學宿儒。子韶，弘治丙辰進士，官編修。

芮儒妻端氏，名淑卿，當塗人，教諭端廷弼女。幼從父讀《毛詩》《列女傳》《女範》諸篇，輒能解。笄總後，博通群書，備有儀法。與其夫白首相莊，里黨重之。有《緑窗詩稿》。年九十餘。

國朝

楊无咎繼妻張學典，字羽仙，吴郡徵君端拱女。工詩詞，十歲作《採蓮賦》，□□□□□□①。兼精繪事。與无咎窮居偕隱，日手經史。教二子繼光、繩武皆成名。所著有《花樵集》十餘卷。同母姊妹七人，各有集。第五妹學象，字凌仙，與學典孿生，詩名亦相埒。集曰《研隱》。中歲而寡，貧不能自存，學典分宅居之。學象年老，白髮絳紗，爲世女宗。學典兩女芝、芳，女孫錦，並能詩。芝適當湖文學汪彩，早寡無子，依母氏以居。有《淑芳集》。

吴詔妻張蘩，字采于，吴人。幼通文史，工吟咏，有《漸樓集》，清平和婉，得風人之遺。子岳，通經術，詩亦工，蘩所指授也。

嚴廷锳妻孫嫊，吴郡人。幼明慧，嫻經史，兼工藻繪。早寡，寒燈敗帷，辛苦四十載。晚課女孫，

---

① 此處原刻本空六字，録修本作「見者皆亟賞之」，《四庫》本作「見者皆擊賞之」。疑原文作「錢謙益亟賞之」。

輯古名媛文百餘首，細爲評註，名曰《古文鞶鑑》，識者以爲可補中壘《列女傳》、汝南《女典》之缺。巡撫張伯行表其廬，榜曰「獨娴大義」。

秦德澄妻王氏，無錫人，金壇王彦泓女。彦泓風度清峻，以詩名於世。氏素承家訓，聰慧善吟咏，兼工繪事，爲没骨花鳥，於前人規格外自闢畦徑。年二十餘，寡居守節，自號孱提道人，又曰無生子。有集三卷，自爲序之。

楊幨妻王氏，上海人，光承女。善詩，有《玉榮集》。

徐基妻張氏，華亭人。善詩，有《繡餘草》。教其女亦能詩。

王之珊，婁縣人，圖煒女。許字平湖高岱，未嫁卒。聰穎善讀書，能詩，著有《露香樓集》。卒年二十。

黄克巽，歙人，曰瑚女。幼聰慧，喜爲詩，一字未安，即竟日忘食。歸鄭未幾卒，年二十。著有《繡餘集》。

陳士更，天長人，教授以剛女。侍父讀書即解，學字及詩文即工。後贅婿李於池州學署。母病，奉湯藥八年不少怠。母卒，代秉家政。父善病，又悼亡，恒鬱鬱。女輒引故事，或爲小詩以解之。卒，年三十。

龔克和妻馬荃，字江香，常熟人。夫婦俱工書畫，求者貴若拱璧。家貧，偕至京師，以繪事給衣食。未幾，夫亡，有貴客慕其賢，欲得之。荃截髮自誓，挾柩歸里，立侄爲嗣，緝纑染翰，飲冰茹荼。

郡守童華表其閭，爲作《節婦傳》。

唐方沂母吴氏，上海人。通《内則》，明大義，謙謹勤樸，不苟言笑。其夫獻賦遠遊，姑包氏疾，供湯藥晝夜不眠。夫弟幼未婚，出奩具爲之聘娶，以娱病嫜。馭下寬仁，而訓子獨嚴，時教以讀書奮志。親黨井里中有以急告者，無不濟。自奉則清齋布素，紡績紉縫，終身不廢。